21世纪工商管理类专业主干课系列教材
Series Textbooks of Speciality Core Courses in
Business Administration in the 21st Century

U0674770

Leadership

领导学 (第四版)

金延平 主编

东北财经大学出版社
Dongbei University of Finance & Economics Press

· 大连 ·

图书在版编目（CIP）数据

领导学 / 金延平主编. —4版. —大连：东北财经大学出版社，2018.5
（21世纪工商管理类专业主干课系列教材）
ISBN 978-7-5654-3061-9

Ⅰ.领…　Ⅱ.金…　Ⅲ.领导学-高等学校-教材　Ⅳ.C933

中国版本图书馆CIP数据核字（2018）第021178号

东北财经大学出版社出版
（大连市黑石礁尖山街217号　邮政编码　116025）
网　　址：http://www.dufep.cn
读者信箱：dufep@dufe.edu.cn
大连天骄彩色印刷有限公司印刷　　东北财经大学出版社发行
幅面尺寸：170mm×240mm　字数：439千字　印张：20.25　插页：1
2018年5月第4版　　　　　　　　2018年5月第6次印刷
责任编辑：朱　艳　　　　　　　　责任校对：王　娟
封面设计：沈　冰　　　　　　　　版式设计：钟福建
定价：38.00元

第四版前言

领导学与人类活动有着密切的联系，在现实社会中的每个人都生活在领导的影响之下，都与领导发生着不同程度的关系。自20世纪30年代领导活动从其他的社会活动中逐渐分离出来，领导学正式成为一个独立的学科起，领导学已经走过了80多年的发展历程。在这80多年的时间里，从最初的领导特质理论、领导行为理论、领导权变理论到现在的战略化领导理论、变革领导理论、愿景领导理论、团队领导理论等，领导学不仅在理论上不断创新，而且在现实中的应用性也越来越强。任何组织的中心归根到底还是作为组织成员的人，组织活动的进行、组织目标的实现都要靠组织成员的努力才能完成。而缺乏领导，就无法有效组织成员的各项活动，整个组织也就如同一盘散沙，无法保证组织目标的实现。领导学正是研究如何提高领导效能的一门综合性基础理论学科，它以领导活动为主要研究对象，通过领导者、追随者和客观环境间的相互作用反映领导活动的全貌。掌握领导学的基本原理，有利于提高管理效率，增强成员的凝聚力，促进组织目标的实现，从而有效应对激烈的竞争，实现组织的进步与发展。

本书以国内外领导学的最新研究成果为基础，结合实际问题，以领导学的基本概念和相关理论作为切入点，探讨了领导环境、领导体制与领导结构、领导流程、领导决策、领导者素质、领导者影响力、领导者用人与用权、领导者协调以及对领导者的绩效评价，同时也展望了领导学未来的发展趋势。全书共设13章，体系新颖，安排得当，基本涵盖了领导学的内容，反映了该学科的整体框架。在内容的编排上，本书既注重理论的支撑，详细论述了领导学中各种经典理论，同时也注重实际的应用，结合领导学与现实中的热点问题，加入了大量的案例，行文中还穿插了一些链接，力求体现领导学科学性与艺术性的特点。本书既可以作为高等院校经济和管理类专业的基础教材，也可供各类团体、企业、公共部门等组织的领导者在实际工作中参考和学习。

本书于2007年8月正式出版，2014年7月发行了第三版。本书作为普通高校工商管理类专业主干课系列教材之一，社会影响力较大。读者一致反映本书实用性强，重点突出，主线清晰，简明适用，具有较强的理论研究和实用价值。为了让广大读者及时了解领导科学的最新理论和实践中的热点问题，有必要对本书进行再次修订。本次修订重点在于使本书的体例更加合理、内容更加全面、更加突出实用性。在保持原教材基本体系、特色与优点的基础上，结合国内外领导科学的最新动态，吸收读者反馈的合理建议，尽可能地反映领导学相关理论的最新进展，使体系更加完整，内容更为翔实。此外，更强调理论结合实际、基本方法的运用和基本技能的掌握，大量穿插了较为新颖和典型的案例供教师和学生使用，突出案例教学的特点。

　　本书由金延平任主编，具体分工为：金延平编写第1章、第2章、第4章、第5章、第7章、第9章、第10章、第11章、第12章；金延平、王玥编写第3章；金延平、鲁晓晨编写第6章；金延平、刘晓雯编写第8章；金延平、栾宇翔编写第13章。全书由金延平提出编写大纲和具体要求，并修改定稿。

　　本书在修订过程中，参考和引用了国内外学者的大量研究成果，并得到了东北财经大学出版社编辑的热情帮助，在此表示衷心感谢。由于编者的水平有限，书中难免存在疏漏、不足之处，敬请广大读者批评指正。

金延平

2018年3月

目录

第 1 章

领导学概述

学习目标

本章重点对领导学进行综合性的概述。通过本章的学习，可以了解领导学的产生和发展历史；理解领导的含义、要素和本质；掌握领导的职能、属性和特征；明确领导和管理二者的区别和联系，以及了解学习领导学的意义。

1.1 领导的概念、基本要素与本质

1.1.1 领导的概念

领导现象与人类历史相伴始终。它存在于任何人群和任何社会中，伴随和推动着人类社会不断向前发展。因此，西方学者史密斯和克鲁格尔提出，不管人们所处的文化背景有何不同，领导这一特殊现象总是存在于人群之中。

据美国学者统计，目前关于领导的定义，全世界有三百五十多种，其中一位权威人士将领导定义为"地球上最容易观察到的但最不容易理解的现象"。这并不是说领导是一个主观随意的概念，而是从不同的角度研究和把握的结果。同一事物，如果从不同的角度来研究和把握，就会有不同的定义。

斯道戈迪尔和巴纳德在其编辑的《领导学手册》中，在综合衡量各种学派和观点的基础上，归纳出如下最典型的定义：

（1）领导是影响力的运用。这个定义应用了影响力这一概念，把领导和统治、控制、强迫区分开来。

（2）领导是组织内部相互作用逐渐形成的结果。领导不是组织行为的起因，而是组织内部人员相互作用的一种结果。舒马洪提出领导是人际相互影响中的一个特例，这个特例中，个人和群体会效仿领导者去行动。

（3）领导是一种行动或行为。重视领导的行为并加以解释是领导学研究的传统。沙特尔指出，领导是能够带来相应的举动和反应的行为。

（4）领导是一种权力关系。这个定义把权力作为关键性的因素，是从组织成员间权力关系的角度对领导进行定义。

（5）领导是劝说的形式。一些领导的定义指出，领导就是改变人们原有信念的过程。艾森豪威尔说："领导就是决定该去做的事，以及使他人也希望做此事的能力。"

（6）领导是组织结构的创始者。领导者通过角色权力的运作实施对组织活动的控制。斯道戈迪尔曾这样定义：领导是基于期望相互作用来开创和维持组织结构的角色。

（7）领导是劝导服从的艺术。这是把领导作为一个单向影响过程。

（8）领导是一种实现目标的手段。通过激励、说明、命令等手段达到组织的目标。克劳利认为：领导者是带领组织以一个特定的方式和程序向目标前进的人。

（9）领导是人格魅力及其影响。巴纳德定义为：每个出众的人对他人而言都是一种心理的鼓舞，因此，能够有效调动大众心理的人就是领导者。

（10）领导是群体过程的中心。领导者依靠权力和人格构成影响力，去指导下属实现群体目标。

根据以上十种定义，我们可以分析出领导的四层含义：领导活动是在群体中进行的；领导者拥有影响追随者的能力或力量；领导者要通过一定的手段和方法来领导追随者；领导的目的是通过影响追随者实现组织目标。由此我们可以将领导定义为：领导是以实践为中心展开的，由领导者根据领导环境和追随者的实际情况确定目标和任务，通过示范、说服、命令、竞争和合作等途径获取和动用各种资源，引导和规范追随者，实现既定目标，完成共同事业的强效社会工具和行为互动过程。

1.1.2　领导的基本要素

领导之所以不同于其他的社会活动，就在于这是一种必须依靠下属才能将决策方案转化为现实成果的社会活动。领导的基本要素包括领导者、追随者、领导目标和领导环境。这四个要素有效结合互动，共同构成了领导活动的过程。因此，领导就被理解为一个动态的过程，它是领导者、追随者、领导环境相互作用和相互结合以实现领导目标的过程。

1) 领导者

领导者是指在正式的社会组织中经过合法途径被任用而担任一定领导职务、履行特定领导职能、掌握一定权力、肩负某种领导责任的个人或集体。领导者的职务、权力、责任和利益的统一，是领导者实现有效领导的必要条件。职务是领导者身份的标志，并由此产生引导、率领、指挥、协调、监督、教育等基本职能；权力是领导者履行领导职能所需要的法定权力；责任是领导者行使权力所需要承担的后果；利益是领导者因工作好坏获得的报酬和受到的惩罚。领导者职务、权力、责任、利益的统一，突出表现为有职务必须要有相应的权力，有权力必须负起相应的责任，尽职尽责的领导者应当受到一定的奖励。反过来说，有职无权就无法履行领导责任，有权无责就会滥用权力，不尽职尽责应该受到惩罚。领导者扮演主动者、创造者和发动者的角色。古往今来卓越的领导者都能够创造和征召追随者，成就领导事业。

2) 追随者

追随者是指在社会共同活动中处于被领导地位，同时使个人需求得到满足的人员。追随者是领导活动中的基本要素。他们在领导活动中一身兼二任：对领导者来说，他们是客体；对群体价值和目标来说，他们又与领导者共同构成了领导活动的主体。被领导者对其所在组织或团体的关心程度，他们的素质和能力等自身条件，以及对本职工作的主动性和积极性等因素，对于提高领导活动成效，具有举足轻重的作用。没有追随者的认同、支持和参与，领导者就无法实施领导活动。

现代管理科学之父德鲁克指出："领导者的唯一定义是其后面有追随者。一些人是思想家，一些人是预言家，这些人都很重要，而且也很急需，所以，没有追随者，就不会有领导者。"曾经有人问领导学者加德纳："如果我想成为一个领导者，最重要的是什么？"加德纳回答："记住，年轻人，最重要的是你必须有追随者。"追随者不同于被领导者，被领导者是天然存在的，追随者是靠领导的魅力和努力争取来的。

3) 领导目标

领导目标是领导活动的出发点和归宿。在实现领导目标的过程中，绝对不是领导者自身的单一化受益，而是使组织价值、个体价值、领导者自身的价值三个方面都获得社会的肯定。只有当领导者的谋略和结构行为适应于工作的特点，适应追随者的要求、能力和特质时，领导者绩效才能达到最佳。

4）领导环境

领导环境是指领导者实施领导所面临的周围境况，是领导活动的基本要素之一。领导环境可分为微观环境和宏观环境两种：微观环境是指领导者所处的具体工作环境，诸如群体组织、人际关系、物质条件、人员素质等；宏观环境是指领导者所处的自然状况、时代特征和社会环境，诸如政治、经济、文化、教育、科技、思想、道德、制度、传统、习俗、地质地理、天文气象等。领导环境具有自身的特点。

总之，领导者、追随者、领导目标和领导环境是领导生态系统中四个不可或缺的要素，领导活动实际上就是这四个要素交互作用、动态平衡的过程。

1.1.3　领导的本质

领导的本质就是构成领导活动并因此区别于其他活动的内在规定性，即领导活动独特的内在矛盾。这种内在矛盾首先表现为领导活动自身独特的结构关系，即"领导者-追随者-目标"的关系，也就是领导活动自身特有的结构性关系和矛盾。这一特殊矛盾规定了领导的本质，也是把领导活动与其他社会活动区别开来的根据。

具体而言，领导的本质是一种影响力，即领导者通过其影响力来影响追随者的行为以达到组织目标。美国著名领导学家柯维认为，领导的才能就是影响力，真正的领导者能够影响别人，使别人追随和服从自己，而培养影响力的方法就是无私服务，以身作则，知人善任，尊重他人，以能力服人，唯有如此才能得到追随者的信任与支持。

影响力是一种追随，是一种自觉，是一种认同，是非制度化的。权力不等于影响力，它们的区别见表1-1。

表1-1　　　　　　　　　　　　　权力与影响力的比较

项目	权力	影响力
来源	法定职位，由组织规定	完全由个人素质、品质、业绩和魅力而来
范围	受时空限制，受权限限制	不受时空限制，可以超越权限，甚至超越组织的局限
大小	不因人而异	因人而异，同一职位的经理，有的有影响力，有的没有影响力
方式	以行政命令的方式实现，是一种外在的作用	自觉接受，是一种内在的影响
效果	服从、敬畏，也可以调职、离职的方式逃避	追随、信赖、爱戴
性质	强制性地影响	自然地影响

1.2　领导学的产生与发展

1.2.1　领导学的产生

领导是随着人类社会的产生而产生的，并与人类社会的发展和演进相伴始终。领导学是一门研究领导活动各个因素之间相互联系、相互作用的客观规律的有效运用的综合性科学。

1）社会化大生产是领导学产生的客观要求

领导活动自古有之。在小生产的自然经济条件下，在农耕时代的社会条件下，领导者基本上依靠个人经验就可以满足社会生产和生活的需要，领导方式仅停留在传统意义上的"经验型领导"阶段。在现代社会，建立规范、完整、系统的领导学，实现从"经验型领导"向"科学型领导"的转变，是社会发展的客观要求和必然产物。

2）现代社会纵向分工的发展直接推动了领导学的产生

社会分工主要在两个方向上展开：一是按照劳动部门的不同进行横向分工；二是按照劳动过程的不同阶段进行纵向分工。横向分工是人类历史上最早发生的分工形式，依次包括：农业与畜牧业、农业与手工业及体力与脑力的分工。现代社会的三大纵向分工包括：决策与执行的分工、决策与咨询的分工及决策与监督的分工。

3）领导学是对丰富的领导实践与朴素的领导思想的集成化、系统化和理论化

在长期的领导活动中，人类摸索和积累了丰富的实践经验和朴素的领导思想。中国传统的领导思想主要来源于几千年政治领导的实践，西方国家对领导活动的关注不但历史悠久，而且颇有见地。领导学正是在这样的条件下应运而生的。

1983年5月，我国第一部领导学理论专著《领导科学基础》的出版发行，标志着我国领导学的诞生。

1.2.2 领导学的发展

领导学的发展是人类实践水平和认识能力不断发展的必然结果，同时也是领导活动发展的客观要求。所以，伴随着现代社会发展，以及现代科学发展，领导学也在不断发展、不断完善，以适应不断变化的社会大环境。

一方面，现代社会发展的因素越来越复杂，变化越来越迅速，整个社会越来越走向综合化，任何一个方面要想求得发展，都必须同时顾及各个方面的协调发展，而且也只有在多方面的协调发展中，才能真正获得自身的发展。"牵一发而动全身"，领导工作中的成功或失败，都可能通过各个方面的联系，引起一连串连锁反应。任何一个领导者单靠个人的经验和智慧已难以驾驭这台"社会机器"，无法作出完善、正确的决策。现代社会的发展对领导提出了越来越高的要求，领导学也在日新月异地发展。

另一方面，现代科学技术的发展又为领导学的发展提供了动力。科学技术革命正在深刻地改变着自然科学与社会科学的传统关系，两大科学门类之间长期存在的壁垒正在被打破。控制论、信息论和系统论等一些学科迅速发展，自然科学中一些重要方法正在向社会科学迅速移植，科学技术的革命使数学在各门科学尤其在社会科学的许多领域中得到了广泛应用，这些都给领导学的发展提供了宽广的理论基础和严密的数学工具。政治学、经济学、科学学、社会学、管理学、人才学、未来学、情报学、预测学、决策学以及行为科学等都为领导学理论体系的发展提供了科学依据。

1.3   领导的职能

当电磁铁不处在电场之中的时候，对外并不表现出磁性来，但是即使没有表现出磁性，电磁铁内部仍然具有无数的小磁畴。拥有这么多小磁畴，为什么没有磁性呢？因为在不处于电场中的时候，这些小磁畴是杂乱无章地排列着的，磁性彼此都被抵消了，一旦将这块电磁铁放在一个电场当中，所有磁畴的磁极就会指向同一个方向，电磁铁便表现出强大的磁性。工业中有很多起重设备是按照电磁铁的原理设计的。组织就好比是这块电磁铁，假如没有有效的领导，组织的成员也许都很能干，但是大家的能量可能会彼此抵消。只有当营造起一种有效的电场，即一种氛围的时候，组织成员的努力才能指向同一个方向，人们才能表现出巨大的合力来。这就是我们重视管理的领导职能的意义所在。

领导职能是领导哲学的外在化，是将领导者、追随者、领导目标和领导环境四个要素结合在一起的载体。威廉·怀特把领导者的核心能力定义为六个方面：价值观、愿景、授权、指导、团队建设、提升品质。尽管在不同时期不同领域，领导的职能存在一定的差异，但是对一般层面的领导职能加以提炼，仍可以把握住其共性。

1.3.1   引导

领导的具体任务是规定组织的发展方向，主要体现在正确规划目标、提出任务、确定领导方法以及创造、维持和变革组织文化。

首先，正确地规划目标是引导的核心。领导是为实现某种领导目标而开展的活动，所以对领导工作的判断，应首先集中在能否正确地规划目标，把握组织发展方向上。

其次，合理地提出任务是引导的中心环节。提出任务实际上就是提出计划。计划活动包括确定行动方案，实施和评价计划。计划具有事前性和目的性，在工作中具有不可替代的作用。

再次，科学地选择领导方法是引导的重要内容。正确的领导方法是实现领导目标的必要保证。领导者必须根据具体情况，选择正确的领导方式，带领追随者充分发挥优势和潜力，共同实现领导目标。

最后，创造、维持和变革组织文化是引导的根本任务。优秀的组织文化可以使所有成员同心协力为组织的宏伟目标努力奋斗。因此，领导者要引导追随者去共同营造适合本组织发展的组织文化，并在面对竞争激烈的外部环境时能够及时调整。

1.3.2   组织

组织职能，是指在群体目标确定后，采取一系列的措施，建立和运用组织结构的过程。这是实现领导目标的重要保证。它包括人员的组织、财力和物力的组织、时间的组织以及信息的组织。组织活动包括组织设计、组织运作、人员配备和组织变革。

组织功能的有效程度依赖于组织结构的合理程度，取决于组织结构内在要素的存在形式与组合方式。随着社会分工的更加精细，社会各组成部分的联系也日益紧密，这就要求组织结构具有全方位的建制和灵活的应变能力。

为保证领导目标的顺利完成，还必须注意权力的配置和任务结构的设计。根据任务的具体情况，设置相应的部门，并赋予相应的权力，明确规定它们应该履行的权利和义务，做到分工合理，授权得当。每个部门各司其职，相互配合，以保证整体目标的顺利完成。

人员配备要遵循因职选人、量才适用的原则。这是因为人是最活跃的因素，是组织行为的主体，用人得当才能保证组织计划的顺利进行，才能保证组织不断地向前发展。

随着内部条件和外部条件的不断发展变化，组织必须作出调整以适应这样的变化。通过组织变革，使组织进行自我完善，以保证其旺盛的生命力。

1.3.3　指挥

根据法约尔的观点，指挥就是使其人员发挥作用，即如何通过下级能力的发挥来保证领导活动的成功。指挥就是领导者通过运用组织权力，发挥领导影响力，领导追随者去实现领导目标。一般地，指挥活动有三种方式：一是有效命令。领导者向追随者下达清晰、完整并具有可操作性的命令。二是行政指导，包括策略指导和战略指导，它不具有强制力。三是适当授权。授权的目的是有效增加组织成员的内部职责，调动人的能力和思维，保证领导者的命令得到更好的落实，使指挥活动有效果。

1.3.4　协调

协调是领导者对领导活动中出现的问题及时地调整，使各方面配合得当的过程。领导的协调工作必须是非分明、有理有据、坚定不移地进行。

协调职能主要体现在以下两个方面：

（1）组织方面的协调。在领导活动中，社会分工导致不同部门之间很容易产生摩擦和冲突。主要表现在有限资源的争夺、分工不明确、权力交叉等，使各部门之间不能很好地配合工作，难以发挥集体优势，从而影响了组织的整体绩效。组织协调可以帮助各部门避免冲突，减小摩擦，协调一致、群策群力地实现组织目标。

（2）人事方面的协调。不同人对于利益、目标和方法等看法存在差异，会导致人浮于事、权责不分和责任不明等弊病。因此，领导者需要对组织人员进行调整，激发后进者、消极者的潜能和热情，消除破坏性的不良因素，以保证事物的有序发展。

领导的协调职能主要通过三个途径来完成：一是借助政策和目标获得组织活动的协调。目的在于使组织全体成员明确目标，并以此作为行动的方向，作为衡量工作得失的标准。二是借助行政组织的层级结构来取得协调。这样可以消除人员之间的摩擦，保证领导体系运作完好。三是通过正式的沟通（命令、指示、政策等）和非正式的沟通（没有任何强制力的交流）来达到协调的目的。如此则可以使组织成员团结一致，共同发展。

1.3.5   控制

控制职能旨在寻求动态的系统和组织的稳定和有序。领导者要对组织战略和规划的实施过程进行控制，从而保证高绩效地实现组织目标。

日本松下幸之助提出的"时钟的活力来自于钟摆的摆动"的思想，揭示了领导控制职能的境界。他认为：钟摆左右摆动，然后显示时间，这是一个原则，同时证明钟是活的。这个世界和人生都是如此，向左摆然后向右摆。只有摆动才能说明这个世界是活的。然而重要的是，在左右摆动中，摆动方法必须符合中庸之道。唯有左右摆动的幅度适当，组织才能繁荣兴盛。不能摆动得太大，也不能摆动得太小。这一思想揭示了两重原则：一是领导控制必须在组织稳定和组织活力之间寻求平衡；二是领导控制对象的动态行为必须有允许的活动空间和范围。

斯蒂芬·罗宾斯认为领导控制职能主要包括以下方面：

1）对人的控制

领导者要对组织成员的行为进行监督和评估，运用激励、奖励、惩罚和批评等手段进行强化和纠正，以保证组织成员的行为围绕组织目标而展开。

2）对财务的控制

为保证组织活动的顺利开展，领导必须对财务状况进行监控，保证组织的财力集中在核心业务上。

3）对信息的控制

信息的及时性和正确性直接影响了组织决策的正确性。对信息的控制就是建立顺畅的信息通道，保证领导者能接收到最新、最快、最准确的信息，以便及时作出反应。

4）对操作过程的控制

领导者要对劳动力、原材料等资源流向最终产品和服务的整个流程进行控制。操作过程中的质量很大程度决定了最终产品或服务的质量，因此，有必要控制操作过程，提高作业质量和效率。

5）对组织绩效的控制

组织绩效的控制关键在于建立一个科学的绩效考评机制，通过衡量实际绩效来对成员进行奖惩，这样有利于发现组织中存在的问题，提高组织绩效。

首先建立控制的标准；其次衡量实际绩效；最后分析偏差并予以纠正。这三个环节就构成了控制的三部曲。图1-1就是控制过程示意图。

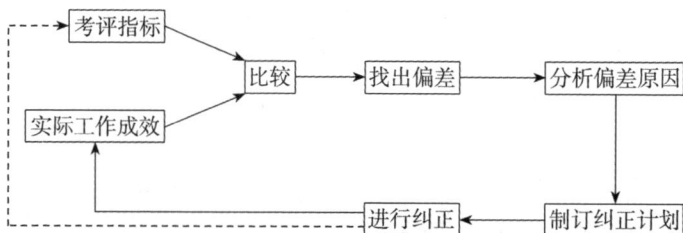

图1-1   控制过程示意图

通过控制，才能使领导活动成为一个首尾相连的闭环过程，没有控制，就意味着做事情有始无终，组织目标则难以达成。

1.4 领导的属性和特征

1.4.1 领导的两个属性

从领导的性质看，领导的属性主要包括自然属性与社会属性两个方面：

1）领导的自然属性

领导的自然属性产生于社会整体活动的自然需要，是由人们社会集体实践活动中的客观规律所决定的。领导的自然属性是指领导活动中的指挥和服从关系的属性。领导是社会共同劳动和共同生活的自然需要。人类改造世界的实践活动都是有意识、有目的、有组织地进行的，它需要领导者以统一的意志来引导、指挥、组织、协调、监督被领导者的思想、认识和行动。

2）领导的社会属性

领导的社会属性是指由社会生产方式决定的领导者与被领导者之间的经济、政治等利益的对立或者一致关系的属性。领导活动不仅是社会生产力发展的需要，而且是生产关系的表现。人们之间的政治关系与经济关系渗透于领导活动的全部过程之中，并决定着它们的社会性质，这就是领导的社会属性。领导的本质主要是由它的社会属性决定的。

在领导的双重属性中，社会属性占据主导地位，可以决定甚至改变自然属性，使其发生某种形式上的变化。

1.4.2 领导的特征

领导不同于其他类型的社会活动，有其自身的独特之处。领导具有如下特征：

1）权威性

从领导活动的成败及其效果来说，权威性是领导的首要特征。现代社会领导的权威性既来自合法性的确认，又来自其人格等凝聚性要素的同化力。对于现代社会的领导而言，其权威性构建在理性基础之上。因此，领导权威是一种理性权威，其特征在于它的合法性，在于其活动过程中表现的规章制度取向。人们对领导的理解局限于职位领导这一层面，就是过分注重合法性资源的缘故。领导活动的成功与否最终还是取决于人们对权威的接受与否。在权威接受的过程中，领导者的能力、学识与品德等凝聚性要素起到关键作用。领导活动的权威性绝不是凭借职权这一强制性要素建立起来的，它取决于这一强制性权威能否转化为一种自愿接受的权威。

2）动态性

领导是一个动态的行为过程。领导活动过程是领导者、追随者、领导目标和领导环境之间相互影响、相互作用的过程。因此，领导表现为领导者与追随者、领导环境之间的函数关系具有动态性的特征，用公式表示如下：

领导=f（领导者，追随者，领导环境）

3）超前性和战略性

超前性和战略性是对领导活动的特殊规定性。所谓超前性，就是领导者在决策、战略规划和确定发展方向等活动中具有超前性的思维方式，通过预测能力，提高决策的准确性、战略规划和发展方向的正确性。领导决策的正确与否是领导活动有效性的关键。如果没有这种超前性和战略性，必然会导致决策的盲目与混乱，最终致使组织陷入困境甚至消亡。

║║║链接 1-1

艾森豪威尔的英明决策

1944年6月4日，盟军集中45个师，1万多架飞机，各型舰船几千艘，即将开始规模宏大的诺曼底登陆作战。就在这关键时刻，在大西洋上的气象船和气象飞机却发来令人困扰的消息：未来3天，英吉利海峡将在低压槽控制之下，舰船出航十分危险。盟军最高统帅艾森豪威尔面对恶劣的英吉利海峡天气一筹莫展。盟军司令部的司令官们都知道，登陆战役发起的"D"日，对气象、天文、潮汐这三种自然因素条件也有要求。就在大家几乎束手无策时，盟军联合气象组的负责人、气象学家斯塔戈提出一份预报，有一股冷风正向英吉利海峡移动，在冷风过后和低压槽到来之前，可能会出现一段转好的天气。当时，联合气象组对6日的天气又作了一次较为详细的预报：上午晴，夜间转阴。这种天气虽不理想，但能满足登岸的起码条件。是利用近在眼前的短暂晴天，还是等待之后长达数天的大好天气？艾森豪威尔沉思片刻，果断作出最后决定："好，我们行动吧！"后来虽因天气不好，使盟军空降兵损失了60%的装备，汹涌的海浪使一些登陆战船沉没，轰炸投弹效果差，但诺曼底登陆作战一举成功，却是不可否认的事实。诺曼底登陆的成功，是第二次世界大战（简称二战）中至关重要的一次战役，它加速了法西斯的灭亡，缩短了二战的时间。

如果艾森豪威尔为找一个适合登陆的十全十美的好天气，而延期登陆，后果将不堪设想，诺曼底登陆很可能化为泡影，这将给战争带来难以估量的影响，战争结束时间将推迟，盟军会付出更多血的代价。从这个角度看，艾森豪威尔的决策无疑是正确的。

4）综合性

领导的综合性是由社会的劳动分工决定的。社会分工程度越高，需要领导担负起统领的程度就越高。现代社会中的利益多元化需要领导对各个群体的利益进行权衡综合。领导的综合性主要表现在两个方面：第一，领导内容的综合性。领导活动涉及决策、控制、组织、协调、沟通等诸多方面复杂的过程，涉及的领域极为广泛。第二，领导者素质的综合性。领导内容的综合性决定了领导者必须具备综合素质。

5）间接性

领导活动具有间接性，即领导活动和领导目标的关系是间接的。任何层次、任何群体中的领导活动都要依靠下属来实现领导目标，凡事亲历亲为的领导者从严格意义上来说，不能算是个最优秀的领导者，甚至是失败者。所以，领导者要用激励培训和沟通等手段来引导追随者，使其完成组织目标。

║║║链接 1-2

吴云民的领导哲学

安达总经理吴云民说，一个企业的总经理管得越细，这个企业就越没有希望。他认为，作为一个企业的老总，重点抓好两件事情：一是决策准确；二是给下属创造一个宽松的环境，使每一个人才有职有权有责。

可以说，吴云民的这种认识，是建立在他手下有一批高素质人才队伍基础上的。因而，又有了他用人坚持的两条原则：第一是敢于用；第二是放手用。进而，又使吴云民能够活得潇洒，决策事关全局的大事，用人就像交通警察一样使车辆走车行道，人走人行道，各行其是，各尽其责。他真正做到让自己的人才大胆地去开创各自工作的新局面。安达能吸引众多优秀人才，得力于一个干练的人事经理王瑾女士。当吴云民委任王瑾广招人才时，只讲了一句话："我不愁没有钱，只愁没有人；如果没有人才，有再多的钱，我们也没有办法去赚。"然后，便放手让王瑾去选人用人。心领神会的王瑾于不动声色中，反应敏捷而又审慎，性格矜持而又随和，处事细腻而又果断，配合总部完成了建立公司架构的工作。

1.5　领导与管理的比较

1.5.1　管理和领导概念的历史回顾

如果说20世纪是管理者的时代，那么21世纪将是领导者的舞台，然而，领导与管理究竟有什么不同？对这个问题的研究和回答已经刻不容缓。为此我们先来对管理和领导概念进行历史回顾。

1）管理概念的历史回顾

工业革命以前，没有形成清晰的管理概念。工业革命导致了生产力的飞跃发展，生产组织规模、形式日益复杂，为了驾驭迅速的变革和增长，使这种变革和增长形成有序的、高效的、稳定的理性结构，管理迅速成为相对独立于土地、劳动、资本的第四生产要素。人们对企业经济活动系统化的关注，以及泰罗的定量作业管理、法约尔的一般管理、韦伯的官僚组织原则为这一时期的管理概念的形成提供了基本的素材。

2）领导概念的历史回顾

作为学科范畴的领导概念比管理概念出现得晚。领导现象也与人类历史相伴始终，但工业革命前没有形成清晰的、科学的领导概念。工业革命推动了科学管理运动的发展。霍桑试验证明了"科学管理"的教条后，人们把注意力转向了对人际关系和人群之间的相互影响的研究，用行为科学的方法研究领导开始兴起。领导与管理这种区别是历史的自然过程。

最初的领导概念是由个性推论决定的，也就是说，领导者可以被塑造是因其具有与非领导者不同的个性。领导观念演变的第二阶段是找出那些与已经是领导人的可能有关的行为，领导方式的研究取代了领导素质的研究。随着领导职能观点的进化，出现了对描述领导职能的任意方式都不满意的情况，取而代之以权变。

1.5.2　领导与管理的区别

我们辨析了领导与管理的概念，为区分领导与管理开辟了良好的比较平台。领导和管理构成同一过程中既相互区别又相互补充的两个体系，它们各有其自身的功能和特点，见表1-2。

表 1-2　　　　　　　　　　　　　　　　管理和领导的比较

	管理	领导
职能	制订计划、预算，注重细节控制	形成理念，制定战略，注重全局把握
着眼点	维持秩序，保持稳定	关注未来，创新改革
权力基础	来源于职位权力，强大但脆弱	来源于人格魅力及影响力，强大且持久
贡献	创造利润	创造企业文化和价值观
素质	专业化方面的知识和技能	沟通能力、表达能力、协调能力、洞察力等

1）领导与管理的职能不同

管理是计划、预算、组织和控制某些活动的过程。这一过程或多或少要借助于科技和权威专家来进行，即管理表现为一套看得见的工具和技术。也就是说，在传统的管理活动中，人只是实现利润的工具而已。即使到了行为科学管理时代，人的地位的提高也只是相对于其他资源而言，仍然处于管理对象的地位。而领导通常定义为一个目标的实现过程，即领导者通过率领和引导等方式带领一部分人来实现一个或多个既定目标的过程，具有鲜明的人文特征。在这里，企业的价值沦为工具，人成为主体，领导者、追随者都是企业的主人。二者相比较，管理更规范、更科学，而且更普遍，是一门科学，但领导则表现出一定程度的多才多艺和灵活性，以适应不断变化和充满矛盾的需求，是科学与艺术的统一。

2）领导与管理的着眼点不同

管理强调维持目前的秩序，它的价值观建立在一个假设前提上，即现存的制度、法规是至高无上的。制度和法规的存在就是为了规范人们的行为，使其按照管理当局的愿望行事，不出问题、不出差错、不折不扣地服从命令，完成组织交代的任务。这就是优秀的管理。

霍斯特·舒尔茨和凯文·戴门德认为：领导的精华在于对前景的不断关注。这说明领导不同于管理，而强调未来的发展，其价值观可以这样描述：通过社会经济的持续增长，更好地满足人的需求，完善人格，提升人性，实现人生的价值。所以，管理过度将会导致墨守成规，强调短期利益，侧重回避风险，从而扼杀了组织的生机。只有积极进取的领导精神，才能重新给腐朽的组织注入新的活性因素，催发其生机，使其与时俱进。

管理是维持秩序，领导是变革，这是二者的一个根本区别。管理即执行决策，正确地做事，领导则是做正确的事情，与目标、方向有关。

3）领导与管理的权力基础不同

我国学者一般将权力定义为：一个人影响和改变他人心理和行为的能力，进而又将权力分成三个组成部分：职位权、专长权、个性权。因为职位权是法律或制度赋予的，所以其有强制性，专长权来自于知识和才能，个性权来自于品质和心理素质，二者缺乏强制性，它们的影响完全出于相对人的主动的内心认同，我们常说的领导魅力指的就是"专长权和个性权"。

管理者总是偏爱职位权的行使，不仅是因其具有强制性，容易达到控制的目标（往往适得其反），更在于他们本身缺乏专长权和个性权，也在于他们的目标就是简单维持秩序。

领导者不能偏爱职权的行使，他的目的是引导人们实现共同的目标，而这个目标不可能由领导一个人实现，因为这一目标的一部分具有不可替代性，比如完善人格、提升人性、实现人生的价值等。所以，领导者只能通过专长权、个性权，鼓励、引导人们，激发他们内在的动机，由其自主实现他们已经认同的愿景。

由于这一差别，管理者永远只能是现有制度的守护神，而领导者则是人们的精神领袖。管理者的权力看起来十分强大，其实非常脆弱，因为它不一定得到承认；领导者的权力看起来比较被动和弱小，其实非常强大持久，因为它得到人们内心的认同。但我们不能由此产生一个误会，认为领导者没有掌握职位权。

4）领导与管理的贡献不同

管理者缺乏进取精神，更由于缺乏才能和品质，他们充其量只能为企业守住从前的成果。最伟大、最成功的管理者会为企业创造什么？答案是"利润"。一旦企业失去了伟大的管理者，利润也就随之而逝。

领导者的主要贡献并非利润，而是为企业创造了"精神财富"。与其说张瑞敏拯救了海尔，使其扭亏为盈，为所有者和广大员工创造了巨额财富，不如说张瑞敏为海尔铸造了灵魂。可以肯定地说，如果张瑞敏现在离开海尔，海尔照样生机盎然，原因何在？因为张瑞敏的人生哲学已经转化成海尔的经营哲学，这是领导者为企业创造的最大财富。

5）领导和管理要求的素质不同

领导者要具备领导工作所要求的必需的知识和能力，这些能力主要包括决策能力、智慧协调能力、处理人际关系能力、人际沟通能力、人际交往能力、表达能力等。而管理者只需要具有专业化方面的知识和技能就行。管理者可以从大学专业教育中培养出来，走上工作岗位以后再进行竞争，在实践中学，在学中实践，不断反复，从中产生领导者。美国著名的管理学家扎莱兹尼克指出，管理者是一次出生的，领导者是两次出生的。

链接1-3

领头羊和牧羊犬

领头羊，本身也是羊，说到底和它所带领的羊是同种动物。羊群在领头羊之后，是充满信任地、心甘情愿地跟着它向前走。牧羊犬，本身是狗不是羊，羊群在它的驱赶下，以落伍为耻，争先恐后地往前涌。

领头羊发挥它的领导作用主要是靠道德信任和信用。它身先士卒，路上有陷阱，它会第一个掉下去，前面有岔路，它会凭经验做选择，因为它是最危险的，因而它是最有威望的。牧羊犬发挥它的领导作用，主要是靠法律、法规和规矩：它在后面不停地催，前面慢了，它赶到前面催，旁边散了，它追上去赶回来，方向错了，它拦在前面迫使羊群转向。

领头羊是靠"拉动"来带动羊群往前走的，它只管往前，后面的羊是否掉队它是不管的。领头羊跑多快，羊群就跑多快。牧羊犬是靠"推动"促使羊群往前走的，它不仅要管跑得快的，也要管跑得慢的，不能让一只羊掉队，否则无法向主人交代。羊群跑得多快，和牧羊犬有关系，但又不全有关系。

领头羊是从羊群优胜劣汰的竞争中脱颖而出的，因而具有天然的崇高威望，是"权"和"威"二者自然合一的。领头羊一定是其中体格最健壮、跑得最快、眼观六路、耳听八方、最为敏锐的。牧羊犬是经过培训出来的，它的权威是由羊群主人后来赋予的。如果主人不给它机会，它就没有了机会。因此，它一要忠诚，二要老实，三要听话，四要勤勉，五要对羊群凶。如此这般，才能胜任。

领头羊侧重于战略：要去什么地方，该怎么走，自己想明白了，就赶紧起程，无须商量，也不用管羊群在奔跑过程中的状况。所以，领头羊，一般被称为"战略型"领导者。

牧羊犬侧重于过程：羊群主人的意图要领会清楚了，然后，要保证每只羊都要到达目的地。奔跑过程中队形乱了，要管；速度慢了，也要管；方向错了，更要管。所以，牧羊犬一般被视为"运营型"管理者。

6）领导与管理的目标不同

领导是管理的灵魂，是高层次的管理。在组织的实践活动中，领导目标是战略性的宏观目标。领导具有整体性，看重综合效益，注重长远的和宏观的方面，如制订计划、协调部门之间的关系、控制活动的整体走向等。领导关注的是方向、前景和效果。管理关注局部，看重局部效率，注重近期的和微观的方面。管理目标主要是微观目标，如产量、利润、战术性商业策略、专业化管理模式、规范化的管理条例、定量化的效益分析等。管理关注的是效率、方法。

1.5.3　领导与管理的联系

在实践中，领导和管理之间的联系是紧密广泛的，并不是泾渭分明的，二者的区别也是相对的。领导者和管理者并不是根本上完全不同的两种人。许多管理学家在有些时候把管理和领导做同一意思看待，管理大师彼得·德鲁克就称管理有时就是领导。领导和管理的联系主要体现在以下方面：

1）领导是从管理中分化出来的

当社会达到一定规模时，就会产生对这种劳动进行"指挥"和"协调"的客观要求，并且必然分化出"领导"这样一个专门的社会职能。1841年10月5日，在美国东部纽约州与马萨诸塞州的伍斯特之间，两辆西方火车公司的客车迎面相撞。这一撞击事件引起了一场革命，在州议会的干预下，西方火车公司被迫进行了领导体制改革，实行了企业所有权、领导权与管理权的分离。这一变革标志着领导活动与管理活动相对脱离的新时代的开端。

2）领导和管理无论是在社会活动的实践方面，还是在社会科学的理论方面，都具有较强的相容性和交叉性

在现实生活中，管理者在从事管理工作的同时，也承担了领导工作，因此，很难将领导活动与管理活动从一个管理者的行为中严格地区分出来。领导与管理是一种相辅相成的关系，领导活动的目标只有在有效的管理之下才能实现；而管理能够行之有效也只有在正确的领导决策之下才能达到。而当今世界中，许多管理者已经具备了有效的领导者所必需的能力和素质。领导不能代替管理，它的作用范围应该是在管理之

外。通用电气的杰克·韦尔奇就是集优秀的管理和有效的领导于一身的代表之一。

对于组织而言，领导和管理同样重要，既需要管理来履行对顾客、股东、员工的义务，同时也需要强有力的领导来勾画未来、激励员工。只有有力的管理和有效的领导联合起来，才能带来满意的效果。有一份调查表明，当今的大多数美国公司都是管理过强而领导过弱。它们需要增强领导力，如图1-2所示。

领导

		弱	强
管理	强	很多	几乎没有
	弱	很多	很少

图1-2 当今的管理-领导混合矩阵

管理过分而领导不力，必然导致：强调短期行为，注重细节，回避风险，而较少注意到长期性、宏观性和风险性的战略，缺乏适应日趋变化的商业环境的能力；注重专业化，选择合适的人员从事各项工作，要求服从规章制度，很少注意整体性、联合群众和投入精神；过分强调控制、抑制，授权和鼓励不足。

在改进组织领导力的同时应该注意，过强的领导辅以过弱的管理同样不好，有时甚至还会更糟。领导有力而管理不足会导致：强调长期远景目标，而不重视近期计划和预算；产生强大的群体文化，缺乏体系和规则；鼓动那些不愿运用控制体制和原则的人集结到一起，导致状态失控。

成功的组织不会坐等领导者的到来，而是去主动寻求具有领导潜质的人，并将其安排在适当的职位以培训其领导能力，培育成一种领导-管理者。但不是所有人都既擅长领导又精通管理，有些人能够成为卓越的管理者却不能成为优秀的领导者；而有些人则具备杰出领导才能，但却不能成为强有力的管理者。成熟的组织对两种人要同样重视，且力图将两种人纳入同一个团队中。

1.6 学习领导学的意义

领导是一种特殊社会现象，这种社会现象具有不同于其他社会现象的独特性质。正是领导与其他社会现象的相对分离，才使领导学成为一门独立的学科。研究领导学，其目标就是帮助现实中的领导者培养科学的领导观念，提高领导水平，丰富领导经验。而现实中的领导者又以其丰富的实践活动和在实践中遇到的疑难问题为领导学的研究和发展提供宝贵的资料。二者相互渗透、相互作用，不断推动了领导学的发展。

认真透彻学习领导学可以达到如下效果：

1）纠正过去片面的错误理解，更新对领导学理论的认识

由于领导和管理存在相似性，长期以来多被人们混淆。此外，人们习惯于把领导和职位相联系，单纯地理解领导的权力是来源于职位，而忽略了领导是影响力的本质。学习领导学之后，我们自然会认清领导的本质，能够建立起科学的、完整的领导观。

2）提高领导能力，改善领导形象

领导学是一门实践性很强的学科，其中涉及很多领导方法和领导技巧，这些都来源于实践，同时也可以指导实践。灵活运用这些方法和技巧，可以得到事半功倍的效果。这样既可以改善领导形象，又可以提高领导能力。

3）感悟领导艺术，提升领导境界

领导学不仅是一门行为科学，更是一门充满权变性和灵活性的艺术。领导艺术来源于经验又高于经验，因此，学习领导学可以帮助人们充分感悟到领导艺术的魅力，丰富自身经验，提升领导境界。

本章小结

领导是以实践为中心展开的，由领导者根据领导环境和追随者的实际情况确定目标和任务，通过示范、说服、命令、竞争和合作等途径获取和动用各种资源，引导和规范追随者，实现既定目标，完成共同事业的强效社会工具和行为互动过程。

领导的基本要素包括领导者、追随者、领导目标和领导环境。领导可以理解为一个动态的过程，它是领导者、追随者、领导环境相互作用和相互结合以实现领导目标的过程。

领导的本质是一种影响力。影响力是一种追随，是一种自觉，是一种认同，是非制度化的。权力不等于影响力。

领导学是一门研究领导活动各个因素之间相互联系、相互作用的客观规律的有效运用的综合性科学。它的产生是社会化大生产的客观要求，现代社会纵向分工是它的推动力。领导学是对丰富的领导实践与朴素的领导思想的集成化、系统化和理论化。

领导职能是领导哲学的外在化，包括引导、指挥、组织、控制和协调五个方面。

领导有自然属性和社会属性，社会属性占据着主导地位，决定甚至改变自然属性，使其发生某种形式上的变化。领导的本质主要是由它的社会属性决定的。

领导具有权威性、超前性和战略性、动态性、综合性和间接性等特征，这些特征决定了它不同于其他类型的社会活动。

领导和管理二者之间既有区别又有联系：联系在于领导是从管理中分化出来的，领导和管理之间具有较强的相容性和交叉性；区别在于二者的职能不同、着眼点不同、权力基础不同、对组织的贡献不同、对二者素质要求不同以及目标不同。一个有效的组织对两种人要同样重视，且力图将两种人纳入同一个团队中。

学习领导学可以帮助我们改变对领导的认识，拓展理论视野；可以提高领导能力，改善领导形象；可以感悟领导艺术，丰富领导经验，提升领导境界。

本章案例

郭士纳的领导艺术

郭士纳 1993 年出任 IBM 的 CEO，2002 年荣退，改任 IBM 董事长，其间执掌 IBM 九年，使 IBM 起死回生，重振"蓝色巨人"的雄风。郭士纳虽然出身哈佛商学院 MBA，并长期担任大公司的 CEO，但不懂 IT 技术，在进入 IBM 之前也没有对 IT 企业的管理经验，那么，郭士纳凭借什么力量拯救了 IBM，使这头大象能翩翩起舞呢？

1）以文化变革带动公司变革

在传统上，IBM 不失为一个具有优秀企业文化的公司（比如老托马斯·沃森提倡的"基本信仰"：精益求精；高品质的客户服务；尊重个人），正是这些优秀的文化特质保证了 IBM 的持续卓越。但到郭士纳接任时，IBM 实际的组织文化显然已经脱离了这些基本信仰。唯因郭士纳不懂技术，所以他对 IBM 文化上的缺陷有着更敏锐的感触。以重塑 IBM 公司文化为切入点，郭士纳开始了他对 IBM 的整体变革。在上任初期，郭士纳通过两项文化变革使 IBM 公司风貌焕然一新。

一是消除对客户需求的冷漠，强化客户导向文化。郭士纳在其到任后的第一次客户会议上就宣布："将以客户为导向着手实施公司的优先性战略"，同时，"赋予研究人员更多的自由，让他们放开手脚实施以客户为基础的研究方案"。

在郭士纳的倡议下，IBM 还实施了"热烈拥抱"计划，要求 50 名高级经理在 3 个月内每人至少拜访一个大客户。郭士纳后来感到，"'热烈拥抱'计划是 IBM 公司文化变革的第一步"。

二是消除官僚习气和组织惰性，建立市场导向的变革文化。20 世纪 90 年代，IBM 的大企业病已十分严重，在复杂的四维矩阵组织结构下，各路诸侯醉心于划疆而治，热衷于权力和资源的内部争夺，整个 IBM 处于"霸权式的封闭状态"，员工的工作主动性丧失殆尽。

这种状态一方面分散了 IBM 对市场变化的专注力，使蓝色巨人对市场反应迟缓；另一方面，由于经营单元各自为政，不沟通、不协作，不仅出现了内部相互争夺客户甚至相互诋毁的恶劣现象，而且极大地限制了为客户提供"整合的服务"的能力。针对这种状况，郭士纳采取的措施是"整合"。"整合"的思想贯穿于郭士纳管理 IBM 的始终，是郭士纳最根本的领导思想，也是郭士纳在 IBM 推行力度最大的管理思想。

它是一套完整的体系，包括服务整合、技术整合、技术-服务整合、组织整合等，其中服务整合是整合的关键。重要的是，郭士纳不仅把整合作为一种追求的商业模式、一种战略方法，而且使整合成为 IBM 一种突出的公司文化。现在我们看到，基于整合思想的"系统解决方案"已经成为众多企业追求的商业模式和公众耳熟能详的语汇。正是从变革公司文化入手，郭士纳步步为营地重建着 IBM 的大厦，不断地将文化的力量转化为他及他的团队的领导力，从而走出了一条通过文化实施领导的创新之路。

2）以文化为本打造领导团队

领导团队是领导力的最重要载体。郭士纳实施文化领导的另一个重要手段是：以文化为本打造领导团队。郭士纳通过在"领导能力标准"中渗入所倡导的价值理念，使认同、恪行这些价值理念的合格经理人优先进入领导岗位，从而形成发挥文化领导力的核心力量。

一方面，郭士纳十分重视领导团队的建设，他曾说："如果你今天问我，什么是我在IBM任职期间自认为做得最出色的事，我会告诉你，这件事就是：打造IBM的领导班子。"另一方面，郭士纳显然是在"以文化取人"，他说："我把提升和奖励拥护新公司文化的高层经理当作我的首要任务。"在郭士纳亲自起草的《IBM领导模式》中，不乏价值理念的内容。

3）原则替代规则

郭士纳发现，所有高绩效的公司都是通过原则而不是程序来进行领导和管理的。组织决策者应该能够根据具体情况，"聪明、灵活和因地制宜地"将这些原则应用到实践中去。为此，郭士纳对整个IBM的组织程序进行了大刀阔斧的改革，只保留了寥寥几条组织程序、条例，而代之以崭新的IBM"8条原则"。

郭士纳把他亲自起草的这"8条原则"视为"IBM新文化的核心支柱"，以挂号信的形式邮寄给了IBM遍布全球的所有员工。为了将这些原则付诸实施，郭士纳采取了三个方面的有力措施。

一是提出了《行为变革要求》，明确了实施原则的目标导向。二是成立了"高级领导集团（SLG）"，为那些坚持"原则"的员工提供成为领导者的通道。该集团是一种柔性组织，成员资格不是基于职位，而是按照员工对IBM的实际贡献，"一个优秀的设计师、一个优秀的市场营销人员、一个优秀的产品开发人员，或许就可以和一个高级副总裁一样，成为一个领导人"。可见，"高级领导集团"的组建，本身就是原则性领导的产物。三是建立了新的绩效评价系统，所有员工每年围绕体现"8条原则"的"力争取胜、快速执行、团队精神"三个方面制定"个人业务承诺（PBCs）"，并制订具体行动计划。需要阐明的是，原则隐含着价值判断，或者说原则本身就是一套理念体系，因而原则性领导是基于价值理念体系的，在本质上是一种文化领导。郭士纳通过原则性领导的方式，将客户导向、创新、追求高绩效等理念融入执行之中，极大地提升了IBM的核心竞争力和实际绩效。

4）激励取代强制

在以文化为基础的领导方式中，下属的理念认同是实现领导有效性的关键。因此，沟通、授权等领导技巧具有比在传统领导方式下更加重要的意义。郭士纳非常注重沟通。他说："公司的变革需要CEO投入巨大的精力用于沟通、沟通、再沟通。如果没有CEO多年持续地致力于与员工进行当面沟通，而且是用朴素、简单易懂和有说服力的语言去说服员工让他们行动起来，公司就不会实现根本的变革。"甚至在他的自传中，郭士纳还不惜篇幅地收录了历年来他与员工们沟通的许多记录。郭士纳也非常注重授权等领导方式，正是他在这方面的苦心孤诣，才使彭明盛等一代新的领导者获得快速成长。

郭士纳始终清醒地认为：个人领导魅力是"组织变革过程中最为重要的因素"，因而他能够持之以恒地注意个人领导魅力的修炼和提高。郭士纳对个人领导魅力的内涵也有着深刻的见解，他认为：个人领导魅力是一种沟通、开放的态度，是一种经常性地、诚实地与自己的读者或听众交谈的意愿和智慧；最重要的是，个人领导魅力是一种激情，是追求事业的激情。为了加强自身及他的领导团队的领导魅力，郭士纳亲自制定了《IBM 的 CEO 所具备的条件》，并身体力行。

资料来源　谢勋鹏．郭士纳的领导艺术［EB/OL］．［2016-03-06］．http：//www.topbiz360.com/web/html/school/qiyeguanli/20130820/136846.html.

问题：

1.郭士纳作为一位领导者，其权力来源是什么？

2.结合案例说明领导的特征，并分析领导者与管理者的区别。

3.郭士纳具备哪些领导特质？他是如何胜任 IBM 领导角色的？该案例给你的启示是什么？

复习思考题

1.领导的基本要素有哪些？它们之间是什么关系？

2.领导的职能有哪些？其中控制职能包括几个方面？

3.请阐述领导学是如何产生与发展的。

4.请阐述领导具有何种属性和特征。

5.比较领导和管理，说明二者之间的区别和联系。

6.领导的本质什么？它的来源是什么？

7.领导有力而管理不足与管理过分而领导不力分别会导致什么状况？

8.学习领导学有何重要意义？

第 2 章

领导理论

学习目标

　　领导理论是领导学研究的理论基础。通过本章的学习，了解领导理论发展经历的三个阶段；了解领导特质理论的观点和特质理论的两个阶段；理解和掌握具有代表性的领导行为理论与领导权变理论的主要观点和内容；了解在组织领导方面的最新观点。

2.1　领导理论发展的三个阶段

　　领导理论是西方学术界的产物，把领导活动纳入到科学的研究程式中，试图通过一些实证式的研究和逻辑化的推理，得出一些普遍性的结论，是西方领导理论的一个重要特色。但是，不可否认的是，在不同时期的领导理论和不同类型的领导理论之间，有许多相互对立的成分。尽管如此，领导理论的形成与发展还是为我们理解领导这一特殊的社会现象提供了许多富有价值的概念和范例。

　　由于领导总是与特定的领导者联系在一起的，因此大多数人对领导的理解首先是从领导者这一核心要素入手的。随着人际关系学派理论的产生，人们开始透过体制性要素，试图从人际关系、感情结构等视角去理解领导。当菲德勒的领导权变理论产生以后，人们便把环境因素纳入进来，试图从组织和外在环境的互动的角度来理解领导的含义，这样，就产生了如下三种对领导的不同理解。

　　第一，从领导特质的角度去理解领导。由于领导总是首先与领导者联系在一起的，因此以领导者为中心，探讨领导者不同于其他人的特质，便成为人们理解领导的历史起点和理论起点。也就是说，领导者具有不同于非领导者的独特个性，技术能力、智力、精力、诚信，以及高大的身躯、聪颖的头脑、勇敢的气魄便成为领导者的个性特征。显然，特质论的总体特征是以领导者为中心的。这一时期的理论分为前后紧密相连的伟人论（great man theory）和特质论（traits theories of leadership）两个阶段。

　　第二，从人际关系、感情因素的角度去观察领导。持这种观点的人认为，领导是对组织内群体或成员施加影响的活动过程，是一门促使下属满怀信心地完成其任务的艺术，是一种说服他人热心于一定目标的努力。这一理解与孔茨所界定的"领导是一门促使其部属充满信心、满怀热情来完成任务的艺术"是一脉相通的。

　　第三，从组织所处的环境这一角度去观察领导。持这种观点的人认为，领导是如何使行政组织有效地适应外在环境以维持生存和发展的一项活动。正如权变理论的创始人菲德勒所说："'权变模型'意味着领导科学领域中一个划时代的变革，它使领导科学的研究从无益地寻找最佳的领导风格、最佳的领导行为或最佳的管理哲学中解脱出来，使人们转而去寻找这样的条件——在这些条件下各种风格、行为和哲学都可能是适宜的和有效的。"

　　与以上对领导的三种理解相联系，西方的领导科学理论大致经历了特质论、行为论和权变论三个阶段。当然，这三个阶段在时间上并非是截然分开的，我们可称之为三个主要研究方向或三种研究类型。

　　第一，特质论阶段。从 20 世纪初到 20 世纪 40 年代，研究的重点在于领导者个人的素质、品质和个性特征，形成了领导的特质理论。领导的特质理论认为，一个领导者只要具备了某些优秀的个人特性或素质，就能有效地发挥其领导作用，研究领导问题主要就是研究领导者应当具有哪些优秀品质和能力，并试图以此来培养、选拔和考核领导者。

第二，行为论阶段。20世纪40—60年代，随着行为科学的兴起，领导研究的重点开始从领导者应具备哪些特质转向领导者应当如何行事方面，形成了领导行为理论。它主要研究领导者的哪些行为会有助于他进行有效的领导。行为理论认为只有那些行为上表现为既关心生产（工作）又关心个人（下属）的领导者才是最有效的。换言之，那些天资绝顶的人不一定会成为领导者，真正决定一个人能否成为领导者的因素是他的行为。行为论主要体现在美国的俄亥俄州立大学和密歇根大学的研究成果之中。其大致观点是，有效的领导者应该是那些适应性强的人，就是那些能考虑到自己的能力、下属的能力和需要完成的任务，并能将权力下放的人。领导者不应该仅在严格的"集权"或"民主"这两极之间进行选择，而是要有足够的灵活性，不断调整自己的行为选择，应对不同的情况，这一倾向促使了权变理论的产生。

第三，权变论阶段。由于特质论和行为论都忽视了领导者所处情境对领导效能的影响，因此刻意追求最佳的领导特质和行为模式的做法并没有把环境因素考虑在内，于是在20世纪60年代之后，进入了第三个阶段，即权变论阶段。提出这一理论的菲德勒认为无论领导者的人格特质或行为风格如何，只有领导者使自己的个人特点与领导情境因素相"匹配"，他才能成为一个优秀的领导者。权变论把客观情况与领导行为的相互作用视为领导活动能够成功的关键所在。

在20世纪80年代以来领导理论的发展中，表现出截然相反的两种倾向：一是强调领导者个体特质。例如归因理论、魅力领导理论、变革型领导理论等范式，都具有向特质论回归的倾向。同时，也出现了与强调领导者个人特质相反的另外一条路径，这就是与信息化、新经济以及全球化浪潮相对应的团队领导、自我领导和超级领导等理论范式。大量的领导替代品的出现，使"人人都可以成为领导者""自我管理与自我领导"的观念开始深入人心。这一倾向对传统领导理论的打击是致命的。但是，这一打击是否能够彻底颠覆传统的领导理论体系，还是一个疑问。20世纪80年代以来出现的强化领导者作用和弱化领导者作用这两种截然相反的倾向，说明领导理论的发展正处于一个关键阶段，也说明人们对领导现象的认识正在逐步走向深入。

2.2　领导特质理论

领导特质理论是指研究领导者的个人特性对领导成败的影响。西方研究领导者素质的成果被叫作"领导特质理论"，它集中回答这样的问题：领导者应该具备哪些素质？怎样正确地挑选领导者？这种理论首先是由心理学家开始研究的，他们的出发点是：根据领导效果的好坏，找出好的领导者与差的领导者在个人品质或特性方面有哪些差异，由此确定优秀的领导人应具备哪些特性。研究者认为，只要找出成功领导人应具备的特点，再考察某个组织中的领导者是否具备这些特点，就能断定他是不是一个优秀的领导人。这种归纳分析法成了研究领导特性的基本方法。

特质理论按其对领导品质和特性来源所做的不同解释，可分为传统特质理论（伟人论）和现代特质理论。传统特质理论认为领导者所具有的特性和品质是天生的，是由遗传决定的，现在已很少有人赞同这样的观点。现代特质理论认为领导者的特性和品质是在实践中形成的，是可以通过教育训练培养的。

下面介绍一些主要的有代表性的领导特质理论研究成果。

2.2.1 斯托格蒂尔的六类领导特质论

美国俄亥俄州立大学工商研究所的斯托格蒂尔（R.M.Stogdill）教授把领导特质归纳为六大类：

（1）身体特性，如精力、身高、外貌等。迄今，这方面的发现还是很矛盾的，不足以服人。

（2）社会背景特性，如社会经济地位、学历等。这方面的发现也缺乏一致性和说服力。

（3）智力特性，如判断力、果断性、知识的深度和广度、口才等。研究确实发现成功的领导者在这些方面较突出，但相关性还较弱，说明还必须考虑一些附加因素。

（4）个性特征，如适应性、进取性、自信、机灵、见解独到、正直、情绪稳定、不随波逐流、作风民主等。这些特征已被证明具有一定的相关性。

（5）与工作有关的特性。有些特性已经被证明具有积极的结果，如高成就需要、愿意承担责任、毅力、首创性、工作主动、重视任务的完成等。

（6）社交特性。研究表明，成功的领导者具有善交际、广交游、积极参加各种活动、愿意与人合作等特点。

2.2.2 包莫尔的领导特质论

美国普林斯顿大学包莫尔（W.J.Baumol）提出了作为一个企业家应具备的十个条件，颇具代表性。

（1）合作精神，即愿与他人一起工作，能赢得人们的合作，对人的管理不是靠强迫，而是靠感动和说服。

（2）决策能力，即依赖事实而非想象进行决策，具有高瞻远瞩的能力。

（3）组织能力，即能发掘部属的才能，善于组织人力、物力和财力。

（4）精于授权，即能大权独揽，小权分散。

（5）善于应变，即机动灵活，善于进取，而不抱残守缺、墨守成规。

（6）敢于求新，即对新事物、新环境和新观念有敏锐的感受能力。

（7）勇于负责，即对上级、下级和产品用户及整个社会抱有高度的责任心。

（8）敢担风险，即敢于承担企业发展不景气的风险，有创造新局面的雄心和信心。

（9）尊重他人，即重视和采纳别人的意见，不盛气凌人。

（10）品德高尚，即品德上为社会人士和企业员工所敬仰。

2.2.3 鲍尔的领导特质论

麦肯锡公司创始人之一马文·鲍尔（Marvin Bower）在他 1997 年出版的《领导的意志》中指出，领导者必须有以下十四种品质：

（1）值得信赖。值得信赖就是行动上的正直。他特别指出：一个想当领导者的人应当永远说真话，这是赢得信任的良好途径，是通向领导之门的入场券。

（2）公正。公正和可信任是联系在一起的。办事不公正对领导者来说是特别严重的问题，因为他为其他人开了先例。

（3）谦逊的举止。傲慢、目中无人和自高自大对领导来说是有害的，而随和和不拘礼节对领导层的文化来说则是有益的。但真正的领导者决不会虚伪地谦逊，他们只是在举止中做到谦逊。

（4）倾听意见。领导在讨论时过早地发表自己的意见，会关闭学习的机会。倾听意见时不仅要注意听，也包括做简短的、非引导式的提问。这种表示感兴趣和理解的态度，并不一定意味着同意。只有善于倾听，领导者才能在其他人之前获悉人们尚未察觉的问题和机会。

（5）心胸宽阔。有些领导者心胸不宽阔的原因在很大程度上要归咎于命令加控制的体制。全权的首席执行官（CEO）容易变成自我信徒和指挥他人的长官，这很容易令人陶醉和自我满足。自信是一个优点，但过分自信会导致自我吹嘘，甚至骄傲自大，这势必使心胸紧闭。如果一家公司的CEO和各级领导者都能心胸宽阔，对下属出的主意，凡是认为有用的，都准备予以考虑和采纳并付诸实施，那么公司就能获得巨大的竞争优势。

（6）对人要敏锐。领导者应养成能够推测人们内心想法的能力。如果了解人们内心的想法，领导者就能够更好地说服他们。对人敏锐也意味着领导者对人们的感情是敏锐的，领导者对人要谦和、体贴、理解、谨慎，对人说的话不会令人沮丧，除非是有意的批评。

（7）对形势要敏锐。这里所说的形势不是指经济形势、政治形势等宏观形势，而是指工作中发生的各种各样的情景。领导者要善于对事实进行仔细的分析并作出客观的评价，同时要敏锐地觉察有关人员的情感和态度。

（8）进取。进取心是任何领导者都应具备的最重要的品质之一。

（9）卓越的判断力。领导者要能把确定的信息、可疑的信息和直观的推测结合起来，从中得出结论，而日后事情的发展证明这种结论是正确的。行动中的判断力包括：有效地解决问题的能力、制定战略的能力、确定重点以及直观和理性的判断，而最重要的一点是，判断力也包括对合作者和对手的潜力进行评估的能力。

（10）宽宏大量。领导者要能容忍各种观点，肯宽恕微小的离经叛道行为，还要能不为小事所干扰，肯原谅小的过错，平易近人。

（11）灵活性和适应性。这是同心胸宽阔、肯倾听意见相联系的。领导者要思想开放，清醒地根据形势的需要不断加以改进，这样他们才能更快地发现需要变革的地方，实施并适应变革。

（12）稳妥而及时的决策能力。这就是说，领导者要能把握好决策的速度和质量。

（13）激励人的能力。领导者要能通过榜样、公正的待遇、尊重、持股、分红等形式让员工获得满足感，从而激励员工采取行动，增强他们的信心。

（14）紧迫感。领导者有了紧迫感，就能为员工树立榜样。当紧迫感传遍整个组织时，在效果和效率上就会有很大不同，必要时也更容易加快速度。这在竞争激烈的环境里是很重要的。

2.2.4 德鲁克的领导特质观

德鲁克在《有效的管理者》一书中指出："一般而言，管理者都具有很好的智力、很好的想象力和很好的知识水准。但是一个人的有效性，与他的智力、想象力之间，几乎没有太大的关联。有才能的人往往最为无效。这是因为他们没有领略到才能本身并不就是成就。他们不知道，一个人的才能，唯有透过有条理、有系统的工作，才能有效。"

他的结论是："有效的管理者，他们之间的差别，就像医生、教员和音乐家一样各有不同类型。至于无效的管理者，也同样各有不同类型。因此，有效的管理者与无效的管理者之间，在类型方面、性格方面以及才智方面，是很难区别出来的。""有效性是一种后天的习惯，是一种实务的综合。而既然是一种习惯，便是可以学会的，而且必须靠学习才能获得。"他认为一个优秀的管理者必须具备以下主要习惯：

（1）善于处理和利用自己的时间，要把认清自己的时间用在什么地方作为起点。

（2）注重贡献，确定自己的努力方向。他们并非为工作而工作，而是为成功而工作。

（3）善于发现和用人之所长，包括他们自己的长处、上级的长处和下级的长处。

（4）能分清工作的主次，集中精力于少数主要的领域，在这少数主要的领域中，如果能有优秀的绩效就可以产生卓越的成果。

（5）能作有效的决策，他们知道如何作出有效的判断。

2.2.5 其他学者的观点

西方学者曾经提出"六C"标准，对领导特质进行了这样的概括：

（1）可信（conviction）：一个人对他（或她）的幻想表现出明显的激情和承诺。

（2）品质（character）：一贯地表现出正直、诚实、尊重和信任。

（3）关心人（care）：表现出对其他人的人身和职业安全的关心。

（4）勇气（courage）：具有维护自己的信仰，接受他人的挑战，承认错误和必要时改变自己行为的勇气。

（5）沉着（composed）：一贯地表现出合适的情绪反应，尤其是在困难或危急时刻。

（6）能力（competence）：不仅应该熟练掌握一些硬件技能，如技术上和职务上令人满意的专业技能，还应该熟练掌握一些软件技能，如处理人际关系、互相沟通、团队合作和组织的技能。

也有人提出了"七C"标准，即沟通（communication）、信心（confidence）、品质（character）、综合（comprehensive）、可信（conviction）、勇气（courage）与能力（competence）。

2.2.6　我国对领导者素质的研究

我国从 20 世纪 80 年代初开始，也对领导者的素质理论进行了一系列的研究，许多专家学者和人事部门的领导同志都撰写文章指出领导者应具有的素质。概括起来看，优秀的领导者的素质应包括四大方面，即政治素质、知识素质、能力素质和身体素质。

1）政治素质

政治素质是对领导干部在政治方向、政治立场、政治品德和思想作风方面的要求，主要包括思想观念、价值体系、政策水平、职业道德、工作作风等方面。具体说来，一个领导应具备：（1）正确的世界观、价值观与人生观。（2）现代化的管理思想。（3）强烈的事业心、高度的责任感和正直的品质。（4）实事求是、勇于创新的精神。

2）知识素质

合理的知识结构，是领导必备的基本条件，包括：（1）社会主义市场经济的基本运行规律和基本理论。（2）管理的基本原理、方法、程序和各项专业管理的基本知识。（3）社会学、心理学、人才学和公共关系学等方面的知识。（4）具有广泛的科学知识以及较深厚的相关专业知识。

3）能力素质

领导活动是一种综合的实践活动，因而对能力素质的要求较高。在掌握各种知识的基础上，领导者要通过不断探索，培养自己高超的工作能力，以应对自如地开展工作。

能力素质主要包括以下几方面：（1）统筹兼顾的筹划能力。（2）决断能力。（3）组织、指挥和控制能力。（4）沟通、协调组织内外各种关系的能力。（5）不断探索和创新的能力。（6）知人善任的能力。

4）身体素质

身体素质即人的健康状况。领导者的工作一般总是艰巨和繁重的，如果没有好的身体素质，心有余而力不足，就无法胜任工作。健康的身体又是领导者具有足够的智慧、敏捷的思维和旺盛的精力的基础。因此，领导者必须具有强健的体魄、充沛的精力。

综合国内外学者对领导特质的研究结果，领导者应具有的个性特征大致可以分为以下几类：

（1）身体特征，包括体力、年龄和身高等；

（2）背景特征，包括教育背景、社会经历和社会关系等；

（3）智力特征，包括知识、智商和判断分析能力等；

（4）个性特征，包括热情、自信、独立性和外向等；

（5）工作中具有的特征，包括责任感、首创性和事业心等；

（6）社会特征，包括声誉、合作性和指挥领导能力等。

还有一些类似的研究，但是特性理论并未取得多大的成功，有人认为它不是一种研究领导的好方法。其原因是：（1）各研究者所列领导特性包罗万象，说法不一且互相矛盾。某一项研究结果认为，某一性格特征与改进效率有积极联系，而另一项成果则认为其是消极的或根本无联系。（2）这些研究都是描述性的，并没有说明领导者应在多大程度上具有某种品质。（3）并非一切领导者都具备所有这些品质，而许多非领导者则可能具备大部分或全部这样的品质。

但是这些理论并非毫无用处，一些研究表明，某些个人品质与领导的有效性之间确实存在着相互联系。例如，一些研究发现领导者确实具有高超的才智、广泛的社会兴趣、取得成功的强烈欲望，以及对职工的极端关心和尊重。另一些研究则发现个人的才智、管理能力、首创性、自信以及个性等，与领导的有效性有重要的关系。另外，这个理论系统地分析了领导者所应具有的能力、品德和为人处世的方式，向领导提出了要求和希望。这对我们培养、选择和考核领导者是有帮助的。

2.3 领导行为理论

由于在领导特质论的研究中，未能取得预期的效果，研究者们开始把目光转向领导者表现出来的行为上，希望通过对领导者行为的研究找出领导者行为与领导效果之间的关系。领导行为理论有多种，我们主要介绍其中的几种理论，即勒温的三种领导方式理论、领导行为连续统一体理论、领导行为四分图理论、管理方格理论以及利克特的管理系统理论。

2.3.1 勒温的三种领导方式理论

关于领导方式的研究最早是由美国依阿华大学的研究者、著名心理学家勒温（P. Lewin）进行的，他通过试验研究不同的领导方式对下属群体行为的影响，把领导者在领导过程中表现出来的极端工作风格分为三种：专制型领导、民主型领导和放任自流型领导。

1）专制型领导

所谓专制型领导，是指只关注工作目标、工作任务和工作效率，以力服人的领导风格，即靠权力和强制命令让人服从。其特点是：

（1）独断专行，从不考虑别人意见，所有的决策都由领导者自己决定。

（2）从不把任何消息告诉下级，下级没有任何参与决策的机会，而只能察言观色、奉命行事。

（3）主要依靠行政命令、纪律约束、训斥和惩罚进行领导工作，只有偶尔的奖励。有人统计，具有专制作风的领导人和别人谈话时，有60%左右的谈话采取命令和指示的口吻。

（4）领导者预先安排好一切工作程序和方法，下级只能服从。

（5）领导者很少参加群体的社会活动，与下级保持相当的心理距离。

2）民主型领导

所谓民主型领导，是指那些以理服人、以身则人的领导风格。他们使每个人都作出自觉的、有计划的努力，各施其长，各尽所能，分工合作。其特点是：

（1）所有的政策是在领导者的鼓励和协作下由群体讨论而决定的，而不是由领导单独决定的。政策是领导者和其下级共同智慧的结晶。

（2）分配工作时尽量照顾个人的能力、兴趣和爱好。

（3）对于下属的工作，不安排得那么具体，个人有相当大的工作自由度、较多的选择性与灵活性。

（4）主要依靠个人的权力和威信，而不是靠职位权力和命令使人服从。谈话时多使用商量、建议和请求的口气，下命令仅占5%左右。

（5）领导者积极参加团体活动，与下级无任何心理上的距离。

3）放任自流型领导

所谓放任自流型领导，是指工作事先无布置，事后无检查，权力完全给予个人，一切悉听尊便，毫无规章制度可言。

勒温在试验中发现：在专制型领导的团体中，各团员的攻击性言论很多，而在民主型领导的团体中，则彼此比较友好；在专制型领导的团体中，成员对领导者服从，但表现自我或引人注目的行为多，在民主型领导的团体中，则彼此以工作为中心的接触多；专制型领导的团体中的成员多以"我"为中心，而民主型领导的团体中"我"字使用频率较低且有"我们"的感觉。当试验导入"挫折"时，专制型领导的团体中的成员彼此推卸责任或进行人身攻击，民主型领导的团体中的成员则团结一致，试图解决问题；当领导者不在场时，专制型领导的团体中的成员工作动机大为降低，也无人出来组织作业，民主型领导的团体中的成员则像领导在场一样继续工作；专制型领导的团体中的成员对团体活动没有满足感，民主型领导的团体中的成员则对团体活动有较高的满足感。

勒温根据试验得出的结论是：以上三种领导方式中，放任式的领导方式工作效率最低，只能达到组织成员的社交目标，但完不成工作目标；专制式的领导方式虽然通过严格管理能够达到既定的任务目标，但组织成员没有责任感，情绪消极，士气低落；民主式的领导方式工作效率最高，不但能完成工作目标，而且组织成员之间关系融洽，工作积极主动，富有创造性。

2.3.2   领导行为连续统一体理论

美国管理学家坦南鲍母（R.Tannenbaum）与施密特（W.H.Schmidt）在1958年的《哈佛商业评论》上发表了《怎样选择领导模式》一文，提出了"领导行为连续统一体"理论。他们指出领导行为是包含了各种领导方式的连续统一体，在独裁式的领导行为和民主式的领导行为两种极端的领导方式中间还存在着多种领导方式。他们在其模型中列举了七种有代表性的领导风格，模型如图2-1所示。

图2-1的左端是独裁型的领导行为，右端是民主型的领导行为，这是两个极端。之所以形成两个极端，首先，基于领导者对权力来源和人性的看法不同。独裁型的领导者认为权力来自于职位，人生来懒惰而没有潜力，因而一切决定均应由领导者亲自作出；而民主型的领导者则认为，权力来自于群体的授予和承认，人受到激励时能自

	以领导者为中心					以下属为中心	

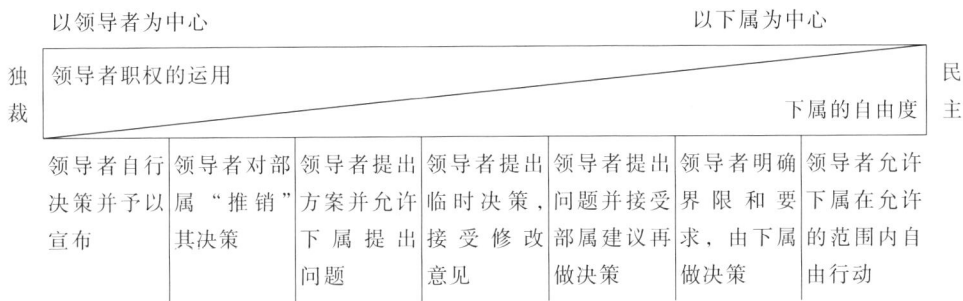

图 2-1 领导行为连续统一体

领导者自行决策并予以宣布	领导者对部属"推销"其决策	领导者提出方案并允许下属提出问题	领导者提出临时决策，接受修改意见	领导者提出问题并接受部属建议再做决策	领导者明确界限和要求，由下属做决策	领导者允许下属在允许的范围内自由行动

觉、自治、发挥创造力，因此可以集体决策。其次，独裁型领导者比较重视工作，并运用权力，支配影响下级，下属的自由度较小；而民主型领导者重视群体关系，给予下属以较大的自由度。如图 2-1 所示，领导行为连续统一体模型中从左至右，领导者运用的职权逐渐减少，下属的自由度逐渐加大，从以工作为重逐渐变为以关系为重。图 2-1 的下方依据领导者把权力授予下属的程度不同、决策的方式不同，形成了一系列领导方式。可供选择的领导方式不是仅民主与独裁两种，而是多种。

坦南鲍姆与施密特认为，说不上哪种领导方式是正确的，哪种方式是错误的。领导应当根据具体情况，考虑各种因素选择图中的某种领导行为。在这个意义上，领导行为连续统一体也是一种情境理论。何种领导方式合适，取决于领导者、被领导者和情境。影响领导者选择领导方式的因素有：

（1）领导者方面，包括领导者自己的价值观念、对下属的信任程度、领导个性等。

（2）下属方面，包括下属人员对独立性的需要程度，是否愿意承担责任，对有关问题的关心程度，对不确定情况的安全感，对组织目标是否理解，在参与决策方面的知识、经验、能力等。

（3）组织环境方面，包括组织的价值标准和传统、组织的规模、集体的协作经验、决策问题的性质及其紧迫程度等。

领导行为连续统一体理论从权力的来源和应用、部属参与决策的程度，划分出多种领导行为，这对我们研究领导方式是有益的。但是在图 2-1 中把独裁和以工作为重、将民主和以关系为重联系在一起，并且等同起来，将领导的职权与下属的自由度互相对立起来，而且仅从领导的决策过程、群众的参与程度来划分领导方式，这些都是不全面的。

2.3.3 领导行为四分图理论

1945 年，美国俄亥俄州立大学工商研究所在罗尔夫·M.斯托格蒂尔（Ralph M. Stogdill）和卡罗·H.沙特尔（Carroll H.Shartle）两位教授的领导下，开展了对领导行为的研究。开始时，研究者列出了 1 000 多种描述领导行为的因素，然后经过反复筛选、归纳，最后概括为"结构维度"和"关怀维度"两大主要因素。

"结构维度"是以工作为中心，指的是为了实现工作目标，领导者界定和构造自己与下属角色的程度，包括进行组织设计，制订计划和程序，明确职责和权力，确定工作目标和要求，制定工作程序、方法和规章制度，给下属分配任务等。

"关怀维度"是以人际关系为中心，指的是领导者在工作中尊重下属的看法与情感并与下属建立相互信任的程度，包括营造相互信任的气氛，尊重下级的意见，注重下级的感情和问题等。

根据这两类因素，他们设计了"领导行为调查问卷"，每类列举了15个问题，分发调查。根据结果发现，两种领导行为在一个领导者身上有时一致，有时并不一致，因此他们认为领导行为是这两种行为的具体组合，领导者的行为可以用两维空间的四分图来表示，如图2-2所示。

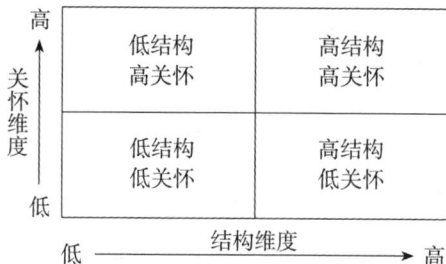

图 2-2   俄亥俄州立大学的领导行为四分图

从图2-2可以看出：

（1）低结构、低关怀的领导既不关心人，又不重视组织。

（2）高结构、低关怀的领导对组织的效率、工作任务和目标的完成都非常重视，但忽视人的感情和需要，是以工作任务为中心的领导方式。

（3）低结构、高关怀的领导对人十分关心，对组织却缺乏关心，是以人为中心的领导方式。

（4）高结构、高关怀的领导把对人的关心和对组织的关心放在同等重要的地位，既能保证任务的完成，又能充分满足人的需要，是最为理想的领导方式。

四分图理论的提出者认为，一位两方面都高的领导人，其工作效率及领导的有效性必然较高。大量的后续研究发现，一个对工作组织和对人的关心程度均高的领导者（高-高型领导者）常常比其他三种类型的领导者更能使下属达到高绩效和高满意度。不过，高-高型风格也并不总是产生积极的效果。研究者也发现了足够的例外情况表明在领导理论中还需加入情境因素。

2.3.4   管理方格理论

管理方格理论（management grid theory）是研究企业的领导方式及其有效性的理论，是由美国得克萨斯大学的行为科学家罗伯特·布莱克（Robert R.Blake）和简·莫顿（Jane S.Mouton）在1964年出版的《管理方格》一书中提出的。这种理论倡导用方格图表示和研究领导方式，如图2-3所示。

他们认为，在企业管理的领导工作中往往出现一些极端的方式，或者以生产为中心，或者以人为中心，或者以 X 理论为依据而强调靠监督，或者以 Y 理论为依据而强

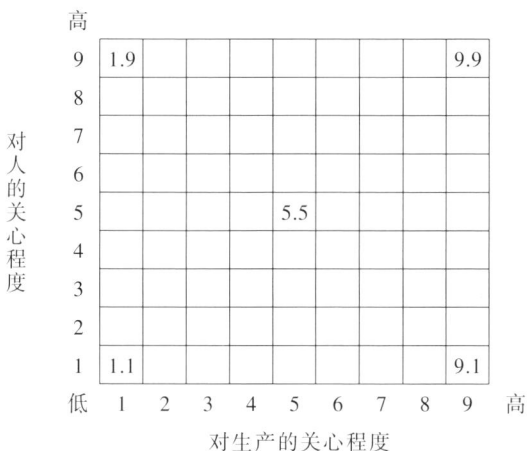

图 2-3 管理方格图

调相信人。为避免趋于极端，克服以往各种领导方式理论中的"非此即彼"的绝对化观点，他们指出：在对生产关心的领导方式和对人关心的领导方式之间，可以有使二者在不同程度上互相结合的多种领导方式。为此，他们就企业中的领导方式问题提出了管理方格法，使用自己设计的一张纵轴和横轴各 9 等份的方格图。横轴代表了对生产的关心程度，纵轴代表了对人的关心程度。第 1 格表示关心程度最小，第 9 格表示关心程度最大。全图总共 81 个小方格，分别表示"对生产的关心"和"对人的关心"这两个基本因素以不同比例结合的领导方式。

在评价领导者时，可根据其对生产的关心程度和对员工的关心程度，在图中寻找交叉点，这个交叉点的方格就是他的领导倾向类型。罗伯特·布莱克和简·莫顿在管理方格中列出了五种典型的领导方式。

（1）1.1 型管理方式亦称为贫乏型管理方式（impoverished management）。领导者既不关心人，也不关心生产，用最小的努力来完成任务和维持人际关系。

（2）1.9 型管理方式亦称为俱乐部型管理方式（country club management）。领导者不关心生产和工作，主要关心人，组织内员工们都轻松地工作、友好地相处，但是实现组织目标却十分困难。

（3）9.1 型管理方式亦称为任务型管理方式（task management）。领导者十分关心生产和工作，不关心人，注重有效的组织和安排生产，而将个人因素的干扰减少到最低程度，以求得到效率。

（4）9.9 型管理方式亦称为团队型管理方式（team management）。领导者既十分关心人，也十分关心生产，善于把组织集体的目标和个人目标之间有机地结合起来，通过相互配合、相互信赖和尊重来达到组织的共同目的，并建立起良好的人际关系。这是最有效的一种管理方式。

（5）5.5 型管理方式亦称为中庸之道型管理方式（middle-of-the-road management）。这种领导方式对人的关心度和对生产的关心度虽然都不高，但是能保持平衡。领导者能维持足够的生产效率和士气，但是创新不够。

　　布莱克和莫顿认为9.9型的领导方式是最有效的，领导者应该客观地分析组织内外的各种情况，努力创造条件，将自己的领导方式转化为9.9型，以求得最高的效率。这种管理方格理论对于培养领导者是有效的工具，它提供了一个衡量领导者所处的领导形态的模式，使领导者较清楚地认识到自己的领导方式，并指出了改进的方向。

2.3.5　利克特的管理系统理论

　　在俄亥俄州立大学研究的同期，密歇根大学的伦西斯·利克特（Rensis Likert）教授等人也在进行着相似性质的研究，他们也把领导行为划分为两个维度：员工导向和生产导向。员工导向的领导者重视人际关系，他们总会考虑到下属的需要，并承认人与人之间的不同。生产导向的领导者更强调工作的技术或任务事项，主要关心的是群体任务的完成情况，并把群体成员视为达到目标的手段。

　　利克特从员工导向与生产导向两个维度研究领导行为，提出了四种管理方式：剥削专制型、温和专制型、协商民主型、参与民主型。他赞同领导者采用参与民主型管理方式，主张领导者要考虑下属的处境、想法和期望，支持职工实现目标的行为，让员工认识到自己的价值和重要性。由于领导者支持员工，因而能激发员工对领导者采取合作的态度和抱有信任感，支持领导者，因而利克特的理论也被称为支持关系理论。

1）剥削专制型

　　管理者对下属不信任，很少让下属参与决策。大部分的决策和组织目标都是由高级管理阶层决定并向下推行。下属被迫在恐惧、威胁、处罚之下工作，报酬不多，至多只能满足生理需要、安全需要。上下级之间信息交流很少，即使有些信息交流，也是在恐惧和互不信任的气氛中进行的。在这种制度下，最易形成与正式组织的目标相对立的非正式组织。

2）温和专制型

　　管理者对下属有一种类似于主仆关系的信心和信赖。重要方针由最高阶层制定，有许多具体决策由较低阶层按规定作出，管理当局一方面用报酬，另一方面用有形与无形的惩罚来激励和督促员工完成生产任务，上下之间虽然信息交流较多，但并不是以平等地位在互相信任的气氛中进行的。最后的控制权仍属于最高阶层，但中、下层也有某些控制权，在这种制度下也会存在非正式组织，但其目标不一定同正式组织的目标相对抗。

3）协商民主型

　　管理当局对下属有很大的信任，但并不完全信任。重要方针由最高阶层制定，但下属对较低层次的问题可做明确的决定。信息沟通上下同时进行，通常是在相当程度的信任气氛中进行的。有相当部分的控制权由上级授权给下属。员工不论上下都有责任感。管理主要采用奖励的方式，偶尔采用惩罚或让员工参与的方式督促和激励下属完成任务。在这种管理方式下，它可能会支持正式组织的目标，也可能会部分地反对正式组织的目标。

4）参与民主型

管理者对下属有完全的信心和信任。决策权和控制权不是集中于上层，而是分布于整个组织中，较低阶层也能参与决策。不仅有上下之间的信任交流，而且有同事之间横向的信息交流，这里的信息交流是在互相信任和友好的气氛中深入进行的。在这种管理方式下，非正式组织与正式组织通常合二为一，所有力量都为组织目标而努力，同时组织目标同员工的个人目标也是一致的。

参与民主型是效率最高的管理方式，包括三个基本含义：第一，管理人员必须运用支持关系原则，即领导者要支持下属，保证每个成员把自己的知识和经验看成是个人价值和重要性的基础，而且还要建立和维持一种个人价值和重要性的感觉。第二，运用集体决策和集体监督。每个下级组织的领导者是上一级组织的成员，由此把整个组织联结成为一个整体。第三，要给组织树立高标准的目标。这些目标的实现既达到了组织的绩效，又满足了组织成员的个人需要。

利克特通过调查表明：第一，一个组织领导者如果在管理中以员工为中心，即领导者不仅关心员工的工作，而且较多地关心员工的需要和愿望，则该组织的生产率较高。如果以工作为中心，即领导者关心员工的工作而较少考虑员工的需要和愿望，则该组织的生产率较低。第二，一个组织的领导者同员工接触的时间越多，生产率越高；同员工的接触时间越少，生产率越低。第三，一个组织的领导方式越是民主、合理，采取参与民主型管理的程度越高，则生产率越高；越是专制、不合理，采取权力主义管理的程度越高，则生产率越低。总之，领导方式对生产率的高低有极为重要的影响。

2.4 领导权变理论

随着领导特质理论和领导行为理论研究的进一步深入，很多研究者开始将关注的焦点转向情境因素的影响方面，相应地产生了领导权变理论。该理论认为，某种领导方式在实际工作中是否有效取决于具体的情景和场合，领导是一种动态的过程，其有效性将随着被领导者的特点及环境的变化而变化。

所谓权变，就是指行为主体根据环境因素的变化而适当调整自己的行为，以期达到理想效果。领导权变理论就是指关于领导者在不同的领导环境因素条件下，如何选择相应的领导方式，最终达到理想的领导效果的理论。

这个理论所关注的是领导者与被领导者的行为和环境的相互影响。该理论认为，某一具体领导方式并不是到处都适用的，领导的行为若想有效，就必须随着被领导者的特点和环境的变化而变化，而不能一成不变。这是因为任何领导者总是在一定的环境条件下，通过与被领导者的相互作用去完成某个特定的任务的。因此，领导的有效行为就要随着领导者自身条件、被领导者的情况和环境的变化而变化。下面具体介绍四种有代表性的领导权变理论。

2.4.1　菲德勒的权变模型

第一个综合的领导模型是由弗莱德·菲德勒（Fred Fiedler）提出的。伊利诺伊大学的菲德勒从1951年开始，首先从组织绩效和领导态度之间的关系着手进行研究，经过长达15年的调查试验，提出了"有效领导的权变模式"，即菲德勒权变模型。菲德勒所提出的权变理论被视为较完整的领导情境理论，并得到许多人的肯定和认同。

菲德勒模型（Fiedler model）指出，有效的群体绩效取决于以下两个因素的合理匹配：与下属相互作用的领导者的风格；情境对领导者的控制和影响程度。菲德勒开发了一种工具，叫作"最难共事者问卷"（least preferred co-worker questionnaire，LPC），用以确定个体是任务导向型还是关系导向型。另外，他还分离出三项情境因素：领导者-成员关系、任务结构和职位权力。领导者只有与这三项情境因素相匹配，才能进行有效的领导。这一理论的关键在于首先界定领导风格以及不同的情境类型，然后建立领导风格与情境的恰当组合。他提出的"有效领导的权变模型"主要内容包括以下几点：

1）通过LPC问卷确定领导风格

菲德勒相信影响领导成功的关键因素之一是个体的基础领导风格，因此他首先试图发现这种基础领导风格是什么。菲德勒设计了一种工具，他称之为最难共事者问卷，以测试领导者个体的基础的行为风格（见表2-1）。菲德勒让答卷者回想一下自己共事过的所有同事，找出一个最难共事者，用16组形容词中1～8等级对他进行评估，从最消极的评价到最积极的评价，得分依次增高。菲德勒相信，在LPC问卷的基础上可以判断他们最基本的领导风格，如果以相对积极的词汇描述最难共事者（LPC得分高），则说明回答者很乐于与同事形成友好的人际关系。也就是说，如果你用较为积极的词语描述最难共事的同事，菲德勒就称你为关系导向型领导者；相反，如果你用相对不积极的词语描述最难共事的同事（LPC得分低），那说明你主要感兴趣的是生产，则为任务导向型领导者。

菲德勒认为一个人的领导风格是固定不变的，如果情境要求具有任务导向型的领导者，而在此领导岗位上的是关系导向型的领导者时，要想达到最佳效果，要么改变情境，要么替换领导者。菲德勒认为领导风格是与生俱来的，个人不可能改变自己的风格去适应变化的环境。

2）确定情境

用LPC问卷对个体的基础领导风格进行评估之后，就要对情境进行评估，并将领导者与情境进行匹配。三种主要的情境因素是：

（1）领导者-成员关系：领导者对下属的信任、信赖和尊重程度。

（2）任务结构：工作任务程序化、明确化程度。

（3）职位权力：领导者职位权力的强弱，诸如在雇用、解雇、惩罚、晋升、加薪等权力变量上的影响程度。

菲德勒模型根据这三项权变变量来评估环境：领导者-成员关系或好或差，任务结构或高或低，职位权力或强或弱。他指出，领导者-成员关系越好，任务的结构化

表 2-1　　　　　　　　　　　　　　　　菲德勒的 LPC 问卷

快　乐——8	7	6	5	4	3	2	1——不快乐	
友　善——8	7	6	5	4	3	2	1——不友善	
拒　绝——1	2	3	4	5	6	7	8——接　纳	
有　益——8	7	6	5	4	3	2	1——无　益	
不热情——1	2	3	4	5	6	7	8——热　情	
紧　张——1	2	3	4	5	6	7	8——轻　松	
疏　远——1	2	3	4	5	6	7	8——亲　密	
冷　漠——1	2	3	4	5	6	7	8——热　情	
合　作——8	7	6	5	4	3	2	1——不合作	
助　人——8	7	6	5	4	3	2	1——敌　意	
无　聊——1	2	3	4	5	6	7	8——有　趣	
好　争——1	2	3	4	5	6	7	8——融　洽	
自　信——8	7	6	5	4	3	2	1——犹　豫	
高　效——8	7	6	5	4	3	2	1——低　效	
郁　闷——1	2	3	4	5	6	7	8——开　朗	
开　放——8	7	6	5	4	3	2	1——防　备	

程度越高，职位权力越强，则领导者拥有的控制力和影响力也越高。例如，一个非常有利的情境（即领导者的控制力很高）可能包括：下属对在职管理者十分尊重和信任（领导者-成员关系好），所从事的工作（如薪金计算、填写报表）具体明确（工作结构化高），工作给他提供了充分自由来奖励或惩罚下属（职位权力强）；相反，则领导者的控制力很小。总之，这三项变量总和起来，便得到八种不同的情境或类型，每个领导者都可以从中找到自己的位置。前三种情境是对领导者最有利的情境，最后两种情境是对领导者最不利的，其余的三种是一般情境。

3）领导风格与情境的匹配

当领导者的作风与情境相匹配时，会达到最佳的领导效果。菲德勒研究了 1 200 个工作群体，对八种情境类型的每一种，均对比了关系导向型和任务导向型两种领导风格。他得出结论：任务导向型的领导者在非常有利的情境和非常不利的情境下工作更有利。而关系导向型的领导者在中等的情境下工作绩效最好。当领导风格与情境适应时，领导活动的效果最佳，如果二者不能相匹配，按菲德勒的观点，要么替换领导者以适应情境，要么改变情境以适应领导者。

根据菲德勒的理论，个人的领导风格是固定不变的，因此，只有两种途径可以提高领导的效果。第一，可以更换领导者以适应情境。例如，如果一个群体的情境非常不利，但现在群体的领导者是关系导向型的管理者，那么，要想提高群体的绩效，只有更换一位任务导向型领导者。第二，改变情境以适应领导者，这可以通过任务重构、加强或削弱领导者对加薪、晋升和惩罚等方面的控制力来实现，如图2-4所示。

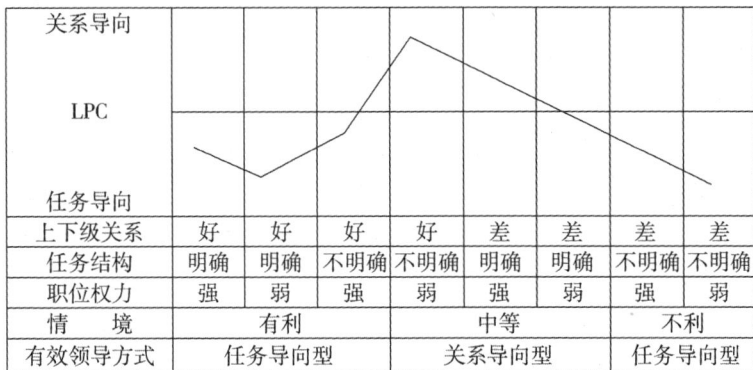

关系导向 LPC 任务导向								
上下级关系	好	好	好	好	差	差	差	差
任务结构	明确	明确	不明确	不明确	明确	明确	不明确	不明确
职位权力	强	弱	强	弱	强	弱	强	弱
情　境	有利				中等		不利	
有效领导方式	任务导向型			关系导向型			任务导向型	

图2-4　菲德勒权变模型

链接2-1

高LPC领导者　低LPC领导者

设想一下我们有两位领导者：汤姆（一位低LPC或任务激励的领导者）和布兰达（一位高LPC的领导者）。在不利的情境下，汤姆会因他的主要激励层次的影响而表现出任务行为；在类似情况下，布兰达也会受她的主要激励层次的影响，结果表现为高关系行为。菲德勒发现，在不利的情境下，任务行为会使群体更有效，因此汤姆的行为与情境要求更匹配。在这种情境下，布兰达的关系行为无益于群体效力的提高。

在中等有利性的情境中，汤姆和布兰达仍会受到他们的主要激励因素的影响，因此会表现出与预测完全一致的行为：汤姆会表现出任务行为，布兰达会表现出关系行为。但由于情境发生了改变，群体效力不再要求必须作出任务行为。相反，情境变量的组合导向了一种条件，使领导者的关系行为对群体效力产生最大贡献。因此，布兰达将是情境有利性中等时最有效的领导者。

在情境有利性高的情况下，菲德勒提供的解释变量更为复杂。在领导者发现自己处于有利性高的情境中时，他们将不再关心对其主要激励层次的满足。在高度有利的情境下，领导者会转而满足他们第二层次的激励需要。由于汤姆的第二层次激励需要是建立和保持关系，在高度有利的情况下，他将表现出关系行为。类似的，布兰达也会因她的第二层次激励需要，表现出在高度有利的情境下的任务行为。菲德勒相信，在高度有利的情境下表现出关系行为的领导者，能使群体更为有效。在这种情况下，汤姆提供了群体效力提升所需的领导行为。

资料来源　哈格斯. 领导学［M］. 杨斌，译. 北京：机械工业出版社，2009.

2.4.2　领导的生命周期理论

领导生命周期理论是由美国的管理学家科曼于1966年首先提出，后经赫赛和布兰查德加以完善形成。该理论指出，"高任务、高关系"类型的领导方式并不是经常有效的，"低任务、低关系"类型的领导方式也并不一定经常无效，关键要看下属的成熟程度。

赫赛和布兰查德认为，领导的有效性取决于任务行为、关系行为和下属的成熟程度。在领导有效性的研究中之所以重视下属，是因为不管领导者做什么，其有效性都取决于下属的行为，是下属决定接受还是拒绝领导者，而很多领导理论都忽视或低估了这一因素的重要性，从这一点来看，该理论是一个重视下属的权变领导理论。

领导生命周期理论是建立在布莱克和莫顿的管理方格理论和阿基利斯不成熟-成熟理论的基础之上的。他们也画出一个方格图，横坐标为任务行为，纵坐标为关系行为，在下方再加上一个成熟度的坐标，从而把原来的由布莱克和莫顿提出的由以人为主和以工作为主构成的二维领导理论，发展成为由关系行为、任务行为和成熟度构成的三维领导理论，如图2-5所示。

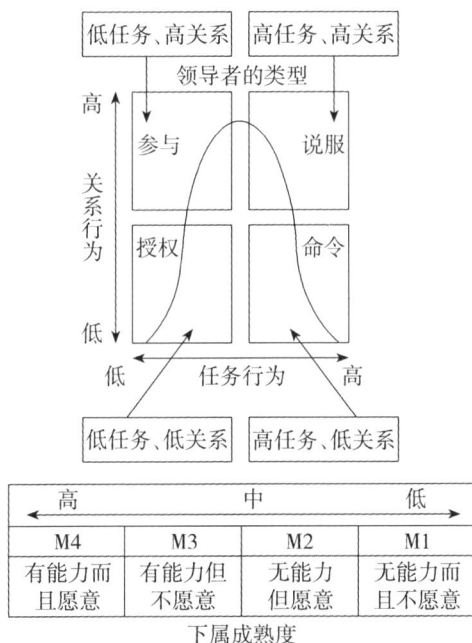

图2-5 领导生命周期理论模型

其中：任务行为是指领导者和下属为完成任务而形成的交往形式，代表领导者对下属完成任务的关注程度；关系行为是指领导者给下属以帮助和支持的程度；成熟度，是指人们对自己的行为承担责任的能力和愿望的大小。它取决于两个方面的因素，即工作成熟度和心理成熟度。工作成熟度是指一个人的知识和技能，如果一个人拥有足够的知识、能力和经验完成他的工作任务而无需别人指点，那么他的工作成熟度就高；反之则低。心理成熟度是指一个人做某事的意愿和动机，如果一个人能自觉地去做某事而无需太多的外部刺激，则心理成熟度就高；反之则低。

由任务行为和关系行为相组合，赫赛和布兰查德提出四种领导方式：

（1）命令式（高任务、低关系）：领导者对下属进行分工，指点下属应该干什么、如何干、何时干等，强调直接指挥。

（2）说服式（高任务、高关系）：领导者既给下属以一定的指导，又注意保护和鼓励下属的积极性。

（3）参与式（低任务、高关系）：领导者与下属共同参与决策，领导者着重给下属以支持，使其搞好内部的协调沟通。

（4）授权式（低任务、低关系）：领导者几乎不加指点，由下属自己独立地开展工作，完成任务。

同时，赫赛和布兰查德把成熟度分成四个等级，即不成熟、初步成熟、比较成熟和成熟，并分别用M1、M2、M3、M4来表示。

（1）不成熟（M1）。下属对于接受和承担任务既无能力又不情愿。他们既不能胜任工作，又不能被信任。

（2）初步成熟（M2）。下属缺乏能力，但却愿意从事必要的工作。他们有积极性，但目前尚缺乏足够的技能。

（3）比较成熟（M3）。下属有能力，但却不愿意干领导者希望他们做的工作。

（4）成熟（M4）。下属既有能力，又愿意干领导者让他们做的工作。

赫赛和布兰查德认为，随着下属从不成熟走向成熟，领导者不仅可以逐渐减少对工作的控制，而且还可以逐渐减少关系行为。当下属不成熟（M1）时，领导者必须给予下属明确而具体的指导以及严格的控制，需要采取高任务、低关系的行为，即命令式领导方式；当下属初步成熟（M2）时，领导者需要采取高任务、高关系的行为，即说服式领导方式，高任务行为可以弥补下属能力上的不足，高关系行为可以保护、激发下属的积极性，给下属以鼓励，使下属领会领导者的意图；当下属比较成熟（M3）时，由于下属能胜任工作，但却没有动机或不愿意领导者对他们有过多的指示和约束，因此领导者的主要任务是做好激励工作，了解下属的需要和动机，通过提高下属的满足感来发挥其积极性，宜采用低任务、高关系的行为，即参与式领导方式；当下属成熟（M4）时，由于下属既有能力又愿意承担工作、担负责任，因此领导者可以只给下属明确目标，提出要求，由下属自我管理，此时可采用低任务、低关系的行为，即授权式领导方式。

领导的生命周期理论，实际上是由科曼通过家长对子女在不同的成长期采取不同的管理方式类比而来的。

（1）当人处在学龄前时，一切都需要由父母照顾与安排，如衣食住行等。此时父母的行为基本上是一种任务导向的行为，是高任务、低关系的领导形态。这里要区分疼爱与尊重、信任、自立、自治是两回事，疼爱不是高关系。

（2）当孩子长大进入小学和初中时，父母除安排照顾外必须给孩子以信任和尊重，增加关系行为的分量，即采取高任务、高关系的领导形态。

（3）当孩子进入高中和大学时，他们逐步要求自立，开始对自己行为负责了，此时父母已不必对他们过多地安排照顾，应开始采取低任务、高关系的领导形态。

（4）当孩子成人走向社会，结婚组成新的家庭后，父母即开始采取低任务、低关系的领导形态。

总之，领导生命周期理论为领导情境理论提供了又一个有用而易于理解的模型。该理论再次说明了并不存在一种万能的领导方式能适合各种不同的情境，管理的技巧要配合下属的成熟度，并帮助他们发展，加强自我管理。

链接 2-2

用生命周期理论进行发展干预

戴安娜负责管理某大学宿舍的学生。有位大二学生米歇尔，过去自愿从事一些工作，但似乎从未主动做过什么。米歇尔会一直等到黛安娜给他指示、赞成和鼓励，然后才开始工作。米歇尔可以把工作做得很好，但需要黛安娜明确说明工作步骤，否则他就不会开始工作。黛安娜对米歇尔的准备度评价为R2，但她想看到他发展，不论是在任务成熟度上还是在心理成熟度上，最适合米歇尔当前准备度水平的领导者行为是说服，或高任务、高关系，但黛安娜决定实施一项发展干预措施，帮助米歇尔提高他的准备度水平。黛安娜在这一干预中的最大帮助，就是上移一层到参与，即低任务、高关系，通过减少任务指示、指导的数量，同时鼓励米歇尔独自制订计划，支持他所作出的方向正确的工作步骤。但这并不意味着他会高效地完成工作。正如我们所说，如果领导者的部分工作是开发下属，在时间和短期效益之间做一种权衡是合理的，也是必需的。

2.4.3　途径-目标理论

加拿大多伦多大学教授豪斯（R.J.House）把激发动机的期望理论和领导行为的四分图结合在一起，提出了途径-目标理论（如图2-6所示）。这种理论认为：领导者的效率是以能激励下级达成组织目标，并在其工作中使下级得到满足的能力来衡量的，并把领导方式分为四种类型，到底采用哪种领导方式，要根据权变因素同领导方式的恰当配合来考虑。领导者的工作是为下属指明目标，而且为下属排除实现目标过程中遇到的障碍，帮助下属达到他们的目标。领导者把对员工需要的满足与有效的工作绩效联系在一起，提供必要的辅导、指导、支持和奖励，使员工取得良好的工作绩效，力求使组织与员工获得双赢。

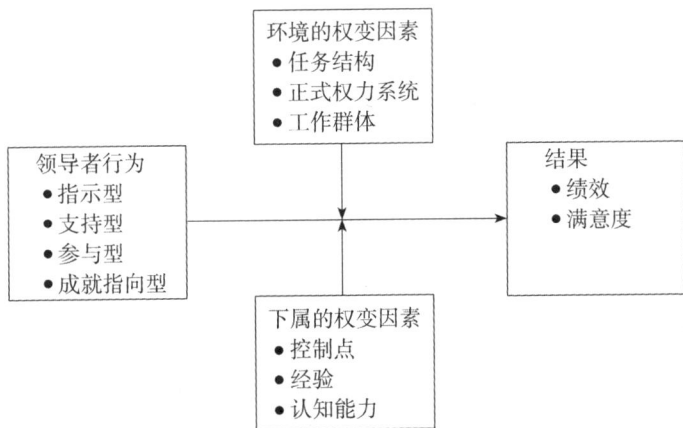

图2-6　豪斯的途径-目标理论模型

根据该理论，领导方式可以分为四种：

（1）指示型领导方式（directive leader）。领导者应该对下属提出要求，指明方向，给下属提供他们应该得到的指导和帮助，使下属能够按照工作程序去完成自己的任务，实现自己的目标。

（2）支持型领导方式（supportive leader）。领导者对下属友好，平易近人，平等待人，关系融洽，关心下属的生活福利。

（3）参与型领导方式（participative leader）。领导者经常与下属沟通信息，商量工作，虚心听取下属的意见，让下属参与决策，参与管理。

（4）成就指向型领导方式（achievement-oriented leader）。领导者做的一项重要工作就是树立具有挑战性的组织目标，激励下属想方设法去实现目标，迎接挑战。

豪斯认为领导者的风格是可以改变的，同一领导者可以根据不同情境表现出任何一种领导风格。这与菲德勒的观点相反。至于究竟采用哪种领导方式最有效，受两类情境因素的影响：

1）下属的个性特点

下属易受环境影响，还是喜欢控制环境；是独立性强的，还是顺从型的；工作经验丰富，还是欠缺；能力强，还是能力弱。领导者对下属的个人特点是难以影响并改变的，但是领导者对于环境的塑造以及针对不同的个体采取不同的领导方式是完全可能的。

2）工作环境的特点

组织中的工作任务是否明确，确定性强还是弱，规范化程度高还是低。

组织中的正式权力关系明确还是模糊。

工作群体内部冲突激烈还是缺少冲突。

"途径-目标理论"曾经由一些研究项目予以验证，实践证明这一理论是有效的，下面是一些试验性研究的结论：

（1）与具有高度结构化和安排好的任务相比，当任务不明或压力过大时，指示型领导会带来更高的满意度。

（2）当下属执行结构化任务时，支持型的领导会带来员工的高绩效和高满意度。

（3）对于能力强或经验丰富的下属，指示型的领导可能被视为累赘。

（4）组织中正式权力关系越明确、越官僚化，领导者越应表现出支持型行为，降低指示型行为。

（5）当工作群体内部存在冲突时，指示型领导会带来更高的满意度。

（6）内控型下属对参与型领导更为满意。

（7）外控型下属对指示型领导更满意。

（8）当任务结构不清时，成就指向型的领导将会提高下属的期望水平，使他们坚信努力必会带来成功的工作绩效。

总之，"途径-目标理论"指出，当领导者弥补了员工或工作环境方面的不足时，就会对员工的绩效和满意度起到积极的影响。但是当任务本身十分明确或员工有能力和经验处理，他们无须干预时，领导者还花费时间解释工作任务，则下属会把这种指导行为视为累赘甚至是侵犯。

2.4.4　领导者-参与模型

领导者-参与模型是美国匹兹堡大学的维克多·弗罗姆（Victior Vroom）和菲力普·耶顿（Phillip Yetton）两位教授于1973年提出的。这一理论将领导行为与参与决策联系在一起。不同的工作任务，其结构的明确化程度不同，在做决策时，领导者的行为必须加以调整以适应不同的任务结构。其理论要点是有效的领导者应根据不同情况，让下属不同程度地参与决策，所以领导方式主要取决于让下属参与决策的程度。这一模型是一决策树，它包括了七个权变变量（其关系可以通过是非选择进行判断）

和五种可供选择的领导风格。

领导者–参与模型认为，在群体决策和个人决策两个极端之间有一个决策方式的连续体，从纯粹的个人决策到完全的群体决策之间有五种决策方式，对应五种领导方式。

（1）独裁Ⅰ：领导者运用手头现有资料，自己解决问题，作出决策。

（2）独裁Ⅱ：领导者从下属那里获得必要的信息，然后独自作出决策。在从下属那里获取信息时，下属可以告诉或不告诉领导者所面临的问题。在决策中下属的任务是向领导者提供必要信息而不是提出或评价可行性解决方案。

（3）磋商Ⅰ：领导者与有关的下属进行个别讨论，获得他们的意见和建议。领导者作出的决策可能受到下属的影响。

（4）磋商Ⅱ：领导者与下属们集体讨论有关问题，搜集他们的意见和建议。领导者作出的决策可能受到或不受到下属的影响。

（5）群体决策：领导者与下属们集体讨论问题，一起提出和评估可行性方案，并试图获得一致的解决办法。

弗罗姆和耶顿认为，每种决策方式的有效性取决于其应用的情境特性，其中最关键的问题是决策的质量和下属对决策的接受程度。决策的质量直接影响到下属以后的行动表现，而下属对决策的接受程度又直接影响他们对决策的执行和负责的程度。由此，弗罗姆和耶顿提出了如下七个问题：

（1）是否有更合理的解决方法？

（2）是否有足够的信息作出高质量的决策？

（3）问题是否具有结构性？

（4）下属接受解决办法对有效贯彻执行决策有无重大关系？

（5）下属能否接受领导者单独作出决策？

（6）下属是否知道解决办法与组织目标的关系？

（7）下属之间是否在制定决策方案方面存在意见分歧和冲突？

从以上七个方面的属性来明确所要决策问题的类型，并用决策树的形式来描述情况和选择恰当的决策方式。

弗罗姆等人认为，影响决策效果的因素有决策的质量和合理性、下属接受决策和对有效地实施决策承担责任的程度、制定决策所需时间的长短。根据这三项因素，再结合信息规则、目标一致规则、课题明确规则、下属接受规则、避免冲突规则、公平合理规则和接受优先规则等七条规则，就可确定采用何种领导方式为宜。领导者–参与模型对于帮助领导者在不同情境下选择最恰当的领导方式提供了非常有效的指导。

‖‖链接2–3

卡特彼勒的行为转变

詹姆斯·德斯潘（James Despain）是一位高指示型的领导者。他最早在卡特彼勒公司的工作是打扫车间地面。他遵从着那个时代的领导者——20世纪50年代，领导者就是最终的权威，诸如参与型、协商型等字眼在那个时代是闻所未闻的。德斯潘通过努力工作成为了主管，并最终被任命为公司推土机事业部的副总裁。德斯潘声称，自己"职业生涯的大部分时间，都花在关注员工做错了哪些事上"。他关注手头的任务，对其他则无暇顾及。但在20世纪90年代早期，德斯潘不得不正视一个事实：他管理的价值124亿美元的事业部每年的损失都达到数百万美元，每年有数百人次的员工抱怨他的管理团队，卡特彼勒公司的士气极其低落。

德斯潘及其领导团队认识到，有必要制订一项战略计划来转变工作文化。这项计划的关键在于，确定一项涉及员工态度和行为的战略。德斯潘及其变革团队指出了9种行为或"共同价值"，即信任、相互尊重、客户满意、紧迫感、团队合作、授权、冒险、持续改进和高承诺，他们期望每一位员工每天都表现出来。接下来，对员工在上述行为上的表现作出评估。公司期望高管人员和管理者以身作则来带动员工并表现出100种积极的领导特质，这超出了前面所述的行为要求。诸如"我将知道每个员工的名字……将通过赞扬来认可他们的成就……将认可我的员工所完成的工作"等，这变成了管理岗位的新口号。

通过这一过程，德斯潘开始认识到，"对于工作场所中的员工而言，最重要的事就是实现自我价值"。他努力作出的重大改变，是使员工承担责任、自行决定工作完成方式——对员工而言，这意味着每天都要多付出一些努力，以充分发挥个人潜力；对管理者而言，这意味着其职责由达成传统的绩效衡量指标转变为激发工作出期望的行为。"我们发现，我们对行为关注越多，绩效指标就越好。"其结果是，德斯潘的事业部在推出该变革项目的五年内，将盈亏平衡点的产量减少为原来的一半。

2.4.5　领导者-成员交换理论

前面所介绍的领导理论都暗含了这样的假设：领导者是以同样的方式对待每一位下属的，但实际经验告诉我们，日常工作中领导者往往区别对待每一位下属。根据这种现象，乔治·格里奥（Georgt Graeo）提出了领导者-成员交换理论。领导者-成员交换理论描述了领导者和下属之间会建立的两种不同的关系：一种是领导者与下属中少部分人建立的一种特殊关系，这少部分人称为圈内人士，他们之间相互信任，得到领导者给予的更多特权，受到更多关照；其他个体则被称为圈外人士，他们与领导者的关系是建立在正式的组织结构之上的，如图2-7所示。

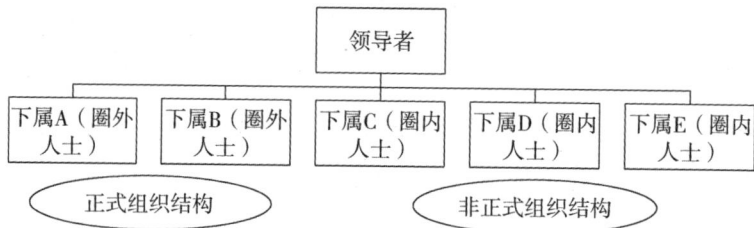

图2-7　领导者-成员交换理论模型

该理论认为，领导者在与下属相互作用的初期就暗自将其划入圈内或圈外，并且这种关系会相对稳固，不随时间的推移而改变。有证据表明，领导者倾向于更高能力者，或者是个性特征上与自己相似的人。虽然领导者在进行选择、划分圈内人士和圈外人士，但是我们要注意的是，下属的特点推动了领导者的选择。大量研究表明，领导者确实以不同的方式对待下属，而且与圈外人士相比，圈内人士表现出更低的离职率和更高的顾客满意度。领导者-成员变换理论说明领导者应该尽可能多地与下属建立良好的关系，他们应该选择尽量多的圈内人士和尽量少的圈外人士。

2.5　关于领导的最新理论

这一节中，我们将列举几种观点来概括领导的最新观点，如归因理论、魅力领导理论、愿景型领导以及交易型和变革型领导等。

2.5.1　归因理论

归因理论主要用于了解原因和结果之间的关系。领导的归因理论（attribution theory of leadership）是由特伦斯·米切尔（Terence R.Mitchell）于1979年首先提出的，指的是，领导主要是人们对其他个体进行的归因。运用归因理论的框架，研究者发现人们倾向于把领导者描述为具有这样一些特质的人，如智慧、随和的个性、很强的言语表达能力、进取心、理解力和勤奋。并且，人们发现高-高领导者（即在结构和关怀方面均高）与人们对好领导具有哪些因素的归因相一致。不管情境如何，人们都倾向于将高-高领导者视为最佳。在组织层面上，归因理论的框架说明了为什么人们在某些条件下使用领导来解释组织结果。当组织中的绩效极端低或极端高时，人们倾向于把它们归因于领导。

2.5.2　魅力领导理论

魅力领导理论（charismatic leadership theory）是归因理论的扩展。它指的是当下属观察到某些行为时，会把它们归因于伟人式的或杰出的领导能力。绝大部分关于魅力型领导的研究都是试图确定魅力型领导者与非魅力型领导者之间的行为差异。

有些研究者试图确定魅力型领导者的个性特点。豪斯提出魅力型领导者的三项因素：极高的自信、支配力以及对自己信仰的坚定信念。瓦伦·本尼斯（Warren Bennis）研究了90位美国最杰出和最成功的领导者，发现他们有四种共同的能力：有令人折服的远见和目标意识；能清晰地表达这一目标，使下属明确理解；对这一目标的追求表现出一致性和全身心的投入；了解自己的实力并以此作为资本。在此方面最新最全面的分析是麦吉尔大学的康格和凯南格进行的。他们的结论是，魅力型领导者具有如下特点：他们有一个希望达到的理想目标；为此目标能够全身心地投入和奉献；反传统；非常固执而自信；是激进变革的代言人，而不是传统和现状的卫道士。

‖‖ 链接2-4

魅力型领导者的主要特点

自信：魅力型领导者对自己的判断和能力十分自信。

愿景：他们有理想化目标，认为明天会更加美好。理想化目标与现状差距越大，下属就越有可能将其归因为领导者的远见卓识。

阐述愿景的能力：他们能用下属易于理解的措辞明确表达自己的愿景。这种清晰的表达反映了对下属需要的了解，因此，成为一种激励力量。

对目标的坚定信念：魅力型领导者被认为具有极强的使命感和愿意去冒极大的个人风险、承受高代价，为了实现愿景目标，能够作出自我牺牲。

行为异常：他们的行为被认为是新奇、叛逆、反常规的，但一旦成功，这些行为会令下属惊讶和钦佩。

作为变革推动者而出现：魅力型领导者被认为是激进变革的推动者，而非现状的卫道士。

对环境的敏感：他们能够对需要进行变革的环境约束和资源进行客观的评价。

那么，魅力型领导者是如何影响下属的？在这一方面，越来越多的研究表明，魅力型领导者与员工的高绩效和高满意度之间存在显著的相关性。与为非魅力型领导者工作的员工相比，为魅力型领导者工作的员工，会因为受到激励而付出更多的努力，同时，也表现了较高的满意度，这是因为他们喜欢自己的领导者。

既然领袖魅力如此理想，人们是否可以学做有领袖魅力的领导者呢？抑或有领袖魅力的领导者天生具有这些气质？尽管仍有少数人强调领袖魅力不可以被习得，但大多数学者仍然认为个体可以经过培训而展现领袖魅力。

一般来说，魅力型领导者与下属的高绩效和高满意度有着明显的相关性，其中高满意度占有更加突出的地位。但是，有一点需要明确的是，魅力型领导者对于员工的高绩效水平来说，并不总是必需的。当员工的任务包含理想性因素时，它可能是恰当的。这一观点也可以解释为何魅力型领导者大多数出现在政治、宗教组织或一个引入全新产品或面临生存危机的工商企业，因为这种条件下容易产生理想性问题。魅力型领导者能有效地帮助企业度过危机，但一旦危机和剧烈变革的需要消退时，魅力型领导者可能变成组织的负担。这是因为魅力型领导者的过分自信通常会产生许多问题。他们不愿意听取他人的意见，受到上进的下属挑战时会十分不快，并开始在所有的问题上固执地坚持自己的"正确性"。

链接2-5

魅力型领导者是你的选择吗？

为了确定你是否将作为一个魅力型的而不是另一种类型的领导者，请想一想你在下列情形下，将如何领导。在最能描述你最喜欢的领导者行为的答案上画圈。

1.我会非常担心
a.我目前的情况   b.我将来的情况
2.我感到轻松的方式是
a.概括式的   b.具体的
3.我会趋向于注重
a.失去的机会   b.我能够充分利用的机会
4.我会更喜欢
a.促进是我的团队伟大的传统   b.创造新的团队传统
5.我会通过以下方式交流思想
a.书面报告   b.图表形式
6.我趋向于问
a.我们如何能把这件事做得更好   b.我们为什么在做这件事
7.我相信
a.总是有办法减少风险   b.有些风险太高了
8.我不同意他人时，我一般

a.用好话哄骗他们改变观点　　　　b.直言不讳地告诉他们说你错了

9.我往往通过下列方式影响别人

a.情绪　　　　　　　　　　　　b.逻辑

10.我认为这个问题

a.荒唐可笑　　　　　　　　　　b.令人着迷

为了确定你的魅力型领导得分，请使用下面的答案（每个答案为1分）：（1）b；（2）a；（3）a；（4）b；（5）b；（6）b；（7）a；（8）b；（9）a；（10）b。输入你的总分：……如果你的总分少于4分，那你不喜欢成为一个魅力型领导者；如果你的总分为7分以上，那么，你很有可能成为魅力型领导者。

资料来源　荷尔瑞格. 组织行为学［M］. 胡英坤，等，译. 大连：东北财经大学出版社，2006.

2.5.3　愿景型领导

"愿景"一词已在前面关于魅力型领导理论中出现过，但愿景型领导远远超越了魅力型领导。愿景型领导（visionary leadership）是为组织或组织的某一部门的未来从现在成长、发展而创造和清楚地表达一个现实的、可信的、有吸引力的前景的一种能力。如果选择和推行得当，这种前景非常有激励性，以至于它"事实上是调动技巧、天赋和资源迅速地迈向未来的启动能力"。

愿景的重要特征是它看起来是鼓舞人心的可能事物，它是以价值为中心的、可实现的，具有卓越的想象力并能清楚表达。愿景能创造一种可能性，即它是鼓舞人心的、独特的并能提供一种新的规则使组织变得卓越。如果愿景不能提供一个清楚的、可向组织及其成员表明更好未来的描述，那么它可能是失败的。可取的愿景要适合时间和环境，并反映组织的特殊性，组织人员也必须相信愿景是可实现的，它应该具有挑战性和可行性。人们更容易理解和接受能清楚表达而且想象力丰富的愿景。例如，迈克尔·戴尔（戴尔电脑公司的创始人）设计的企业愿景是，八天之内把一台组装好的个人电脑直接销售并送到顾客手中。杰夫·贝佐斯为亚马逊网络公司营建的愿景规划是，成为互联网上最大的零售商。

确立了愿景之后，这些领导者还应表现出三种能力，这些能力与愿景能否起到有效的作用息息相关。第一是向他人解释愿景的能力。领导者必须通过清楚的口头和书面沟通，按照所要求的行为和目标使愿景清晰化。第二是不仅通过口头而且还通过领导者行为表达愿景的能力。这要求通过行为不断表达和强化愿景。第三种技能是将愿景扩展至不同领导背景的能力。这是一种合理安排活动以至于使愿景能适用于多种情景的能力。

联想集团的柳传志是愿景型领导者的典型代表。1988年，离硕士毕业还有一段时间、正犹豫是否要出国深造的郭为参加了联想的面试。在与柳传志一番简短的交谈之后，郭为还在犹豫，柳传志却已经相中了郭为。为了说服郭为，柳传志讲："我们一定会将公司开到美国去、开到海外去，我们会集体出国！"郭为被柳传志的豪言壮语打动，研究生还没有毕业就开始了在创业不久、名不见经传的联想工作。郭为从公关部经理一直做到联想集团执行董事、高级副总裁，并兼任联想科技发展有限公司、联想系统集成有限公司总经理。2000年，联想集团拆分组成神州数码控股有限公司，郭为任总裁。时隔16年之后，联想因成功收购IBM个人计算机事业部而引起轰动。

2.5.4 交易型领导与变革型领导

交易型领导与变革型领导（transactional vs.transformational leadership）是领导理论在最新发展过程中提出的两个极为重要的概念。俄亥俄州立大学的研究、菲德勒的模型、路径-目标理论、领导者-参与模型，讲的都是交易型领导者（transactional leaders）。这些领导者通过明确角色和任务要求来指导或激励下属向着既定的目标前进。而变革型领导则是一种不同于交易型领导的领导类型。变革型领导这一概念是由丹顿（Downton）首先提出来的，在20世纪80年代经过巴斯、伯恩斯和豪斯等人的阐发而成为一种重要的理论范式。变革型领导者（transformational leaders）勾勒出一幅组织远景并热情洋溢地进行宣传。他们帮助员工开阔眼界，从只关注自己的工作或部门的狭隘中解放出来，即鼓励下属为了组织的利益而超越个人利益，并能对下属产生深远而不同寻常的影响。他们试图造就学习型的人才与组织，以便能更好地为前面未知的挑战做准备。因此，变革型领导通常能引发人们超乎当前的能力和想象力。从以上分析来看，交易型领导带有更多的理性色彩，它是在交换中谋求一种平衡，而变革型领导则试图为组织提供一种希望和发展动力。变革型领导是新领导范式的重要组成部分。

▐▐▐ 链接2-6

交易型领导者与变革型领导者的特点

交易型领导者

权变奖励：坚持努力与奖励相互交换原则，良好绩效是奖励的前提，承认成就。

例外管理（主动）：监督、发现不符合规范与标准的行为，把它们改为正确行为。

例外管理（被动）：只有在没有达到标准时才进行干预。

自由放任：放弃责任，回避决策。

变革型领导者

领袖魅力：提供远见和使命感，逐步灌输荣誉感，赢得尊重与信任。

感召力：传达高期望，使用各种方式增强努力，以简单明了的方式表达重要意图。

智力刺激：鼓励智力、理性活动和周到细致的问题解决活动。

个别化关怀：关注每一个人，针对每个人的不同情况给予培训、指导和建议。

我们不应认为交易型领导与变革型领导采取截然对立的方法来处理问题。变革型领导是在交易型领导的基础上形成的，它导致下属努力水平和绩效水平比单纯的交易观点好得多。此外，变革型领导也更具领袖魅力。单纯有领袖魅力的领导仅仅是想让下属适应领袖魅力的世界就足够了，而变革型领导者则试图逐步培养下属的能力，使他们不但质疑约定俗成的观点，而且最终勇于向领导者的观点挑战。

有非常多的证据支持变革型领导优于交易型领导的观点。例如，对美国、加拿大、德国军队的大量研究表明，在每一层次上，对变革型领导者的评估都比交易型领导者好。在联邦快递公司中，那些被下属评价为变革型的领导者，也被他们的直接上级评价为更有成就、更应晋升的人。总之，所有的证据表明，与交易型领导相比，变革型领导与低离职率、高生产率和高员工满意度相关性高。

2.5.5 领导的抵消器、替代品与放大器

史蒂文·克尔（Steven Kerr）和其他人提出了略带权变色彩的全新领导理论。早期的领导模型认为需要存在正式的领导者提供任务方向、结构和报酬，以及关心和支持员工需要。但是，这些领导角色有时会形成对领导者的不健康依赖，从而阻碍了下属的成长和自立。领导者有可能缺乏有效完成决策所必要的特质、知识和技能，或者不可能同时具备这些方面的能力。另外，某些抵消器（neutralizers）也有可能产生干扰。

抵消器是下属、任务和组织中，干扰或减弱领导者激励员工努力工作的因素。抵消器包括物理距离、刚性的报酬系统以及下属或主管回避管理者的行为。

如果环境和领导者不能迅速发生改变，就会产生领导的替代品或放大器。领导的替代品（substitute for leadership）是指通过利用其他资源代替领导，从而使领导角色成为多余的因素。它们来源于任务、组织和员工的权变因素，像员工的丰富经验、明确的规章，或是团结的工作群体。替代品的存在有助于降低对领导者任务导向的传统需要。其他一些要素，如内部产生的工作满意感、员工的专业导向或是员工很高的独立需要，都有可能减弱对领导者关怀导向的需要。

相反，领导者现有的特征和能力可以通过其他因素得以明确和加强。领导的放大器（enhancers for leadership）是指放大领导者对员工影响的因素。通过加强领导者的地位或报酬权力或在经常性危机下使用的领导风格，可以强化领导的指挥导向。通过鼓励更多的团队工作活动和增加决策中的员工参与，可以放大参与型领导风格。

抵消器、替代品和放大器理论的重要贡献是当组织不能更换或培训领导者，或是不能寻找领导者和工作的更好匹配时，组织仍可以有多种解决方法。但是，领导者的感情因素在这里也是很危险的：有的人以前认为他（她）是相当重要的，现在却发现被逐渐地取代了，就可能损害他（她）的自尊（见表2-2）。

表2-2 潜在的领导抵消器、替代品和放大器

抵消器	替代品	放大器
不关心报酬	利益分享的报酬系统	具有挑战性的目标
领导者与下属之间的物理距离	有效的人际冲突解决方法	增强领导者的地位和决定报酬权力
工作满足感	团结的工作群体	提高群体的地位
缺乏弹性的工作报酬体系	高的独立性需要	信息分享
经验丰富与素质较高	同事间的评价和反馈	良好的领导方法与技能
上下级之间的不良反应	明确的规章制度	领导者处理危机的能力
		上下级之间良好的关系

2.5.6 诚信领导理论/本真领导理论

诚信领导理论/本真领导理论的代表人物弗雷德·卢森斯（Fred Luthans）是国际著名管理学家、美国内布拉斯加州大学的杰出教授、盖普洛公司的首席科学家。曾担任美国管理学会主席，1997年荣获美国管理学会颁发的杰出教育家大奖，2000年入选美国管理学会名人廊，在美国管理学会的核心期刊上发表的学术论文数量位居前5名，是权变学派的主要代表人物。

在如今这个充满挑战的时代，组织为了求生存、谋发展，其领导者的自信、乐观、满怀希望、富有意义感及韧性等特点就显得尤为重要。此外，近年来出现的安然事件等公司丑闻和管理者渎职现象也引发了人们对领导者道德问题的思考。鉴于此，2003年组织行为学家卢森斯等人以领导学、道德学、积极心理学以及积极组织行为学等领域的相关研究为基础，提出了一种全新的领导理论——Authentic Leadership Theory，国内学者多翻译成诚信领导理论或真实性领导理论，本书翻译成本真领导理论。

组织中的本真领导是指一种把领导者的积极心理能力与高度发展的组织情境结合起来发挥作用的过程。卢森斯等人认为本真领导过程对领导者和下属的自我意识以及自我控制行为具有正面影响，并将激励和促进积极的个人成长和自我发展。本真领导者知道自己是谁，知道自己的信念和价值观，能够坦率地按照自己的信念和价值观行事。他们的下属会认为他们是有道德的人。因此，本真领导的主要品质就是信任。

╚═ 本章小结

对领导有三种不同理解：第一，从领导特质的角度去理解领导；第二，从人际关系、感情因素的角度去观察领导；第三，从组织所处的环境这一角度去观察领导。与以上对领导的三种理解相联系，西方的领导科学理论大致经历了特质论、行为论和权变论三个阶段。

领导特质理论是指研究领导者的个人特性对领导成败的影响。特质理论按其对领导品质和特性来源所做的不同解释，可分为传统特质理论（伟人论）和现代特质理论。对于领导者应当具有哪些特性，不同的研究者说法不一。

领导行为理论希望通过对领导者行为的研究找出领导者行为与领导效果之间的关系。领导行为理论有勒温的三种领导方式理论、领导行为连续统一体理论、领导行为四分图理论、管理方格理论以及利克特的管理系统理论。

领导权变理论认为，某种领导方式在实际工作中是否有效取决于具体的情景和场合，领导是一种动态的过程，其有效性将随着被领导者的特点及环境的变化而变化。有代表性的领导权变理论包括菲德勒模型、领导的生命周期理论、途径-目标理论、领导者-参与模型和领导者-成员交换理论。

在组织领导方面的最新观点有归因理论、魅力领导理论、愿景型领导、交易型和变革型领导、领导的抵消器、替代品与放大器、诚信领导理论/本真领导理论等。

本章案例

查克斯通曼的一天

查克·斯通曼真的相信那句老话"早鸟得虫"。这一天是星期二，清晨，他比往常早1个小时起床了。先是作20分钟原地不动的骑车运动，接下来是洗澡、穿衣、吃早饭、快速地浏览晨报，当查克驱车上路时，他看了一眼手表，5：28。从家里开车到上班地点只需15分钟。查克是勒那食品公司奥马哈工厂的经理。勒那食品公司生产牛肉产品，以私有商标卖给60~70家大型超级市场连锁店。

一边开着车，查克的思绪一边回到昨天晚上。昨夜，查克和他的妻子安妮外出吃饭，庆祝他们结婚15周年。他们回忆起他们的初次约会（那是由双方的朋友安排的），他俩事先都没抱多大希望。他们还谈起一些老朋友，他们之间已多年没有通过信了。昨天晚上的谈话使查克萌生一种怀旧感，他的思绪开始漫游。他想到他是怎么最后到奥马哈，管理一家肉类加工厂，手下管着650名工人的。

查克1979年毕业于伊利诺大学，获商学学士学位。毕业后，他进入勒那食品公司，一直干到今天。开始，他是在芝加哥工厂作生产计划助理，在后来的12年中，他逐级晋升高级生产计划员、生产领班、轮班工长，以及堪萨斯城工厂的经理助理。1991年，他被提升，担任了现在的职务。查克和安妮喜欢奥马哈，打算在这里把他们的两个儿子抚养成人。安妮最后利用她的统计学学位在奥马哈投资公司找到一份保险统计员的工作。

查克今天早上的心情特别好，因为生产率报告表明，奥马哈工厂超过了堪萨斯城工厂和伯明翰工厂，成为公司人均劳动生产率最高的工厂。经过10个月的经营，奥马哈工厂已成为公司所属7家工厂获利最多的工厂。昨天，查克在与上司通话中得知，他的半年绩效奖金为23 000美元，而过去他最多只拿到8 500美元。

查克决定要把手头工作清理一下，像往常一样，他总是尽量做到当日事当日毕。除了下午3：30有一个幕僚会议以外，整天的其他时间都是空着的，因此他可以解决许多重要的问题。他打算仔细审读审计报告并签署他的意见，并仔细检查一下工厂TQM计划的进展情况。他还打算计划下一年度的资本设备预算，离申报截止日期不到两个星期了，他一直抽不出时间来做这件事。查克还有许多重要的事项记在他的"待办"日程表上：他要与工厂一起讨论几个设诉；写一份10分钟的演讲稿，准备应邀在星期五的商会会议上致辞；审查他的助手草拟的贯彻美国职业安全健康法（OSHA）的情况报告，工厂刚接受过安全检查。

查克到达工厂的时间是5：45，他还没走到自己的办公室，就被会计总监贝斯拦住了，查克的第一个反应是：她这么早在这里干什么？很快他就搞消楚了。贝斯告诉他工资协调员昨天没有交上来工资表，贝斯昨晚一直等到10点，今天早上4：30就来了，想在呈报的最后期限之前把工资表做出来。贝斯告诉查克，实在没办法按时向总部上报这个月的工资表了。查克作了记录，打算与工厂的总会计师交换一下意见，并将情况报告给他的上司——公司副总裁。查克总是随时向上司报告任何问题，他从不想让自己的上司对发生的事情感到突然。

最后，在他的办公室里，查克注意到他的计算机在闪烁，一定是有什么新到的信息。在检查了他的电子邮件后，查克发现只有一项需要立即处理。他的助手已经草拟出下一年度工厂全部管理者和专业人员的假期时间表，它必须经查克审阅和批准。处理这件事只需10分钟，但实际上占用了查克20分钟的时间。

现在首先要办的事是资本设备预算，查克在他计算机的工作表程序上，开始计算工厂需要什么设备以及每项的成本是多少。这项工作刚进行了1/3，查克便接到工厂厂长打来的电话。电话中说在夜班期间，两台主要的输送机有一台坏了，维修工要修好它得花费45 000美元，这些钱没有列入支出预算，而要更换这个系统大约要花费120 000美元。查克知道，他已经用完了本年度的资本预算，于是，他在10：00安排了一个会议，与工厂厂长和工厂会计师研究这个问题。

查克又回到他的工作表程序上，这时工厂运输主任突然闯入他的办公室，他在铁路货车调度计划方面遇到了困难。经过20分钟的讨论，两个人找到了解决办法。货运问题，其他工厂是否也存在类似的问题？什么时候公司的铁路合同到期，重新招标？

看来打断查克今天日程的事情还没有完，他又接到公司总部负责法律事务的职员打来的电话，他们需要数据来为公司的一桩诉讼辩护，奥马哈工厂一位前雇员向法院起诉公司歧视他。查克把电话转接给人力资源部。查克的秘书又送来一大叠信件要他签署。突然，查克发现到10：00了，会计师和厂长已经在他办公室外面等候。3个人一起审查了输送机的问题并草拟了几个选择方案，准备将它们提交到下午举行的幕僚会议上讨论。现在是11：05，查克刚回到他的资本预算编制程序上，又接到公司人力资源部长打来的电话，对方花了半小时向查克说明公司对即将与工会举行的谈判的策略，征求他对与奥马哈工厂有关问题的意见。挂上电话后，查克下楼去人力资源部长办公室，他们就这次谈判的策略交换了意见。

查克的秘书提醒他与地区红十字运动的领导约定共进午餐的时间已经过了，查克赶紧开车前往约定地点，好在不过迟到10分钟。

下午1：45，查克返回他的办公室，工厂厂长已经在那里等他了。两个人仔细检查了工厂布置的调整方案，以及通道面积是否符合专为残疾雇员制定的法律要求。会议持续的时间很长，因为中间被三个电话打断。现在是3：35，查克和工厂厂长穿过大厅来到会议室，幕僚会议通常只需1个小时，因为讨论劳工谈判和输送系统问题的时间拖得很长，这次会议持续了2个多小时，当查克回到他的办公室时，他觉得该回家了。他和安妮今晚要在家中招待几位社区和企业的领导人。

开车回家的时间对查克来说仿佛用了1小时而不是15分钟，他已经精疲力竭了。12个小时以前，他还焦急地盼望着这个富有成效的工作日，现在这一天过去了，查克不明白："我完成了哪件事？"当然，他知道他干完一些事，但本来有更多的事他想完成的。是不是今天有点特殊？查克承认不是的，每天开始时他都有着良好的打算，而回家时都不免感到有些沮丧。他整日像置身于琐事洪流中，中间还被不断地打断。他是不是没有做好每天的计划？他说不准。他有意使每天的日程不要排得过紧，以使他能够与人们交流，使得人们需要他时能抽出身来。但是，他不明白是否所有管理者的工作都经常被打断，有时间用于计划和防止意外事件发生吗？

资料来源　张明玉. 管理学［M］. 北京：科学出版社，2007.

问题：

1. 在本案例中，查克总是做到"当日事当日毕"，你认为这是不是一个有效的领导者必须具备的素养。

2. 查克所主管的奥马哈工厂为什么能成为公司人均劳动生产率最高的工厂？从他这一天的日程安排你能悟出什么道理？

3. 查克是否有效率地履行他的职责？请说明理由。

4. 从企业领导者的角度分析查克的问题出在哪里？如果让你做这个工厂的经理，你该如何做？

复习思考题

1. 领导理论发展分为哪三个研究阶段？

2. 请回答领导行为包括哪些有代表性的理论及主要观点。

3. 简述管理方格理论的主要观点。

4. 简述利克特的管理系统理论的四种管理方式。

5. 试述菲德勒权变模型的主要内容。

6. 简述赫赛和布兰查德的领导生命周期理论的主要观点。

7. 从所学的领导方式及其理论中，你得到哪些启示？

第 3 章

领导环境

学习目标

领导环境是领导活动的重要组成部分，对领导者领导活动的成败有着至关重要的影响，领导者必须根据自己所处领导环境的特点，选择与环境相协调的领导方式。通过本章的学习，可以明确领导环境的概念、特点；了解领导环境的内涵；充分认识领导环境的重要性及对领导活动各方面的影响。

3.1 领导环境概述

3.1.1 领导环境的概念

领导学相关理论的发展大致经过了三个阶段：在领导者发展史上最初兴起的是领导特质理论，这种理论认为领导者的作用是最重要的，而领导者所具备的特质又是重中之重，所强调的是一种显性领导，突出领导者的作用、领导活动的作用；在领导科学史上流行的第二个理论是领导行为论，这种理论认为领导者的行为是最重要的，领导者的行为直接影响领导工作的绩效，这种强调领导行为、领导者风格的理论也是强调显性领导；到了领导学发展的第三个阶段，也就是权变理论的阶段，越来越多的学者开始意识到领导环境对领导者与领导过程的重要影响，领导活动的绩效不是简单的一因一果的关系，不是领导者个人所能完全决定的。领导活动的成功与否，不仅仅与领导者个人素质的高低相关，同时也与周围的环境有着密切联系。在实践中并不存在一种万能的领导方式，相同的领导行为在不同的环境条件中往往会取得不同的效果，这就要求领导者需根据不同环境的具体特点去选择与环境相适应的领导行为与领导方式，达到领导者个人素质与外界环境两者间的协调，这样才能取得优质的领导行为。这种理论将领导作用看作复合的、无形的，将领导环境看作领导活动中的要素之一，是对领导者与被领导者的有效补充。随着这种理论的日渐流行，领导环境也成了领导学的一个重要的研究对象。

所谓领导环境，是指在领导活动中，除领导者自身因素以外，一切对领导活动及其目标有着直接或间接影响的时间、空间条件和物质、精神因素的总和，是领导者所面对的周围的全部现实条件和客观境况，是制约和推动领导活动开展的各种自然因素与社会因素的组合，不仅包括领导者的下属和领导者所处的组织环境，同时也包括整个组织所处的社会以及文化环境。

对领导环境的概念可以从以下几个方面加以进一步的理解：

（1）领导环境虽然可以由领导者感知，并且领导者也可以对其在一定程度上施加影响，但从根本上说，它是不以领导者意志为转移的客观实际。环境有着自身的发展变化规律，无论是利用环境还是改造环境，都必须以正确认识环境、遵循环境的规律为前提。

（2）影响领导活动的因素和条件，既包括客观的物质因素和条件，也包括主观的精神因素和条件。客观和主观的因素和条件总是相互交织，又相互影响，都是领导者需要认识、适应、利用和改造的对象。

（3）领导环境还是一种态势，这是由于制约领导者各个方面的因素和条件都处在动态的发展之中，并由此派生出诸多不同的矛盾和变化，形成领导者及其追随者客观上面临的新情况、新问题。

（4）领导环境包含组织的特有目标所指向的工作任务，这是不能忽视的重要内容。工作任务与领导环境是密切相连、不可分割的。

（5）领导环境是独立于领导者而存在的，是客观的不以领导者的意志为转移的。由于领导者个人知识结构、自身素质以及经历等方面的差异，不同领导者对同一领导环境的判断往往是不相同的，进入其视野的环境因素和条件也是不同的，利用和改造的侧重点也不尽相同。

（6）在实际的领导活动中，领导环境只能直接或间接地制约领导者思想和行为的某一部分。对于每一个从事具体领导工作的领导者来说，所涉及的领导环境，与一般理论上探讨的领导环境相比，可能在内容上少得多，在时间和空间的范围上也可能小得多。

（7）领导环境是一个发展着的历史概念。自然界在发展变化，人类社会也在发展变化，领导目标及其工作任务也在发展变化，领导环境也随之发展变化。

3.1.2　领导环境的基本特征

领导环境对于领导者正确进行决策，实现领导目标，把握整个领导过程有着十分重要的意义。作为领导科学中一个独立的组成部分，领导环境有着以下的特征：

（1）领导环境的客观实在性与部分可塑性。领导环境的客观实在性是指领导环境所具有的不以任何个人或组织的意志为转移的特性，是独立于领导者而存在的，无论领导者能否认识或者把握它，领导环境都照样发挥作用。这就要求领导者必须培养自己的环境意识，在进行领导活动时充分考虑到各种环境要素。领导环境不但具有客观实在性，而且具有部分可塑性。所谓可塑性，即环境的可改造性。领导环境的客观性并不意味着领导者只能消极地适应环境而不能有所作为，对于领导者所在的组织机构，领导者可以通过完善领导体制、变革传统组织结构等来改善其领导环境，以促成领导目标的实现。

（2）领导环境的多样性。领导环境是一个复杂的系统。首先，它是指领导者所在的组织系统；其次，它包括领导集体即指挥子系统；再次，它还包括上下左右各类相关系统，如上级领导单位、下属单位、横向纵向与之发生各种工作联系的部门和人员等；最后，它还可能涉及整个国家、社会乃至国际环境的大系统。领导者就是在这样复杂的环境中开展"内政外交"等领导活动的。

这些因素都制约和影响着领导者及其领导活动的内容与方式，也是领导者在进行其领导活动时所必须考虑的因素。环境的复杂性决定了领导者在作出行为选择的时候，必须从多方面、多角度了解领导活动所具备的环境。一般来说，领导层次越高，面对的领导环境也越大越复杂。同时也要注意，领导环境因素虽然是多样的，但并不是杂乱无章的。一定类别的环境因素总是与一定领域、内容的领导活动联系在一起的。

（3）领导环境的稳定性与动态性。领导环境是领导者所面对的周围的全部现实条件和客观境况，既包括领导者的下属和领导者所处的组织环境，也包括整个组织所处的社会以及文化环境。一个组织所处的社会和文化环境具有稳定性，在一段时期内的变化相对较小，而领导者下属和组织环境的变动则相对较大。

（4）领导环境的不确定性。领导环境具有稳定性的特征，表现出了一定的确定性；与此同时，由于构成领导环境的各个因素和各种条件都是随着时间、地点的改变而不断变化的，再加上领导者思维方式和能力水平等的不同，也导致其对同一环境有不同甚至是完全相反的认识，这些因素都决定了领导环境同时也具有不确定性。

所有领导环境的因素和条件及其发展态势，实际上都可能是确定的，也可能是不确定的。确定的领导环境，隐含着偶然的不确定性；不确定的领导环境，蕴藏着必然的确定性。领导环境的确定性和不确定性错综复杂地交织在一起，二者相互影响，往往没有明确的界限。有的领导环境是完全确定的，有的是完全不确定的，而大多数则介于确定与不确定之间。

（5）领导环境具有潜在的风险性。因为领导环境具有确定与不确定的二重性质，所以利用和改造领导环境，就可能产生某种风险。领导环境越是具有不确定性，利用或改造的风险必然就越大；反之，风险越小。环境本身的不确定性，是领导环境的固有风险。这种风险与领导者的主观因素无关，在一定意义上是无法避免的。领导者只能够通过深化对环境的认识，适时调整领导决策和组织行为，才能有效地回避或减少固有风险。

3.2　领导环境的分类

领导过程中遇到的环境极为复杂，按照不同的角度可将领导环境划分为不同的类别：

（1）按照时态划分，可将领导环境划分为过去的环境、现实的环境和未来的环境。过去的环境是领导者所无法施加影响的、已经发生的环境，一个组织过去的领导环境会以组织传统、组织文化等形式影响到组织现实的领导环境；现实的环境是领导者所实际面临的领导环境，是领导者所能改变和影响的，既受组织过去领导环境的影响，同时也影响着组织的未来领导环境；未来的环境是领导者即将面对的、尚未发生的环境，领导者可以通过对现实环境的改变来影响未来的环境。

（2）按影响领导活动的作用划分，可将领导环境划分为顺环境与逆环境。顺环境就是有利于领导者按照自己意图开展领导活动的环境，如员工的认同、上级的支持等，这些都有利于领导效能的提高；与此相反，逆环境会给领导者的领导活动带来种种阻力，不利于领导者领导活动的开展。

（3）按照边界划分，可以将领导环境划分为内环境和外环境。内环境是一个组织内部的全部环境，包括组织结构、成员、组织文化等；外环境是组织外部的种种环境，如社会环境、文化环境、经济政治环境等。一般来说，领导者对内部环境能施加更大的影响。

（4）按照领导者对环境的影响力和控制程度划分，又可以将领导环境划分为可控环境、部分可控环境和不可控环境。

以下主要介绍领导环境分类中最具典型性的一种，即领导活动的内环境与外环境。

领导环境既包括领导者所处的具体工作环境，诸如群体组织、人际关系、物质条件、人员素质等，也包括领导者所处的自然状况、时代特征和社会环境，如地质地理、天文气象等客观存在的自然环境以及政治、经济、文化、教育、科技等环境。以组织为边界将领导环境从层次上划分为内部领导环境和外部领导环境，如图 3-1所示。

外部领导环境：自然要素、文化要素、政治法律要素等

内部领导环境：组织性质、组织结构、组织成员等

组织

图 3-1　领导环境的分类

3.2.1　外部领导环境

外部领导环境是领导环境的重要组成部分，是领导活动中所有能直接、间接地参与或影响领导行为或领导过程的外部有效因素的总和。外部领导环境是同领导成败得失直接相关的外在条件，是领导主体赖以生存、发展和发挥作用的综合性客观基础和客观条件。外部环境直接影响着组织内部的领导者与领导方式。

组织所处的环境不同，组织的领导活动也就呈现出不同的特点。组织行为学的研究成果已经证明了这一论断的正确性。艾默里和特里斯特对组织的外部环境进行了分类，外部环境的差异导致了组织的活跃性的不同，见表 3-1。

表 3-1　　　　　　　　　　　　外部环境对组织活跃性的影响

环境的类型	特点
1.平静、随机型	环境简单且平静 环境对组织的影响最小 单个的小型组织存在于其中
2.平静、串型	环境变化不快，可以对因果关系作出概率估计 组织形成等级层次并实行集权化控制
3.混乱、活跃型	存在许多相似的组织 不断变化且非常混乱
4.动荡型	对内部组织和管理的影响很大 组织高度依赖其研究与开发工作，以适应新的挑战

劳伦斯和洛斯奇也进行了大量的研究，确定了环境的类型和性质对组织稳定性的影响，见表 3-2。

外部领导环境主要包括以下要素：

1）自然要素

自然要素对于领导者以及领导活动的影响，更多的是出现在政治学、地理学等一

表3-2　　　　　　　　　　　　　外部环境的类型、性质及其对组织的影响

1.稳定的环境：变化不大，有一定的规律和较大的确定性	该环境中的组织有规范的操作和严格、正规的结构
2.中性环境：不太稳定，也不太动荡	该环境中的组织面临稳定的环境，也要面临变化。组织结构不严格，也不正规
3.动荡的环境：不断变化，高度的不稳定，结构也不正规	该环境中的组织要面对环境的不断变化，并且要适应这些变化

些其他的学科中，领导学的研究成果则相对较少。例如德国著名历史学家、汉学家魏特夫的《东方专制主义》一书，就是从自然环境的角度研究了中国古代政治制度的成因。魏特夫认为，东西方社会是两个完全不同的社会形态，东方社会的形成和发展与治水密不可分。类似于东方这种高度集权的社会形态主要起源于干旱和半干旱地区。在这类地区，只有当人们利用灌溉，必要时利用治水的办法来克服供水的不足和不调时，农业生产才能顺利地和有效地维持下去。而这样的工程的建设需要大规模的协作，协作反过来需要纪律、从属关系和强有力的领导。而要有效地管理这些工程，必须建立一个遍及全国或者至少遍及于全国人口重要中心的组织网。因此，控制这一组织网的人总是巧妙地准备行使最高政治权力，于是便产生了水利政治学、专制君主、东方专制主义，君主专制便由此形成。而中国正是这一特征的集中反映。在古希腊学者亚里士多德的《政治学》一书中，也能找到自然环境对于领导活动影响的论述，他认为环境是政体是否优良的条件之一。例如，位于欧、亚、非三洲之间的克里特岛雄踞大海，海岸崎岖而多港湾，在当时的克里特政体中就不存在"为防止引发外患"而禁止外侨入境的政令，而这一政令在当时的陆地国家则是普遍存在的。产生这一差别的原因就是克里特岛得天独厚的地理位置，因为不与其他国家接壤，因此只要凭借它与别国的距离就足够拒人于千里之外了。

自然因素对领导者和领导活动来说，虽然并没有处于决定性的地位，但其对领导者及其领导活动的影响却不容忽视。忽视自然要素的影响，就不能对领导活动给予客观、正确的解释。

2）文化要素

文化的概念是随着人类历史的发展而不断深化和丰富的。在欧洲，"文化"一词刚出现时，并不是我们今天所赋予的意蕴，而是指"耕耘"或"掘种土地"的意思；在中国古代，"文化"一词很早就被独立使用，对它的理解要比欧洲更深刻一些。早在南朝，著名文学家王融在《三月三日曲水诗序》中写道："设神理以景俗，敷文化以柔远"，文化在这里指的是封建王朝所施的文治和教化的总称。它包括的内容要比当时的西欧对"文化"内容的理解广泛得多。

当代对于文化的认识则更为深刻，认为文化是人类的一种生活方式，是人类在长期斗争中积累下来并世代相传的关于如何适应环境、与自然做斗争、协调人类内部关系的行为模式，它反映了人类对于物质和精神世界的全部认识，并且通过人类的道德、价值、知识、信仰、风格、习惯、才能等多方面表现出来，体现在文化传统、社

会心理、意识形态、个人价值取向等各个方面。

领导者作为特定社会中的成员都深受该社会文化的影响，这些影响必然在领导者作出领导行为选择时有意无意地发生作用，从而影响领导活动。例如美、日两国文化的差距就导致了两国企业在管理上的差别。美国的文化是以"个人主义""自由主义"为核心的，强调个人，重视个人能力和素质，充分肯定个人成就，因此在领导上重视为员工提供个人发展空间，将个人的报酬、晋升与其对企业的贡献紧密联系起来，相对忽视情感，上下级之间不存在森严的等级结构；而日本文化是在传统的东方伦理基础上建立起来的，尊重人、信任人，企业组织的领导者重视道德规范和行为准则，承认员工的贡献，强调对组织的忠诚与集体利益，个人利益常为服从集体利益而牺牲，同时存在着严格的等级制度，论资排辈的现象比较严重，在薪酬以及晋升等方面，个人业绩与对组织的忠诚起着同等重要的作用。

即使领导者有意识地部分（不可能做到全部）超越特定的社会文化，所进行的行为选择一般也不能过分背离特定社会长期以来形成的行为规范与价值标准，特别是那些比较明确的规范、比较重要的价值，亦即该社会的大部分成员普遍接受的，甚至是维系该社会之纽带的规范与标准，否则，便会遭到全体或大部分社会成员的抵制与反对，政策就难以执行，甚至可能使整个组织失去生存的合法基础。

由此可见，领导环境要受其所处文化氛围的影响，这种影响是全方位、多角度的，不仅影响着一个组织大的领导环境，如国体、政体、法律等，同时也影响着一个组织内部的领导环境，影响着组织内成员的行为方式、领导者的运作方针，制约着领导者的领导活动。

3）政治法律要素

政治法律要素是指一个国家或地区的政治制度、体制、方针政策、法律法规等方面，主要包括宪法的功能和地位，法律制度的特性、完善程度及有效性，国家权力的格局及规定性，政府的委托立法权、行政司法权及其运用，法制精神的社会性，法律的制定程序，特别法的制定等。这些因素都制约、影响着组织的领导方式、内部体制结构等，是领导环境的重要组成部分。对于一个组织而言，国家的政治、法律制度对组织领导活动的影响是极为巨大的，体现出如下的特点：

（1）直接性，政治法律要素直接影响着组织的领导活动。

（2）难以预测性，对于一个组织来说，很难预测国家政治环境的变化趋势。

（3）不可逆转性，政治法律要素一旦影响到组织，就会使组织发生明显的变化，而这一变化是组织无法驾驭和改变不了的。

任何领导活动都不能背离其所在国家的政治、法律制度而单独存在，作为一种非自然人的行为，领导活动与一个国家的政治传统、法律制度与权力结构紧密联系在一起，并遵循着国家的各项制度。例如，对于我国企业组织而言，对员工的管理就必须遵循《中华人民共和国劳动法》的各项规定，对员工的个人权益、工作条件、工作环境、报酬以及保险等方面进行管理，使之符合国家法律的要求。

链接 3-1

沃尔玛工会的建立

近日，媒体纷纷报道：沃尔玛福建晋江店成立了工会。出席该工会成立大会的全国总工会副主席徐德明高度评价道：该工会的成立充分体现了中国《工会法》的强大威力，体现了中国工会的力量所在，体现了沃尔玛员工的追求和愿望，是中国工会史上的一件大事。

为什么一家基层工会的建立蕴藏着如此重要的意义？要回答这一问题，必须把握这一事件的相关背景。

首先，根据中国《工会法》总则第十条：企业、事业单位、机关有会员25人以上的，应当建立基层工会委员会。中华全国总工会副主席徐德明表示："工会是职工自愿结合的工人阶级的群众组织，对维护职工合法权益、促进劳资和谐具有重要的作用。"在企业、事业单位、机关建立工会组织，是中国法律的规定。

而全球最大连锁零售商沃尔玛却对工会"恨之入骨"，反对工会的企业文化也由来已久。其已故创始人沃尔顿认为，工会是一种分裂势力，会使公司丧失竞争力。目前，沃尔玛在全球10多个国家拥有4 300多家分店，雇员总数超过160万人，除因收购原因在日本、英国等国的分店有工会组织活动外，绝大部分分店包括美国本土的分店，都没有一个工会组织。

沃尔玛工会组织的缺失，违反了我国相关法律的规定，直接损害了工人的结社权利，也给保障工人的其他权利埋下隐患。2004年10月，全国总工会公开批评一些大型外资企业抵制建立工会，沃尔玛名列榜首。

在随后两年多的时间中，全国总工会与沃尔玛管理层以及沃尔玛的员工进行了积极的沟通与交流，但当时，沃尔玛拒绝成立工会，违反我国法律的做法也给其自身形象带来了极大的损害，导致其订单数量的下降与新店推广计划的搁浅。最终，时隔近两年之后，第一家沃尔玛工会终于建立起来了。

沃尔玛放弃自身传统的这一转变，反映了其对中国未来庞大市场的看好，同时，也是对中国法律与工会的理解与尊重。沃尔玛的传统最终让位于法律，也说明了企业要根据不同国家的特点，调整自己的管理方式，以适应各国法律、文化的不同特色。

4）科技变量

科技的发展不仅对经济发展有着巨大的推动作用，同样也会给组织带来很大影响。科技的进步会直接影响到一个组织的经营、管理、信息的传递与处理等各个方面，从而带来组织领导活动的变化。以电子计算机与网络的应用为例，两者的广泛应用加快了组织对信息的搜集与处理过程，这就在客观上要求组织的领导活动要向着有利于信息传递的方向发展；同时，各种新科技的不断应用，也对组织成员与组织领导者的素质提出了更高的要求，领导活动的开展要体现出对组织成员培训的重视，鼓励成员不断学习新的知识与技能，这样才能使组织保持持续的竞争力。

3.2.2 内部领导环境

1）内部领导环境的特点

内部领导环境，是指组织内部对领导活动产生制约和推动作用的各种要素的总和，是组织内部由各种要素组合起来的一种情势，是领导活动发生的具体的内部环境，它对领导活动的影响最为直接、最为现实，与领导活动的方式和功效密切相关。内部领导环境对领导活动的影响具有以下特点：

（1）影响的直接性。与外部领导环境对组织潜移默化或硬性制度的影响不同，内部领导环境对领导者和领导方式的影响更加直接，决定着组织的领导方式和领导结构。组织内部成员的变动、组织结构的变化可能带来整个领导方式的转变。

（2）影响的深入性。外部领导环境的变动对领导活动的影响往往局限于其发生变动的特殊方面，而内部领导环境对领导活动的影响则是全局性的。

（3）影响的相对不确定性。与外部相对稳定的领导环境相比，内部领导环境的变动更大，变动也更难以预料，因此对领导活动的影响也就更加难以预测，对领导者应变能力的要求也就更高。

2）内部领导环境的分类

内部领导环境主要由下列要素构成：

（1）组织要素

任何领导活动都存在于一定的组织之中，脱离了组织，领导活动也就无从谈起，组织的类别、性质不同，带来了组织存在的不同目标，也导致了不同组织内部领导活动、领导方式等方面的差异。例如在军事组织中，组织存在的目的是维护与保障民众的权益，维护社会的安全与稳定，因此全部的领导活动也是围绕这一目的展开的，采取严格的等级制度，下级必须无条件服从上级的命令，在领导方式上具有强制性、阶层性、集权性等特点；而在以谋取利润为主要目标的企业等经济组织中，则注重领导方式的灵活性，给下属以充分的自由度以对迅速变化的市场环境作出反应。因为组织的自身性质会给领导活动带来影响，这就要求领导者要对组织的类型、性质、目的等有充分的了解与认识。

从广义上说，组织是指由诸多要素按照一定方式相互联系起来的系统；从狭义上说，组织就是指人们为实现一定的目标，互相协作结合而成的集体或团体，是社会的细胞和基本单元。

组织具有以下主要特征：

第一，有明确的目标。目标是组织的愿望和外部环境结合的产物，没有目标便没有组织。同时，组织的目标性也受到环境的影响和制约，这里的环境包括组织物质环境及社会文化环境。

第二，拥有资源。资源主要包括五大类：人、财、物、信息和时间。人的资源是组织最大的资源，是组织创造力的源泉；财的资源主要是指资金，组织在其存在和发展中需要大量的资金，有了资金组织的各项工作才能运转起来；物的资源，组织仅仅有资金是不够的，货币只是一种抽象的资源，只有转化成物资，才完成了从抽象到具体、从一般到特殊的过程，从而满足组织发展的特定需要；信息资源，信息实际上是一种可以被认知的符号，是组织进行决策，实施各项行动的依据；时间资源，时间具有不可重复性、不可再生性、不可替代性的特点，对于一个组织而言，必须合理利用时间，力争同样的时间做更多的事，以提高组织的效率。

第三，拥有一定的权责结构。组织的这种权责结构表现为层次清晰，每项任务有明确的承担者，并且权力和责任是对等的，有多大的权力就有多大的责任。权力和责任一定要对等，这也是行使领导权的前提。

组织按照不同的标准可以划分为很多的类别：

第一，根据组织的目标来划分，可以把组织分为：互益组织，如工会、俱乐部、政党等；工商组织，如工厂、商店、银行等；服务组织，如医院、学校、社会机构等；公益组织，如研究机构、消防队等。

第二，按照心理需求来划分，可将组织分为正式组织和非正式组织。

正式组织是经过有计划的设计后，将组织业务分配给各层次，进行系统的综合并由规则来支持职责的组织。正式组织强烈地反映出领导者的思想和信念，但其成员并不一定重视或接受领导者的社会、心理和行政的假设。正式组织是经过规划而不是自发形成的，有着十分明确的组织目标，分配角色任务，建立权威，通过各种规章制度约束个人行为以实现组织的一致性与领导的有效性。

非正式组织，是指在满足需要的心理推动下，由组织中的成员比较自然地形成的心理团体，其中蕴藏着浓厚的友谊与感情。组织的建立以人们之间具有共同的思想，相互喜爱，相互依赖为基础，是自发形成的。组织最主要的作用是为了满足个人不同的需要，组织一经形成，就会产生各种行为规范，约束个人的行为。而非正式组织中的各种规范可能与正式组织目标一致，也可能不一致，甚至相抵触。

第三，按照个人与组织的关系来划分：

①按照组织运用权力和权威的程度来划分，可将组织划分为：功利型组织，这是在运用合法权威过程中，同时实行经济和物质等功利报酬手段的组织，如工商企业、农场等；强制型组织，这是以强制权力来对成员加以控制的组织，如监护性精神病院、监狱、管教所等；规范型组织，这是以内在价值及地位为报偿来对成员加以控制的组织，如学校、医院、社会团体等。

②按照个人参与组织活动的程度来划分，可将组织划分为：疏远型组织，这种组织中个人与组织活动很少有共同之处，组织成员在心理上并不介入组织，而是在强制力量下成为组织成员；精打细算型组织，组织成员参加工作的原则是以自身所得的代价而作出相当于代价的工作；道德涵养型组织，组织成员自觉自愿完成组织的任务，积极参与组织活动，个人与组织目标一致。

明确了组织的类别和性质之后，领导者才能有效地施行领导活动，选择与组织性质、特点相符合的领导方式和领导方法，促进领导目标的顺利实现。

（2）组织内部传统与文化

任何组织在发展过程中都会形成自身所拥有的传统，这些传统体现着一个组织中各成员共享的背景、规范、价值或信念的体系。这些传统之间差别很大，不仅各类不同组织的传统不同，如营利性组织与非营利的公益性组织，而且在同一个行业的不同组织之间，这种差距也普遍存在，像不同大学之间办学理念、文化的不同。这些传统同样反映着组织的特点，决定着组织内部的人际关系模式、个人发展方向，组织成员对组织活动的参与度、工作观念等。

有效的领导活动也要同样考虑到组织的传统，即使是对组织进行变革时，也必须建立在了解组织传统，考虑组织成员的可接受程度的基础上，循序渐进，否则，不仅领导活动不能达到预期的目的，还会给领导者自身带来种种问题，影响到领导者的权威与影响力。这也就要求领导者要区别组织的传统与文化，认识到它们是如何影响组织成员的认识和感知的。

对于如何辨识组织中的传统与文化，也存在着多种方法。奇尔曼和萨克森认为，可以按组织成员对表3-3中问题的回答来确定组织文化与传统；施恩提出了从传说和故事、物质象征、仪式和语言四个角度区别组织传统，对如何理解组织的文化给予了更详细的说明：

表3-3 界定组织文化的一些问题

什么话题在组织中是可以接受的？什么话题是应该避免的

组织成员是如何运用权力的

一个人在组织中是如何获得成功的

组织中不成文的规则有哪些

组织中的道德和伦理规范有哪些

组织中流传哪些故事

①传说和故事。这是随着时间而流传下来的关于组织的故事，在这些故事之中蕴含着组织的基本价值观点。例如在耐克，很多高层管理者会花很多时间讲故事，故事的内容是关于耐克的精神，当他们谈到耐克的创始人比尔·鲍尔曼走进车间，把橡胶倒入妻子烘烤奶饼的铁模中试图制造更好的跑鞋时，他们谈的是耐克的创新精神。

②物质象征。这是指能被组织成员看到和注意到的物质，而且它们可以表达出组织文化的多个不同方面。例如，在一个信奉平等的组织中，领导者与组织成员之间的办公室大小可能差不多，领导者办公室的布局也不会让员工有等级森严的感觉。

③仪式。这是指一再发生的活动，它反映了组织传统的一些重要方面。从组织为员工安排退休仪式的隆重程度上，可以体现出组织对员工的重视程度；组织对于表现优秀、成绩突出员工的奖励，也能体现出组织对成员个人绩效的重视程度。有一个广为人知的公司仪式是唱沃尔玛的公司之歌。唱沃尔玛之歌由公司的创始人山姆·沃顿最先发起，旨在激励和团结员工，"给我一个W，给我一个A，给我一个L，给我一段横线，再给我一个M、A、R、T"。它把沃尔玛的员工紧紧团结在一起，并且强调了山姆·沃顿的信念：公司的成功离不开员工。

④语言。这是指组织中的专门行话或独有术语，它所起的作用均与组织传统及文化相关。首先，组织成员有的明白这些语言而有人则不了解，这一事实就表明了谁融入了组织而谁没融入；其次，语言也提供了关于处于一种传统的成员是如何看待他人的信息；最后，语言也可以帮助组织创造一种传统与文化。从迪斯尼乐园的例子中我们可以看到语言对于创造一种文化的重要性，迪斯尼的全体员工，从扮演动画人物的员工到卖爆米花的小贩，都被告知要将自己看作是一个剧团的成员，永远不要脱离自己的角色，在公园中的每件事都是"表演"的一部分，参观迪斯尼的不仅仅是游客，同时也是"观众"。这种富有特色的语言帮助迪斯尼创造了一种友好的传统，员工的彬彬有礼给每个游客都留下了深刻的印象。

在了解了组织传统的基础上，领导者也必须意识到自己不仅仅要受到组织传统的影响，同时也在改变组织传统与文化的过程中发挥着积极作用。领导者可以通过奖励和倡导成员的某些行为，为员工树立模范人物，提高对组织中现有的一些活动的关注度，改变组织的规章制度，根据自己的偏好来雇用或解雇员工等行为对组织传统进行调整。当然，改变一个组织的传统与文化需要很多的时间和精力，尤其是在一些大规模的组织或拥有很强文化的组织中；对那些成立不久还没有形成很强传统的新组织则相对较为简单。

链接 3-2

宜家的创新之道

宜家是一个瑞典家具巨头，销售额从 1993 年的 40 多亿美元上升到 2003 年的 120 亿美元。宜家的成功很大程度上应该归功于它的创立者英格瓦·坎普拉。坎普拉用他中学毕业时积累的资金，在他出生的一个瑞典小村落创办了宜家公司。他最开始销售皮带搭扣、钢笔和手表，或者当地村民所需的任何东西。坎普拉最终转向销售家具。1952 年的某一天，在费尽力气试图将一张大桌子塞入小汽车的过程中，坎普拉的一个雇员想出了一个将永远改变家具业的主意——他决定将桌子腿拆掉。宜家的平板和自行组装的方法自此诞生了。它推进公司的发展，将竞争者远抛在身后。坎普拉说："自那以后，出现了其他自行组装的家具系列，到了 1956 年，这一概念多多少少实现了体系化。"坎普拉全心致力于保持自己在 50 年前参与制定的公司文化。他是个生活简单的人，他对豪华度假的理解就是骑着自己的自行车。他非常关注成本节约，即使他的个人财富已达数十亿美元，坐船出行时他仍拒绝乘坐头等舱。他将人际交流视为最重要的事情，即使在退休以后，他仍定期参观宜家商店，密切关注行业第一线发生的情况。宜家的文化与坎普拉所秉持的简单，在农场长大并以瑞典为根的文化紧密相连。这种文化旨在努力"为大家创造更美好的生活"。宜家通过以下实践其公司文化：

- 雇用在团队中有良好工作表现的同事（宜家更乐于使用同事而非员工一词）；
- 期望同事在工作的各个方面寻求创新的、更优的做事方法；
- 尊重同事及其观点；
- 确立共同目标并不知疲倦地工作以实现这些目标；
- 使成本节约意识渗透到从改进生产流程、优化采购流程到节约旅行支出等一切活动中去；
- 避免复杂的解决方案，简单化是宜家文化中的重要部分；
- 通过言传身教来领导，所以宜家期望其领导者在需要的时候能齐心协力，并创建一个良好的工作环境；
- 相信多元化员工队伍将会使组织整体更强大。

（3）领导者的下属

所谓领导者的下属，指在领导者的领导下，按照领导的意图，为实现组织目标，从事具体实践活动的个人或集团，是在领导活动中执行具体决策方案和实现组织目标的行动者。在组织中，领导者的下属具有以下特征：

①服从性。作为一名被领导者，必须服从领导者的命令，这是古今中外任何组织通用的原则。

②受动性。领导者负责带动，向其下属指出下一步行动的方向；被领导者受动，根据领导者的意图行事。

③能动性。在接受领导者领导的同时，领导者下属也向领导者进行着各种反馈，

提出各种合理化的建议，使得领导活动更加有效。

领导者的下属对领导活动能否取得既定的目标具有十分重要的意义，他们是领导活动得以推行的中介力量，也是组织目标最终得以实现的决定力量。领导者与其下属是相互依赖的，下属是领导者施加影响的对象，下属接受领导的意愿程度、对领导者的认可程度，对领导者来说都是不容忽视的力量。领导者与其下属之间必须建立起一种相互信任、相互支持、相互监督的关系，才能使领导活动得到有效的开展，促进组织目标的顺利实现。这就要求领导者在进行领导活动时必须考虑下属的特质，下属不同，所采用的领导方式也应该有所区别。

①下属的成熟度不同，采用的领导方式不同

下属成熟度是个体对自己的直接行为负责任的能力和愿望，它包括两个因素：工作成熟和心理成熟。工作成熟是下属所拥有的与工作相关的知识、技能和经验的综合。工作成熟度高的个体拥有足够的知觉能力和经验去完成他的工作而不需要他人的指导。而心理成熟是指一个人做事的愿望和动机，包括一个人的自信、承诺度、激励水平和自尊等，这些与未来工作的完成情况相关。心理成熟的个体不需要太多的外部激励，靠内部的动机激励就能够自己完成工作。

赫塞和布兰查德的理论模型给出了如何根据下属的成熟度进行领导方式的选择。在他们的理论模型里，领导者分为任务导向和关系导向。任务型的领导者关心工作的过程和结果，通过密切监督和施加压力来争取获得良好的绩效，对他们而言下属是实现目标和绩效的工具，他们不关心下属的情感和需要，群体任务的完成情况是领导行为的核心；而关系型的领导者更注意关心员工，重视人际关系，把他们的行为集中在对人的监督上而不是对生产的提高上，他们关心员工的需要、晋升和职业发展。赫塞和布兰查德同时更进一步认为每一个维度有高有低，这样就总结出4种领导者风格，如图3-2所示。

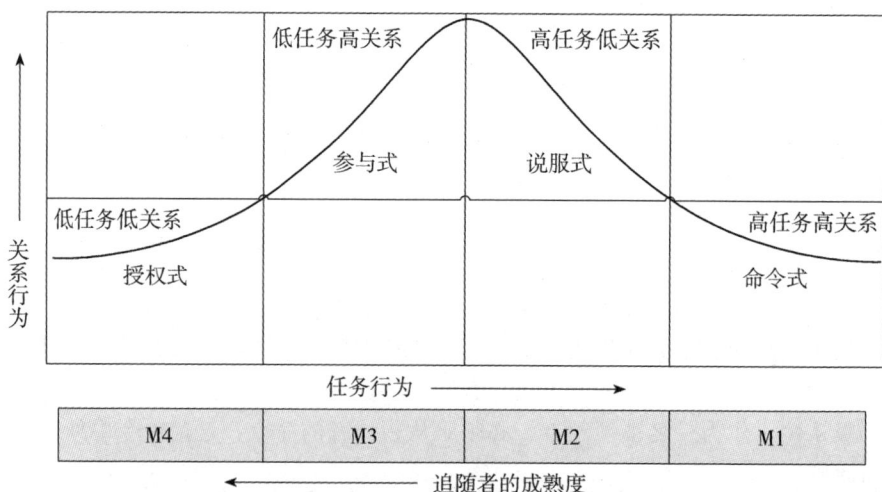

图 3-2　领导者风格图

成熟度分4个阶段：第一阶段是低成熟阶段。处于低成熟阶段的人对执行任务既无能力又不情愿,他们既不胜任工作也不被人信任,这时候就要采取高任务高关系的命令式领导方式,领导者告诉下属应该怎么做以及何时何地去做。第二阶段是成熟发展阶段。处于这一阶段的人缺乏能力但却愿意从事工作任务,他们有积极性,但目前尚缺乏足够的技能,应采取高任务低关系的说服式领导方式,领导者既告诉下属何时何地该怎么做,同时也注重下属的个人感受,关心下属的态度。第三阶段是中成熟阶段。这时的员工有能力从事工作却不愿意干领导分配的事情,就应采取低任务高关系的领导方式,领导者与下属共同决策,为下属提供便利的条件,同下属充分沟通,关心下属的感受,引导和激励他们去做工作,这是参与式的领导。第四阶段是高成熟阶段。员工既有能力又愿意去做领导者让他们做的事,这时就应采取授权式的领导方式,领导者提供极少的支持和指导,完全交给下属,放手让他们去做。

这一理论告诉人们,下属的成熟程度是可以不断提高的。随着下属成熟程度的不断提高,领导者可以不断地减少对下属活动的控制,同时还可以不断地减少同下属维持关系的行为。在下属成熟程度低的阶段,领导者需要给予明确的指导,手把手地教他如何去做。在中成熟阶段就要采取高任务高关系的领导方式,以弥补下属的不足。高任务行为弥补下属在工作能力上的不足,高关系行为则试图让下属在心理上领会领导者的意图,变不能做为能做。在第三阶段要实施参与式的领导方式,运用支持性的而非指导性的领导风格进行激励,解决下属能干而不想干的问题。在第四阶段,领导者不需要管太多的事情,因为下属既有意愿去干也有能力去承担了。

按照赫塞和布兰查德联合提出的理论,根据下属的成熟水平选择正确的领导风格才会使领导取得成功。这一理论常被作为重要的培训手段而加以运用。根据美国的管理学家史蒂芬·罗宾斯所做的说明,在《财富》杂志的300家企业中,北美银行、IBM、美孚石油公司等都是采用这个理论模型来安排自己的领导风格的,并且这个理论模型还被军队广泛接受。这个模型的好处就在于很多人士对该理论是赞同的,并且从直觉上讲它的匹配程度也比较好,应用起来比较简单。这个模型的关键就是根据下属的成熟程度来安排领导的风格。

②下属的参与度不同,采用的领导方式不同

由于员工知识结构、能力等方面的差异,不同的组织成员对于组织活动的参与程度也是不同的。有的成员愿意参加组织中的生产经营管理活动,愿意对组织中的领导活动进行反馈,而有的成员则只专注于自己的工作,对于其他的事务投入的热情较小。根据成员参与程度的不同,采用的领导方式也有着很大的差异。

以美国管理学家怀特(Ralph K.White)和李皮特(Ronald Lippett)为代表的一批研究者,将领导方式分为三种:权威式、民主式和放任式。

第一,权威式领导。所有政策均由领导者决定,所有工作的进行步骤和技术采用均由领导者发号施令;工作分配及组合多由领导者单独决定,领导者较少接触下属,如奖惩往往对人不对事。这种领导方式适用于成员素质相对较差、参与程度低的组织。

第二,民主式领导。主要决策由组织成员集体讨论决定,领导者采取鼓励与协助态度;分配工作时,尽量照顾到组织每个成员的能力、兴趣和爱好,领导者主要运用个人权力，而很少使用职位权力；领导者与下级之间的心理距离极小；在所设计的完成工作的途径和范围内，下属对于工作进行的步骤和所采取的技术的选择有相当大的自由，有较多的选择性和灵活性。这种方式适用于员工素质较高、参与程度高的组织。

第三，放任式领导。组织成员部分或全体有完全的决策权，领导者放任自流，只负责给组织成员提供工作所需要的资料条件或咨询，而尽量不参与，一般情况下不主动干涉，只偶尔发表一下意见。在这种领导下，工作几乎全部依靠组织成员个人自行负责。这种方式适用于组织成员成熟度极高的组织，充分授权，保证了组织的灵活性与应变性。

③下属工作的结构化程度不同，采用的领导方式不同

工作的结构化是指工作任务比较清晰、明确，完成任务的方法固定，与工作相关的信息易于搜集，按照以往的经验或一套既定的方法就可以解决问题；反之，工作的非结构化是指工作任务是不经常出现的，没有解决问题的既定方法，信息搜集困难，必须依靠创造性的思维才能完成工作任务。

美国学者罗伯特·豪斯的目标路径理论认为：领导者的工作就是帮助下属达到他们的工作目标，并提供必要的指导和支持，以确保个人的目标与集体的目标相一致。按照目标路径理论的观点，领导者不但要给下属指明目标，而且要帮助下属找到实现目标的最佳路径，并为下属清理各种障碍，使得下属能够沿着这个路径朝着目标更为轻松、更为容易地前进。豪斯确定了4种领导行为：指示型领导者让下属知道对他们的期望是什么以及完成任务的时间安排，并且就如何完成给予具体的指导；支持型领导者十分友善，表现出对下属需要的关怀；参与型的领导者与下属进行磋商，在决策之前充分考虑他们的建议；成就指向型的领导者设定具有挑战性的目标，并期待下属实现自己期望的最佳水平。

这一理论认为，环境因素和领导风格互为补充，而下属的特质决定了他对环境因素及领导风格的评价。所以，当环境因素与领导行为相比重复或多余时，或者领导的行为与下属的评价不一致时，领导效果都不会很好。

具体来说，执行结构化的任务时，支持型的领导导致较高的满意度和绩效，而执行非结构化的任务时，指示型的领导导致较高的满意度。若领导者弥补了员工或工作环境方面的不足，就会对员工的满意度起到积极的影响，但是当任务本身十分明确，员工有能力去完成它，无须干扰时，领导者还花时间解释那些任务，下属就会把这些行为视为多余。

（4）领导者的特质

领导者自身的特质也是构成组织内部环境的一个重要方面。领导者不仅是在领导一个组织，同时也是在领导自身。西方学者认为，一个优秀的领导者必须学会领导自己，因为领导者如何将自身的特质与组织有效地结合在一起，在很大程度上取决于领导者领导自身的有效性。

按照权变的精神可以断定：认为任何情境下领导行为都有效的看法可能不正确。领导者并不总是重要的。不少研究资料表明：在许多情境下，领导者表现出什么样的

行为是无关紧要的。某些个体、任务和组织变量可能成为领导者的替代要素，或者使领导者对下属的影响无效。

无效因素使领导者对下属的工作产生不了影响，它使领导者的影响失效，而替代因素不仅使领导者产生不了影响，甚至还可以代替领导者的影响（见表3-4）。这主要表现在以下三个方面：

①当下属的特点为有经验、受过培训、专业取向或对组织奖励比较淡然时，可以代替或抵消领导活动的效果。这些特点可以替代为了进行结构化和降低任务模糊性而需要来自领导方面的支持和能力。

②当工作本身十分明确、规范（高结构化任务的特点）或本身能满足个体需要时，对领导变量的需要也大大减少。

③某些组织特点，如正式明确的目标、严格的规章和程序或内聚力高的工作群体，都可以替代正式的领导活动。

表3-4　　　　　　　　　　　　领导的替代因素与无效因素

特点	关系导向型领导	任务导向型领导
个体		
经验/培训	无影响	替代
专业	替代	替代
对奖励的态度	无效	无效
工作		
高结构化程度	无影响	替代
提供自身反馈	替代	无影响
满足个体需要	替代	无影响
组织		
正式明确的目标	无影响	替代
严格的规章制度	无影响	替代
内聚力高的工作群体	替代	替代

3.2.3　外部领导环境与内部领导环境之间的关系

一个组织不能脱离周围的环境而独立存在，与此同时，组织也受到周围环境中各种因素的影响与作用。组织系统的开放性，决定了内部环境与外部环境必然处于一个动态的相互作用过程之中。在多数情况下，组织的宏观指导思想和总体战略反映外部领导环境的要求和制约，而领导活动的具体规则、行为方式和策略思想则反映内部领导环境的要求和制约，二者都具有动态性的特征，表现为一个相互影响、彼此制约的动态的变化过程。内外环境的互动方式和互动程度，在很大程度上是决定组织发展和领导有效性的重要变量。二者之间的关系主要表现为以下几个方面：

（1）外部领导环境对内部领导环境有压力和制约作用。组织要想保持生命力，就必须不断地发展和变革，而这种发展与变革在很大程度上是为了适应外部环境的变化，因此外部环境的压力和制约往往成为一个组织革新的原动力，成为组织自觉优化和改良内部环境的力量源泉。

（2）内部领导环境对外部领导环境存在着适应和抵制的两重性。外部环境虽然在一定程度上规范了内部环境变革的内容和方式，但是二者的转变并不总是协调一致的。内部环境对外部环境既可以表现出适应性，以有效应对外部环境的压力，同时又可以表现出一定的抵触性。例如，在外界环境发生变化时，为了不损害组织内部既得利益集团的利益，领导者可能采取各种举措将外界环境的变化阻挡在组织边界之外，以免产生与领导者意图相违背的变化。

（3）外部领导环境和内部领导环境在一定条件下会发生转换。所谓的"外部"与"内部"，只有影响范围和影响程度上的不同，并无实质上的差异。

3.3 领导环境与领导活动

3.3.1 领导环境的重要性

领导环境的重要性主要体现在以下方面：

（1）领导环境是领导活动的必要条件，领导活动是在一定的领导环境中进行的，没有脱离环境的领导活动。正如美国学者乔恩·L.皮尔斯所提出的："个人不会因为一些特性的组合便成为领导，但领导者个人性格的模式应该与其追随者的性格、活动及目标有一定的关系。因此，必须根据不断变化的变量之间的关系来理解领导。环境特征是一个尤其需要注意的因素"，"发现谁是领导的人选并不十分困难，但把他们安排在能够发挥其领导才能的不同环境中却是另一回事。很明显，对领导的全面分析不仅仅包括对领导者自身的研究。"

（2）领导环境是领导决策的科学依据。领导决策是在一定环境中进行的，发现问题是决策的起点，而问题是在环境中存在的。因而不能认识环境就无法发现问题，不能发现问题就不能科学进行决策。实践证明，如果不对环境进行科学分析，就会受到环境的惩罚，领导活动也无法获得想要的结果。

链接 3-3

丹尼斯·海勒金和麦当劳法国公司

2002年12月，快餐业长期以来的霸主麦当劳宣布了其历史上第一次的季度亏损，并决定在全世界关闭175家快餐店，然而，就在同一时间，在法国每6天就有一家新的麦当劳开张。

麦当劳法国分公司发展迅速，这要归功于领导者能应对当地和美国的差异，根据环境的差别进行领导决策，而不是把美国快餐的概念全部照搬。法国顾客最初很憎恶美国连锁企业的入侵。就在不久前，一名反对全球化的激进主义分子由于在法国南部造成一家麦当劳炸毁而被当作民族英雄，丹尼斯·海勒金对这件事的回应是发布了一系列尖锐的广告，广告中描述了那些肥胖、无知的美国人，他们不能理解为什么麦当劳法国公司会采用当地制造的食物，而这些食物是没有经过转基因改良的。海勒金知道法国人对所有美国的东西都不信任，因此领导者必须以幽默的方式来帮助他们解决文化冲突问题。

海勒金采用了一个很聪明的战略，突出了法国麦当劳自身的个性，并夸大了麦当劳对顾客的吸引力。他们没有修建麦当劳传统的红黄盒子，而是调整了店面设计，使之与当地建筑风格相适应，并把现有的快餐店重新装饰，配上了硬木地板、木质横梁的天花板、舒服的扶手椅以及音乐电视。他们没有照搬美国的菜单，而是增加了浓咖啡、奶油糕点，以及更多高品质的三明治，包括用热火腿和奶酪搭配的新汉堡。高品质的食品并不便宜，但是法国公司的改革带来了销售的剧增。在美国，顾客希望能得到快速服务和便宜好吃的东西，而法国顾客则需要高品质的食物和友好的气氛，这些都可以吸引他们在这里逗留。法国麦当劳的顾客平均每次要花费 9 美元，而美国顾客每次只需要消费 4 美元。

（3）领导环境是领导者创新的客观基础。牛顿曾经说过："如果我看得更远，那是因为我站在巨人的肩上。"所谓"巨人的肩"，就是前人创造的环境。领导者的创新离不开前人创造出的种种条件与已有的资源，离不开现有的领导环境。

（4）领导环境是领导者素质的塑造因素，领导者个人素养的提高同样离不开环境。不断变化的领导环境对领导者应变能力、知识结构、个人素质等提出了更高的挑战，通过对新环境的适应，可以有效提高领导者个人素养。

3.3.2　领导环境的影响

1）领导环境对领导者领导行为的影响

领导环境与领导行为的关系是辩证的，领导环境在一定程度上决定着领导行为，组织内外部的领导环境决定着领导者的领导方式、制约着领导目标的实现；同时领导者的领导行为对领导环境也有着反作用，不仅对组织内部的领导环境有着很大的影响，同时也对外界的领导环境产生影响。领导环境要求领导行为与其相适应，适应领导环境的领导行为，可以推动和促进领导环境的发展，实现领导活动的目标；反之，不适应领导环境的领导行为就会阻碍领导活动目标的实现。特定的领导行为只能在特定的领导环境中发生作用，随着领导环境的变化，领导行为也要相应地进行变化。为了实现领导者的领导行为与领导环境的耦合，领导者就必须认识、适应、改造环境。

2）领导环境对领导者自身素质的影响

不同的领导环境对领导者个人素质的要求也是不同的，领导环境的变化往往需要领导者学习新的知识与技能，以与环境的要求保持一致。领导者的能力达不到环境的要求，就不能充分利用环境中的各种条件有效开展领导活动，从而也就影响领导目标的实现。这就要求领导者要根据环境的发展与变化，不断学习新的知识与技能，以适应环境的发展变化。岗位轮换是促进领导者适应不同环境、增进自身才干的有效方法。

3）领导环境变化是推动领导变革的重要变量

在一个组织的运作过程中，组织外部领导环境的变化，例如国家经济政策、法律法规的变化，会给组织领导活动带来极大影响，领导者往往需要改变组织的领导方式、组织结构等方面的内容，以与外部环境的发展趋势保持一致，否则组织就难逃被淘汰的命运。同时，组织由于发展需要、内部人员变化、规模扩大等方面的原因，也会造成组织领导活动的改变。为了适应这些环境的变化，提升组织效率，提高适应能力，组织就必须进行变革。内外部领导环境的变化通过各种方式影响了组织的领导活动，是推动组织变革的重要变量。例如在20世纪90年代兴起的"企业再造"活动，其目的就是为了削减企业组织内部的管理层次，加快信息处理与传递，以实现组织结构的扁平化。通过领导方式、领导流程的转变，及时对组织外部复杂多变的市场环境作出反应。

4）特定时期的领导环境也决定着领导变革的力度

领导环境在促进组织变革的同时，也会给组织的变革带来一定的阻力。一些落后的思想理念的存在，以及组织内部现有既得利益者，都会影响到组织变革的顺利开展。同时，还要考虑组织内部成员，照顾到他们的内心感受，只有这样才能够把握好变革的力度，取得他们的支持，循序渐进，最终实现变革的目标，促进组织的发展，而那些不考虑组织的外部环境与成员的接受程度，凭借个人就试图将变革一蹴而就的领导者，即使出发点是好的，最后也往往会因为得不到组织成员的支持而以失败告终。

3.4 领导环境的发展和改善

领导主体、领导活动和领导环境是领导科学研究的三个基本方面，领导环境是领导活动中客观因素的集合，领导活动的很多方面都受制于领导环境。此外，领导主体在领导活动过程中也可以充分发挥主观能动性，实现领导环境的发展和改善。

领导环境的发展，是指领导者通过发挥主观能动性，创造适于发挥成员积极性的全新环境条件，实现领导环境的优化乃至创新。领导环境的发展和改善是领导主体对环境能动作用的最高体现。通过对领导环境的改善，以达到降低领导活动成本和促进领导目标实现的目的。

3.4.1 领导环境发展的原则

（1）科学性原则。领导环境的发展和改善，必须遵循领导科学本身的发展规律，从外界的社会环境和组织内部的现有条件出发，促进环境的发展与改善。

（2）超前性原则。这种超前，并非"超越"，而是建立在现有领导环境发展程度和经验基础上对领导环境未来发展趋势的科学预测，是现实领导环境符合逻辑的发展与变革。

（3）层级性原则。领导环境的发展必须在考虑组织现实领导环境的基础上循序渐进，不能一步到位，急于求成。

3.4.2 领导环境发展的过程

领导环境发展的过程就是在正确认识环境影响力的基础上，遵循正确的原则，对领导环境进行优化，主要包括认识环境、适应环境和改造环境三个方面。

1）认识环境

认识环境，就是领导者在周密调查的基础上，对领导环境的各方面情况进行全面研究、分析，把握客观环境的本质及发生、发展的规律。正确认识环境是开展领导工作和发展、改善领导环境的前提。为了对组织的领导环境有正确的认识，要求领导者必须全面地、客观地研究问题，切忌主观性、片面性和表面性，同时还需要不断地提高自身修养与个人素质。

2）适应环境

适应环境，就是领导者在认识和熟悉领导环境的基础上，根据客观环境的特性和要求，采取适当的方式、方法开展领导工作，使领导活动符合领导环境的情况及发展规律。为了适应环境，要求领导者要根据领导环境和领导活动的需要，选择适当的领导角色，同时勇于改变自我、挑战自我，以适应环境的要求。

3）改造环境

改造环境，就是领导者在认识环境、适应环境的基础上，通过发挥主观能动性，促使环境向有利于实现领导目标的方向转化，最终实现领导环境的优化和创新。这就要求领导者根据现有领导环境各要素的特点及发展规律，制订改造环境的整体方案，同时明确环境发展的有利因素和不利因素，利用有利的环境条件，控制不利的环境因素并促使其向好的方向转化。

本章小结

所谓领导环境，是指在领导活动中，除领导者自身因素以外，一切对领导活动及目标有着直接或间接影响的时间、空间条件和物质、精神因素的总和，是领导者所面对的周围的全部现实条件和客观境况，是制约和推动领导活动开展的各种自然因素与社会因素的组合，不仅包括领导者的下属和领导者所处的组织环境，同时也包括整个组织所处的社会以及文化环境。

领导环境具有客观实在性与部分可塑性、复杂性、稳定性与动态性、不确定性、潜在的风险性等特征。

领导环境既包括外部领导环境，也包括内部领导环境。

外部领导环境是领导环境的重要组成部分，是领导活动中所有能直接、间接地参与或影响领导行为或领导过程的外部有效因素的总和，包括自然要素、文化要素、政治法律要素等。

内部领导环境，是指组织内部对领导活动产生制约和推动作用的各种要素的总和，是组织内部由各种要素组合起来的一种情势，是领导活动发生的具体的内部环境，包括组织环境、组织内部传统、领导者下属、领导者特质等。

外部领导环境与内部领导环境是相互联系、相互制约的，外部领导环境对内部领导环境产生压力和制约作用；内部领导环境对外部领导环境存在着适应和抵制的两重性。同时，两者在一定条件下又可相互转化。

领导环境有着极为重要的作用：领导环境是领导活动的必要条件；领导环境是领导决策的科学依据；领导环境是领导者创新的客观基础；领导环境是领导者素质的塑

造因素。

领导环境影响领导者的领导行为及自身素质，同时也是推动领导变革的重要变量，决定着领导变革的力度。

本章案例

陈久霖和中国航油神话的破灭

中国航油是中国航油（新加坡）公司的简称，这是一家在新加坡注册的中资公司。它的母公司是中国航油集团。陈久霖则是中国航油集团副总经理、中国航油（新加坡）公司执行董事兼总裁。经国家有关部门批准，新加坡公司在取得中国航油集团公司授权后，自2003年开始做油品套期保值业务。在此期间，陈久霖擅自扩大业务范围，开始从事衍生品的投机交易，并在最初的交易阶段获得了丰厚的利润，但在2004年第一财政季度陷入亏损，其衍生品交易损失了580万美元。之后公司错误地估计自己能够扭转局面，但随着油价急剧上涨，公司亏损额不断增加。由于中国航油当时错误地估计油价会下跌，并不顾公司内部的止损规定，因此越赌越输，越输越赌，损失继续扩大。最后，他们的损失达到5.5亿美元。迫于无奈，中国航油只好向新加坡高等法院寻求司法保护。新加坡高等法院裁定，中国航油须在2005年1月21日前提交债务重组计划，并在2005年6月10日前召开债权人会议，暂时避免了破产的厄运。

2005年6月8日在新加坡举行的中国航油债权人大会上，中国航油提交的债务重组方案高票获得通过。这个方案规定中国航油公司将在5年内偿还2.75亿美元的债务，偿付比率约为54%。其中，公司将先偿还债权人1.3亿美元现金，其余部分将分5年还清。中国航空油料集团原隶属于中国民航总局，它是中国各航空公司的独家燃油供应商，后经资产重组与民航总局脱钩，直接隶属中华人民共和国国务院国有资产监督管理委员会领导。由于陈久霖表现出来的能力和业绩，他被中华人民共和国国务院国有资产监督管理委员会（简称国资委）任命为中国航油集团公司副总经理。1997年，陈久霖受命奔赴新加坡，接手中国航油（新加坡）公司。

在此之前，这家公司由于连年亏损而处于冬眠状态。陈久霖到任后，在他的领导下，中国航油奇迹般地摆脱困境，飞速发展，净资产从1997年的16.8万美元迅速增长到2004年9月的1.5亿美元，增幅高达893倍。中国航油逐渐发展成为新加坡最大的中资公司之一，其市值名列新加坡600多家上市公司的第23位；被标准·普尔评为中国海内外上市公司的第40位，是新加坡唯一入选的中资企业；被美国《财富》杂志列为中国百家上市企业的第47名；还先后被列为美国道·琼斯和英国《金融时报》蓝筹股。公司经营的成功为其赢来一连串声誉，新加坡国立大学还将其作为ＭＢＡ的教学案例。瑞士达沃斯《世界经济论坛》认为"陈久霖具有创新精神，是个很有潜力的企业家"，因此评选其为"亚洲经济新领袖"。新加坡内阁资政李光耀也曾称赞陈久霖是"一个出身寒微然而沉着冷静、一步步走向成功的年轻企业家"。随着公司业绩的飞速发展，陈久霖自己的年收入也达到了 450 万美元，并拥有了一辆奔驰轿车。他是新加坡管理学院管理委员会的成员，同时还是新加坡中国企业协会的负责人。2004年，陈久霖被达沃斯世界经济论坛评为 45 岁以下的"亚洲经济新领袖"。

陈久霖的成功主要得益他采取的以下措施。第一，他调整了中国航油的投资方向，1997 年以前，中国航油实际是一家运输经纪公司，他很快就开始着手进行整改工作，把中国航油从一个船务经纪公司转变成航油贸易公司，后又迅速转变成集贸易和实业投资于一体的综合性石油类企业，将这家公司改造成了中国唯一一家航空燃油进口商。第二，他非常重视资本运营，陈久霖在为中国航油起草的一份新闻稿中称："中国航油的根在中国，但公司每年都在朝着国际化的方向稳步迈进。公司期望最终能在资本运营领域成为海外中国企业的'领头羊'。"2001 年，陈久霖成功地策划中国航油在新加坡交易所主板挂牌上市，成为中国首家利用海外自有资产在国际证券市场上市的中资企业。此后，中国航油以极大的魄力进行并购：首先投资 6 000 万欧元（约值人民币 6 亿元）购买了西班牙石油设施公司 CLH5% 的股权；其次收购了上海浦东国际机场航空油料有限责任公司 33% 的股权；最后，2004 年 8 月 18 日，中国航油宣布成功收购了 8 800 万股新加坡国家石油公司股权，从而拥有了这家公司 20.6% 的股权。

11 月末，陈久霖却突然阴沟里翻了船，遭遇他这辈子最黑暗的天日：中国航油因其外籍交易员经营石油衍生品投机业务失手而出现巨额亏损，估计公司在石油衍生品相关交易中的亏损额高达 5.5 亿美元，是亚洲多年来最为严重的亏损。11 月 25 日，中国航油完全陷入崩溃。公司向新加坡法院申请保护，以免受到债权人的起诉，同时公司采取一系列措施进行重组。

陈久霖已经被董事会停职。2005 年 6 月 9 日，他在新加坡地方法院出庭，接受预审听证。他面临涉嫌内线交易、发布虚假声明和其他商业犯罪等 15 项指控。由于无法交纳法庭要求的巨额保释金，陈久霖只能暂时被继续拘押。根据法庭的指控，陈久霖被控违反了新加坡的《刑法》、《公司法》和《证券期货法》。他面临着伪造文书、涉嫌内线交易、未能及时公布中国航油损失等 15 项指控，其中有 10 项指控是关于他发布虚假声明。

根据新加坡有关法律的规定，每项发布虚假声明的指控一旦成立，最高可被处以7 年监禁，并被处以 25 万新元（约合 15 万美元）的罚款。换言之，如果针对他的上述指控成立，他将面临最高长达 70 年的监禁。对于中国航油巨额亏损案例，国内媒体和学术界是一片斥责之声。其失败的原因可以归纳为：

（1）根据《国有企业境外期货套期保值业务管理办法》，中国证监会先后批准中国航空油料集团公司等 7 家石油进口量较大的公司，可在境外期货市场从事套期保值业务，并规定其期货持仓量不得超出企业正常的交收能力，不得超过进出口配额、许可证规定的数量，期货持仓时间应与现货保值所需的计价期相匹配等。但并未同意该公司从事场外期货投机交易。陈久霖擅自扩大业务范围，从事石油衍生品期权交易，这是导致此次巨额亏损的主要原因。

（2）公司的监督约束机制不健全，新加坡公司基本上是陈久霖"一人的天下"。最初公司只有陈久霖一人，2002年10月，中国航油集团公司向新加坡公司派出党委书记和财务经理。但原拟任财务经理派到后，被陈久霖以外语不好为由，调任旅游公司经理。第二任财务经理被安排为公司总裁助理。陈久霖不用集团公司派出的财务经理，从新加坡雇了当地人担任财务经理，只听他一个人的。党委书记在新加坡两年多，一直不知道陈久霖从事场外期货投机交易。根据中国航油内部规定，损失20万美元以上的交易，都要提交给公司的风险管理委员会评估，而累计损失超过35万美元的交易，必须得到总裁的同意才能继续；任何将导致50万美元以上损失的交易，将自动平仓。很明显，当中国航油在市场上"流血"不止时，公司内部的风险控制机制完全没有启动。

（3）期货交易经验不足。陈久霖与日本三井银行、法国兴业银行、英国巴克莱银行、新加坡发展银行和新加坡麦戈利银行等在期货交易场外，签订了合同。陈久霖买了"看跌"期权，赌注每桶38美元。没想到国际油价一路攀升，陈久霖"押了小点开盘后却是大点"。有人怀疑实际上是国外资本势力做套让陈久霖钻。从技术层面上看，中国航油主要亏在卖出了大量看涨期权。看涨期权赋予期权合约的买方，以约定的价格在规定的时间里买入合约中标明的资产，比如石油；当买方要求执行这一权利时，期权的卖方有义务以约定的价格卖出合约中标明的资产。对中国航油在市场上卖出大量看涨期权，专家提出质疑：中国航油为什么要卖出石油看涨期权？理论上，看涨期权卖方的亏损风险是无限的，一般作为期权卖方需要很强的风险管理能力与相当强大的资金实力，或者手中正好具有充足的对应资产可以履约。显然，中国航油都不具备这些条件，为何还在一个月内以每桶45美元一路往上卖空到55美元呢？另外，看涨期权的卖方几乎都要另外做一笔反向交易，以对冲风险。但中国航油并没有这样做。

（4）有人认为造成这次亏损事件的根本原因在于国资委的干部政策有问题，陈久霖在中国航油集团公司重组、与民航总局脱钩前是一名普通干部。脱钩后，上级管理部门提出要提拔陈久霖担任中国航油集团公司副总经理，中国航油集团公司班子绝大多数人不同意，但上级主管单位领导说："这是上级已经作出的决定。"陈久霖就这样被提拔为集团公司副总。也有人认为这是由于国企监管不到位和国企本身建立现代企业制度不到位所致。陈久霖一直独立于中国航油集团公司班子的领导之外，对集团公司派出的财务经理不满意，两次被换掉，后来聘用外籍人员担任财务经理，集团公司却没有约束办法。另外，负责期货交易的交易员属于关键岗位上的关键人员，一般都是由本国人员担任，但是中国航油却是聘请外国人担任。以上人事方面的问题说明中国航油集团公司的制度距离现代企业制度尚远，新老体制转换中的漏洞没有及时补上。

（5）也有人认为造成这一事件的主要原因是公司缺乏在国际市场上独立运营的经验，特别是缺乏资本运营的经验。所以，应当客观地看待这一事件，实事求是地分析和评价主管部门、中国航油集团、中国航油（新加坡）公司以及陈久霖个人的功过是非，吸取教训，以利再战，而不要把责任推在陈久霖一个人身上。

资料来源　盛亚. 现代企业领导学［M］. 北京：高等教育出版社，2001.

问题：

1.尽管对陈久霖的功过是非说法不一，但如果从企业领导环境的角度来思考，你认为可以从中得到哪些经验教训？

2.从领导环境角度对陈久霖事件进行分析。

复习思考题

1.简述领导环境的概念。

2.领导环境有何特点？

3.什么是外部领导环境？它主要是由哪些要素构成的？

4.什么是内部领导环境？它主要包括哪些内容？

5.领导者下属有何特点？领导者应如何根据下属的不同选择领导方式？

6.外部领导环境与内部领导环境存在着怎样的关系？

7.领导环境的重要性体现在哪些方面？

8.领导环境对领导活动的影响主要体现在哪些方面？

领导体制与领导结构

学习目标

领导活动总是在一定的领导体制和领导结构中展开的。通过本章的学习，了解领导体制和领导结构对领导活动的影响，明确领导体制的作用、内容与类型；掌握领导组织结构的类型；了解领导班子的含义与作用以及领导班子的结构。

4.1 领导体制

4.1.1 领导体制的概念与作用

1）领导体制的概念

领导体制就是指组织内部基于权限划分所设置的机构及其相互关系的制度和规范。换句话说，领导体制就是指领导系统上下、左右之间的权利划分以及实施领导职能的组织形式和组织制度。领导体制具体规定了领导的程序、方法，领导者产生的方式，领导者的权限划分和活动原则，是领导关系的制度化、体系化。

2）领导体制的作用

一个组织的领导活动能否正常进行，主要取决于领导体制的优劣。领导体制对组织的影响远远超过了领导者个人对组织的影响。

（1）领导体制是领导者获取职权的制度保障。在正式组织中，领导者与被领导者之间正式领导关系的建立，是依靠领导体制实现的。领导者权威性的一个重要来源是其在领导体制内的合法性，即依法获得领导权力和领导地位。领导活动是领导者根据实际需要，对被领导者的思想、行为进行引导、规范和约束的过程，在这个过程中，领导者只有借助于领导体制，才能取得合法的职权，并行使职权将组织成员组织到一起，形成层次分明、行动统一、目标明确的有机整体。这一有机整体保证了领导者作出的决策、规划、任务和命令层层下达与执行。

（2）领导体制对领导系统有着全局性的影响。在组织系统中，领导体系的建立是由领导体制规定的。在这个体系中，领导者个体的作用主要是对其所在部门及相关部门产生影响，这种影响是局部的、小范围的，但是领导体制所起的作用则是全局性的。一个领导系统的建立，完全是根据领导体制设置的，各个领导机构在整个领导系统的组织网络上都占有一定的位置，都要受到领导体制的影响和制约，甚至领导者也是由领导体制规定的程序与方法选择的，因此领导体制的影响是全局性的。

（3）领导体制是领导者对外代表组织同社会发生联系与作用的合法化证明。在对外交往过程中，组织总是需要一定的、具体的人代表组织参加各种社会活动和发生各种联系。此时，作为代表人的领导其代表资格是由领导体制赋予的，只有这样才会被社会所接受。

（4）领导体制对领导活动具有深远的影响。领导活动必须依靠领导体制进行。组织的领导体制一旦建立起来，就处于相对稳定状态。此后，组织的一切权限划分、结构设计、领导程序、领导方法等都是由领导体制决定的，而这一切决定了组织领导活动是否有效。在构建领导体制时，首先要科学地进行机构设置、职责权限划分和人员配置，这样才能促进组织目标的达成。

4.1.2 领导体制的内容

领导体制的内容主要包括领导组织结构、领导层次与领导幅度、领导权限和责任的划分以及领导体制的构成要素。

1）领导组织结构

领导组织结构是指领导机构内部各部门之间的相互关系和联系方式。领导组织结构包括两种基本关系：一是纵向的领导隶属关系，它决定了领导的上下级关系；二是横向的协作关系，是指组织内平行的各部门之间的相互协作关系。领导组织结构主要包括直线制、职能制、混合制、矩阵制、事业部制、多维立体制、委员会制等。

2）领导层次与领导幅度

（1）领导层次是指组织系统内部按照隶属关系划分的等级数量，即该组织系统按多少层级进行领导和管理。有多少等级层次，就有多少领导层次。

（2）领导幅度是指组织内一个领导者有效指挥下级的范围和幅度。领导幅度和领导层次成反比例关系，即领导幅度越窄，则领导层次越多；领导幅度越宽，则领导层次越少（形成扁平结构）。

3）领导权限和责任的划分

领导权限和责任的划分是指建立严格的自上而下的领导行政法规和岗位责任制，对不同领导机构、部门之间以及不同领导岗位的职权、责任作出明确规定。

4）领导体制的构成要素

领导体制的构成要素包括决策中心、咨询系统、执行系统、监控系统和信息反馈系统五个部分。决策中心是领导体制的灵魂；咨询系统是决策中心的思想库与参谋部；执行系统是决策方案的落实部门；监控系统是领导体制的调节器和平衡器；信息反馈系统是决策中心的辅助部门和助手。

4.1.3　领导体制的演变

领导体制根据领导活动的对象可以分为行政领导体制、军事领导体制和企业领导体制等。在这里我们主要介绍企业领导体制的演变。

1）西方企业领导体制的演变

（1）家长制的领导体制。工业革命前企业主要采用家长制的领导体制。在那个时代，企业以小规模的手工作坊为主，生产水平低，所有者与管理者往往融为一体，一切由企业主一个人说了算。这种体制与我国目前的个体及私营的领导体制相似。这期间，大多数企业领导者既缺乏各种科学技术知识，也缺乏必要的管理知识，领导主要是依靠个人权威力量进行的，领导者缺乏民主意识。

（2）经理制的领导体制，又称"硬专家"式的领导体制。工业革命发生后，由于机器在工业中的应用，不仅进一步加剧了社会分工，同时工厂代替手工作坊，生产规模进一步扩大，企业主没有领导和管理大规模企业的能力。此时，产生了所有权与经营管理权的分离的现象，企业的领导者逐步地由企业所有者转为职业经理人。这些职业经理人不仅精通某一专业，而且生产技术高超。企业主根据财产所有权分取红利，并不干涉企业的经营管理。从家长制到"硬专家"式管理体制的转变、职业经理层的兴起，标志着领导体制的根本转变。

（3）"软专家"式的领导体制。"软专家"是指管理专业的人才。随着现代化大生产的进一步发展，现代科学技术与生产的结合更加紧密，这就使得经营管理的作用日益强大，任务越来越繁重。单一精通某一门专业技术的"硬专家"已逐渐不能适应企业领导的要求，企业迫切需要具有经营管理专长的职业"软专家"的领导和管理，领导从管理中逐步独立出来，真正意义的领导就是在这个阶段诞生的。单个"软专家"的领导体制主要在 1911—1929 年这一阶段盛行。

（4）专家集团式的领导体制。第二次世界大战以后，随着现代生产和科学技术的高度分化与高度综合，单个的"软专家"已不能胜任纷繁复杂的决策和领导工作，这时就过渡到了专家集团领导阶段。专家集团式的领导，主要是指以"软专家"为主体的包括各方面"硬专家"组成的领导集团。这种专家集团的领导表现在两个方面：一是实行集体领导形式，成立了董事会、经理委员会等；二是出现了各种类型的参谋机构，诸如"智囊团""思想库"组织。这些组织的成员大都拥有丰富的科技资料和历史知识，能够为企业的领导决策提供各种可供选择的方案和科学依据。

（5）集中与分散相结合的多级领导体制。随着领导体制的变迁，经理制本身也有了很大的发展。在经理制初期，采取的是直线参谋制，事无巨细，都由经理负责处理，权力过分集中。但随着企业经营规模的不断扩大，领导层次的逐步增加，产品和服务种类繁多，市场竞争逐步激烈，企业与外界的信息、物资交流范围越来越广，集权式的领导体制逐渐难以适应大生产的要求。于是，在 20 世纪 20—30 年代，美国大企业开始实行"集中决策、分散管理"的事业部制，主要目的是将经营决策与经营管理分开，使经理等公司一级领导摆脱日常管理事务，主要致力于研究和制定各种经营方针、政策，而日常生产与销售等具体的管理活动则由各个事业部负责人担任。这标志着领导职能从管理职能中全面分离出来。这样既增加了决策的及时性、科学性，又提高了领导和管理的效率。

2）我国企业领导体制的演变

新中国成立以来，我国企业领导体制大致经历了以下几个阶段：

（1）一长制阶段。新中国成立初期，我国全部照搬苏联的企业管理体制，实行一长制。企业管理主要是由厂长、车间主任、工段长全权决定。党委是厂长的附属机构，主要进行政治动员、思想教育。这一阶段执行系统非常有效，工作效率高，规章制度严，但是领导者易于养成家长式作风，形成独断专行的局面。

（2）党委领导下的厂长分工负责制阶段。这一阶段是从 1956 年毛泽东发表的《论十大关系》重要讲话后，对一长制进行了批判，实行党委领导下的厂长分工负责制开始的。其主要特点是在党委的领导下，实行大权独揽，小权分散，党委负责一切重大事务决策，由厂长及各级领导执行。结果是以党代政，实际上形成党委书记的一长制。

（3）党委领导下的厂长负责制阶段。它不同于以前的党委领导下的厂长分工负责制，主要区别在于党委实行的是决策权，厂长主要负责管理，把经营和管理分开。

（4）厂长（经理）负责制阶段。这是从 1984 年 10 月党的十二届三中全会以后开始实行的。在这次会议上，通过了《中共中央关于经济体制改革的决定》，明确提出了在企业里实行厂长（经理）负责制，厂长（经理）具有统一指挥生产经营活动的职权。企业中党组织的任务是积极支持厂长行使统一指挥生产经营活动的职权，保证和监督党和国家各项方针、政策的贯彻执行，并规定在实行厂长负责制的同时，必须健全职工代表大会制度和各项民主管理制度，充分发挥工会组织和职工代表在审议企业重大决策、监督行政领导和维护职工合法权益等方面的作用，体现工人阶级的主人翁地位。

（5）公司制阶段。1993年党的十四届三中全会以后，我国开始探索实行公司制。在实行公司制的企业中，领导体制实行董事会领导下的经理负责制，取代了原来的厂长（经理）负责制。公司领导结构由董事会、股东会、监事会与经理共同组成。这种领导体制有利于科学化的决策与民主化的管理，更能够适应市场经济的要求。

4.1.4　现代领导体制模式

现代领导体制模式是领导体制相对固定的形式，规定了领导体制的基本框架和运行规则。对现代领导体制模式，可以根据以下几种标准进行划分：

1）根据上下级之间的权限划分

（1）集权制。这种领导体制是指一切重大问题的决策权都集中在上级领导机关，下级机关没有或很少有自主权，只能按照上级机关的决定、命令和指示办事。集权制的主要优点在于权力集中，政令统一，标准一致，领导者能够统领全局，兼顾各方利益，命令容易得到贯彻执行。但是集权制把所有决策权集中到上级机关，下级机关没有自主权或很少有自主权，因此下级机关往往缺乏主动性、积极性和创造性，使得组织缺乏必要的环境适应性，而且会助长上级独断专行的歪风。

（2）分权制。分权制是指上级机关只在法定权限内行使自己的职权，下级机关在自己的管辖范围内有独立行使权力的自由，能够根据实际情况决定问题的处理方法，不会轻易受到上级机关的干预。分权制的优点与集权制正好相反，这种领导体制可以使下级独立自主地开展工作，使他们充分发挥自己的潜力，而且能够根据客观环境的变化及时、灵活、客观地处理问题，因此适应环境的能力比较强。其不足之处在于各个部门可能从保护自己利益的角度出发，产生本位主义；不利于团结；有时甚至发生为了部门利益而牺牲整体利益的情况。

2）按同一层级各部门接受上级机关的指挥、控制程度不同划分

（1）一体制。一体制又称完整制，是指在一个复杂的组织系统中，同一层级的各机关或同一机关的各组成单位，在权力结构上统一由一个领导机关或一个领导者进行指挥、控制和监督。一体制的优点在于权力集中，责任明确，工作效率高，便于统筹全局的工作，有利于消除各单位之间的工作重复和权力冲突，还可以减少机构，避免因工作重复而造成的资源浪费。其不足之处在于由于行政首长的权力过高，容易造成专断独行、滥用职权的局面，使下级缺乏主动性和创造性，不利于组织目标的实现。

（2）分立制。分立制又称独立制，即多元化领导，指同一层级的各类机关和同一

机关的各组成单位，根据其不同的职能，在权力结构上分属两个或两个以上的领导机关或领导者来领导、指挥和控制。分立制的优点是权力在高层分散存在，便于相互牵制，有利于防止独断专行和滥用职权，有利于发挥下级机关的积极性和创造性；各单位分立，便于彼此之间开展竞争，有利于真正的领导人才脱颖而出。其不足之处在于容易产生权力分叉、工作重复、相互推诿责任、资源浪费等现象。

3）以一个系统或单位的决策方式为标准划分

（1）首长负责制。首长负责制就是把法定的决策权集中于最高领导者一人手中的领导体制。行政部门一般采取首长负责制的领导方式。首长负责制包含三个方面的内容：一是行政首长对于本单位、本部门乃至本层级的领导和决策具有高度的领导权和最终的决策权，并负有主要的或全部的行政责任。二是首长负责制建立在一定的民主讨论基础之上，要受制于各种民主化的规则。三是首长负责制的运作是以分工负责的方式展开的。这种分工包括自上而下的逐层逐级的权责分工和同一层级几个单位部门之间的权责分工。首长分工制的优点是权力集中、责任明确、决策效率高、指挥比较灵敏，但不足之处是不能集思广益，而且受领导者个人的知识与才能的限制较大。

（2）委员会制。委员会制又称合议制，就是决策权掌握在两个或两个以上的领导者组成的领导集体手中的领导体制。其遵循的原则是少数服从多数。委员会制的优点是能够集思广益，克服一人领导能力的不足；利用集体智慧进行决策，考虑问题角度多、选择面广，有利于保证决策的正确性；能减轻主要负责人的工作负担，也可以避免滥用职权现象的发生。其不足之处是工作程序复杂，权力分散，责任不明；集体决策速度慢、工作效率低，易坐失良机、贻误工作。

4）以一个系统或单位的指挥、监督和控制方式为标准划分

（1）职能制。职能制又称分职制、功能制，主要是指在一个系统或单位，从横向上按照业务性质的不同，平行地设置若干职能部门，作为首脑机关的顾问、参谋，辅佐最高领导者实施领导体制。在这一体制下，每个职能部门都以全组织规模机构为管辖服务的对象，只是管辖的范围和分工不同。职能制的优点是平行的各部门分工精细，领导可以各司其职，业务上容易熟悉，工作效率较高。其缺点是由于分工过细，会造成人浮于事、机构臃肿，领导者的协调任务繁重，也会造成领导者业务水平过于集中在本部门，业务面过于狭窄，容易产生本位主义。

（2）层级制。层级制又称层次制，是指在一个系统和单位内，从纵向上划分成若干个层级，每一个层级对上级负责，形成从指挥中心到基层下连续台阶那样的指挥系统，即形成直接指挥、监督和控制的渠道。整个组织体系呈现出上小下大的金字塔式结构，权利分布则呈现出上宽下窄的格局。层级制的优点是：指挥统一，权利集中，各层级的领导虽然管辖范围不同，但业务性质基本相同，所以晋升或平行调动的人员都能很快胜任工作。层级制的不足是：在大型的组织系统中，由于层级过多、指挥不灵，会导致信息阻塞，严重影响工作效能；领导者管辖的事过多，难以对每一件事都作出谨慎处理，容易出现处理事物过于草率的情况。

4.2 领导结构

4.2.1 领导结构的定义

领导结构是领导体制的一个组成部分，是领导活动得以开展的框架体系。它是指表现领导组织各部分排列顺序、空间位置、聚集状态、联系方式以及各要素之间相互关系的一种模式，是执行领导任务的基本体制。领导系统的组织结构就像人体的骨架一样，支撑着领导正常职能的发挥。由于领导活动是在一定的组织中进行的，是为了达到组织目标而进行的一系列指挥、组织、控制、协调等活动，因此，领导结构就是组织中正式结构与非正式结构的结合。其中，领导的正式结构是按照领导体制的规定建立和设置的，是领导结构的主要形式，而非正式结构只是一种补充形式。

对领导结构的分析，有助于加深对领导活动有序化的认识。为了达到组织目标，任何组织中的领导活动都应当是在一种有序的状态下展开的，而且领导者的权威也必须借助领导结构中的规则体系不断得到强化。但是，有序并不代表是保守的、僵化的和刻板的。随着组织需要的发展、环境的改变，领导结构也要进行一定的变革，否则就会阻碍领导活动正常、有效的开展。

4.2.2 正式领导结构类型

1）影响人们设计或选择组织结构类型的因素

影响设计或选择结构的五大因素：

（1）组织战略。组织结构是实现组织目标的手段，而目标产生于组织的总体战略。因此，组织结构与组织战略是紧密联系在一起的，必须相互匹配。具体来说，组织结构应该服从组织战略。如果组织战略发生了重大变化，组织结构也应做相应的调整，以适应和支持组织战略的变化。

战略可以在两个层次上影响组织结构：一是不同的战略要求开展不同的业务和管理活动，由此就影响到管理职务和部门的设计；二是战略重点的改变会引起组织业务活动重心的转移和核心职能的改变，从而使各部门、各职务在组织中的相对位置发生变化，相应地要求对各管理职务以及部门之间的关系作出调整。

（2）组织规模与目标。人们在选择和设计领导结构时，在组织规模方面要考虑多个因素，包括社会生产力水平，科学技术发展的程度，组织"产出"（如产品、服务）的生产技术特点、数量，组织的服务对象的各种特点和规模等，而组织目标是领导结构设计的基本出发点。任何组织都是实现其一定目标的工具，没有明确的目标，组织就失去了存在的意义，领导活动也是为了实现组织目标而存在的，没有组织目标也就失去了其存在的基础。因此，领导结构一定是在组织目标基础上，根据目标实现的要求不同而设计或选择的。

（3）领导思想。领导思想即领导结构设计者或者选择者的指导思想。这种指导思想大致有两种：一种是机械式指导思想。这种思想较多的从经济意义上考虑问题，强调理性和逻辑因素，强调运用正式程序、职权和规章等方法来规范组织内成员间的关系行为；另一种是有机式的指导思想。这种思想较多地从社会学意义上考虑问题，强调非理性因素、因地制宜，强调分工不宜过细，不宜过于"程式化"，要根据任务的需要和组织成员的特点进行弹性划分，要根据"感情因素"灵活应用，强调组织成员行为的自我调节和非正式的关系。

（4）组织面临环境的不确定性与复杂程度。在选择组织领导结构时，除上述两个因素外，主要应根据组织面临环境的不确定性与复杂程度综合考虑。

当组织所面临的环境比较简单而确定的时候，一般应选择简单的、变异很小的组织结构，即简单的直线领导系统。因为组织所面临的内外环境都是可以预测的，而且变化不大，所以可以采用简单的直线领导系统来对组织进行领导。如果组织的规模较大，组织就会采用高度理性化的任务结构，这样有利于资源的集中配置和使用。对于复杂但相对确定的环境，则可采用科层式的领导系统。在大规模组织中，领导系统所要处理的变量是非常多的，复杂性的程度通常也很高，此种情况下，在领导系统中需要参谋人员来指明影响效率的内在因素，开发出一套程序和规则来应付每一种可能发生的情况，根据效率要求设计任务和工作，并且在所涉及的岗位上安排专家。对于整个组织而言，环境的确定性越高，在整个系统中科层因素的比例就越大。在一个组织中，如果影响运行的因素存在着不确定性，则该组织倾向于发展一套次一级的工作单元，它的功能就是将外部环境中各因素的变动范围和变动的性质与内部核心技术隔离开来。这些次一级的工作单元就是参谋团体。与科层系统中的参谋团体不同的是，在直线-参谋系统中，参谋团体的职能就是研究外部环境的变动。在科层系统中，参谋人员的职能则是使组织内部的主要活动程序化。在直线-参谋系统中，组织所面临的任务是不确定的，组织首先的任务是适应而不是理性化。当组织所面临的环境因素具有高度不确定性和高度复杂性的时候，为了应付这种不确定性和复杂性，需要采取矩阵式的组织系统，因为此时需要调动组织中各部门的力量来为同一个项目服务，领导活动只能在矩阵式的组织中才最为有效。

（5）技术。组织的任何活动都需要一定的技术和反映一定技术水平的特殊手段来进行，技术以及技术设备水平影响组织活动的效果和效率。多种研究一致表明：常规性技术任务通常与各种操作规则、职责说明及其他正规文件相关。

2）正式组织领导结构类型

组织领导结构是随着生产力的提高和社会发展而不断发展的。常见的组织领导结构类型主要包括直线制、职能制、混合制、事业部制、矩阵制结构、多维立体型以及委员会制等。

（1）直线制。直线制组织结构是一种最早、最简单的组织领导结构形式，权力从最高领导阶层到现场操作人员直线式向下级委任，命令经由一定层级由上而下垂直传达到一线操作人员。直线制具有集权的特征。它最早是由组织理论之父马克斯·韦伯总结出来的。韦伯认为，理想的行政组织体系的结构分为三层：最高管理层、行政管理层和一般员工。其中，最高管理层相当于目前组织中的高级领导层，行政管理层相当于中级领导层，一般员工则相当于基层管理层。他认为这种"层峰结构"是最理想的一种组织结构。这种结构具有以下特征：

①分工和专业化，即把每一个人的工作分成简单的例行的常规工作。

②明确规定职权、等级制度。所谓"层峰"，就是包括各种职位和等级问题，每一下级都受上级的监督。

③有明确的规章制度，用以保护各个层次及各个人的协调活动。

④不受个人感情的影响，根据制度办事。

⑤人员的任用必须完全根据职务的要求，公开考选，合格方能任用，务必使每一个职位的人员都能够称职。

⑥明文规定升迁和薪酬制度，必须以人员的服务年资和工作成绩为标准，由上级主管决定。

从以上特点我们可以看出，直线制组织结构的优点是比较简单，权力集中，责任分明，命令统一；缺点是在组织规模较大的情况下，所有的管理职能都由一人承担，往往由于个人的知识及能力有限而感到难于应付，顾此失彼，可能会发生较多失误。另外，部门间的协调也是比较困难的一件事。因此，这种组织结构形式一般只适合那些小型组织。直线制组织结构形式如图4-1所示。

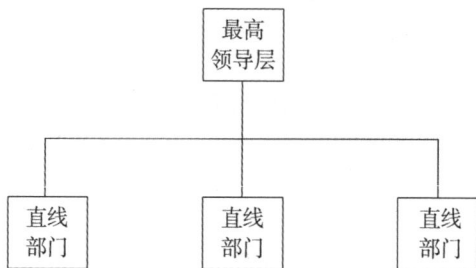

图4-1　直线制组织结构图

直线制组织结构曾被认为是一项伟大的组织结构创新，通过组织劳动分工、制定管理决策以及制定一种程序和一套规则使各类专家可以齐心协力地为一个共同的目标努力。由于直线制组织极大地拓展了组织所能达到知识的广度和深度，因此在过去100年中，直线制组织结构得到了广泛发展。但是现在，直线制组织结构的影响力越来越差，究其原因主要是直线制不再符合时代的需要，因为：

①组织成员的基本素质发生了较大变化，从以非熟练工人为主转为以知识工作者为主。现在的组织需要的是知识型的成员，不再需要众多非熟练的流水线工人，工厂里的大多数工作需要技术型知识和培训，而且大多数"生产型"工作在功能上表现为营销、设计、加工工程、技术分析、会计和管理方面，而这些职能，是需要专业技能和大量知识的。这种向知识工作者转变的趋势也出现在服务业、非营利组织和政府中。这些知识工作者具有自我管理的能力，他们不再需要上司发号施令和严格的规章制度，转而寻求更多的自主权。

②直线制的等级指挥链不能解决复杂性的问题，需要依靠组织成员的集体智慧，而发挥组织成员的智慧是不能通过指挥与命令达成的。

③直线制的组织结构不能提供密切的跨职能沟通和持续的同伴之间的协调，而这在现代组织中是极为重要的。

④由于直线制组织结构采用的是标准化的领导方式，因此对组织内外的变化反应迟钝，对复杂问题处理不力，不支持内在的联系。

⑤在直线制条件下，组织成员通过晋升获得职业生涯的发展，但在现代社会条件下，组织对中间层次的领导者与管理者的需要数量在减少，因而提升空间太小。

⑥直线制依靠的是非个人感情关系维系组织成员的关系，但现代信息密集工作需要组织成员间建立更为密切的关系，仅依靠明确的组织程序是难以满足这一要求的。

（2）职能制。这种组织结构的特点是，组织内除直线主管外还相应地设立了一些组织机构，分担某些职能管理的业务。这些职能机构有权在自己的业务范围内，向下级单位下达命令和指标，因此，下级直线主管除了接受上级直线主管的领导外，还必须接受上级各职能机构的领导和指挥。职能制组织结构形式如图4-2所示。

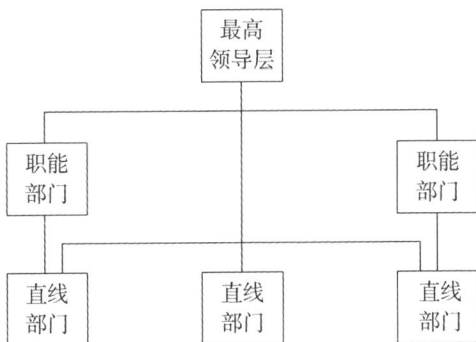

图4-2　职能制组织结构图

职能制组织结构的优点是能够适应现代组织技术比较复杂和管理分工较细的特点，能够发挥领导职能机构的专业管理作用，减轻上层领导人员的负担。但其缺点是妨碍了组织必要的集中领导和统一指挥，形成了多头领导，使基层人员无所适从；不利于明确划分直线人员和职能科室的职责权限，容易造成管理混乱；职能部门之间的协调性差；不利于在领导队伍中培养全面的领导人才，组织人员都力图向专业的纵深方向发展自己。由于职能制方案的统一指挥原则，所以未被广泛使用。

（3）混合制，又叫直线职能制，也称U形结构。这种领导结构是把军队式的直线制和泰勒的职能制结合起来形成的。这种组织结构的特点是，以直线为基础，在各级行政负责人之下设立相应的职能部门，分别从事专业管理，作为该级领导者的参谋，实行主管统一指挥和职能部门参谋、指导相结合的组织机构形式。职能部门拟订的方案、计划以及有关命令，统一由直线领导者批准，职能部门无权直接下达命令或进行指挥，只起业务指导作用。各级行政领导人实行逐级负责，实行高度集权。其结构如图4-3所示。

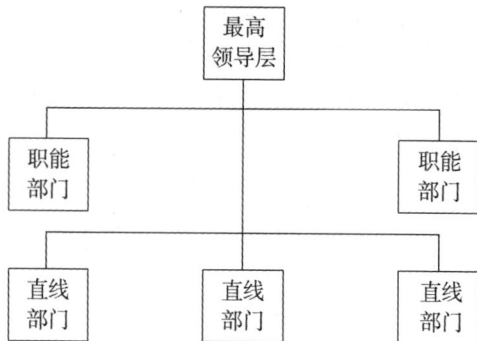

图4-3 混合制组织结构图

　　直线职能型领导结构是由法国管理学家亨利·法约尔总结并创建的。法约尔认为，组织机构中的"金字塔"是职能发展的结果。职能的发展是水平方向的发展，因为随着组织所承担工作量的增加，职能部门的人员就要增多；等级系列的发展是垂直式的，是由于有必要增加管理层次来指导和协调下一级管理部门的工作。在组织中，高层领导者忙于实际领导工作，无暇进行学习和研究，有必要任用一批"有力量、有知识、有时间"的人作为领导人员个人能力的增延来协助领导人员的工作。这种参谋机构的任务是从事政策、通信、柜台以及协助从事联系和控制，负责搜集情报并帮助拟订未来的计划和探求改进工作的方法。

　　混合制领导结构形式是在结合了直线制与职能制优点，克服两种形式缺点的基础上形成的。它既保持了直线制集中统一指挥的优点，又吸取了职能制发挥专业管理的长处，从而提高了领导工作的效率，因此，在各国都得到了普遍的应用。

　　（4）事业部制，又称 M 形结构或多部门结构，钱德勒称其为"多分支公司结构"。事业部制组织结构首创于20世纪20年代的美国通用汽车公司。通用汽车公司在总公司之下设立了多个事业部，各事业部有各自独立的产品、市场，实行独立核算。各事业部（或分支公司）通常是半自主的利润中心，按产品、区域或商标来设立。各事业部通过下设的职能部门来协调管理该分部的生产经营活动。在事业部之上设有由高层经理所组成，有许多财务和参谋人员协助的总办事处，负责管理一些多功能的事业部。其结构如图4-4所示。

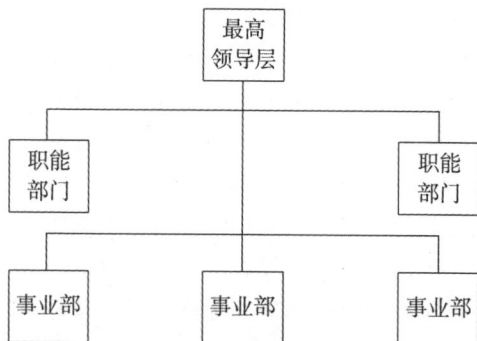

图4-4 事业部制组织结构图

事业部制的最大特点是"集中决策，分散经营"，即在集权领导下实行分权管理。其主要优点是组织最高领导层摆脱了具体的日常管理事务，有利于集中精力做好战略决策和长远规划，提高了领导的灵活性和适应性，有利于培养和训练领导人才。其缺点是由于机构重复，造成了管理人员与费用的浪费；各个事业部独立经营，各事业部之间要进行人员互换就比较困难，相互支援能力较差；各事业部领导考虑问题时往往从本部门出发，忽视了整个组织的利益，容易形成本位主义。

20世纪70年代，在事业部制组织结构的基础上，美国和日本的一些大公司又出现了一种新的组织结构形式——超事业部组织结构。它是在组织最高领导层和各个事业部之间增加了一级管理机构，负责协调所属各个事业部的活动，使领导权力在分权的基础上又适当地集中。这样做的好处是可以集中事业部的力量共同研究和开发新产品，可以更好地协调各事业部的活动，从而能够增加组织活动的灵活性。

链接 4-1

联想从"大船结构管理体制"到"舰队结构管理体制"

联想集团曾一度进行了组织结构的大变革。他们放弃了高度集权的大船管理体制，实行集权与分权结合的舰队结构管理体制，即把业务部门按产品区分，组成了事业部结构，各事业部拥有市场策划、科研开发、生产控制等权力，各自制订经营计划，各自负责生产、科研、各自制定产品价格、建立销售网络，这实际上增强了各部门参与市场竞争的能力。正是这一变革使得联想集团迅速成长。联想当时之所以这样做的原因是，1993年以后，世界一流的计算机企业大举进入中国。在遵循摩尔定律的计算机产业中，产品技术日新月异，新产品上市的周期变得越来越短。企业对市场变化的反应速度直接决定企业的命运。IBM、康柏、HP等国外的公司凭借雄厚的经济实力，不断蚕食国内市场，使得一些民族品牌相继被击垮。联想在对新的市场环境准确把握后，果断进行了适应性组织创新。组织结构变革后，企业取得了明显的成效，联想集团的市场占有率也不断提高，进入亚太地区前五强。

（5）矩阵制结构，又称目标结构。它是把按职能划分的部门和按产品（或项目，或服务）划分的部门结合起来组成一个矩阵，使同一名员工既同原职能部门保持组织与业务上的联系，又参与产品和项目小组的工作。为了保证完成一定的管理项目，每个项目小组都设有负责人，在组织最高主管的直接领导下进行工作，如图4-5所示。

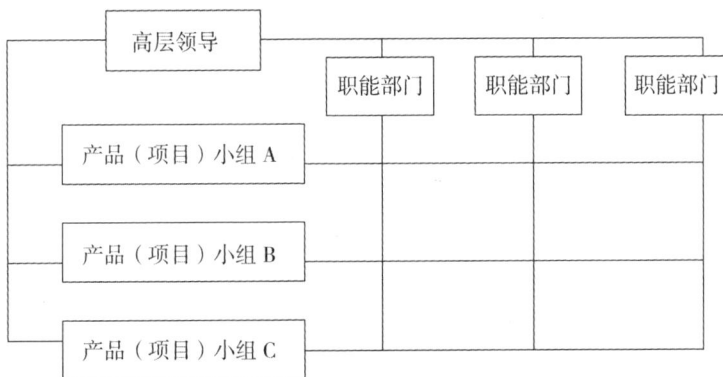

图 4-5　矩阵制组织结构图

矩阵制结构是在这样一种背景下产生的，每一个组织都会同时有几个项目需要完成的情况，而每个项目要求配备不同专长的技术人员和其他资源。为了加强对项目的管理，每个项目在总经理或厂长的领导下由专人负责。因此，在直线职能结构的纵向领导系统基础上，又出现了一种横向项目系统，形成纵横交错的矩阵结构。其中，工作小组和项目小组一般是由不同背景、不同技能、不同知识并分别选自不同部门的人员所组成。组成工作小组后，大家为某个特定的项目而共同工作。

矩阵制组织领导结构的特点是打破了传统的"一名员工只有一个头"的命令统一原则，使一个员工同时属于两个甚至两个以上的部门。其优点是：将组织的纵向联系和横向联系很好地结合起来，有利于加强各职能部门之间的协作和配合，及时沟通情况，解决问题；具有较强的机动性和适应性，能根据特定需要和环境活动而变化，保持高度民主的领导方式；将不同部门具有不同专长的专业人员组织在一起，有利于相互启发、集思广益，充分发挥专业人员的潜力；有利于各种人才的培养。其缺点是：由于这种组织形式是实行纵向、横向的双重领导，如果处理不当，会由于意见分歧而造成工作中的扯皮现象和矛盾，权责不清；组织关系复杂，对项目负责人的要求较高；由于这种形式一般还具有临时性的特点，因而也易导致人心不稳，不安心工作，从而对工作产生一定影响。

||| 链接4-2

IBM矩阵式的组织结构

加州伯克利大学电子工程专业出身的叶成辉在美国加入IBM旧金山公司，成为一名程序员。从旧金山到香港，到广州，再到北京，从普通员工到一线经理，再提升到现在的三线经理，从一般的产品营销，到逐步专注于服务器产品，再到AS/400产品经理，10多年来，叶成辉在IBM的"巨型多维矩阵"中不断移动，不断提升。他认为，IBM的矩阵组织是一个很特别的环境，"在这个矩阵环境中，我学到了很多东西"。IBM是一个巨大的公司，很自然地要划分部门。单一地按照地域、业务职能、客户群落、产品或产品系列等来划分部门，在企业里是非常普遍的现象，从前的IBM也不例外。近七八年以来，IBM才真正做到了矩阵组织。这也就是说，IB/M把多种划分部门的方式有机地结合起来，其组织结构形成了"活着的"立体网络——多维矩阵。

IBM既按地域分区，如亚太区、中国区、华南区等，又按产品体系划分事业部，如PC、服务器、软件等事业部；既按照银行、电信、中小企业等行业划分；也有销售、渠道、支持等不同的职能划分。所有这些纵横交错的部门划分有机地结合为一体。叶成辉说："如果没有这样的矩阵结构，我们要想在某个特定市场推广产品，就会变得非常困难。"比如，在中国市场推广AS/400这一产品，由于矩阵式组织结构的存在，我们有华南、华东等各大区的队伍，有金融、电信、中小企业等行业队伍，有市场推广、技术支持等各职能部门的队伍，以及专门的AS/400产品的队伍，大家相互协调、配合，就很容易打开局面。

（6）多维立体型组织领导结构。多维立体型组织领导结构是由美国道-科宁化学公司于1967年首先建立的。它是矩阵制组织结构形式和事业部制组织结构形式的综合发展。这种结构形式由三方面的管理系统组成：一是按常规产品（项目和服务）划分的部门（事业部），是以产品利润为中心；二是按职能划分的专业参谋机构，如市场研究、生产、技术和质量管理等参谋机构，是以职能利润为中心；三是按地区划分的管理机构，是以地区利润为中心。在这种组织机构形式下，每一个系统都不能单独作出决定，必须由三方代表，通过协调一致才能采取行动。因此，多维立体型组织领导结构能够促使每个部门从整个组织的全局来考虑问题，从而减少了产品、职能和地区各部门之间的矛盾。

多维立体型组织领导结构主要适用于跨国公司，因为这种结构可以为企业在不同产品、不同地区增强市场竞争力提供组织保障。美国道-科宁化学公司由于应用这种结构，从而收到了显著的经济效果，在1967—1976年间营业额平均每年增加了15%左右。

（7）委员会制。在现代社会的各种组织中，委员会制正在作为一种集体领导的主要形式而被广泛采用，在领导结构中扮演着越来越重要的角色。所谓委员会，就是为从事执行某些方面领导职能的一组人。在各种组织中，委员会形式和类型是多种多样的。它可以是直线式的，也可以是参谋式的；可以是组织机构的正式组成部分，有特定的职权和职责，也可以是非正式的，尽管没有职权，但能发挥与正式委员会职能相同的作用；可以是永久的，也可以是临时性的，达到特定目的以后解散。委员会可能存在于组织中的各个管理层次，如在公司中，最高层的委员会叫作董事会。高层委员会主要负责制定重大决策，中下层委员会则往往负责贯彻落实上级决策。

委员会制之所以能够被广泛采用，主要是因为它具有以下优点：

①能够集思广益。委员会是由具有不同知识、技能水平的各类人员组成的，个人的知识、经验与判断力均具有比较高的特征，通过集体讨论、集体决策可以避免仅凭主管个人的知识和经验所造成的判断错误。

②具有协调作用。在一般情况下，部门的划分会产生"职权分立"的问题。只有通过几个相关部门的职权结合，才能形成完整的决策。此时，通过委员会可以把具有决策权的一些部门召集起来共同解决。这样既可以减轻上级主管领导的负担，又有利于促进部门间的合作。此外，委员会还可以协调各部门之间的活动，各部门主管人员可通过委员会了解其他部门的情况，使之自觉地把部门的活动与其他部门的活动结合起来。

③分权。委员会制可以避免权力过于集中的现象出现。委员会作出的一般都是对组织全局有举足轻重影响的重大决策。通过委员会作出决策，一方面可得到集体决策的好处；另一方面也可避免个人的独断专行、以权谋私等弊端。

④强化沟通。委员会能有效地促进信息的传递。面对同一问题，各方面通过委员会的工作可以同时获得信息，通过面对面的交谈与沟通，可以准确、有效地交换信息。

⑤各方利益的代表。在委员会内，每一个部门都有相关的人员作为其利益的代表，因此，委员会作出的决策能够反映组织中各个部门的利益。

⑥有利于人才的成长。通过委员会，下级人员能够了解到其他主管领导及其整个组织所面临的问题，从而对整个组织活动有大概的了解，同时，还有机会学习上层主管领导的能力与管理经验，加速领导人的培养。

同时，如果委员会领导不当，则这种领导结构也会出现一些缺陷：

①决策成本较高。由于委员会是集体决策，因此不仅资本成本高，而且时间成本

也比较高。如果个人能够解决的问题，则不需交由委员会来处理。

②职责分离。委员会采取的是集体负责制，责任不能落实到每一个委员会身上，实际上没有人能对集体决策负责。

③容易出现折中现象。当委员会所讨论的议题意见分歧较大时，委员会成员常常会由于相互尊重或迫于权威而采用折中的方法，以求取得全体一致的结论。但是，这样选择的方案往往不是最优的决策。

④一个人或少数人占支配地位。委员会的决议应该反映集体的最完善的决断，但是往往有少数人总是要把自己的意志强加给他人乃至整个集体，在此种情况下，个人的意志将会代替集体的决策，使委员会失去应有的作用。

因此，在构建委员会的过程中，应当注意以下几个问题：一是委员会的权限和范围要明确；二是规模要适当，人员不能太多也不能太少，既要有完成任务所需的各种专家，又应避免不必要人员的加入；三是慎重选择委员会成员和委员会主席，主席能力的强弱对委员会的工作是否有效有极大的影响；四是选择议题，交由委员会决策的只能是关系重大的问题。

链接 4-3

淡马锡的组织管理及其委员会

"淡马锡"是马来语 Temasek 的音译，成立于 1974 年，是由新加坡财政部门负责监管、以私人名义注册的控股公司，是为确保国有资产不流失并增值，由财政部（投资公司）组建专门经营和管理原国家投入到各国联企业的资本的公司。根据政府委托，新加坡开发银行等 36 家国联企业的股权被授权由淡马锡负责经营。淡马锡公司以控股方式管理着 23 家国联企业（可视为其子公司），下属各类大小企业有 2 000 多家，职工总数达 14 万人，总资产超过 420 亿美元，占全国 GDP 的 8% 左右，公司税后利润的一半上交财政部。

公司董事会由 10 名董事组成，其中 4 名为政府公务员，6 名为企业界人士。董事会内设两个重要常设委员会，负责实施董事会重大决策。一是执行委员会，检查所有国联企业的重大项目投资事项，同时在财政权限内对其投资或将其私有化（公开上市）。二是财政委员会，监督淡马锡公司在股票和资本市场的投资活动。上述业务的实施与管理由公司管理层负责，并向执行委员会及董事会报告。公司没有专门设立监事会，其内部监督职能由董事会直接承担。董事会内设审计委员会，专门负责公司的财务审计。

（8）控股型组织结构。控股型组织结构是在非相关领域开展多种经营所常用的一种组织结构形式，是建立在资本参与关系的基础上的。由于资本参与关系的存在，一个大公司就对另一企业持有股权，这种股权可以是绝对控股、相对控股和一般参股，基于股权关系，形成母公司、子公司和关联公司等关系。母公司和子公司不是上下级之间的行政关系，而是一种产权管理关系。母公司一般通过派产权代表、董事、监事等影响子公司的经营决策。

（9）网络型组织结构。网络型组织结构是利用现代信息技术而建立和发展起来的一种新型组织结构。它是一种很精干的中心机构，以契约关系的建立和维持为基础，依靠外部机构进行制造、销售的组织结构形式。被联结在这一结构中的两个或两个以上的单位之间，并没有正式的资本所有关系和行政隶属关系，但却通过相对松散的契约纽带，通过一种互惠互利、相互协作、相互信任和支持的机制来进行密切的合作。

网络型组织结构形式是目前国际上流行的组织合作形式。

（10）无边界理念。这种理念是由通用电气公司总裁杰克·韦尔奇提出的，指的是一种边界灵活，没有局限性，能够使信息、资源、观念和思维自由而快速流动的组织形态，其目标是破除四种硬性的组织边界：

①纵向的等级权力边界；

②横向的职能、纪律、业务（产品）边界；

③对外的企业与供应商、客户、政府的边界；

④跨国的国家、民族、文化差异和市场体制边界。

在无边界组织中，管理人员通过取消组织垂直界线而使组织趋向扁平化，进而使等级秩序的作用降到了最低限度。充分发挥无边界组织的职能，有助于打破组织与客户之间的外在界线及地理障碍。取消外部界限的方法包括：经营全球化，实行公司间的战略联盟，建立客户与组织之间的固定联系。这些方式都有助于消除组织外部界线。无边界理念的提出，实际上是强调了组织向合作的回归。不管是事业部制还是直线职能制的组织，随着组织规模的扩大、分工的深入，组织中的"官僚"会成为效率的绊脚石，而无边界理念的提出可以打破这一僵局。

4.2.3　领导组织的非正式结构

1）非正式组织的概念

著名的行为学家梅奥认为，人是社会的动物，人们在组织内共同工作的过程中，相互之间必然发生一定的关系而形成非正式的集团或团体，在这种团体中，又形成了共同的感情，进而构成了一个体系，即"非正式组织"。戴明把这种非正式组织称为"海下面的组织"。也就是说，在任何一个组织中，既存在着在正式结构中展开的领导活动，也存在着在非正式结构中展开的活动。与此相对应，领导者也存在着正式领导者和非正式领导者。梅奥的合作者罗特利·斯伯格在《走向一个统一的管理理论》一文中指出，非正式组织应该被看作是"一些惯例、价值观、准则、信念和非官方的规则"。在他看来，正式组织不过是根据"效率逻辑"和"费用逻辑"的观点建立起来的组织，所以即使能够显示组织构成人员所在各个部门之间在功能上和逻辑上的关系和方式，也不能表现成员相互之间存在的对立或协作、社会距离的意义与社会评价体系。相比之下，与组织的明确规定无关，通过成员日常相互作用而自发形成的自然而然地得到承认和用自发规定的方法，按照深深根植于情感之中的"情感逻辑"而发挥作用的非正式组织得到重视。非正式组织有其非官方的领袖和未成文规则。非正式组织的形式受到创始人和领导者的风格以及历史（过去的荣辱、夙敌和对手等）的影响。非正式组织有其自己的传播渠道和秘密情报网，它由非正式的网络和党派组成。这种非正式组织是组织内部为进行有效合作而不可缺少的前提条件。因为即使是确立了在某种形式上被合理化的正式组织，在促进正式组织发挥功能方面如果缺乏来自非正式组织的保证，组织也是不可能进行有效运作的。

2）非正式组织结构的特点

相对于正式组织而言，非正式组织结构具有以下特点：

（1）极强的凝聚力。非正式组织结构是以共同的情感为组织的纽带，是一种依靠非体制性的规则塑造起来的一种感情和利益交往的空间，因此组织内的成员彼此情感密切、相互信任和相互依赖。这种组织结构的凝聚力往往强于正式组织结构的凝聚力。

（2）隐蔽性。非正式组织结构是一种幕后结构，它隐藏在正式组织结构背后，对领导活动起着无形的作用。这种作用可能是正向的（具有推动力），也可能是负向的（起阻碍作用）。

（3）渗透性强。非正式组织结构主要依据个人之间的情感纽带组建起来，它可以跨越部门、组织甚至不同的行业和地区。因此，在正式组织结构的背后，因为非正式组织结构的存在，从而形成了一种快捷性的人际关系网。

（4）领导者是自然产生的。非正式组织结构中领导人物的产生与形成是由多种原因决定的，诸如年龄、资历、技术能力、工作地位、能够自由巡逻工作场所的机会以及敏感的气质、个性等。领导者主要是根据以上多种因素综合作用形成的个人权威在非正式组织中逐步地、自然地形成的，他不依赖于上级的任命。因此，成员对非正式组织结构中的领导者的拥戴程度比正式组织高、号召力强。

（5）信息沟通快捷。由于非正式组织结构成员之间的情感联系密切、交往频繁，因此信息传播速度快且有效，而且成员们对信息的反应往往呈现明显一致性的特征。同时，由于情感的作用，非正式组织结构中不同成员看待同一问题的角度容易出现偏差，使信息的传递具有片面性和失真性的特征。

3）非正式组织结构的作用

非正式组织结构的存在，既能为领导活动的开展带来好处，同时也存在着诸多弊端。

（1）非正式组织结构的正向效用

①非正式组织结构与正式组织结构构成了一个有效能的总体组织系统，二者不可或缺。在瞬息万变的情况下，组织正式的计划与对策制定于情况变动之前，而且部分缺乏灵活性，不可能随机、因地制宜地解决随后的具体问题。恰恰是这些可以灵活应变、出于自发的非正式组织结构能够满足这些要求。

②可以减轻领导者的工作负担。当非正式组织结构主动配合领导工作时，完全不必再强令监督以确保各项工作的井然有序。非正式组织结构能够帮助领导者做好管理工作。因为非正式组织结构对领导者的支持，很可能导致更融洽的协调配合和更高的生产效率，从而有助于工作任务的圆满完成。

③能够创建一种令人满意的稳定运行的工作团队。由于非正式组织结构的成员间具有高度信赖的情感关系，一旦他们成为工作团队，就意味着他们有了某种意义上的归属感和安全感，使他们具有更强的稳定性与凝聚力。

④"安全阀"的作用。非正式组织结构能够满足成员的心理需要，当成员产生挫折以及精神上的种种困惑时，可以通过成员间的彼此交流和讨论，提供理解与支持的环境，从而使人们精神上的压力得到缓解，有利于领导工作的正常进行。

⑤有效的信息沟通渠道。正如美国著名企业家西蒙所说，无论组织所建立的正式

信息沟通系统多么精致，他总会得到非正式信息沟通渠道的补充。经过这些非正式渠道的信息有情报、建议，其至还有命令。非正式的信息沟通系统——非正式组织结构，是围绕组织成员间的社会关系而建立起来的。在正式的组织领导结构中，领导者与被领导者之间的正式沟通的作用是有限的，因此需要非正式沟通来帮助领导者与被领导者之间构建理解的桥梁，帮助领导者掌握组织内部的各种信息，消除领导者与被领导者之间的鸿沟和社会距离，使领导者与被领导者真正能够融为一体。

（2）非正式组织结构的阻碍作用

①阻碍变革。非正式组织结构具有文化保持功能，它具有一种过分维护非正式组织现在生活方式和在变革面前采取僵化态度的情形。非正式组织结构的成员由于其价值观、行为理念的一致性，使他们往往具有对某一问题认识的一致性和行动的统一性。当他们认为变革触及他们的利益时，他们往往会激烈的反对，因为他们会倾向于维持既得利益。

②抵制组织的政策和目标。当非正式组织结构的成员对组织的领导和管理不满时，或者当他们的利益与组织利益发生冲突时，他们会抵制组织的政策和目标，这样妨碍了领导活动的顺利展开，不利于领导目标的实现。

③限制成员个人自由，强迫一致。非正式组织结构要求以众所周知的规范来统一人们的生活步调。非正式组织结构的某些规范一旦被人们所接受，就能够带来非正式组织对成员的奖励与惩罚。这种非正式的规范与制裁，在于人们必须服从，那些拒不服从的成员在压力下只有屈服或者被迫离开这个组织。

总之，非正式组织结构的存在利多弊少，因此领导者要充分重视非正式组织结构的作用，注意在正式组织的效率逻辑与非正式组织的感情逻辑之间保持平衡，以便使领导者之间能够相互协作、相互支持，充分发挥每个人的作用，提高领导效率。

4.3　领导班子

领导班子是一个组织或团体的领导核心。领导班子结构科学化是实现科学领导、提高领导效能的重要条件。在社会主义现代化建设的新的历史时期，加强领导班子自身建设，是提高领导集团的整体功能和驾驭社会主义经济发展的迫切要求。

1）领导班子的含义

领导班子是对领导集团的通俗称谓，即在一个组织或团体中由若干成员组成的领导者群体。它是一个组织或团体的领导核心和指挥部。各个地区、部门、单位都有不同层次的领导集体，他们是各个地区、部门和单位指定决策并组织实施的核心力量。

2）领导班子的特点

从广泛意义上看，领导班子也是一个组织，但它是一个特殊的组织。与其他组织相比，领导班子有如下四个方面的特点：

一是目的性。任何领导班子都是为了适应某种工作需要而建立起来的，它必然有明确的目的和相应的功能。这就要求领导班子的组建必须与其目的相一致，与其任务相统一。

二是集合性。领导班子是由若干领导成员组成的集合体，起码需要有两个以上的成员组成。领导班子成员的数量应与其承担的任务相一致，做到人事相宜。

三是互补性。由于领导班子是由不同能力的人组成的集团，这就要求把领导班子每个成员的智能合理地组合起来，大家相互学习，取长补短，才能达到整体大于部分之和的效果。

四是整体性。领导班子成员之间有相互联系、相互作用、互为补充的关系。各成员只有恰当配合，协调一致，服从整体的目标和功能，才能有效地发挥领导班子的整体效能。

3）领导班子的作用

领导班子对整个组织的发展起着关键性的作用，是决定领导工作成败的重要因素。

（1）领导班子是领导系统的核心

领导班子是领导系统的核心和灵魂，它在领导系统中处于最高层次，是最关键的部分。其主要任务就是负责制定涉及全局的重大决策和任用干部，对全局的工作起主导性、方向性的作用。

（2）领导班子是完成各项任务的指挥部

现代社会的实践证明，任何一种社会活动和共同的生产劳动，都需要强有力的组织指挥系统，以带领广大群众实现既定目标。正如毛泽东所说的，只有领导骨干的积极性，而无广大群众的积极性与之结合，便将成为少数人的空忙。但是，如果只有广大群众的积极性，而无有力的领导骨干去恰当地组织群众，则其积极性既不能持久，也不能走向正确的方向和提高到高级的程度。拥有强有力的领导核心，才能带领和团结少数先进分子去提高中间分子，争取落后分子，才能带领人民群众共同前进。实践证明，建立一个坚强有力的领导班子，对领导工作有着重要作用。

4）领导班子的结构

所谓领导班子的结构，就是指在领导班子内部领导成员的排列组合方式以及各种有关要素的排列组合方式。不同的领导班子群体结构有不同的群体性质和功能。领导班子要实现科学领导、提高领导效能，就必须使其结构科学化。一般来说，领导班子合理的结构包括知识结构、专业结构、智能结构、年龄结构、气质结构等方面。

（1）科学的知识结构

知识结构，指的是在一个领导班子中具有不同知识素质的成员的配置组合。知识结构包括书本理论知识和实践经验知识。一个结构合理的领导班子，其领导成员的知识面和知识水平应该是立体式的。不同知识水平和不同专业特长的领导成员按照一定的比例组合，相互补充，形成一个有机的整体。一般地说，领导层次越高的领导班子，其成员的知识水平也越高。一个领导班子内部应该既要有学术造诣很深的理论家，又要有实际经验丰富的实干家。知识结构单一的领导班子是结构不合理的领导班子。

一个领导群体应该具备什么样的知识结构呢？一般来说，一个领导群体必须建立一个以马克思主义理论为指导，以科学文化知识为基础，以领导科学知识为主体的立体知识结构的整体。首先，每一个领导成员应该懂得马克思主义的基本原理，特别是掌握其立场、观点和方法。在此基础上，还要根据自己的工作对象和职能范围，专门地、深入地学习马克思主义的有关理论。其次，每个领导成员必须掌握一定的科学文化知识，包括自然科学和社会科学知识，以及系统论、控制论、信息论等现代新兴科学知识。再次，每一个领导成员还要学习领导工作方面的知识，包括领导科学、管理科学、人才学、心理学等，努力使自己成为领导内行。只有把这些知识合理搭配，融会贯通，优势互补，才能组成一个结构合理的领导班子。

（2）合理的专业结构

专业结构，是指领导班子内部专业人员的组成情况及相互关系。合理的专业结构，是指将不同专业特长的人员进行合理配备和组合。现代领导者必须是内行或者是懂行的领导者。一般的，应根据组织性质和领导班子的职能任务确定专业结构。不同性质的领导班子，专业结构侧重点不同。但无论哪一类领导班子，都不能缺少专业管理人才。专业结构单一的领导班子，如都是政工干部或都是科技干部，都不是合理的领导班子。

领导干部专业化是现代领导工作的客观要求。我们从专业人员中选拔领导干部，但是领导干部专业化并不等于领导班子专业化。这是因为科技专家并非一通百通，更不一定是领导内行。那种认为将专家选配到领导班子中就实现了领导干部专业化的想法，实际上是一种错误。领导班子专业化需要引进专家，但更需要注意将不同的专家组合成合理的专业结构，形成优势互补态势。所以，在领导班子中配置专业人才时，要对"专业"的含义有正确的理解。人们往往一提到专业化，就只注意到自然科学方面的知识和技能，而忽略了社会科学方面的知识和技能，尤其是领导科学和管理科学方面的知识和技能，这是一种片面的认识。实际上，领导工作本身就是一个专业。组织工作、思想政治工作、后勤服务工作等都是专业。从一定意义上说，不同行业的领导者也是专业人才。领导干部专业化不等于领导班子科技专家化。某些科技专家虽然有专业特长，对从事这方面的领导和管理有许多有利条件，但并不等于在领导和管理上是内行。我们讲的领导班子专业化，并不是指这种"硬"的科技专家化，而是指"软"的管理专家化。那些专业造诣较深但不会做也不愿做领导工作的人，是不宜进入领导班子的。

（3）互补的智能结构

智能，主要是指人们各种能力的总称。领导班子互补的智能结构，是指领导班子中具有不同智能类型的领导成员之间的协调组合。

领导班子成员应有与工作职务相适应的较高智能。知识是重要的，但运用科学知识解决实际问题的能力更重要。对于现代领导者来说，具有较高的记忆能力、观察能力固然重要，然而更重要的是要有较高的预见能力、运筹能力、组织能力和指挥能力。

一个智能结构合理的领导班子，应该由战略家、组织家、宣传家和实干家组成。就是说，在领导班子中既要有富于远见卓识、善于分析综合、有决断魄力的统帅型人才，又要有沉着冷静、思维灵活、足智多谋的智囊型人才；既要有善于疏通关系、人情练达的协调型人才，又要有精通业务、熟谙专业的技术型人才；既要有善于做宣传鼓动的宣传家，又要有善于做组织管理工作的组织家，更要有兢兢业业、埋头苦干的实干家等。这样把不同类型的领导成员协调配合起来，就可以组成一个多功能和高效能的领导班子。

（4）梯形的年龄结构

领导班子梯形的年龄结构，是指领导班子中不同年龄段成员按比例的梯次组合。梯形的年龄结构是领导班子知识、能力等方面素质的物质载体，直接影响着领导班子的整体效能。

一般说来，各级各类领导班子应该由适当比例的老、中、青三个年龄段的人组成一个梯形年龄结构为好。如果领导班子由同一年龄段的成员组成，呈现为平面的年龄结构，则不是结构优化的领导班子。在老、中、青结合的比例上，一般应使中、青年干部占多数，但对不同层次、类别的领导班子，不能"一刀切"，要区别情况，确定不同的比例。不同年龄段的干部各有长处，在领导班子中能起到不同的作用。老干部有丰富的阅历，经验丰富，思考周密，处事稳健，善于处理复杂问题、应付复杂的局面，可以起到老马识途、指引方向的作用；中年干部年富力强，锐意求新，有开拓精神，捕获知识快，创造活力大，兼有青年和老年干部的长处，可以起到承前启后的中流砥柱作用；青年干部朝气蓬勃，行动敏捷，竞争力强，敢想敢干，容易接受新事物，创造力强，可以起到攻坚克难的突击作用。

梯形年龄结构的领导班子可以取长补短，既发挥各年龄干部的最佳效能，又使领导班子的整体效能适应所承担的工作任务。梯形年龄的领导班子有利于进行新干部的合作与交替，既使领导班子有条不紊地实现新陈代谢，永葆青春，又保证领导活动的稳定性和连续性。

实现梯形年龄结构关键是要大胆选拔年轻干部，并把他们放在领导班子的重要岗位上，防止和克服论资排辈、求全责备等错误观念和做法，树立"早压担子早成才"的新观念。要在老干部的帮助和带领下，在群众的监督下，使越来越多的年轻干部健康快乐地成长起来，保证我们党和国家的事业后继有人，代代相传。

（5）和谐的气质结构

气质是构成人们个性心理特征的重要方面，是一个人典型的、稳定的心理特点。领导班子和谐的气质结构，是不同气质特点的人科学地组合起来，相互补充，刚柔相济，扬长补短，形成一个和谐、团结、有战斗力的集体。

传统心理学把气质大致分为四种类型：多血质、胆汁质、黏液质和抑郁质。多血质的人活泼好动，反应速度快，情绪兴奋性高且明显表露于外，兴趣广泛，擅长交往，乐于接受新事物，但感情不够稳定，注意力容易转移。胆汁质的人精力旺盛，感情的发生迅速而强烈，动作迅猛、热情、自信，但有时显得暴躁、冲动、鲁莽任性。黏液质的人情绪兴奋性低，有自制力，能忍耐，具有明显内倾性，反应速度慢，具有稳定性，表现很安静、稳重。抑郁质的人情感丰富细腻，但不表露于外，敏感多疑，反应速度慢，思想刻板。虽然并不是所有的人都可按照这四种气质类型来划分，只有少数人是这四种气质类型的典型代表，多数人则是介于不同类型之间的中间型，但是，气质作为个性心理特征的重要方面，对人的实践活动是有一定影响的，是配备领导班子时应该考虑的一个重要方面。

领导成员之间的协调配合，虽然主要取决于思想觉悟、理想信念，但也取决于成员间的心理相容，特别是气质、性格的相容。所以，一个领导班子中应该有开朗、活泼、善于交际的人；有冷静、稳重、认真思考的人；有独立性强，能坚持自己主见的人；有适应性好，容易接受别人意见的人；有热情奔放、情绪饱满、反应迅速的人；有老成持重、感情含蓄、动作稳健的人。这样，才有利于领导班子成员协调一致，合作共事。如果一个领导群体之间性格不合、志趣不投、情操风格迥异，结果将是思路不一，从而削弱领导群体的功能。

总之，我们探讨领导班子的结构，寻求合理的搭配，其目的是为了达到领导班子的团结。团结一致、坚强有力的领导班子才能带领组织成员实现组织目标。

本章小结

领导体制是组织内部基于权限划分所设置的机构及其相互关系的制度和规范，包括领导组织结构、领导层次与领导幅度、领导权限和责任的划分及领导体制的构成要素等内容。

领导结构是表现领导组织各部分排列顺序、空间位置、聚集状态、联系方式以及各要素之间相互关系的一种模式，是执行领导任务的基本体制。

领导结构包括正式的领导结构和非正式的领导结构。正式的领导结构经历了直线制、职能制、混合制、事业部制、矩阵制、多维立体型、委员会制组织领导结构以及控股型组织结构、网络型组织结构、无边界理念的变革。

非正式领导结构对正式领导结构有着重要影响，对非正式领导组织引导得当，则产生推动作用；反之，则产生阻碍甚至破坏作用。

领导班子对整个组织的发展起着关键性的作用，是决定领导工作成败的重要因素。领导班子合理的结构包括知识结构、专业结构、智能结构、气质结构等方面。

本章案例

李宁最后一搏：内部架构垂直整合

自 2012 年重新回归运动本质以来，李宁公司先后进行了关店、去库存、重塑供应链、渠道复兴等系列战略变革措施，但直至今年上半年，如安踏、匹克、361 度、探路者等体育用品品牌均已实现盈利，李宁却亏损 5.86 亿元人民币。

关键之道体育咨询有限公司 CEO 张庆认为，这种对生意负责的架构调整有望增强李宁公司的内部竞争力，在优化资源配置方面会有积极的作用，但同时对高一级管理层的综合协调能力提出了更高的要求。

2014 年 11 月，曾被视为李宁公司变革关键人物的金珍君退任公司代理行政总裁一职，公司行政总裁的职务至今仍由李宁亲自挂帅。而对于这次架构调整，李宁公司创始人及执行主席李宁表示："公司未来将继续坚持固有的策略重点，加大与国家运动队以及 CBA 职业篮球联赛和 CUBA 等全国大学生、高中生篮球联赛的合作，聚焦核心运动品类的业务，着力提高公司的产品设计能力、运营效率以及盈利能力。"

在此之前，李宁公司是按照产品设计、生产、市场等不同职能来设置部门架构的。例如，产品设计单元负责包括运动鞋、衣服等不同品类产品的设计和研发，然后提交给总部，再由总部按照销售单元反馈的各地区的需求信息来给工厂下单。

此次架构调整后，原来"以职能为导向"的组织结构将调整为"以生意为导向、以核心业务驱动"的品类事业部架构。李宁公司相关人士进一步解释，此次组织调整的发力重点在于整合公司现有产品和市场两大系统，成立核心品类事业部的目的是要将产品和市场两大职能充分融合，以各品类产品和生意为王，从上游的产品规划设计直至最终的上市推广每个环节都更加以生意为导向，并因此全面提升核心品类整体运营效率。

李宁公司拟成立的核心品类事业部包括篮球、跑步、综训、羽毛球及运动生活五大品类，这与此前该公司提出的"聚焦李宁品牌，专注中国市场"，以及"聚焦五大核心运动品类"的策略相符合。事实上，这种按照品类进行划分的架构在宝洁等国际公司最为成熟，耐克、阿迪等体育用品公司也有运用，但本土体育用品公司却较为少见。"据我所知，安踏在篮球上的运作现在已经有点偏向事业部运作的探索，但其他公司基本都没有。"张庆分析认为，由于不同品类事业部最终共用一个渠道，因此业绩较好的事业部往往会得到公司在研发推广等方面更多的投入，从而加剧了事业部之间的竞争，对公司整体业绩有较大拉动作用。

据李宁公司近日公告显示，经历一系列变革后，公司的核心指标已出现利好迹象：收入增长率按同比基准约为 20%，远高于 2014 年中期报告所披露的 2014 年上半年的 8%。此外，截至 2015 年第 2 季度，订货会的订单已经连续 5 个季度同比增长，2014 年下半年每季度的同店销售也转为正增长。"产品的持续加强，线上线下运营平台的稳步加强，体育营销的风生水起，使得以事业部为龙头的组织结构成为众望所归的东风，这样的改变也正是水到渠成的必然。"李宁公司表示。但张庆认为，李宁的垂直整合改革同时对公司的内部管理提出了更高要求，"一旦协调不好事业部之间的关系，这种竞争反而会成为阻力，但如果执行得好将是李宁公司的重要转折。"

资料来源　叶碧华.李宁最后一搏：内部架构垂直整合［DB/OL］.［2015-01-29］. http://finance.ifeng.Com/a/20150129/13466791_0.shtml.

问题：

1.你认为变革之前李宁公司领导结构属于哪种类型？它具有哪些优点和不足？

2.你认为李宁公司在下一步组织变革中应采取什么样的领导结构形式？为什么？

3.结合企业实际，谈谈如何选择合理的领导结构。

复习思考题

1.委员会制有何优势？

2.什么是领导体制？

3.简述现代领导体制的基本模式。

4.正式组织领导结构的类型包括哪些？

5.领导班子有何特点？

6.领导班子合理的结构包括哪些？

领导流程

本章重点说明在人事流程、战略流程和运营流程三个核心流程中领导者的责任和作用。通过本章的学习，了解作为企业的领导者如何深入参与到领导核心流程当中，掌握在领导流程中的一些关键技巧并灵活地加以运用。

5.1　人事流程

人事流程比战略流程或运营流程都重要，因为组织毕竟是靠人来判断市场，并根据这些判断来制定战略，再将战略转化为现实的运营。简言之，如果没有把人事流程做好，就无法让企业的潜力完全地发挥出来。

许多领导者常常宣称，"我们的员工是我们最重要的资本"，但实际上，很少有领导者能够对人员配置工作给予足够的重视。他们和他们的组织根本不知道自己需要设置什么样的工作岗位，当然也就无从判断自己应该选拔什么样的人才。结果，这样的公司通常无法聘请、提拔和培养那些具备领导者素质的人才。因此对于领导者而言，人员的配置工作是不能托付他人的工作。

5.1.1　人员的配置

在很多情况下，领导者会把更多的精力用于思考如何扩大组织规模上面，从而也就无暇顾及企业的人员配置。在这个过程中，他们实际上忽视了一个重要的问题，即企业人员的素质正是自己在与对手的竞争中获得优势的一个重要因素。当然，在任何企业中，人才的培养都是一个长期的过程，但当考虑到企业的长远利益时，我们就会发现人才的正确选拔正是企业获得可持续竞争优势的关键。

戴尔公司之所以能够最终打败规模大于自己的康柏公司，其主要原因就在于戴尔公司在人才选拔上面投入了很大的精力——它懂得如何选拔真正理解自己商业模式的人才，并对其委以重任。诺基亚在 20 世纪初期的时候还是移动电话行业的一个无名小卒，由于真正实践了"科技以人为本"的经营理念，这家公司在短短几年之内就成为全球范围内顶级的移动电话供应商。

如果仔细观察那些能够长期取得成功的企业，你就会发现它的领导者都非常重视人员的选拔，无论是一家价值数百亿的集团公司的总裁，还是企业的一个部门经理，你都不能把选拔和培养人才的任务委托给其他人。这是一项你必须亲力亲为，而且必须喜爱的工作。

领导者要花大量的时间和精力来聘请有潜力的人才，为他们提供机会，丰富他们的经验，并将其培养成能够独当一面的新领导者。

1）招聘与选才

人才是企业的财富。录用员工一般是人力资源部门的事，而对于那些有可能成为组织某一部门领导人员或专家顾问的应聘者来说，往往需要领导者亲自面试、抉择。那么如何选择到最合适的人，领导者可以从以下几个方面入手：

（1）详细深入地探询应聘者过去的情况

领导者可以直截了当地进行一系列提问，比如"你如何安排自己的工作顺序""对某一事件的处理方式""曾经的功过得失"等，根据所掌握的材料，领导者在大脑中对应聘者进行画像，之后对一切信息进行印证，也许还会有许多意料之外的收获。

（2）切忌只看表面，应关注应聘者的工作热情

领导者不能只注重华丽的外表或优秀的文凭，这一切未必能说明应聘者能力的大小。多留意应聘者是否会因为完成一项任务而激动万分，而不只是满足于无谓的空谈。是否全身心地投入到自己所做的每一件事情中？是否喜欢具体的工作，还是只停留在对一些战略或理念性的东西夸夸其谈的层面上？是否有能力说服和召集其他人共同完成一项艰巨的任务及完成任务的方式？

（3）了解应聘者的个人爱好及身体状况

从应聘者的业余爱好中，领导者可以看出此人的性格。一个爱好唱歌跳舞的人也许更适合做推销、公关类等与人接触的工作，而一个喜欢独自沉思、看书的人往往可以承担某些研发工作。当然，健康的身体状况是一切工作的基础与保障。

2）组织好高层管理团队

企业终极领导一定要组织好他带领的高层管理团队，最好由8～12个人组成。尽管有很多的标准可供参考，但在选择高层管理团队的组成人员时，以下几个标准是非常重要的：

（1）合适的人选

首先领导者要确定你考虑了全部的人选，这些备选人员在组织中就任较高职位或者重要的管理职责，然后考虑这些人具有哪些专长并且是否具备激发组织中一大批人的领导魄力，最后还要留意可能会被遗漏的那些极具创造性的但不易被察觉的人。

（2）正确的判断

领导者要能够确定团队中的人员既能以事实为基础，又能富有想象力，依据理性的思考和良好的判断力进行工作。

（3）热情和勇气

这两种品质是区别"领导者"与"管理者"的关键。高层管理团队的成员需要接受不断变化的假设，必须克服短时期内相对稳定的思维习惯，并能为最坏的状况做好准备。所以，终极领导者带领的高层管理团队需要拥有热情与勇气，以随时应对挑战。

（4）合作

团队中的成员必须能够用"合理妥协的风度"来平衡他们的热情，应该学会接受并坚持通过理性过程达成的一致意见，抛开个人的成见，坚持以团队的团结为中心。

（5）战略思考能力

这是最重要的。作为高层管理人员必须具备进行战略思考的能力，而以下的几种能力决定了一个人是否能很好地胜任战略思考这项任务：

①抽象概括的能力。对抽象的事物能进行深刻、系统的思考。

②把握全局的能力。能从全局的眼光把握事物，不会因为细节而被误导或迷失方向。

③创造能力。能够将关于组织的抽象思考转化为清晰的语言及图景，使其他人正

确而清晰地理解。

④洞察力。能够从不完全甚至相互矛盾的信息中进行有效的分析，或者在有压力强行接受某个解决方案时，仍能保持清晰的头脑。

⑤目光长远。愿意为了长远利益而牺牲眼前的利益，维持组织资源的长期可持续发展。

终极领导者对于团队的成功是至关重要的，要起到促进的作用。他常常要确定哪些人一起工作会达到很好的效果，新人的观点与技能会给整个过程带来什么活力。最重要的是，他应该以身作则，通过对创造性的欢迎、接纳与坚持，以规范的程序使团队达成共识来塑造领导的艺术。

5.1.2 人员的评估与培养

在企业的发展过程中，有很多因素都是它本身所无法控制的，比如说从经济不稳定状态到竞争对手难以预料的行动，在这种情况下，企业就更应该对自己能够控制的一个重要因素——员工的素质加以重视。人才是一个组织最重要的财产，也是该组织取得进步的重要保证，他们的判断、经验和能力将在很大程度上决定一家企业的命运。而领导者要做到量才适用并不是一件非常困难的事，关键在于如何通过一种系统而一致的方式来评估和培养员工，特别是那些已身居要职或拥有领导潜质的人员。

1）通过评估完善领导层培养渠道

一次有效而坦诚的评估，总是会告诉被评估者他们哪些方面表现得很好，以及哪些地方需要改进，就是这么简单、直接而具体，能够使其更加清楚地认识自身的特点。随着整个组织不断取得进步，人们也逐渐认识到，在推进组织前进的同时，他们自身能力也取得了巨大的提高，而且在这个过程中，组织中的谈话方式也会发生实质性的变化。人们不再为个体成员的业绩和素质争论不休，他们会把重点放在如何帮助别人取得进步上面，从而使整个组织的素质不断提高。这样的评估不仅是最有效率的，而且是最有用的。

作为领导者，首先需要确定哪些人非常有潜力，应该得到重用，然后确定需要对其进行哪方面的培养，以使其更能胜任未来的工作。这些工作最终将为你的公司建立一个数量多、素质高的领导人员候选群体。对于一个组织来说，没有什么比这个更重要了。

（1）领导层评估总结。该评估总结（如图5-1所示）将一个小组中每个人的业绩与行为进行了一番对比。

从图5-1可以很清楚地看到，哪些人拥有较高的潜力，哪些人应当得到提拔。那些既拥有较高潜力又应当得到提拔的人被放在右上栏。类似地，哪些人虽然已经达到了标准但还需要一些行为改进，以及哪些人在业绩和行为两个方面都没有达到标准。实际上，领导层评估总结是多种信息的综合，包括一个组织不断改进总结、继承深度分析和挽留风险分析。

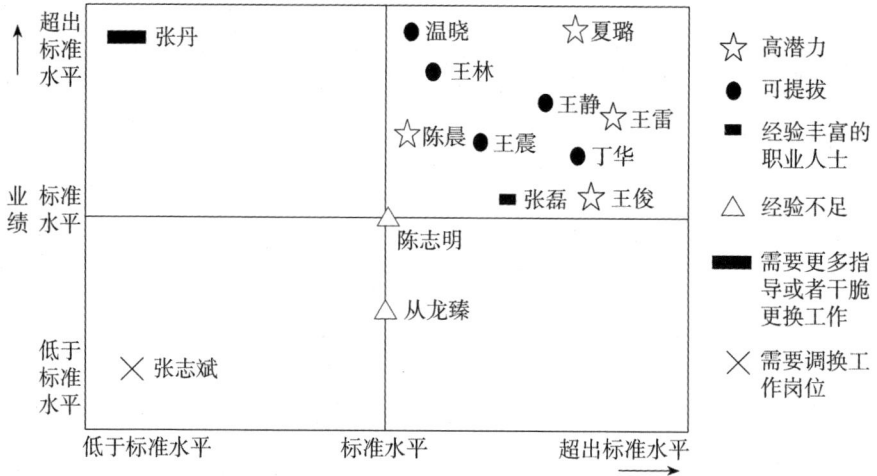

图 5-1　领导层评估总结

（2）不断改进总结。表面上看来，不断改进总结（见表5-1）非常类似于传统的业绩评估。二者的不同之处就在于，不断改进总结不仅包括一些关键的业绩指标，如取得的成就和没有完成的目标，还包括一些关于人员培养需要的非常清晰、具体和有用的信息。从这个角度上来说，不断改进总结可以帮助员工提高自己的业绩水平。

以某公司的营销副总裁夏璐为例。根据领导层评估总结表格上的结果，她被认为是一位高潜力人士。她在2001年的工作可谓硕果累累：不仅为新的销售环境解决方案制定了销售市场战略，而且还为欧洲市场制定了营销和利润改进战略。2002年，她的工作重点就是继续将她所制定的新的市场战略推向深入，尤其是在供应链的管理方面。虽然已经做到以客户为核心，并对自己的行业和产品有了非常深刻的了解，可她还是需要进行一些重大的改进。比如，她必须学会如何通过指导来组建新的团队，而且还要帮助那些表现达不到预期水平的下属。同时为了配合销售方案销售项目的开展，她还要招聘许多新的员工，并帮助这些员工尽快融入整个组织当中。

不断改进总结为组织未来的领导者的选拔奠定了良好的基础，培养了一大批能够承担更大责任的领导者候选人。

（3）继承深度分析和挽留风险分析。继承深度分析和挽留风险分析是一个组织进行人才规划和建立领导输送渠道的基础。综合在一起之后，这两项工作的实际内容就等于这样一个口号："人才是我们最重要的资产，也是我们以后讨论个体发展需要和工作变动的基础。"除此之外，继承深度分析和挽留风险分析的另一个重要作用是挽留人才，同时替换掉那些业绩没有达到期望标准的员工。

继承深度分析讨论的是企业是否有足够的高潜力人才来担负起关键岗位的工作，同时还能确保一些具有很高潜力的人员不会被闲置在自己的工作岗位上，而且他们也不会轻易跳槽到其他公司。

表5-1		不断改进总结	
员工姓名：夏璐 营销部门副总裁		成功、特点及行为	
技能	优秀	一般水平	低于一般水平
商业敏感	●		
对客户的关注		●	
战略洞察力	●		
目标和目的	●		
价值观和伦理道德	●		
行动	●		
责任感	●		
团队协作能力		●	
创新能力		●	
工作分配能力		●	
人员培养能力		●	
业绩	●		

结果	主要优点
2001年主要成绩	● 卓越的商业观察力
● 为销售环境解决方案制定了销售市场战略	● 自身能维持较高的标准，为其他人树立了良好
● 为欧洲市场制定了营销和利润改进战略	的典范
2001年没有完成的目标任务	培养需求
● 在中国香港和法国市场的表现未能令人满意	● 需要在人员招聘方面进一步提高
● 没能为大中华市场请到一位中国籍营销执行官	● 必须投入更多的精力来培养新人
2002年的主要工作内容	● 需要采取措施，尽快更换那些能力不强的员工
● 继续执行销售市场战略	培养计划
	● 需要在人才开发方面得到指导
	未来0~2年的可能去向
	● 继续留在现有工作岗位上
	● 如果能有较大改进的话，她或许能够自己管理
	一个业务部门

挽留风险分析主要关注一个人的工作能力、他的流动性潜力，以及他的离开可能给企业带来的损害。比如夏璐，她对企业在未来的发展至关重要，如果她要离开，企业一定会尽力挽留，对她的成就进行奖励，同时为了激发她的斗志，还会提供更多的升迁机会。

2）通过人才培养充实领导储备

作为一名领导者，其成长过程实际上就是一个不断汲取知识、经验的过程，所以其工作的一个重要组成部分就应当是把这些知识和经验传递给下一代领导者，通过这种方式不断提高组织当中个人和集体的能力。不断学习并把自己的知识和经验传给下一代领导者，这正是领导者取得成功的秘诀。

对下属进行指导是提高其能力的一个重要方面。有这样一句话："授之以鱼，饱其一日；授之以渔，方可饱其终生。"这就是培训的意义所在。发号施令者和循循善诱者之间的区别也就在于此。

人才培养是一家公司生存和发展的基础，所以领导者要学会为有潜力的人员提供适当的机会，比如说让他们从事不同的工作，从不同的人那里学到经验，并对他们的工作给予坦率的评价，提供指导、教育和培训。如果领导者能够在人才培养上与在财务预算、战略规划和财务监督上花费相同的时间，就一定能为公司带来可持续的竞争优势。

另外，优秀的领导者总是把自己与下属的每一次会面看成是一次指导的好机会。最有效的指导方式就是：首先仔细观察一个人的行为，然后向他提出具体而有用的反馈信息。在进行指导的时候，领导者先要指出对方行为当中的不足，这时需要给出具体的例子，告诉对方他们哪些表现是正确的，哪些是需要改进的，然后共同分析，适当地提出意见，留给对方一些思考空间，探求各种可能的解决方案，这样下来，无论个人还是组织都会获得长足的进步。

||| 链接 5-1

GE的接班人培养之道

接班人问题是一个企业持续发展的关键问题。可口可乐、朗讯、宝洁、吉利等著名跨国公司都曾由于接班人问题而一度影响企业的发展，曾经显赫一时的王安电脑公司更是因选错了接班人而破产。美国通用电气公司是处理接班人问题的典范，其120多年历史中产生的9位董事长兼CEO都是从内部选出的，并且都实现了稳定可靠的交接。如此低频率而稳定的领导人更迭，创造了世界产业史上的奇迹。通用电气公司高级管理人员培训中心——克劳顿管理学院被誉为"美国企业界的哈佛"。学院形成了一套完善的领导力培训体系：从基层员工到高级经理人，什么样的层级适用于什么样的领导力项目，都有详细的安排，处于职业生涯不同阶段的人，都能够在这里获得自己的所需。

目前，通用电气公司每年在克劳顿管理学院投入的费用高达10亿美元，用于培训5 000～6 000名高级经理人员。学院的教员50%来自通用电气公司的高层。通用电气公司有1个三阶段培养领导人的模式：第一阶段（头5年）：主要提供初级培训项目，帮助从校园里新招聘来的员工实现从大学到工作岗位的转变，掌握通用电气公司的领导基础。第二阶段（进入本行业5～15年）：学员主要是中层管理人员。这一阶段主要是学习基本领导技能，目标是让经理们成为真正的经理。第三阶段是将学员培养成为决策者。这一阶段的学员主要是对工作负有全权责任的高级领导人员。在通用电气公司有独特的"接班人"选拔模式，每一个重要岗位，从人力资源总监、地区总裁、全球业务集团总裁到全球CEO，都必须实施"接班人计划"。通用电气公司形成了一套严谨的选拔未来最高领导者的程序，西方管理学者以通用电气公司的领导人选拔为范例，发展出了"接班人计划"理论。

5.2　战略流程

21世纪对企业的领导者提出了更高要求，不仅要求企业的领导者对战略有深刻的理论认识，还要求企业的领导者能够实施严格、稳健的流程来保证战略的持续性、连贯性。

5.2.1 战略预备

1）选择适当的战略过程

领导者必须确定最合适的战略过程。在作出战略过程的抉择时，有两个重要的标准会产生重大的影响：这个过程本身的根本特征及组织采用该过程必须要经历的具体步骤。任何一个可靠的战略过程必须是一个基于系统性提问方法的过程，应该包括5个步骤：分析、成型、计划、执行、评估。

在此过程中，领导者需要把握三点：

第一，战略是根据为数不多的几个核心问题的回答而建立的，而不是依据一大堆数据而建立的。

领导者集中精力思考几个核心问题比围着一堆烦琐的数据或咨询顾问的假设冥思苦想的效果要好得多。而且，当领导者集中思考这些系统性核心问题时，也能很快地反映出具体数据还有哪些欠缺，将这些欠缺的数据补充进来，以便领导者能够得出可靠的结论。

第二，全局性的系统性提问带来的效果要好于局限于细节性的、操作性的效果。

第三，战略制定与实施的成功主要取决于领导团队的技巧和决心。

2）战略情报收集与分析

在战略流程的第一阶段，组织中的领导者要对市场、竞争、技术、监管、经济状况的现状及未来趋势进行评估。他们还需要对一些内部关键要素进行审视：组织的价值观、能力、产品与市场状况、过去战略上的努力。评估结果的深度依赖于两个方面：一是搜集信息的深度和广度；二是领导者及其团队从信息中总结有效结论的能力。

战略流程中最棘手的问题常常是：我们需要的数据是什么？什么信息是有用的？能作出什么样的判断？我们如何把这些数据和信息综合起来得出关于组织未来的相关结论？如果这些工作能够完成得很好，它们将成为稳健战略的坚实基础。然而令人遗憾的是，这个世界早就知道没有关于"未来"的数据，数据本身的特点决定了它只指过去和现在。当我们面对未来，也就是在实施战略的时间框架中，我们现在能做的只有判断。如果不能将单纯的数据转为有用的信息，以及基于这些信息所做的关于未来的假设、未来最有可能发生情景的判断，组织将失去战略抉择的坚实基础。

链接 5-2

江苏中国石化金陵石化公司烷基苯厂原生产的浓缩洗衣粉虽配方先进，但浓缩粉外观颗粒度不理想，产量低而不适合包装机包装，一度影响产品的市场竞争能力。为使该产品成为竞争能力强的商品，该厂开展广泛的市场调查，发现主要原因是有关设备缺陷的问题。经投资900多万元，国内首家引进了欧洲20世纪90年代最新产品"高能量造粒机"及少量配套设备，用新老结合的思路进行流程设计，采用国内其他较廉价的设备，形成了现代最新工艺的生产装置。其特点是配方灵活，适应市场对浓缩洗衣粉的不同需求，外观质量也比原产品有明显提高。采用了先进的皮带电子秤和包装机，使"加佳牌"浓缩洗衣粉在配料精度、规格品种、外观和防伪能力方面，皆居国内市场先进水平，明显地提高了产品的市场竞争能力，为该厂开发其他新产品奠定了基础。上述事例说明，正是由于该公司烷基厂广泛深入地开展市场调查，获取了重要的竞争情报，找到了原产品质量问题的症结，采取了对症下药的对策措施，才提高了产品的质量及市场竞争能力。

对每个组织而言，最关键的问题是要清晰地知道哪些信息是最重要的。如果将所有似乎与发展趋势有关的数据罗列在眼前，它不仅不会帮助领导团队正确理解对自己的业务有重大影响的战略外部环境，反而还会使众人眼前有一层数据的茫茫大雾，容易让人分不清重点。

领导者必须意志坚定地领导他的团队，确定搜集信息到什么程度即足以满足使用，并努力培养团队把注意力集中于关键问题的战略思考习惯，唯其如此，才能保证高层管理团队一直保持在战略层面上讨论问题，而不至于陷入细节，因此需要进行以下活动：

（1）收集准确的数据。把精力集中于回答为数不多的对战略至关重要的核心问题。最基本的信息来源是对管理团队成员的调查，至于其他附加数据的调查，重点可放在与组织中的专家接触上，也可以从外部选择合适的信息来源。应该避免为数据而数据的调查。

（2）过滤数据，提高质量。为高层管理团队确定共同讨论的主题与事件，管理团队的答案能提供他们最深刻的见解，并能反映出哪些问题是不必要的。最重要的原则就是：如果大多数人对某个问题没有表现出应有的关注，那么可以认为它对战略来说不是十分重要的。当然，也要为持不同意见者留出余地，也许他的看法很有说服力，可能会给团队带来真正的突破。

（3）分析并达成一致。领导团队须对已有的信息进行分析，并对它的真正内涵达成一致。此时达成的一些关于组织的假设或共同的看法将对此后的整个战略流程起到重要的作用。尽管这一步比较艰难，但是只要通过努力达成一致，在这个阶段结束时团队的成员就会有一种主人翁的责任感，能大大地强化后面的战略流程。

（4）判断。根据达成的关于组织内外环境的共识，团队成员可以开始发挥他们的判断力来分析组织未来的潜在问题与机遇；可以开始设想不同情景下组织应该如何应付；对未来作出预测，并预计组织未来的角色。

（5）评估。在正式进行战略制定之前，一定要回过头来对假设及其含义做严格的、全面的评估，看看它们到底是不是符合公司的实情。如果最后仍有存在严重分歧的地方，必须对相关的信息做必要补充，进行进一步的研究。如果进一步的研究有助于团队在该关键问题上达成一致，那就有必要进行深入调研，可以向学术界、智囊团、政府官员等咨询。如果信息缺口确实无法填充或假设含义不十分清晰，那么团队在后面的分析过程中对该假设就必须非常小心。在后面的分析中，需要有拍板的勇气，因为未来总是未知的。

为了保证有效地完成这个阶段的工作，领导者自身还需要坚持以下原则：

（1）通过正确的提问获得有价值的答案。只要坚持围绕核心问题展开提问，关于战略的各个方面最终都会得到反映。

（2）始终把精力集中在信息背后的含义上，也就是该信息会对组织产生什么样的影响。

（3）构建一个彼此信任的架构。避免用自己掌握的独有的保密数据给对方出其不意的一击，也不要只是为哗众取宠而信口雌黄，从而不能促进管理团队战略思考的深入。

（4）努力发掘共识。要记住大家能一致达成共识的方面常常是最重要的，也是最有用的信息。在达成共识的过程中需要一定的灵活性和让步。

（5）时刻面对挑战。旁观者一句无意的话、一个独特的提问常常能切中要害，从中可以分析假设的可行性。

（6）易于承担风险并相信你自己及其他成员的判断。要记住的是：你们任何一个都不可能预见未来，但是"三个臭皮匠，顶个诸葛亮"，大家一起努力能得到最好的结果。

（7）对过程保持信心。战略的制定需要你坚持其他关键商业过程中同样也要遵守的规则，同时你还要充分发挥出创造热情。

正如一位曾领导一个优秀但固执的战略团队的领导者所说的那样："这确实是一项艰巨的任务，比你想象的还要艰巨。但它也是我所知道的最有效、最迅速的将团队团结在一起奋斗拼搏的方法。"

5.2.2　战略制定

在组织中，领导者承担的一个最重要，也是最基本的角色是组织战略的制定者。无论环境如何变化，领导者的这一角色都不会改变，因为这一角色正是领导者之所以成为领导者，而不是管理者的根本原因。

1）选择驱动力

驱动力一词被引入战略领域而成为该领域的一个重要的概念是在 20 世纪 70 年代，它为我们提供了进入任何一个组织战略核心的有力工具。它可以简洁、有力地表述组织的本质及方向，清楚地回答"我们的组织为什么而存在？""组织的竞争优势在哪里？""要充分发挥组织的竞争优势需要哪些核心能力？"这些重要问题，将有助于组织通过细致的战略实施而实现企业的战略远景，令远景成为现实。因此，为组织选择合适的驱动力是领导团队的最重要的决策之一，它同样需要一个强有力的决策过程。在这个过程中领导者带领高层管理团队采用逻辑性强的、透明的、理性的步骤在认真研究、优化并验证的条件下选择出适用于本组织的 3~4 个驱动力，而且随着组织的发展，在未来还要对这些驱动力进行相应的修改。

选择驱动力的决策通常要花费领导团队几天的时间才能完成，这是战略制定过程中的一个核心步骤。

2）战略情景思考

对许多领导团队而言，选择合适的驱动力所做的思考努力既是高强度的、令人生畏的，同时也是受益匪浅的。这是整个战略过程中最具挑战性的环节，必须有高超的战略艺术。它是一个形而上学的问题，确切的答案是未知的。对不同的驱动力情景的区别仅在概念上，选择结果的有效性只有在实施过程中才能得到检验。

许多团队的领导者在这个阶段思维最为活跃。积极的、具有创造性的思考者欢迎这样的机会，由此可设计许多远景方案及情景，甚至可以是天马行空的想法，来测试每一个备选的驱动力。他们发现"试错"式的方法，包括重新评估、对每一步都做重新的思考，是十分刺激的。

另外的一些领导者可能会强调分析性工作。他们常常要求对不同战略标准权重的确定要尽可能地客观，对不同的驱动力的排序要尽可能地客观，尤其在分析潜在的风险及机会时，他们能为整个战略流程作出很大的贡献。

我们常常希望每个团队中都有一个突出的作者，他能十分清晰地表述团队的思想。结论的清晰表述是十分重要的，好的表述字字值千金。关于组织驱动力的书面表述（通常在1~2页）是让全组织的成员了解战略的基础。

战略思考的结果是整个组织高度统一，为战略的制定与实施奠定良好的基础。

3）领导者在战略制定过程中的独特作用

在决定开始制定战略时，领导者必须作出两个重要的决策：战略团队成员的选择、完成战略过程5个阶段合理过程的研究。

领导者关于战略内容具体方面的真知灼见固然非常重要，但是他对整个战略团体及整个战略过程的负责程度同样会在很大程度上影响最终的结果，所以必须要处理好以下问题：

（1）了解团队战略思考的总体水平，确定团队中的思想领袖，充分地发挥他们的战略思考能力并能针对突发问题作出及时的调整。

比如有一个战略团队，某位成员在战略内容方面有很深的理解，但他很难在团队的环境中工作。他本身很出色，但他是一个固执己见的人，难以合作。最后，不得不请他离开团队，尽管有时就一些具体的内容还会向他请教。这样就使团队的其他成员能达成一致，推动战略进一步实施。

（2）思考在战略团队之外还会有什么力量起作用，会对战略工作产生重大影响，如外界的政治环境、国家政策等。

（3）确信团队的思考是处于战略层面上的而非计划层面上的。一个强有力的领导者应设法帮助战略团队将注意力集中于"战略远景"的构想上。

（4）当战略团队意见分歧过大、无法调和时，作为团队中的第一负责人，领导者必须具备独断的勇气，敢于承担责任。

链接5-3

要有先见之明

松下幸之助（日本松下公司前总裁）：对于领导者而言，有先见之明是影响极大的因素。时代不断地变化，昨天认为正确的事，也许已不符合今天的潮流。领导者要是没有展望未来的眼光，就没有资格当别人的指挥者。他必须认清潮流的方向，预知环境的变迁，并想好相应的对策。因为多少人的命运交在他的手里，他对未来的判断正确与否，牵涉到太多人的幸福与不幸。为了使国泰民安，事业有所发展，领导者必须具备这一能力。

从过去的历史可以得到太多的证据：一国的繁荣，必定有有先见之明的领导者。再看看今天昌盛的企业，都是因为有先见之明的领导者才得以缔造。所以在当今这种局势动荡、千变万化的世界上，作为领导者更应该有从速培养先见之明的能力。

作为领导者为了确定和实现战略方向，需要考虑各方面的情况，研究可能给组织带来新优势的技术、政府法规、生活方式等的变化趋势，通过理性分析、直觉、个人经验、希望和梦想来决定组织的方向。当领导者将愿景转化为战略行动时，愿景就不仅仅是一个梦想，良好的组织运行不仅是靠运气，还取决于领导者的决策。

5.2.3 战略实施

战略，说起来容易，实施起来困难。在战略实施之前，都只是空想而没有任何实际行动。领导者及其团队在确定他们未来前进的目标和方向后，有必要停下脚步搞清三件事。首先，什么是我们前进过程中存在的最大障碍？哪些是我们已经意识到并有可能最终破坏战略实施的威胁？其次，企业承担战略实施的决心和士气如何？最后，在我们开始下一战略旅程时，可能会遇到什么样的陷阱？

因此，走出具有决定意义的每一步的责任落在了领导者及其团队的肩上。他们的责任是双方面的：第一是对战略本身的责任，尤其是那些向地位挑战的重大变化；第二是理解和实施战略观念的日常职责。完美地完成这一任务是相当困难的。企业的领导者必须成为战略目标的主角。

1）确定实施计划

（1）确定工作模式或指导方针

执行人员需要有一种合理的模式来指导实施工作。没有指导方针，实施工作就会杂乱无章，漫无头绪。没有指导方针，每个人就会做他自己认为重要的事情，从而导致不协调、各行其是，甚至相互冲突的决策和行为。没有合理的方法，实施工作就会受损，甚至失败，因为他们不知道要采取哪些步骤，以及何时采取这些步骤。有了模式或路线图，就会对实施过程产生积极的影响。

（2）制定管理规划

为了让战略任务更具可行性，战略实施工作将会构建到整个组织的行动当中，从最高层到对企业的完美运转作出贡献的每个员工。领导层首先要选择一个系统性流程来确定管理的准则，然后将管理架构布置到位，保证管理方法具有系统性、可见性和可移植性的特点，还要制定资源规划、进程安排及监督协作机制，最后在设计出管理结构的同时配以相应的系统，做到领导责任的最佳分配。

（3）处理变革问题

战略的实施或贯彻常常包含了变革，变革问题处理不好，将导致实施工作产生灾难性的后果。处理好变革问题不仅意味着让员工们感到愉快，以便减少对新思想和新方法的阻力，而且包含了更多的内容。它还意味着要知道实施工作需要哪些与时俱进的步骤和战术。领导者是一步一步、循序渐进地进行变革，还是毕其功于一役，一举完成变革任务？错误的回答将严重地损害战略实施，甚至使其毙命。为了使实施工作取得成功，知道如何随时管理实施过程以及相关的变革是十分重要的。

2）战略实施

有了一个好计划，战略实施的过程就可以开始了。影响这个过程的要素很多，当然，最重要的还是项目执行的质量。每个计划都需要充分的沟通与全员的参与，很多时候还需要对一些关键问题的解决技巧进行培训。在每个项目的整个过程中要进行系统性的审查，并根据实际情况的需要进行适时的战略调整，这一点也是非常重要的。

（1）每一位高层领导者必须清楚在未来的3～5年内他们需要做什么。如果这一点不能了然于心，就好比在既没有球门又没有守门员的地方漫无目的地踢球。但仅仅明确这一点并不是工作的结束，而只是工作的开始，战略的实施是高层领导者每日必须考虑的工作。

（2）领导者必须意识到战略的调整和战略的实施既是一门科学，又是一门艺术。领导者和他的团队必须在下面的两项工作中具有创造力：一是确定战略调整方案；二是与那些为实施战略而采取行动的人进行沟通。

（3）领导者需要设立一种程序将战略实施工作的进展情况系统地记录下来。这一程序不应该仅仅是一种简单的记录，而应该是与具体的战略实施者进行双向交流。

（4）要确保组织中的每一个人都很好地理解战略。每个员工都应该清楚"该如何将自己的工作与企业的整体战略联系起来"。

很明显，战略实施是一个"将语言变成行动"的过程。如果说战略的形成显示神奇的灵感，那么战略的实施则显示天才的智慧。

5.2.4　战略监审

1）跟进

跟进是执行的核心所在，所有善于执行的人都会带着高度的热情来跟进自己所制订的计划。跟进能够确保人们执行自己的预定任务，而且是按照预定的时间表。它能够暴露出规划和实际行动之间的差距，并迫使人们采取相应的行动来协调整个组织的工作。如果情况发生变化以至于人们不能按照预定计划开展工作，领导者的跟进就可以确保执行人员及时得到新的指令，并根据环境的变化采取相应的行动。

领导者可以采用一对一的方式进行跟进，也可以以小组讨论的形式来搜集反馈信息。二者的区别就在于，在小组讨论的时候，每个参与讨论的人都能从中学到东西。持不同观点者之间的争论，使得人们能够看到决策的标准、判断的方式以及各种决策的利与弊。在提高人们判断能力的同时，这种讨论也加强了整个团队的凝聚力。

每次会议结束之后，领导者都要制订一个清晰的跟进计划，包括目标是什么，谁负责，完成时间，通过何种方式进行，需要使用什么资源，下一次项目进度讨论的时间、方式、参与人员等。所以，一旦准备实施某个项目，领导者应该保证它能够完成，如果没有精力对某个项目进行彻底跟进，就不要轻易批准该项目。

2）战略审查

战略审查是对战略、战略实施工作和业绩表现进行集中的分析，使企业能检验其业务计划和战略实施方法的好坏以及评价各个部门的业绩表现。其形式是召开一次积极的、建设性的和互动的会议，重点在于评价组织真正获得的成果和改进本组织的业绩表现。其意图是促进战略思考，以对获得竞争优势和组织的成功所需要的条件有更好的认识。

好的战略审查是无价之宝，它能为计划的制订和实施提供一个相互结合的框架。它提供了一次相互沟通、分析战略和实施方法，以及检验实际工作中计划或方法的现实性和可行性的机会。它还能找出组织在计划制订和实施方法方面的漏洞或问题，从而采取变革、适应或纠正措施来改进未来的计划和战略实施工作。

每个组织都必须确定自己的战略审查过程，鼓励争论和直面冲突。这个过程能促进学习，使得领导者能考察员工和培养好的下属，有利于组织内各个层次之间战略的一体化，并且能支持战略实施工作。

5.3　运营流程

对于一个组织来说，要想建立一种执行文化，它的领导者必须全身心地投入到该公司的日常运营当中。

5.3.1　运营计划

领导者在制订战略计划的过程中需考虑到运营流程中可能出现的问题，并制定能够将战略和人事结果联系在一起的运营计划。

战略流程通常只是定义了企业的发展方向，人事流程定义的则是战略实施过程中的人员因素，而运营计划则为这些人员开展工作提供了明确的指导方向。它把企业长期的目标分解为一些阶段性的任务，为了完成这些阶段性的任务，领导者就不得不作出许多具体的决策，将其整合到整个组织的运营当中，并根据市场情况的变化及时进行调整。所以在制订运营计划的过程中，所有的数据都必须以现实为依据，不仅要以企业过去的表现为参照，为企业发展确定新的目标，还要为实现目标制定具体的工作步骤。

一份运营计划应该体现一种责任，应该是一条将整个企业的人员、战略和运营流程连接起来的线，领导者的主要任务是监督计划的实施工作。具体来说，他应该负责设定目标，将运营流程中的细节与人员流程及战略流程结合起来，并领导大家进行战略评估。他必须在面临很多不确定性的时候果断地作出判断，能够引导积极公开的对话以得出真相，而且他还必须对下属进行适时的指导。同时，对他来说，这也是一个不断学习的过程，在这个过程中，他将对企业员工及其执行能力，以及战略实施过程中可能遇到的问题有更深入的了解。

首先，召集相关的部门领导进行一次积极公开的对话，对整个企业的情况进行一番了解，包括各部门之间的关系。我们把这种方式称之为同步性原则。几乎所有的预算或运营计划都是按照一定的时间顺序，以从上到下或从下到上的方式进行：目标和前提性的假设属于上层问题，而各部门的实际情况则属于比较细节性的下层问题。问题是，这种方式使企业无法发挥出同步对话的力量，而恰恰是同步对话能够使相关人员相互了解，并进而实现整个企业的协调。

这种对话通常是在为期三天的讨论会上进行的，参加会议的包括各主要部门的领导、他们的直接下属、部门执行人员和职能部门的工作人员。在参加会议之前，他们都对企业所处的外部环境、竞争对手的情况以及公司的财务和其他目标有了一定的了解。会议通常只集中在少数几个问题上，但在多数情况下，这少数几个问题的解决将对企业80%的业务产生影响。领导者首先要求每个部门针对企业预算情况拿出自己的行动计划，然后他会就该部门计划的前提条件，以及该行动计划将对其他部门产生的影响等问题进行提问。

在每个部门都提出了自己的意见之后，小组停会一段时间，每个领导和自己的团队讨论自己的情况。

当小组会议重新开始的时候，将把所有的信息都输入到一个统一的计算机电子表格程序当中。通过这种方式，所有人很快就能对整个企业的情况产生一种全局性的认识。在制定预算的过程中，随时可以对某项建议的可行性及其对其他部门所产生的影响作出判断，然后再次对所有的提议进行修改。通常情况下，经过四轮之后，这种讨论和修改可以得出最终的结果——制订出基本的预算方案和运营计划，剩下的工作将留到其他人回到办公室以后去完成。

当然，如果领导者不能引导一场积极开放的对话，或者是无法以令人信服的方式说服人们在不同的方案之中进行选择，或者对自己本身的能力缺乏自信的话，我们上面谈到的这种方法可能就不适合了。但如果具备这些条件，根据这种流程所制定出来的预算将使领导者充满自信，并能够随着外部环境的变化不断对自己的方案进行调整。每个人都理解自己在整个组织中所扮演的角色。你会发现人们能够以更快的方式对环境作出反应，并更加积极地提出新的想法，因为他们知道当前的预算计划是可以随时被调整的。同时，这一过程本身也就是一种建立团队的有力的练习。

5.3.2 执行文化

有效执行的关键在于透过企业文化影响企业所有员工的行为，因此，建构企业的执行文化显得非常必要。试想，如果企业的每一个员工每天能多花5分钟时间替企业想想如何改进工作流程，如何将工作做得更好，那么，领导者所制订的战略和计划自然就能彻底地执行。

如何让员工心悦诚服地自愿多用心将工作执行得更好呢？企业的执行文化就可以做到这一点。所以，培养企业"执行文化"，营造健康的企业文化氛围，是领导者从根本上所要考虑的问题。

所谓的执行文化，就是把"执行"作为所有行为的最高准则和终极目标的文化，所有有利于执行的因素都予以充分而科学的利用，所有不利于执行的因素都立即排除，以一种强大的监督措施和奖惩制度，促使每一位员工全心全意地投入到自己的工作中，并从骨子里改变自己的行为，最终使团队形成一种注重现实、目标明确、简洁高效、监督有力、团结紧张、严肃活泼的执行文化。

要建立执行文化，领导者必须做到：

（1）清楚地告诉员工希望得到什么成果。

（2）完成后给予奖励。

（3）没有达到目标时可以加强指导、撤销奖励、调派其他职务甚至请他们走人，让组织里的每个人都知道这件事，每个人都负起责任，为本身的绩效负责，同时还需拟定后续追踪与沟通的方式，并确实与评估绩效系统联结，员工的奖惩及升迁都是依据他的执行力，同时论功行赏的原则要让全组织员工都认同。

另外，还必须指出的是，企业的文化代表的是领导者的行为，员工所表现出来的行为就是领导者所示范或容忍的行为，要塑造执行文化，唯有领导者亲身的参与、示范，才能真正发挥上行下效的功效。

一个企业能一步步由小到大、由大到强，不仅要有市场的强力支持，更重要的是一个企业的管理模式也要不断推动着企业的发展，不断地在传统模式中发现适合业务发展需要的方式，充分为我所用，并顺应形势调整价值体系，变革、重构执行文化。

|||**链接 5-4**

源远流长的古井文化

古井酒厂建于 1957 年。建厂初期，共有 32 名职工、12 间简陋厂房、1 口酿酒锅甑、7 条发酵池。1963 年，"古井贡酒"被评为 8 大名酒第 2 名，30 多年来荣获各种奖项近 100 种。目前，古井酒厂已发展成为以名优白酒生产为龙头、致力多元化经营和国际化发展、集科工贸为一体的大型集团公司，拥有 50 多家子公司。古井集团现有员工 6 000 余人、总资产约 25 亿元、净资产 15 亿元。近 20 年来，古井集团乘改革的风帆，凭借现代化的经营管理，以人为本，强化管理，开拓市场，取得了卓越的经营业绩。近年来，公司每年的投资规模为 2 亿元左右，其中国有资产占70%。古井集团在从一个传统的手工酿酒作坊向多元化经营的企业集团发展过程中，以"效忠古井、业绩报国"为使命，树立了"敢为人先"的古井精神，通过"两场效应"管理法，走出了一条"名牌、名企、名人"的发展道路，培育了独具特色的"以人为本、天人合一"的古井文化。

在精神文明层面，古井人以"提高广大人民的生活质量，建设'富有、文明、民主'的新古井"的经营哲学思想为指导，讲求"业绩报国，双向效忠"的企业道德，以"爱国、爱厂、爱岗位"的爱国思想和敬业精神塑造企业全体员工的灵魂，树立企业的精神支柱。在制度文化层面，古井人极力强化制度建设，先后制定了《生产工艺法规》《产品质量法规》《现场管理法规》等 15 种企业内部规章制度，以约束员工行为，维护企业经营活动的正常秩序。同时，古井人还坚持"以人为本"，讲求以情动人、以理服人、以德信人的"情、理、德"相结合的柔性管理，做到软硬结合，优化企业管理行为。在物质文化层面，古井人在厂容、厂貌、产品构成和包装、装备特色、建筑风格、厂旗、厂服、厂标、纪念物、纪念性建筑物等方面大作"文化"文章，创建了"花园式工厂"。"古井亭""古井""古槐""古井酒文化博物馆"向人们展示了千年古井酒文化的历史渊源。

5.3.3　动员与指挥

计划制订以后，就要靠组织动员和指挥来加以落实了。动员与指挥一样，都是领导流程中以"事"为主线、为目标、为取向的领导活动。这些活动是执行的具体操作过程，没有这个过程，领导就只能是一句空话。说穿了，这就是最实质性的领导活动之一，其中包含并运用了大量的权力、权威，是在行动中体现领导作用力的领导资源效用过程。

1）动员

动员是对执行人员及有关人员有目的地施加有说服力的影响，借助于这种影响，把决策意图灌输到他们的意识中去，促使和引导他们的行为向着领导者所希望的方向发展。因此，动员不仅包括了对决策的宣布和公布，还包括了领导者对决策执行者及有关人员的教育、说服和鼓励。决策执行离不开动员，动员不仅是决策执行的一个主要方法和手段，也是决策执行活动不可缺少的有机组成部分。

2）指挥

指挥是一种具体地调遣力量、应对实际的过程。作为领导者，有了战略决策以后，就需要下属或全体人员认真贯彻执行，才能落实到实处，取得应有的效果。从这个层面上说，领导就是指挥。当然，事实上指挥只是领导的一个具体环节、一个具体过程。指挥水平的高低，反映领导者的领导能力和领导水平的高低。作为一个合格的领导者，应具有调动千百万人服从统一意志的指挥艺术。

现代的领导活动，参与的人员较多，分工较细，协作复杂，连续性强，各项工作任务一环扣一环，相互联系，相互制约，必须进行高度统一的指挥。通过有效的指挥，使决策执行活动从静态推向动态，沿着预定的轨道前进；通过有效的指挥，可调动全体执行人员的积极性和创造性。

5.3.4　激励与控制

激励能够推动产生那些与所希望的战略实施结果相一致的行为，而控制能提供有关业绩表现的反馈情况，强化实施方法，提供"纠正"机制，以及使得组织去学习和适应情况的变化。

1）激励

激励是指引起人们采取某种行为的热情和毅力的内部或外部的力量。对员工的激励会影响产量，因此领导者的部分工作就是将对员工的激励和企业目标的实现统一起来。对激励的研究可以使领导者明确是什么使员工采取某种行为，是什么影响他们采取这种行动，以及为什么他们可以长时间地坚持这种行动。我们可以推想，在工作中，如果一个人组装的MP3的数量经常达到工作群体中其他人的两倍，并假定所有人都拥有同样的能力、技能和资源，则我们可以说，前者在工作群体中的激励水平最高。我们用激励的概念来解释观察到的人们在行为的能量和方向上存在的差异。

激励的最大目的就是调动被激励者的积极性和创造性，从而使组织向既定目标前进。领导者要使员工调整心态、自我激励，从"我能做"变成"我要做"。对于领导者来说，在与员工的日常沟通中应该多运用软性激励，让员工在快乐中流汗，而不是在悠闲中流泪。

激励的重要性在于它可以提高员工的工作绩效。研究表明，高效的员工激励以及高效的组织绩效和公司盈利通常是相辅相成的。领导者可以使用激励理论来满足员工的需求，同时对更优秀的工作绩效加以鼓励。当工人们没有被激励来完成公司的目标时，公司的领导者通常要为此负责。

领导者在制定和使用激励措施时基本的原则就是：不要挫伤员工们的积极性。多数员工都希望表现出众，获得成就。使用激励手段就是要推动和指导这种基本的动机，并且把它引导到执行工作中。

好的激励措施会产生积极的效果，而它们来自两个方面：功利主义的和心理上的好处。前者包括一些外在的价值，如奖金、提升等；后者则更加内在或个性化，如自主权、对一个岗位及成就的心理认同等。

领导者还应当保证激励措施与战略目标及其衍生出来的中短期目标相挂钩，能支持其稳步地发展下去。

链接 5-5

美国 IBM 公司有一个"百分之百俱乐部"，当公司员工完成年度任务，他就被批准为该俱乐部会员，他和他的家人被邀请参加隆重的集会。结果，公司的雇员都将获得"百分之百俱乐部"会员资格作为第一目标，以获取那份光荣。

对于员工不要太吝啬一些头衔、名号，一些头衔、名号可以换来员工的认可感，从而激励起员工的干劲。日本公司在一部分管理职务中实行"自由职衔制"，就是说可以自由加职衔，取消"代部长、代理""准"等一般普遍管理职务中的辅助头衔，代之以"项目专任部长""产品经理"等与业务内容相关的、可以自由加予的头衔。

2）控制

控制是指对下属的业务工作进行考核、计量和纠正，以确保目标及已制订的计划得以实现。在领导活动中的控制，具体说是指根据决策执行的目标和计划，对执行活动进行监督检查，为消除目标实施和预期目标之间的差异所进行的领导活动。

在控制过程中，领导者起着核心的作用，并且他的作用是无所不在的。当领导者没有发挥其在控制工作中的领导作用时，就会出问题。所以为了使决策落到实处，并使决策更趋于完善，领导者必须对整个运营情况进行控制，发现和认识决策中不符合客观要求的部分，及时反馈和修正，时时把握整个领导过程的方向、进度、质量和速度。另外，控制也是一个领导者对自身、对被领导者进行控制的过程。领导者只有依靠控制才能维系所领导的整个系统，才能把握住整个领导过程直至取得成功。

把握控制原则包括：反映决策目标原则、组织适宜原则、控制关键点原则、控制趋势原则及弹性控制原则。

控制工作还能让领导者对战略实施工作的成果加以评价，并且作出必要改变。通过应用控制系统或方法，以下四个方面就规定了控制在使战略发挥作用方面的任务：

（1）提供反馈情况或有关实施工作成果的信息；

（2）强化实施方法和决策；

（3）提供纠正机制，以使运营工作沿着正确的轨道前进；

（4）允许组织通过学习促进变革和组织的适应性。

3）修正业绩测评方法

许多传统的业绩测评方法常常会打击团队精神，使得个人间产生争斗，提拔、重用了平庸的人，打击敢于冒险、变革和创新等精神，鼓励人们贪图安稳和循规守旧。虽然这些消极的结果并非我们想得到的，但是，却是现实存在的，并且影响着战略实施工作。

领导者的一个重要作用就是要减少或消除这些不良测评方法所带来的负面后果。

（1）领导者可以就业绩测评所使用的指标进行商谈。有眼光的领导者并不仅仅依靠强制性打分评级方法或简单的做法来与下属商讨业绩测评的指标。通过使用协商一致的指标来改变强制性打分评级方法的负面作用。

（2）避免采用"全有或全无"的测评方法。好的领导者应该认识到使用那种"全有或全无"、黑或白的业绩指标不会带来任何好处，应该知道虚报低指标或说谎以及消极怠工或压低业绩所造成的代价。

（3）在分析业绩和解释偏离实施计划的原因时，他们要求下属诚实地提供残酷的现实。但他们主要强调的是学习，而不是找出因不良业绩而受责备的人或者替罪羊。痛苦的诚实能促进学习和对实施计划加以微调。

（4）奖励作出成就的人。领导者清楚地规定成功的标准，并表扬那些为战略实施工作的成功作出贡献的人。

5.3.5 沟通与协调

无论团队是大是小，只有领导者充当独立的沟通与协调者时，这个团队才能以最高的效率工作。如果没有沟通与协调，任务几乎是无法完成的。

1）沟通

沟通的原因主要是：第一，要在本组织内部员工和外部观众中提高主人翁意识；第二，沟通可以获得反馈；第三，沟通导致行为的改变。

沟通是一个过程，在这个过程中，信息和理解在信息的发送者和接受者之间完成了转移。图5-2列示了沟通过程中的关键要素。领导以编译一个想法为沟通的开端，即选择一些符号（如词语）来组成并传输一条信息。这条输送给接收者的信息切实表达了那个想法。信息传送的媒介则称为渠道。这个渠道可以是一个正式的报告、一个电话、一封电子邮件或者一次面对面的谈话。信息的接收者通过解译这些符号来获得信息的真正含义。不过，潜在的沟通错误容易发生在编译和解译的过程中，因为知识、态度和背景的不同构成了一些过滤层，并且在将信息从符号转换成具体的意思的过程中产生了一些"噪音"。最后，信息的接收者对领导者的沟通信息进行回复，反馈就发生了。反馈是沟通的一个强有力的辅助工具，因为它可以使领导者了解到信息的接收者是否正确地获悉了所发出的信息。有效的沟通同时包含了信息的传递以及相互间对信息的理解。这个发送、接收和反馈的过程就构成了管理和领导的沟通基础。

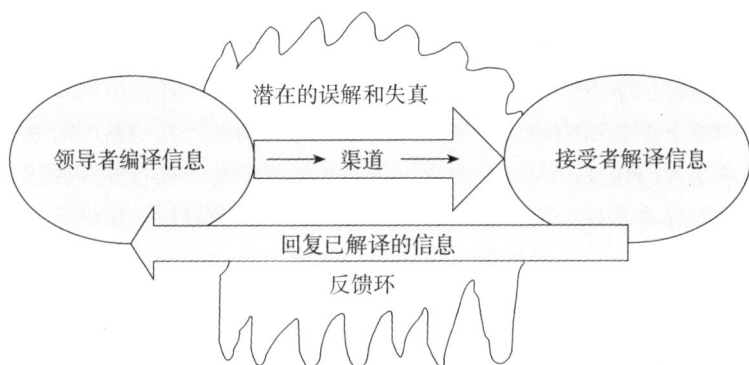

图5-2 沟通过程

沟通的内容包括目标沟通、思想沟通、感情沟通和信息沟通。

沟通的法则：

（1）上层领导担当主要责任。领导团队和最初战略执行人员的参与是一个强有力的措施，他们应该尽可能的成为沟通渠道的一部分。

（2）团结起来。不管运营流程上上下下是什么样子，上层领导必须将其表现为一个完全统一的整体。一个团队中一点轻微的裂缝就会使整个沟通的努力白费。

（3）面对面的沟通总是要好些。在类似战略这样重要的问题上，怀疑和反对是很正常的。当沟通发生在个人之间时，任何一个可能被误会的信息都可以当面得到澄清。

（4）监督人员和经理应该尽量接近目标人员和目标群体。为了回答具体的行动以及其将要怎样改变等关键性的问题，负责这些改革的人必须在上层领导者身边。

（5）知道什么时候聆听。每一次沟通都提供了一次对话的机会，这时可能学到的知识是非常有价值的，而且也是不能忽视的。

（6）忽略令人目眩的表面而着重于信息本身。有时，沟通战略的目标会被信息诱人的包装抹杀掉。

（7）吸引你的听众。如果想通过沟通来影响每个人改变他们行为的话，那么这个沟通也必须是令人悦服的。

（8）将每个信息同一个将要或计划执行的行动联系起来。如果你希望你的成员改变，他们就需要知道怎样去改变。仅仅有言辞还不够，必须清楚将要采取的措施。

链接5-6

历史上，美国前总统吉米·E.卡特（James E.Carter）与罗纳德·W.里根（Ronald W.Reagan）

就是两种领导风格的典型代表。卡特总统样样精通，事必躬亲，经常在办公室处理文件、解决问题，但是很少与媒体、民众沟通，在公共场合露面时，甚至会表现出紧张、拘谨。里根总统则恰恰相反，喜欢把烦琐的治国细节交给自己的幕僚及部长来做，自己专注于"重大的"实务，被称为"伟大的沟通家"。

2）协调

在长期的生存斗争中，人们渐渐意识到，在某一时空，任何事都有个最佳点，那是资源条件约束下组合结构的最优集合，人们称之为均衡。在均衡的时候，人的总体利益才能得到最大的保证。为追求均衡，人们开始有意地维护各种资源的关系，这就是协调。对于领导者来说，协调就是为了更好地实现企业目标，促进领导工作的顺利展开，使各部门步调一致，形成最大的合力与支持力。

协调的战略和表现要求领导者做到以下几点：

（1）解释一个团队和它的员工为什么必须改变。

（2）确定由谁负责一个特殊的任务以及确保他们拥有必要的技能、信息和资源。

（3）明白战略的完成需要变化的沟通来支持。

（4）对于支持战略的行为，要提供清楚的奖惩方法，而且要确保它们能够一直有效。

（5）向企业和个人在运营流程中的表现提供信息和反馈。

本章小结

领导流程的实现就是执行的过程，执行并非仅仅是一种完成或者没有完成的东西，它更多的是一套具体的行为和技巧，是任何一位领导者都需要和应该掌握的学问，也是建立领导者威信的一条必由之路。领导流程包括人事流程、战略流程和运营流程三个核心流程。

人事流程比战略流程或运营流程都重要，因为组织毕竟是靠人来判断市场，并根据这些判断来制定战略，再将战略转化为现实的运营。

战略定义了一个企业的发展方向，企业需要诚实的战略型领导。战略流程包括战略预备、战略制定、战略实施和战略监审。

对于一个组织来说，要想建立一种执行文化，它的领导者必须全身心地投入到该公司的日常运营当中。领导者在制订战略计划的过程中就会考虑到运营流程中可能出现的问题，并制订出一份能够将战略和人事结果联系在一起的运营计划。

战略流程通常只是定义了企业的发展方向，人事流程定义的则是战略实施过程中的人员因素，而运营流程则为这些人员开展工作提供了明确的指导方向。

培养企业"执行文化"，营造健康的企业文化氛围，是领导者从根本上所要考虑的问题。

激励能够鼓励和指导积极性，但不能创造积极性。激励的原则是调动积极性和指导行为向正确的方向前进。

好的领导者还必须了解如何有效地使用业绩测评方法。

只有领导者充当独立的沟通与协调者时，这个团队才能以最高的效率工作。

本章案例

S公司的人力资源管理流程再造

S公司是国内知名的特钢制造企业，公司凭借原有的人力资源管理体系，在促进企业发展方面，成功地将一个传统以建筑钢材为主导产品的地方钢铁企业转型为全国最大的特钢企业之一。

但是，随着企业的不断发展，特钢企业对人力资源管理提出更高的要求，对人员素质和企业管理水平要求更为严格。现有人力资源管理体系已经很难适应新形势的需要。2002年10月通过公开招标，S公司的管理层选择德国SAP公司的管理软件实施信息化，其中包括人力资源管理模块在内的六大模块。在实施信息化过程中，公司基本采取了基于现状的人力资源流程化改造，在劳人处、组织部合并的基础上，组建了新的人力资源部。

由于这种流程再造缺乏战略人力资源管理的思路，因此，实施不久，S公司在人力资源管理上出现了一定程度的混乱：职责不清，职能交叉，各职位之间关系复杂，不能实现岗位职责与SAP系统权限的统一，有的业务甚至出现了多头管理或真空现象，人力资源部门继续忙碌于事务性工作之中，缺乏对企业战略的理解，更缺乏从自身角度来实现公司战略目标的动力和能力。

与此同时，S公司管理层决定投巨资向国际上最先进的企业学习管理经验，实施全面质量管理，推动标准体系工作，开展5S管理等，但由于人力资源部门管理（主要责任单位）不到位，公司的执行能力严重缺乏，致使连续出现发送给重点客户的产品出错的现象，并因此丢失了一部分极其重要的客户。

这起事故给S公司的全体管理人员和职工震动很大。新任人力资源部的经理从管理的角度出发，提出了构建基于公司战略的人力资源流程，并付诸实施。该公司在全面评价原有人力资源流程的基础上，调整了流程架构，并把部分人力资源、业务外包。目前，人力资源部流程清晰、职责明确，主抓重点工作，从而大大提高了公司各层次的执行能力，使公司又回到快速发展的轨道。

资料来源　王任伟. 构建基于战略的人力资源流程［J］. 中国人力资源开发，2004（10）：69-71.

问题：

1.S公司在实施信息化过程中对原有人力资源管理流程进行改造时没能取得预期效果的原因是什么？

2.通过以上案例你认为该公司管理层应如何构建基于战略的人力资源管理流程?

复习思考题

1.在选择高层管理团队的组成人员时有哪几个重要标准?

2.如何使用领导层评估总结?

3.谈谈你所理解的组织战略驱动力。

4.培育执行文化的意义何在?

5.讨论现实生活中你所知道或遇到的与激励有关的事例。

6.谈谈沟通与协调的作用。

第 **6** 章

领导决策

学习目标

　　本章是对有关领导决策内容的总结。通过本章的学习，需要理解决策的含义和实质、决策的特点及基本原则；了解决策的作用和类型；掌握决策的要素；理解并掌握决策的几个相关理论；了解并运用决策的定性、定量方法；理解领导决策的程序、步骤；熟悉决策的几个相关模型；理解决策的可行性评估、可靠性评估及可接受性评估；掌握领导决策需要注意的问题。

6.1　决策概述

诺贝尔经济学奖获得者、著名经济学家西蒙的一句名言是：管理就是决策。决策是管理的核心内容，它贯穿于管理过程的始终。领导者的重要职能就是做决策。任何工作开始之前都要先做决策。制订计划是决策，组织、领导和控制也都离不开决策。领导活动实际上就是领导者制定决策和组织员工实施决策的过程。因此，作为一名现代领导者，要努力掌握科学的决策方法和艺术，实现领导决策的民主化、科学化。

6.1.1　决策的含义与实质

许多学者对决策的定义进行过探讨，尽管众说纷纭，但基本内涵大致相同，区别主要在于对决策概念做狭义的理解还是广义的理解。广义的决策，是指决策者为实现组织目标，判定、选择、实施方案的整个过程。狭义的决策，专指决策者对行动方案的最终选择，即通常所说的"拍板"。就整个决策过程来说，决策方案的最终选择只是整个决策过程中的一个具体环节，虽然它是决策过程中的关键环节，但是如果没有最终选择前的一系列活动，就无法作出正确的科学决策。决策方案的最终选择，以选择前的各项工作为前提，它是决策活动全过程的标志性成果。因此，领导者不仅要懂得如何选择方案，还必须把握决策活动的整个过程。

具体来讲，科学的领导决策应当具备以下几个方面的条件：

1）决策要有明确的目标

由于决策总是为了解决某一问题而作出的决定，因此决策是有目标地面向未来的认识活动。没有目标，就不能进行决策；目标不明确，将会造成决策的失误。

2）决策要能够付诸实施

决策是为了正确地指导人们认识和改造世界的活动。制定决策后必定要付诸实施，不准备实施的决策是多余的决策。决策以实践为基础和目的，又是实践的准备和指导。

3）决策要追求优化

决策是在一定的条件下追求优化的目标，并且优化地实现目标的过程。以最少的消耗获得最佳效果是领导决策追求的理想境地。不追求优化，决策就没有任何意义。

4）决策是一种选择活动

决策总是在若干个目标中选择一个最切合实际的目标，在若干个有价值的方案中选择一个最佳的方案的过程。只有一个目标或者方案，就无从选择；没有选择，就无从优化。

从以上条件的关系来看，决策目标是关键，它决定领导决策的所有方面，其他一切活动过程都是围绕目标进行的，是为实现决策目标服务的。所以，没有比较，就没有选择；没有选择，就没有优化；没有优化，就不能实施；没有实施，就不能实现目标，从而就没有科学的决策。

链接 6-1

三株集团曾经制订了一个疯狂的扩张计划。1994年，吴炳新设定的发展目标为1994年销售额达1亿，1995年保3亿争6亿，1996年保9亿争16亿。但1995年制订的第一个"5年计划"却将这一发展目标翻了几倍：1995年将争6亿改为争20亿，而1996年要达到100亿，1999年则要达到令人瞠目的900亿。按照这一宏伟的构想，三株集团的年增长速度最高可达1 600%～2 000%，甚至在达到600亿元销售额后，最低增长率也要达到50%。可以看到，这样的增长速度是多么惊人，其实现可能性是非常小的。当然，这些数字都是三株集团领导依据主观意愿制定的，没有进行充分的市场调查，制定的过程缺乏科学性，最终也没有实现，反而导致了企业的衰落。

我们以西蒙对决策的解释来理解决策的实质。西蒙认为，一个人或者一个组织在任何时刻都有许多可以实际采用的行动。这是由于该个人或者该组织的各组成部分都可以向不同的方向移动，这些局部的移动可以以多种方式组合起来，而构成许多可以实际采用的整体行动。所谓决策，就是一种程序，通过这一程序之后，以上的整体可以实际采用的许多行动的可能性，被缩小到一种真的被采用的实际行动决定，其他可能的行动都被放弃了。这种程序就是决策程序或者决策过程。它包括参谋活动、设计活动和选择活动三个阶段，最后获得一项决定。对于这种在多种可能性中选择一种作为决定的活动，人们通常称之为抉择。显然，抉择是一种选择。所以，西蒙定义决策为"人作决定的行为，即从多种可能行动中选择一种的选择行为"。

6.1.2 决策的特点

领导决策贯穿于领导活动的全过程。它具有预测性、实施性、优选性、目标性、风险性等特点。

1）预测性

领导决策是面向未来的，是对未来领导活动的目标以及实现它们的方案的抉择和实施所做的决定，因而领导决策离不开对未来领导活动发展趋势和状况的预测，必然包含着对可能出现的各种情况的估计以及相应的对策。领导决策是否正确可行的重要衡量标准，就在于对未来发展趋势的把握是否正确，缺乏预测的领导决策是盲目的。

2）实施性

领导决策的目的在于使决策付诸实施，不准备付诸实施的领导决策是多余的。领导决策绝不是脱离实际的空想，而是根据实施需要制订的行动方案。领导决策一经形成，就要付诸实施，并在实施中检验决策的正误，不断加以修正和完善。离开实施这个目的和环节，领导决策活动就从根本上失去了意义。

3）优选性

领导决策的关键环节就是对决策方案的抉择，也就是在若干个备选决策方案中权衡利弊，综合评价，作出最后选择。一方面要有多个备选方案可供选择，即选择性；另一方面要在多个备选方案中作出唯一选择，即择一性。没有多个备选方案，就无从选择；只有一个方案，就无从优化择一。不追求选择优化的领导决策是无价值的。

4）目标性

领导决策的出发点是为了实现领导目标。领导决策是为了实现领导目标的活动，没有领导目标就无从决策，领导目标已经实现，也就无需决策。没有领导目标或者领导目标不明确，领导决策就不能称其为决策或者说是错误的。任何领导决策都要有明确的领导目标。没有领导目标，领导决策就失去了意义。

5）风险性

领导决策环境具有不确定性。领导者的决策大多是在一种不确定的条件下作出的。任何领导决策的结果都有可能存在某种程度的不确定性，都可能出现领导者不希望看到的结果，甚至是领导决策失败，这就是风险性。也就是说，任何领导决策都具有风险性，风险是领导决策中的必然因素，不能总是担心出现风险而不敢进行领导决策。

6.1.3　决策的基本原则

领导决策的基本原则是领导决策活动中客观规律的体现和具体化。领导者在决策过程中必须严格遵循领导决策的基本原则。在现代社会，特别是当今正处于改革关键时期的中国，要使领导决策正确率不断上升，就必须掌握领导决策的基本原则，实现领导决策的科学化。

1）信息准全原则

信息是领导决策的重要基础，它在领导决策中具有十分重要的作用。领导决策，不但要注重信息，而且还必须遵循信息准全原则。这是指在制定领导决策时，决策系统对信息的掌握必须真实、准确。全面准确地掌握了有关信息，才有可能作出正确的领导决策。只有掌握大量准确的信息，并对之进行系统的归纳、总结、整理、比较、选择，去粗取精，去伪存真，由表及里，由此及彼地加工筛选，才能作出科学的领导决策。所掌握信息的质量越高，来源越真实可靠，范围越全面，领导决策的基础就越坚实，越具有科学性。

2）系统分析原则

系统分析原则是指必须将决策对象作为一个系统来对待，分析系统与系统环境之间、系统整体与要素之间、内部各要素之间的相互关系，以求决策达到整体化、综合化、最优化。这其中的整体化要求决策不能只从事物的某一部分、某一指标来考虑问题，而必须从整体出发，正确处理好局部利益和整体利益的关系、眼前利益和长远利益的关系。综合化要求对决策的各项指标的利害得失进行全面衡量、综合分析，不仅要分析决策对象，对决策对象和社会其他系统的相互作用的关系也要进行分析。最优化要求决策者在动态中调整整体与部分的关系，使部分的功能和目标服从于系统的总体最佳目标，使系统达到总体最佳。只要坚持决策的系统分析原则，便能使决策达到整体化、综合化和最优化。

3）科学可行原则

决策要获得成功，必须建立在科学的、可靠的基础之上，需要具备科学可行性。所以，领导决策还应遵循科学可行原则。科学可行原则是指运用科学的程序、方法和技术对决策方案进行可行性推断，预测出其可靠性和可行性。这一原则要求在设置目标、拟订方案时必须考虑是否可行，并论证它的可行程度，并依据这种可行性来综合选择方案。科学可行原则是衡量决策正确性的标志。所谓可行性是指在现有的主客观条件下，决策能够实施的程度及效果。要保证决策可行，首先，必须符合客观事物的发展规律，包括科学发展规律、经济发展规律、社会发展规律等。因为只有符合规律性的理性东西，才能通过实施，变成现实的东西。这就必须从需要与可能、现实与未来、有利因素与不利因素、成功的机会与失败的风险等多方面加以权衡，认真分析比较。其次，要从实际出发，通过对现有人力、物力、财力、科学技术条件以及环境因素和决策实施后可能产生的种种后果进行分析，权衡利弊，在这些条件允许的范围内进行决策。

4）民主参与原则

决策民主化是我国社会主义民主政治的主要内容，为此，领导决策必须坚持民主参与原则。民主参与原则是指领导者制定决策时应虚心请教，广泛搜集有关决策的建议和意见，提倡讨论甚至辩论，奠定决策自下而上的民主基础。决策民主参与的首要条件是各方人士的参与，但参与应是实质性的参与，应允许各抒己见，畅所欲言。

5）对比优选原则

对比选优是从比较到决断的过程，既是决策的关键步骤，又是决策的重要原则。对比优选原则是指在广域的范围内从最优化的角度去考虑问题，力求寻找到决策的最佳方案。这一原则要求决策者必须做到四点：一是对重大问题的决策至少要准备三个以上的方案，并将方案的优缺点列出。事实证明，每一种决策方案都在不同的程度上具有优点和缺点。二是确定选择方案的价值标准。这就要求决策者锁定决策目标，把目标价值放在选择的首位，从而排斥或回避价值不大的非本质性的问题。三是反复论证比较，通过多方案的对比分析，以及利弊的权衡初步确定较有价值的方案。一般认为，在对比的过程中利取其大，弊取其小。四是对选定方案的修订和补充，把被筛选掉方案的优点转化为新方案的优势，使选定的方案达到优化的目的。

6）集体决策原则

一般说来，成功的决策都是集体智慧的结晶，坚持集体决策原则是实现民主决策的中心环节。集体决策是决策成功的保证。在复杂多变的各项工作面前，任何一个领导者的知识和经验以及掌握的情况都是有限的，单凭个人决策成功的把握性不大。我们强调民主决策，并不否认个人才干，更不否定重要领导人的作用。相反，我们遵循集体决策原则的目标之一，就是最大限度地集中集体的智慧和尽可能地发挥个人的才智。因为任何一项重要决策，往往是由个人深思熟虑后提出，而后由集体研究形成的，这是集体决策的本质要求，也是一条世界公认的决策规律。

7）实事求是原则

领导者怎样才能使自己的决策符合客观事物的规律性？最根本的就是要实事求是，一切从实际出发。首先，要从决策对象的实际出发。任何决策都是针对特定问题进行的。只有认识和把握了决策对象的规律，才谈得上决策的科学化问题。因此，决策者实事求是地对待决策对象，是提高决策正确性程度的根本要求。其次，要从决策环境的客观实际出发。分析决策所处的客观环境，不仅要注意那些自然、社会、物质条件等因素，而且还要密切注意并善于体察民情民意，分析群众的心态、心理与反应。再次，要从决策主体的实际出发。决策者要对自己心中有数，做到量力而行。在考察决策主体状况的同时，还要注意分析和考察决策主体与决策客体、决策信息之间的关系。

8）分层决策原则

凡属重大决策，需要把庞大的决策目标分解为若干项具体的子目标，然后针对这些决策的子目标分别采取相应的对策。这客观上要求本系统、本单位上上下下各层领导分别参与决策的制定，要求实行分层决策的原则，这样可以使某一系统、某一单位内部不同部门层次的领导者对于决策分别承担一定的责任。上级领导不必过多参与下级负责的决策，下级机构的领导者也不能把自己的决策职责无原则地推给上级领导。

6.1.4　决策的作用

1）决策是领导者的基本职能

领导者职能很多，但是决策是众多职能中最基本的职能。从横向上看，它包括了领导活动的各方面，无论是组织管理、选才用人，还是沟通与协调，都需要领导者制定正确的决策来实现既定的目标。从纵向上看，决策贯穿于领导活动的全过程。从发现问题、确立目标开始，到组织实施结束，都需要领导者自始至终围绕决策进行。美国学者马文曾在高层管理者中做过调查，并提出三个问题：你认为每天最重要的事情是什么？你认为在哪些方面花费的时间最多？你在履行职责时感到最困难的是什么？结果有90%以上的答案都认为是决策。

2）决策是决定领导活动成败的关键因素

领导决策正确与否，对领导活动的成败关系极大。古今中外领导活动的历史表明，决策正确，可以事半功倍，顺利达到预期目标；决策失误，事倍功半，事业蒙受重大损失。尤其是那些事关全局的决策，一旦失误，后果不堪设想。所以，领导界有句名言，决策的失误是最大的失误。

‖‖链接6-2

　　20世纪中叶，日本日立公司为了扩大企业规模，发展生产，投入大量资金，购买新建厂房，添里新设备。但这一切正赶上60年代初的日本经济萧条，结果产品滞销，企业规模扩大的结果反而使组织陷入僵局。面对这一严峻情况，日立公司有两条路可供选择：一是继续投资；二是停止投资施工。日立公司经过认真讨论、分析、研究，果断决定走后一条路，停止投资并实行战略目标转移，把资金投放到其他方面，积蓄财力，待机发展。实践证明，日立公司的决策是正确的。从1962年开始，日本三大电器公司中的东芝和三菱的营业额都有明显下降，但是日立则一直到1964年仍在继续上升。进入60年代后半期，一个新的经营繁荣时期到来了，蓄势已久的日立不失时机地积极投资，1967年投入了102亿日元，1968年上升到160亿日元。从效益上看，1966—1970年销售额提高了1.7倍，利润提高了1.8倍。

3）决策是衡量领导者领导水平高低的重要尺度

领导者的主要任务是决策。所以，决策水平的高低，是衡量领导者领导水平的重要尺度。所谓决策水平，一是指能否作出正确的决策；二是指能否正确地实施决策。这是一个领导者知识、能力的综合反映，是领导水平的全面体现。

6.1.5 决策的类型

领导活动的复杂性、多样性和层次性，决定了领导决策具有不同的类型。根据不同标准可对领导决策进行多种分类，常见的有：

1）经验决策与科学决策

根据决策方式的差别，可以分为经验决策与科学决策。经验决策是指领导者依靠过去的经验和对未来的直觉进行的决策，主要是凭借领导者个人的知识、才智和经验而作出的决策。它的主要特点是：其一，这种决策方式是个人的决策活动，主要依靠决策者个人的素质作出决断；其二，这种决策是一种定性不定量的决策；其三，这种决策盲目性很大；其四，它缺乏连续性和规范性，个人主观随意性极大。科学决策是现代的决策方式，是同社会化大生产相联系的。科学决策是指领导者按照科学的程序，依据科学的理论，运用科学的方法进行的决策。它的主要特点是：其一，强调建立科学的决策体制，注重集体共同决策；其二，强调将决策建立在科学分析的基础上。经验决策和科学决策是决策方式上的区别，科学决策不等于缺乏经验的决策。科学决策在很多领域中还不能替代经验决策，而经验决策也并非等于不科学的决策。

2）集体决策与个人决策

根据参与决策人数的多寡，可以分为个人决策与集体决策。在决策过程中，如果决策的诊断活动、设计活动、选择活动由一个人来完成，那么这种决策称为个人决策；如果决策的诊断活动、设计活动、选择活动由两个人或两个人以上的群体完成，那么这种决策称为集体决策。区分集体决策和个人决策的关键在于，诊断活动、设计活动和选择活动中只要有一个活动是合作完成的，就可以认为是集体决策。集体决策与个人决策的区别主要在果断性、责任明确、决策成本、决策质量、一贯性、可实施性和开放性等方面。

3）高层决策、中层决策与基层决策

根据决策主体的层级高低，可分为高层决策、中层决策与基层决策。高层决策是由高层领导集团作出的决策，其决策的性质属于战略决策和宏观决策，通常具有全局性、整体目标性的特征。中层决策是由中层领导集团作出的决策，大多属于战略决策和宏观决策，也有一部分属于战术决策和微观决策，中层决策必须服从高层决策。基层决策是由基层领导作出的决策，决策的性质一般属于战术决策和微观决策，是为了实现高层或中层的决策而进行的决策。

4）战略决策与战术决策

根据决策目标的层次高低，可以把决策分为战略决策与战术决策。战略决策是关系到全局性、方向性的重大问题的决策，其影响深远，涉及范围广。其特点是概括、原则和定性。战术决策是指为保证实现战略决策而作出的局部性的、有关具体方法和步骤的决策，也称具体决策或辅助性决策。其特点是深入、具体和定量。

5）最优决策与满意决策

根据决策者追求的目标要求，可以分为最优决策与满意决策。最优决策是指决策者追求理想条件下的最优目标，选择最优方案的决策。满意决策是指决策者根据现实的条件，追求一种满意结果的决策，它是以对现实条件的充分分析为基础，选择一种较为满意的方案，以期达到决策目标的一种决策。

6）程序化决策与非程序化决策

根据决策问题的重复程度，可以分为程序化决策与非程序化决策。程序化决策又称为常规型决策，是指领导活动中重复出现的例行的决策。这类决策经常以相同或基本相同的形式重复出现，其产生的背景、特点、内外部相关因素，全部或基本为决策者所掌握，决策者可根据以往经验制定出例行决策程序。非程序化决策，又称非常规型决策，是指决策者对偶然发生的或首次发生的新问题所进行的决策。这类决策一般是无先例可循、无既定程序可依的决策。

7）确定性决策、风险性决策和不确定性决策

根据决策后果的确定程度，可以分为确定性决策、风险性决策和不确定性决策。确定性决策是指在自然情况比较清楚、据此提出的不同方案的结果也是比较确定的前提下，根据决策目标所作出的肯定选择的决策。相对来讲这类决策比较简单，但若可供选择的方案很多，找出最佳方案往往也并不容易，往往需要求助于线性规划、排列论等数学方法。

风险性决策是指后果不确定，存在不以决策者主观意志为转移的两种以上后果的决策。这种决策虽然决策者事先估计到各种自然状态出现的可能性，但总要承担一定的风险，一般多采用最大可能准则、期望值准则等进行决策。由于现代社会决策环境的不确定性、决策的复杂性，领导者面临的风险性决策日益增多。

不确定性决策是指决策者面临可能出现的自然状态有多种，对各种自然状态出现的可能性也无法作出主观分析。由于事物的不确定性，领导者在决策过程中，不要过于自信，要把注意力放在信息反馈上。常用处理不确定性决策的方法有悲观法（小中取大准则）、乐观法（大中取大准则）、折中法（乐观系数准则）、最小遗憾法（大中取小准则）、平均法等。

8）单目标决策与多目标决策

根据决策者追求目标的多寡，可以分为单目标决策与多目标决策。单目标决策是指在一定的时间、环境等条件下，所要达到的决策目标是单向的或只有一个明确目标。它的特点是直接、简单、明确。多目标决策则是指在一定的环境条件下所追求的决策目标是多项的。由于现代社会的多元化和社会活动的日益多样化，领导活动中多目标决策越来越多。

6.2　决策要素

领导者决策能力的高低影响企业的成败。正确的抉择越多，企业就能走得越远，而一旦在重大抉择面前出现差错，企业就可能从此走上一条不归路。由于管理者所处的地位或他所拥有的知识，人们自然会期望管理者能作出对整个机构、对机构的绩效及成果带来深远影响的决策。这就是管理者工作的意义所在。因此，假如他是个卓有成效的管理者，他必然就能作出有效的决策。卓有成效的管理者会将决策当成一个有

条理的处理过程，一个有清晰的原则、有明确的顺序的处理过程。他们看重决策的结果，而不在乎决策的技巧；他们希望决策合乎情理，而不追求决策的巧妙性。卓有成效的管理者懂得，什么时候应按照原则来进行决策，什么时候要根据实际情况来进行决策。他们已学会了区分正确与错误，并知道最为微妙的决策就是要在正确与错误之间作出某种折中性的选择。他们也明白，最耗费时间的环节并不是决策本身，而是如何把决策付诸实施。如果决策不能变为行动，那它就称不上是一个决策，最多也只是一个良好的愿望而已。这也就是说，如果有效的决策是以高层次的理性认识为依据的话，那么贯彻落实这一决策的行动就必须尽可能地接近实际，便于操作。

6.2.1 了解问题的性质

有效的决策者首先需要辨明问题的性质：是一再发生的经常性问题，还是偶然发生的例外？换言之，某一问题是否为另一个一再发生的问题的原因？或是否确属特殊事件，需以特殊方法解决？倘若是经常性的老毛病，就应该建立原则来根治；而偶然发生的例外，则应该按情况做个别的处置。

按问题的发生情况细究起来，不只有"经常"和"例外"两类，一般可以分成四类：

第一类是经常性的问题。发生的个别问题，只是一种表面现象。管理者在日常工作中所遇到的问题绝大部分都属于这一类。比如，企业的库存决策实际上并不能算做真正的决策，因为那只是些变更性的措施而已，都属于一般性的问题。在生产活动方面，这种情况就更为普遍了。一般说来，一个产品管理和工程小组每个月大约要处理好几百件诸如此类的事情。

第二类问题虽然是在某一特殊情况下偶然发生，但实质上仍然是一项经常性问题。如果一个公司已经接受与别的大企业合并，那么它就不会用接受其他企业的合并建议了。对这家公司来说，对其董事会及管理机构而言，接受这种建议只能是一次性的，是一种具有特殊性的问题。但是，就合并本身而言，那只是一种在企业界反复发生的、带有共性问题。因此，在考虑是否接受合并建议时，就要考虑某些一般性的规则，那就是要参照别人的许多现成经验。

第三类问题是偶然的特殊事件。1965年11月发生在美国东北部的停电事件当时就被解释成一次意外事故。它使从圣劳伦斯到华盛顿整个地区一片漆黑。据说，发生这类事件的概率为千万分之一或亿万分之一。这种事情只要发生过一次，就不太可能再发生第二次。真正的意外事件是不常发生的。但是，一旦发生时，我们必须自问：这究竟是一次"真正的偶发事件"，还是另一种"经常事件"的首次出现？

这也就是我们要介绍的第四类问题：首次出现的"经常事件"。美国东北部的停电事故只是在现代电力技术条件下很可能会反复发生的故障的第一次表现罢了。对这种事故，只有找出某些通用的解决办法，才能有效地防止其再次发生。

除了上述第三类"真正偶发的特殊事件"之外，其余三类均需要一种"经常性的解决方法"。换言之，需要制定一种规则、一种政策或一种原则。一旦有了正确的原则，一切类似问题的解决就将易如反掌。换句话说，问题再度发生时，即可根据原则去处理了。只有第三类"真正偶发的特殊事件"才必须个别对付，没有原理原则可循。有效的决策人常需要花费不少时间来确定问题的属性。如果类别错了，其决策必为错误的决策。我们常犯的错误便是误将"经常问题"视为一连串的"偶发问题"。换言之，没有了解问题症结所在的基础，其结果自然是失败与无效的。另一种常犯的错误是误将真正的新问题视为旧病复发，因而仍应用旧原则。第三种常见的错误是对某些根本性问题的界定似是而非。最后一种错误是只看到问题的部分，而没有看清全貌。

一位有效的决策者碰到问题，总是先假定该问题为"经常性质"。他总是先假定该问题是一种表面现象，另有根本性的问题存在。他要找出真正的问题，而不会满足于表面现象。即使问题确实是偶发性的，他也会先怀疑这是不是另一项新的经常问题的首次出现。

所以，一位有效的决策者，第一步总是先从最高层次的观念方面去寻求解决方法。如果公司资金不足，他不会马上想到发行最容易售出的债券。如果公司的各部门主管都非常干练，但是不肯听命，他也不会马上想到杀鸡吓猴，而会从更根本的立场建立一种大组织的观念。

6.2.2　考虑边界条件

决策要达到什么目的？目标的最低限度是什么？实现目标必须具备哪些条件？这些因素在科学上被称为"界限条件"。一项有效的决策必须满足这些界限条件，才能实现其预定的目标。界限条件越是清楚和明确，决策有效的可能性就越大，实现其预定目标的机会就越多。相反，如果未能对界限条件做充分的阐述，那么不管决策看上去有多好，到头来肯定效果不佳。"解决这个问题，至少应该有哪些条件？"通常就是探索界限条件的一种办法。

有效的管理者明白，一项不符合边界条件的决策，肯定是无效和不适当的决策。不符合边界条件的决策，有时比一项符合"错误的边界条件"的决策更加误事。当然，不符合边界条件与符合错误的边界条件，二者都是错误的决策。不过，边界条件错了，还可能有修正的余地，仍可能成为有效的决策。如果根本与规范相反，那就往往难于补救了。

事实上，我们对边界条件必须保持清醒的认识，这能提醒我们一项决策什么时候应该抛弃。在各种不同的可能决策中要识别出哪项决策最危险（所谓最危险的决策，就是勉强可行的决策，唯有在一切顺利的情况下，才可能达成的决策），也必须了解边界条件。几乎每一项决策都有其意义，但是当进一步探究其必须满足的规范时，便可能发现各项规范有互相冲突的情况。这样的决策纵然不能说是不可能成功的，最多也只是大致可能成功而已。若成功寄希望于奇迹，则问题不是奇迹出现的机会太小，而是我们不能依赖奇迹。不过，对重要的决策而言，要确定边界条件和提出规范，光靠"事实"是不够的，还要看我们如何理解问题，这是一种充满风险的判断。

任何人都可能作出错误的决策，事实上任何人也确实会作出错误的决策。但是，任何人做决策都不能不顾及边界条件。

6.2.3 研究"正确"的决策是什么

决策的第三个要素是研究"正确"的决策是什么,而不是研究"能为人接受"的决策是什么。人总有采取折中办法的倾向,如果我们不知道符合规范及边界条件的"正确"决策是什么,就无法辨别正确的折中和错误的折中之间的区别,最终不免走到错误的折中的方向上去。以下是管理大师德鲁克的决策感触。

"那是在1944年,我第一次承接一个最大的管理咨询项目时得到的教训。当时我负责研究通用汽车公司的管理结构和管理政策,斯隆先生是该公司董事长兼总裁。开始工作的第一天,斯隆先生便请我到他的办公室,对我说:我不知道我们要你研究什么,要你写什么,也不知道该得到什么结果,这些都应该是你的任务。我唯一的要求,只是希望你将你认为正确的部分写下来。你不必顾虑我们的反应,也不必怕我们不同意。尤其重要的是,你不必为了使你的建议容易为我们接受而想到折中。在我们公司里,谈到折中,人人都会,不必劳驾你来指出。你当然可以折中,不过你必须先告诉我们什么是'正确的',我们才能有'正确的折中'。斯隆先生的这段话,我认为可以作为每一位管理者做决策时的座右铭。"

关于决策是否容易被他人接受的问题,如果老是要考虑如何才能被他人接受,又怕他人会反对,那就完全是浪费时间,不会有任何结果。世界上的事,你所担心的往往永不出现,而你从来没有担心的,却可能忽然间变成极大的阻碍。这就是说,如果你一开头就问:"这样做恐怕别人不肯接受吧!"那你永远不会有结果。因为在你这样考虑时,通常总是不敢提出最重要的结论,所以你也得不到有效和正确的答案。

6.2.4 化决策为行动

如果说考虑界限条件是决策过程中最困难的环节的话,那么要将决策转化为有效的行动通常则是最费时间的环节。除非从一开始便将承诺和义务都包括在决策中,否则这个决策便毫无意义。事实上,只有当贯彻落实决策的具体措施变成了某个人的具体工作和责任时,做决策才显得有真正的意义。

若要将决策转化为行动,必须先明确无误地回答下列问题:决策必须要让谁知道?必须采取什么行动来贯彻落实?应由谁来采取这一行动?这一行动应该包含哪些内容,以便让执行决策的人有所遵循?在这些问题中,第一个问题和最后一个问题容易被人们忽略,从而造成灾难性的结果。

决策行动也必须与执行决策者的能力相适应。并不是每个人都能将决策的执行与决策本身融为一体。但是,某项具体决策需要哪些行动承诺?承诺之后还有哪些工作要做?由谁来执行该项决策比较妥当?这些是人人都可以考虑的问题。

链接6-3

零售业在美国早就是成熟的产业,按照传统观点,也是无利可图的产业。但沃尔玛的创始人山姆·沃顿从乡村包围城市,一点一滴拉大与竞争者之间的差距。光是因偷窃带来的损失,沃尔玛就比竞争者少了一个百分点,这样的成果和3%的净利相比,贡献相当可观。除此之外,沃尔玛还利用集中发货仓库,每天提供低价商品,还有全国卫星联机的管理信息系统等,沃尔玛就是以这些看似平淡无奇的执行力创造出全球最大的百货公司。在过去40年中，没有任何公司能成功地模仿沃尔玛，成功之道无他，唯执行力而已。沃尔玛以其特有的执行力，保持了持续的竞争优势，培育了企业的核心竞争力。

6.2.5　建立信息反馈制度

决策的最后一个要素是应在决策中建立信息反馈制度，以便经常对决策所预期的成果做实际的印证。决策是人做的，人难免会犯错误。再了不起的决策，也不可能永远正确；即使是最有效的决策，也总有一天是会被淘汰的。

艾森豪威尔当选美国总统时，他的前任杜鲁门总统曾说："可怜的艾克，他是军人，下达命令后必有人执行；现在他要坐在这间大办公室里了，只怕他发布命令之后，一件事也做不成。"为什么美国总统发布的命令不能贯彻，这不是因为军事将领比总统的权力更大，其实是因为军事组织早就知道仅仅发布命令是没有用的，必须同时建立反馈制度，可以检讨命令的执行。而最可靠的反馈却在于亲自视察。然而当了总统，通常只能批阅报告。批阅报告有什么用呢？在军队里，长官发了命令，总得亲自检查命令的执行，至少也得派遣代表去检查，而不会坐在总部等候报告。这不是说军人不信任下属，而是经验告诉他们，"报告或沟通"不一定靠得住。这就是为什么营长常到食堂去亲自品尝菜肴的道理。照理说，他只要看看菜单，指示一番就可以了，但是他没有这样做，他总是要自己到食堂去，看看他的官兵究竟吃些什么。

自从电脑问世以来，这个问题更加重要了。这是因为有了电脑，决策者和执行者之间的关系可能更加疏远。所以，如果管理者老坐在办公室，不到工作现场，他和实际必将越来越脱节。电脑处理的只是抽象资料，抽象资料只有经过实践的检验之后才是可靠的，否则，电脑必将引人走入歧途。

若想了解赖以作出决策的前提是否仍然有效，或者是否已经过时，只有亲自检查才最为可靠。而且，这种前提迟早是要过时的，因为现实绝不会一成不变。我们看到许多早该修改的措施始终没有修改，其原因主要就是管理者不肯亲自去了解情况。企业的决策如此，政府的政策也是如此。我们需要组织化的信息作为反馈。我们需要数字，也需要报告。

6.3　决策理论

西蒙决策理论的核心概念和根本前提是"有限理性"。对此，在西蒙的研究中有一个著名的"蚂蚁"比喻：一只蚂蚁在布满大大小小的石块的海边沙滩上爬行，蚂蚁爬行所留下的曲曲折折的轨迹，绝不表示蚂蚁认知能力的复杂性，而只表示着海岸的复杂性。当我们把人当作一个行为系统来看的时候，人和蚂蚁一样，其认知能力是极其单纯的。蚂蚁在海边爬行，它虽然能感知蚁巢的大致方向，但它并不能预知途中可能出现的障碍物，其视野也是很有限的。因为这种认知能力的局限性，所以每当蚂蚁遇到一块石头或什么别的障碍时，就不得不改变前进的方向。蚂蚁行为看起来的复杂性，是由于海岸的复杂性引起的。同样，人们在决策中就有点像这种海边的蚂蚁，只能根据有限信息和局部情况，依照不那么全面的主观判断来进行决策。此外，人们的技能、学识、价值观等因素也会影响到能否进行正确的决策。可以说，管理者拥有"知识"的程度，决定决策和行动的合理性和满意化的程度。

西蒙认为，企业中的个人在完成产品的数量和质量方面，既受能力、能否进行正确决策的限制，又受个人技能、价值观、知识的限制。个人能力决定于他的体力、反应时间快慢、习惯、行为方式。他的决策过程可能受到他思维过程的快慢、数学计算能力高低的影响。个人在决策时要受到他的价值观和对目标了解程度的影响。如果个人对企业是极度忠诚的，那么他的决定就会反映他忠实地接受企业的目标；如果缺乏对企业的忠诚，他就不会充分发挥能力；如果个人的忠诚只局限于雇用他的机构，那么他的决策有时就会不利于这个机构的上级机关。企业成员在决策时，深受其现有工作应具备的有关知识的深度和广度的影响。

西蒙认为，他的决策理论不但可以作为经济学的组成部分，用来了解和说明本身就是引人入胜的一些现象，而且能为企业和政府的决策者提供建议。这就是决策理论不但注重理论本身的建立，而且更重视其实用价值的原因。瑞典皇家科学院肯定了西蒙的这种说法，指出西蒙有关组织决策的理论和意见，应用到现代企业和公共管理所采用的规划设计、预算编制和控制等系统及其技术方面效果良好，实践证明这一理论已成功地解释了公司内部信息和决策的分配、有限竞争情况下的调整、选择各类有价证券投资和选择对外投资投放国家等多种活动，并认为现代经济学和管理学研究大部分建立在西蒙的思想之上，并对企业文化理论的兴起产生了重大的影响。

此外，还有客观理性决策论和渐进决策理论、综合扫描理论等。

6.3.1 有限理性决策论

人们实际上只具有有限理性，因而实际的决策符合有限理性决策论。有限理性可以向着客观理性方向发展，但不可能完全达到客观理性。虽然如此，决策者不应该以有限理性为满足，而应当去努力争取接近客观理性。换一种说法，传统经济理论认为，"经济人"十分冷静，有完整、客观的价值系统，知道自己愿意选择什么以及每种选择能够达到什么样的效果。但是，实际上，处在管理职位上的"行政人"并不能做到那样的冷静。他只有在可能得到的资料及思考能力范围内才是完全理性的。他的有限理性决定了他不能指望自己总是作出最优的选择，至多在能作出最佳决策时不应满足于做满意决策。多数情况下，他不得不以满意决策为目标。

实际行为不合乎客观理性的原因，首先，在于许多事实上可能的行动中，人们在决策时只注意到其中很少几个。其次，对于任何个体行动的全部后果，人们实际上难以理解，只能知道一部分最直接的后果，因为当考虑许多间接后果时，决策者就没有时间来做决定。再次，即使对一种行动的一部分实际结果能正确理解，他对其所做的价值估计也未必正确。这是因为实际决策者的价值体系不免有主观成分，而且价值观总是在变化。决策时的价值估计未必会同实施后的价值体验相一致。例如，一个高中毕业生决定升学时，对未来当研究生的价值估计，可能会同他真正当了研究生之后的价值体验大不相同。

人的实际决策不能保持"客观理性"是同人的心理、生理特点有关的。人的注意力、记忆力和感知都具有选择性和非线性特点，对于刺激的反应也带有习惯性、主观性，因为人们只能就其心智注意范围内的行动、目标和结果作出理性决策。或者说，各种不理性、非理性因素会缩小理性决策的范围，使之有限化，因此可以通过解除非理性限制来扩大理性决策的限度。

西方社会科学在近几十年中受弗洛伊德和帕雷托的影响，惯于用情欲、意愿等非理性因素来解释人类行为。有限理性决策论吸收了对非理性因素的影响作用的研究成果，但将它们归结为理性的限制因素，从而重建了人类决策行为的理性理论。

6.3.2　客观理性决策论

客观理性决策论认为，理性决策方式的最高境界是依照客观理性进行决策。客观理性是一种理想的状况，它要求决策者在特定情况下要考虑到此情景中全部可能的行动，知道每一可能行动的全部结果，再按决策者价值系统在其中选择一个其结果能达到最高价值的行动。客观理性决策程序为：

（1）决策前整体考虑所有事实上可能的行动。由于事实上可能的行动数量很大，必定有一些未被决策者所顾及到，因此这一条实际上很难全部做到，而且也并不容易对众多的可能行动做整体考虑，但是作为一种理想的情况，可以提出这样的步骤。

（2）决策者应当考虑每一种可能的行动在实施后，在无限时间、无限空间及各种价值系统中所产生的大大小小的影响，就是要掌握每一个可能行动的每一个方面对世界产生的直接的、间接的，从实施开始直到无限将来的任何影响。

（3）决策者利用自己的价值系统对各种行动的各种后果进行评估。也就是说，决策者的价值系统必须是客观的、理性的，其估计才会是客观理性的。在估计后再选定能够达到最高价值的行动。

客观理性决策的以上特点，使这种决策被冠以绝对理性决策论、理性决策形式理论、形式决策理论等名词，在社会学、经济学、行政学和管理学中得到讨论。然而真实世界的个人实际决策方式并没有那样简单。正如物理学中讨论的无摩擦状态，在实际生活中是很难发生的。不过假设这样单纯的情况，有助于澄清理性在决策程序中的作用，促使我们减少非理性决策。

6.3.3　渐进决策理论

美国政策科学家针对客观理性决策关注"应如何做决策"，而实际中的政策制定过程并非如此。决策集团在选择方案时因个人价值观不同导致的意见不一致是实际决策中不可以忽略的问题。另外，客观理性决策是从既定问题出发制定、评价与选择方案的，实际生活中却不是先有一个既定问题，而是决策者面对某种问题情景，要对问题加以说明。由于不同人对同一问题情景的敏感度不同，因此在提出、说明问题上会有分歧。上述差别使实际决策必须遵循渐进主义模式。

渐进主义指决策者应当根据过去的经验对现行政策作出渐进分析而非周全分析，作出局部修改而不要期望一蹴而就。渐进决策看似小步缓进，却由于可以少走弯路回避动乱与停顿，实际速度往往大于一次大的变革。渐进主义并不反对根本变革，只是认为根本变革的实现必须水滴石穿。渐进主义稳中求变，以稳定求发展，比较容易获得社会的支持，起到潜移默化的作用。正如冷水煮青蛙一样。显然这种模式反映了老子的"治大国如烹小鲜，数烦则碎"的训诫和中国古代政治家的持重态度。

6.3.4 综合扫描决策理论

美国社会学家埃祖尼既对客观理性决策理论进行了批判，也对渐进决策理论进行了批判，同时又将这两种理论进行了综合，形成了新的理论。他认为客观理性理论的要求超出了决策者认识与解决问题的能力，是做不到的。渐进决策只顾短期目标，反映上层社会的利益，无法胜任作出特别重大的根本性的决策。离开根本决策的渐进决策不免低头拉车不看路，虽然在前进但也许已经走入岔道。因此，埃祖尼主张将两种理论相结合。首先，用渐进模式分析一般性的决策要素，同时依据过去的经验确定决策重点。这相当于做全面的扫描。其次，对所确定的重点决策问题用客观理性决策模式作出正确的决策。这相当于做集中的扫描。二者的结合既考虑了决策者的能力限制，又满足了对重点问题深入研究的要求，并且预见了未来的重点问题。

6.3.5 理性与组织理论

有限理性决策强调个人的理性有限，难以客观决策，为了帮助个人作出客观决策，建立了理性与组织理论。这一理论认为，一个组织通过分工使每个人只需要注意较小范围的事情，因而在较小范围内决策时，有可能达到客观理性。同时，组织对其成员提供一定的刺激方向，并通过沟通、权利等方式使组织成员在决策时更富有理性，提高组织内的个人决策水平，从而提高组织整体的集体决策水平。由于组织成员的理性程度的提高是从组织角度以组织目标来衡量的，因此只有组织化的个人才能有较高理性，孤立的个人难以在决策中达到高度理性。

6.4 决策方法

决策的方法与技术是科学决策过程中不可缺少的重要环节。领导决策的方式、手段是多种多样的。这种方式、手段是决策整个过程得以进行的推进器，又是决策各个环节相互联结的中介点，一般统称为决策方法。决策技术相比决策方法要更加具体化，并带有技巧的含义。现代决策方法主要分为定性决策方法和定量决策方法。

6.4.1 定性决策方法

1）集体经验判断法

集体经验判断法是依靠领导集团智慧、经验及逻辑思维能力对已掌握的情报、信息和对未来进行有根据的综合分析判断，直接选取某一最佳方案的方法。这种方法较之靠个人经验进行决策，显得更加全面、可靠，失误比例较小。但是这种方法容易犯经验主义的错误。

2）智囊技术

智囊技术也称专家创造力法。"智囊"者，就是为别人出谋划策的人。智囊技术就是把有专长的专家学者组织起来，充分利用现代科学技术和社会科学的研究成果协助决策的方法。国内的专家会议、国外的头脑风暴法、哥顿法等均属此类，属直观预测的方法。

（1）头脑风暴法。头脑风暴法在智囊技术中占有举足轻重的地位。它是一种以畅谈会的形式取得方案的方法。会议人数以5~12人为宜。会议主持者不指明会议的明确目的，而只就某方面的总议题要求与会专家无拘无束地自由发表意见。会上并不评论别人的意见。主持领导者不发表意见，以免影响会议的融洽气氛，同时便于客观地倾听并有目的地吸取决策所需要的东西。

头脑风暴法的优点是可以直接交流信息，充分发挥创造性思维，可以在短时间内得到富有成效的创造性成果。因此，这种方法在寻找新观念和创造性建设方面十分有效。据统计，运用头脑风暴法比一般会议产生方案比率可以提高70%。

（2）哥顿法。哥顿法是美国人哥顿于1964年发明的。它和头脑风暴法有点类似。会议主持人在会议开始时将讨论的问题做笼统的介绍，让大家海阔天空地讨论解决问题的方案。当会议进行到适当的时候，决策者把具体问题揭开，使讨论进一步深化。

（3）对演法。对演法也是一种重要的智囊技术。它是将不同方案由对立的不同小组去制订，然后展开辩论，互攻其短，以求充分暴露矛盾。或者预先准备一个方案，然后故意设置对立面去挑剔，品头论足，专挑短处，尽量考虑可能发生的问题，认真权衡有利条件和不利条件，从而使方案越来越完善。

（4）德尔菲法。德尔菲法是专家评估方法的一种。它是美国兰德公司于1964年首先提出并运用于技术预测领域中的。德尔菲是古希腊神话传说中一个可以预卜未来的圣地，德尔菲法便由此得名。它是直观预测的一种。它要求先由预测机构选定专家，通过书面的形式向这些专家提出所要预测的问题，得到答复后，将其集中整理，再请专家给予评论和说明。如此反复多次，专家意见渐趋一致。由于它采用分散-集中-分散的程序，以匿名形式征询意见，因而得出的结论可靠性高。但是，进行过程工作量较大，时间较长。

（5）德比克法。德比克法是以会议投票的方式集中专家的预测意见，并以这种集中的判断作为预测的结果。具体做法是把请来的专家分成几组，把需要预测的问题印在纸上发给大家，让他们填写自己的意见，然后把写有专家个人见解的纸收上来，经过综合、归类后向大家公布，请专家进行有针对性的考虑。接着，举行小组投票，得出小组意见。最后，召开全体会议，再进行投票，得出总的意见，作为预测结果。

6.4.2 定量决策方法

1）运筹学方法

运筹学是应用数学的一个分支，是研究在物质条件（人、财、物）已定的条件下，为达到一定的目的，如何统筹兼顾整个活动所有各个环节之间的关系，制订出有数量依据的最佳方案。运筹学方法被广泛运用于管理决策中，是决策的一种有力工具，在决策实践中显示了重大的作用。运筹学运用数学手段，在解决各种不同类型问题的过程中，形成了一些具有不同功能的方法，如规划论、对策论、排队论、网络分析、投入产出法等，用以解决各种不同性质的问题。

运筹学方法的运用，一般都要经过以下步骤：

（1）把问题用图表或公式表示出来。图表、公式是现实问题的逻辑表现，表示有关变量之间的相互关系。图表、公式又是现实问题的抽象表现形式，通过分析抽象，着重抓住主要的因素、主要的关系，从而使问题简化。进行简化是为便于计算。

（2）尽量把问题中的各种因素用数据来表现，对于某些不确定性因素，应尽可能运用统计方法取得其参数估计及其概率，从而使在不确定条件下的问题能进行计算。

（3）运用数学方法求解。先是寻求把一个相关的复杂系列变成能够求解的数学形式，然后用不同的数值代入公式进行试验，对结果进行分析，并据此制定出一组能得到最优解的数值。

（4）对模型进行试验和修改。把通过模型求解所得的结果与实际情况进行比较，检查其是否符合现实过程，对暴露出来的缺陷进行修改，使之完善。

运筹学是科学决策的有力工具，为决策定量化开辟出了广阔的前景，并使计算机对决策问题进行分析和判断成为可能。但运筹学方法也不是决策的万能工具。这是因为在决策中，常常会遇到一些非常困难的问题，变量之多，关系之复杂，以致很难完全用数学方式来表现。

2）价值分析方法

价值分析法是用价值大小的比较来评价决策方案优劣的方法。所谓价值，是指人们在从事活动时，其耗费和取得的成果的比率。人们要想取得成果，总要付出一定的代价。例如：买一件东西，要付出一定的钱；生产一件产品，要花费一定的劳动时间。所以人们常常要盘算，"合算不合算"，"划不划得来"，并力争用较小的耗费取得较大的成果。买东西要价廉物美；生产某种产品要降低成本，提高产量和质量。

价值分析的基本步骤为：

（1）功能分析。功能分析就是科学地确定产品或零部件必要的功能，弄清各类功能之间的关系，适当调整功能比重，使产品的功能结构更加合理。

（2）制订改进方案。提出若干改进的设想，逐步使其完善和具体化，形成几个在技术上和经济上完善的方案。在制订方案时，要树立改进是无止境的信念，敢于打破旧观念、旧框框和原有的束缚，从各个角度审视问题，进行规划设计。

（3）在形成几个方案的基础上，要对每个方案进行分析和评价，从中选出最佳方案。首先是对方案进行初步筛选，把一些明显希望不大的方案先行排除，然后进行详细评价，即对剩下来的方案做进一步分析、评价，最终找到最佳方案。有时，会遇到几个方案各有千秋的局面，这就需要一个创新的方案，能够把几个方案的优点都保留下来。在分析评价时，主要着重于技术方面、经济方面和社会效益方面。在技术方面，主要是看方案能否实现所需要的功能及所实现的程度；在经济方面，主要是进行以成本为主题的经济可行性分析；在社会效益方面，主要是分析和论证给社会带来的利益或影响。在对上述三个方面进行评价的基础上，可采用直接打分法、加权评分法和成本分析法等，对方案的价值大小作出综合评定。

3）决策树方法

决策树方法适用于决策过程中带有不确定性风险的决策。在工商企业经营中，经常要进行风险决策，决策树方法是风险决策中应用最广、效果最显著的方法。决策树表现为一个树状的图示，是决策问题的图形表达，对分析多阶段的决策问题十分有效，它指明了未来的决策点和可能发生的偶然事件，并用记号表明各种不确定性事件可能发生的概率。它把可行方案、所冒风险及可能的结果直观地表达出来，使领导者及时、准确地作出选择。整个决策树由决策点、方案分析、状态结点、概率分枝、结果点五个要素组成。

决策者根据决策树所构造出来的决策过程的有序图示，不但能纵观决策过程全局，而且能在这种通观全局的基础上系统地对决策过程进行合理的分析，从而达到良好的决策效果。

4）具体的非确定型决策方法

（1）乐观法。乐观法也称为大中取大法。这种方法是基于决策者对未来持比较乐观的态度，认为未来会出现最好的自然状态，所以不论采取何种经营方案都能取得该经营方案的最好效果，因此在决策时就可以首先找出各经营方案在各自最好自然状态下的效果值，然后进行比较，找出在最好自然状态下能够带来最大效果的经营方案作为决策方案。

乐观法在实施时会具有一定的风险，故又称之为冒险法，一般情况下应该慎重采用。

（2）悲观法。悲观法也称为小中取大法。这种方法是基于决策者对未来持比较悲观的态度，认为未来会出现最差的自然状态，所以不论采取何种经营方案，均只能取得该经营方案的最小效果值，因此在决策时就可以首先找出各经营方案在各自然状态下的最小效果值，即与最差自然状态相应的效果值，然后进行比较，找出在最差自然状态下仍能够带来最大效果或最小损失的经营方案，并把它作为决策方案。悲观法又可以称为保守决策方法。

（3）后悔值法。后悔值法就是决策者在决策并组织实施后，如果遇到的自然状态表明采用另外的经营方案会取得更好的效果，企业无形中就遭受了损失，那么决策者将为此而感到后悔。这个方法的原则是：力求使后悔值尽量小。

根据这个原则，在决策时首先计算出各经营方案在自然状态下的后悔值（用经营方案在某自然状态下的效果值与该自然状态下的最大效果值相比较的差），然后找出每种经营方案的最大后悔值，并据此对不同的经营方案进行比较，选择最大后悔值最小的经营方案作为决策方案。

5）因果分析法

因果分析法是调查人用以确定诸如空难、商业事故等灾难的成因时所应用的一系列技术。你一定在许多悲剧过后的新闻报道中看到过这样的新闻分析。比如，2007年7月从巴黎起飞的法国航空公司协和式飞机的瓦解。但是，你不能把因果分析法作为决策管理过程中的唯一工具。因果分析法的思想和思考方式比技术细节更重要。因此，从因果分析法的角度来看，它在突出关键元素方面很有用。

因果分析法的第二个核心思想是分析的目标：辨别公司日常决策过程中可以更改的错误。这些错误可以从失败的决策中看出，但是他们实际上是一种固有的缺陷，在将来可能还会导致失败。具体来讲，你的目标就是确定导致决策失败的可能因素。可能因素意味着如果决策过程的某一具体特征得到改善，将会极大地减少未来发生灾难的机会。事实上，这也确实可以以合理的成本获得。

6）回归模式

这是根据事物发展变化的因素关系，运用处理变量数学关系，对事物的未来发展进行预测的方法。事物之间的因素关系有两类：一是确定的函数关系（如牛顿定律、欧姆定律等表述的变量之间的关系）；二是非确定的关系（指变量之间既存在着密切关系，又不能由一个变量的值精确地求出另一个变量的值）。对于后者，应当运用回归方程，通过大量统计数据分析，找到它们之间的相关性，预见其将来的发展状况。

6.5 决策的程序和模型

6.5.1 决策的基本程序

领导决策程序是指决策和决策执行全过程所要经过的必要的阶段或步骤。一个完整的领导决策过程一般需要经过以下几个步骤：分析决策环境；发现问题，确定决策目标；拟订方案，评估选优；组织实施，追踪反馈，如图6-1所示。

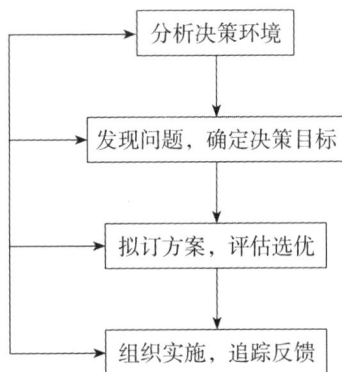

图6-1 决策程序

1）分析决策环境

决策不是无源之水，每一个决策都是在一定的环境下产生的。决策出台以后也必须适应企业的内外部环境，这样才能真正达到决策目标。因此，正确分析环境是科学决策的必要条件，也是决策制定的基础和依据。这就需要拥有充分的信息。信息是预测和决策的"原材料"。无论是问题的提出、分析、预测和方案的拟订、评价和选择，都以有关信息为依据。可以说，决策过程的任何一个阶段都离不开信息。按照内容和性质，信息可以分为市场营销信息、管理信息、商品技术信息、环境信息等。

2000年1月，网络巨头美国在线公司宣布以换股及债务方式，收购世界最大的媒体公司——时代华纳公司。时代华纳董事长杰里·莱文认为这简直是"天作之合"，由于他对这次传统和新兴媒体结合所产生的巨大商机深信不疑，以至于他坚决反对采取任何限制性的保护措施，即如果买方的股票价格下降至某一水平以下，买方将可以重新改写交易条款。

不幸的是，两家公司刚一宣布合并，互联网泡沫就破裂了，美国在线的股票价格骤跌。由于没有保护措施，时代华纳公司不能就交易重新谈判。时代华纳公司的一些管理人士敦促莱文以美国在线的股价急剧下跌为借口取消这次合并。但是，莱文并没有听取这些建议，依然固执己见，从而使得曾经拥有价值750亿美元的公司100%股份的时代华纳股东如今只拥有价值约750亿美元的公司45%的股份。在本案例中，莱文正是由于没有准确分析当时的互联网环境，才使这次收购以失败而告终。

2）发现问题，确定决策目标

发现问题是领导决策活动的起点。领导决策的过程就是发现问题、解决问题的过程。问题是客观存在的，它不属于决策活动本身，但它是一切决策活动的发端和动力来源，没有问题便无需决策。发现问题则属于决策活动本身，是领导决策的起点。领导决策所面临的问题是多方面的、多渠道的。决策问题大致有三个来源：其一是来自上级的指示；其二是来自部下的要求；其三是来自领导者的创造性。在决策问题的三个来源中，来自领导者创造性的问题往往被放在首位。衡量一个领导者的决策能力，应将能提出创造性的决策问题作为重要标准。因此，领导者应该利用自己统观全局的有利条件，深入调查研究，发现矛盾，确认问题，把握决策的起点。

发现问题不等于确定目标。所谓目标，就是指人们在一定环境和条件下希望达到的一种结果。确定目标在领导决策中占有重要地位，不仅直接决定着对决策方案的运筹，而且还直接决定着信息的搜集和选用工作。没有目标就没有决策，决策目标通常根据领导者所要解决的问题加以确定。实际上，领导决策过程中的一切活动都是围绕拟定决策目标和实现决策目标进行的。科学地确定目标对整个决策活动有决定性意义。然而，导致决策问题发生的原因往往是很复杂的。只有充分估计因果关系的复杂性，运用科学的方法，从纷乱的因果谜团中理出头绪和线索来，清楚了解决策问题的性质、特点和范围，才能制定出具体的决策目标。

决策目标的制定必须满足下列要求：第一，目标必须明确具体，不能含糊不清和抽象空洞。第二，目标必须区分主次。因为领导决策问题比较复杂，常常出现多个目标，所以要权衡轻重，列出先后次序。第三，目标必须附加一定约束条件。所谓约束条件，就是外部环境的限制性规定以及必须达到的起码界限。

1985年，由马来西亚国营重工业公司和日本"三菱"汽车公司合资2.8亿美元生产的新款汽车"沙格型"隆重推出。马来西亚政府视之为马来西亚工业的"光荣产品"。产品推出后，销售量很快跌至低谷。经济学家们经过研究，认为"沙格型"汽车的一切配件都从日本运来，由于日元升值，使它的生产成本急涨，再加上马来西亚本身的经济不景气，因此汽车的销售量很少。此外，最重要的因素是政府在决定引进这种车型时，主要考虑到满足国内的需要，技术上未达到先进国家的标准，无法出口。由于决策失误，"沙格型"汽车只是昙花一现而已。

3) 拟订方案，评估选优

在决策目标确定之后，领导决策就进入拟订方案阶段。拟订各种可能的备选方案，是领导决策的基础。

为了使决策合理，在拟订备选方案时，应当掌握三个原则和一个方法，即目的性、现实性、多样性和有限寻找方法。所谓目的性，是指备选方案要符合决策目标的要求，要有的放矢。对达到目标的各种条件要有客观的分析，对实现目标的消耗、速度、效益要有明确的计算，对实施方案的方式、政策、手段、方法和措施要有具体的规定，备选方案的表达方式要尽力做到条理化、直观化和数量化。所谓现实性，是指备选方案要建立在切实可行的基础上，必须从实际出发，量力而行，既要积极，又要稳妥。一时不具备的条件应当努力创造，但创造条件时也要注意是否具备现实可能性。所谓多样性，是指要从多种途径和角度来准备可供选择的方案。各个备选方案应该各有特色，相互之间要有原则的差别，如果方案雷同或大同小异就失去了备选的意义。在拟订方案阶段，由于不可能一下子把全部方案都拟订出来，必须采取"有限寻找方法"，即先初步找几个方案，经过初步研究和评估，淘汰几个不可行的，然后再补充几个方案或做些修改，接着再进行评估，再淘汰，如此反复，直到找到合适的方案为止。

拟订备选方案的工作需要由领导、智囊团和群众三结合的组织来进行，其中智囊团起着主要作用。从科学决策的角度看，拟订备选方案的工作，是在领导者委托下，主要由智囊团承担，大致由目标分析及总体框架的建立、历史与现状的统计分析、建立模型、方案模拟、综合集成等五个环节构成。智囊团经过严格评估，权衡各个方案的利弊得失，提出取舍意见，供领导者参考。

决策的分析评估主要是运用数理方法进行科学预测和可行性分析，科学地表达各种方案的利弊，揭示和描述事物的变化趋势，勾画出未来发展的轮廓，从而确定各方案的有效性和可靠程度，为领导者决策提供依据。分析评估是决策过程中的基本步骤，是决策成功的重要保证，也是决策科学化程度的重要标志，领导者应给予积极的关注。

领导决策中的抉择指的是在可供选择的各种方案中作出抉择，选取其中的最优方案。所谓最优，不是绝对的，而是相对的，是对可选择的各种方案相比较而言的。方案选优是领导决策的关键。所谓方案选优，即领导者的拍板决断。方案选优的过程，是领导者集中智囊团的智慧的过程，也是领导者充分发挥才智的阶段。智囊人员将各种方案摆到领导者面前，供领导者对其进行比较鉴别，权衡利弊，选其优者或取长补短，综合成一个更加合理的方案，然后作出抉择。方案选优是决策全过程中最核心、最关键的一步，尤其是战略性决策，事关全局，影响深远，领导者务必认真对待，高度重视。

方案选优时要有一个选择的标准。由于决策的性质不同，选择的标准也不一样。一般来说，要坚持三个标准，即价值标准、优化标准、时效标准。所谓价值标准，是指包括各项价值指标的一个价值系统。价值标准包括经济效益、社会效益和学术价值。所谓优化标准，最理想的当然是最优标准，即选取的方案应该是投入最小、效益最大的最优决策。但最优往往只是理想，实际难以达到。决策理论学派的代表西蒙提出一个现实的标准，即满意标准：方案只要足够满意即可，不必追求最优。所谓时效标准，是指要不失时机地决策。如果对备选方案长期议而不决，去追求所谓十全十美的理想方案，就会因各种动态因素的变化而失去决策的良机。方案选优还必须考虑利害得失。问题不外乎有利无害、有利有害和有害无利三种情况。需要注意的是，方案选优并非要求"无害"。其实，"害中取小即为大利"。两害相权取其轻，两利相权取其重。

4）组织实施，追踪反馈

当方案选定之后，必须付诸实施，并在实施中落实、修正、完善。方案实施应划分为两个阶段：第一个阶段是试验实证阶段，即对方案进行局部试验，以验证其方案运行的可靠性。试点如果成功的话，即可进入普遍实施阶段；如果不行，则必须反馈回去进行追踪检查。第二个阶段是普遍实施阶段，是决策程序的最终阶段。由于通过上一阶段的试验实证，证明可靠程度是比较高的，但因为仍会发生这样或那样的偏离目标的情况，因此，必须加强反馈工作，有一套追踪检查的办法。要制定一套相应的方针政策、规章制度，用以控制和衡量方案的执行情况，并随时纠正偏差。当条件发生重大变化、必须重新确定决策目标时，就要进行追踪决策，对原目标或原方案进行根本性修改，以避免造成灾难性损失。

组织实施过程中的追踪决策不同于一般的决策修正，它是指当原有决策的实施表明将危及决策目标的实现时，对决策目标或决策方案进行的根本性修正决策。这种决策同其他决策相比有自己的特点：①回溯分析。追踪决策的分析过程，必须从原决策的起点开始，准确地找出失误的症结所在，以便去误取正，转误为正。②非零起点。追踪决策对原决策进行的新决策必须以产生的实际后果状况为作出决断的起点，而不能再从原决策起点开始。③双重优化。追踪决策所选方案既要优于原有决策方案，又要在许多优于原有方案的新方案中进行选择。

6.5.2 决策模型

任何决策分析都以一定的决策模型为前提，各种决策准则也都是从相应决策模型中导出的。因此，讨论决策模型就是讨论对决策准则的选择，从而也就规定了相应的决策分析指标和方法。个人决策模型有四种：经济人（理性）模型、行政人（满意）模型、策略模型和行为模型。

1）经济人（理性）模型

这种模型认为决策者冷静而精明，能够掌握所有需要的信息，合理地选择最优的决策。这种模型以5个假设为基础：①所有决策方案均可识别和列举；②所有方案的全部可能结果均可识别和列举；③具有明确的决策目标；④每一方案的价值均可按其目标与结果来确定；⑤决策人总是选取总价值最大的方案。

经济人模型中可能面临三种环境状态：确定性状况、风险性状况和不确定性状况。有关这三种状态在本章前面的小节中已有所解释，这里不再赘述。

2）行政人（满意）模型

由于实际上人们不可能掌握有关方案目标和后果的全部信息，西蒙与马奇提出有限理性的行政人模型。作为决策者，行政人探索的目的只是为了找到满意的答案。当他不知道所有可能方案时，他可能盲目地感到满足。如果他根据一定信息找到满意方案后，继续努力寻找最优方案，会付出太高的获得信息的成本，而找到的方案并不一定要比满意方案优越多少。所以，行政人与经济人同样是理性的人，根据方案的费用、期望值或者其他准则寻找、分析、比较方案，只不过他满足于所遇到的第一个可行方案以节省决策的成本、时间和精力。显然，当需要急迫作出决策或者存在重大的不确定性因素时，这是明智而现实的做法。

3）策略模型

以上两种理性决策模型反映了一种精明、冷静的决策者追求价值最大化而不惜成本，或追求决策成本最小化而满足于可行方案。但实际的决策者中都有一些人或喜欢冒险，或过于稳妥，他们感兴趣的不是最有利的决策，而是寻找有目的的策略。他们相信每个方案都有最好、最坏两个结果，无论选择哪个方案，都可能产生这两个结果之一。于是一种人宁肯冒风险也要"好中取好"。他们审查各个方案的结果值并选出一组最大收益值，再从中选出一个最大值，相应的方案就是他们的选择。另一种决策者不肯冒正常的风险，宁可做最坏打算也要"小中取大"，即对各方案结果的最小值进行选择，取其中最大的，相应的方案可以使他在运气最坏的情况下，保持较小的损失。第三种决策者认为应当减少机会损失，因此持"最小后悔策略"。其权衡各方案的标准是，当未选取某方案而出现了应取该方案的情况时，取其中机会损失较小的方案，因为它带来的后悔最小。此时他宁肯失去某些可能争取的最大收益而满足于中等收益。

4）行为模型

当决策者受到志向、动机、需要等内驱力支配时，以上模型不再完全适用。采用行为模型能够更好地描述个人的决策过程，并且可以适用于数据不够的场合。行为模型假定：①决策者对各个方案及结果、价值的了解很粗略；②常常依赖于判断、预感、情感；③根据自己志向水平的高低做不同程度寻找方案的努力；④在决策分析过程中还可能提出新方案；⑤任何时候都可能出现新结果；⑥肯按志向和需要程度冒一定风险；⑦按期望效用来做决策。

行为人不只追求客观价值，同时追求方案的主观价值。因此，用行为模型决策的结果在客观价值上不如用经济人模型决策高。但是由于行为模型能够鼓励承担风险并促进对创造性方案的研究与寻找，有可能使决策质量有较大提高。特别是由于没有对人的行为的约束条件，这一模型的适用范围比经济人模型广泛得多。

6.6 决策评估

6.6.1 决策方案的可行性评估

分析、评价决策方案的首要任务是对决策方案的可行性评估。这是因为，虽然一个方案从理论分析上毫无破绽，但是，如果不能应用到实践中去，也只能是水中月、镜中花。对方案的可行性评估包括以下几个方面：

1）评估能力要求

准确地判断评估能力，包括对每种方案所需要的资源——人、设备、空间、材料等因素的数量进行详细的分析与叙述。需用的人、设备的数量取决于贯彻、落实方案所涉及的工作量，这实际上意味着评估贯彻、落实任务所需要的时间。

例如，一个工程咨询公司的任务就是要评估项目中可能涉及的工作量。为了做到这些，公司要求其工程师估测出（尽可能采用新颖的方法）工作中各部门所包含的基础工程与具体设计的数量。这里需要以"每人""每星期"的成果为单位来评价、估算工作。公司了解项目完成的最后期限，这样就能在它现有工作投入基础方面为这个项目添加总的工作量。

把总的工作负担（用所需用的人员数来表示）与公司现有的能力相对比，能看出什么时候需要补充新的能力。

2）评估财务要求

在很多决策中，最重要的可行性问题应当是"方案需要多少资金，我们能够担负得起吗？"对于很多运营决策来讲，这也许仅仅指检查一次性付出的成本，如机器的购买价格等。但是另一方面，有更多的战略决策需要检查每个方案对整个公司的现金需求方面的影响。在这种类型的决策中，经常需要模拟公司在一段时期内的现金流量，核算在此期间发生的总的现金流入，并从中减去期间发生的总的现金流出，以便求得方案的净现金需求。

比如，工程咨询公司首先查出了随着时间进度从顾客那里取得的支付表，然后认真评估与计算整个项目期间内所涉及的人员、工作场地、设备设施的成本，最后得到的现金需求如图6-2所示。在项目开始后第26个月出现大概1 050万元的资金需求，随后逐渐减少。这以后，项目开始获得很多的净现金流入。当然，这样的分析并没有考虑借入资金的利息支出，利息的影响应在决定怎样筹集资金时考虑进去。

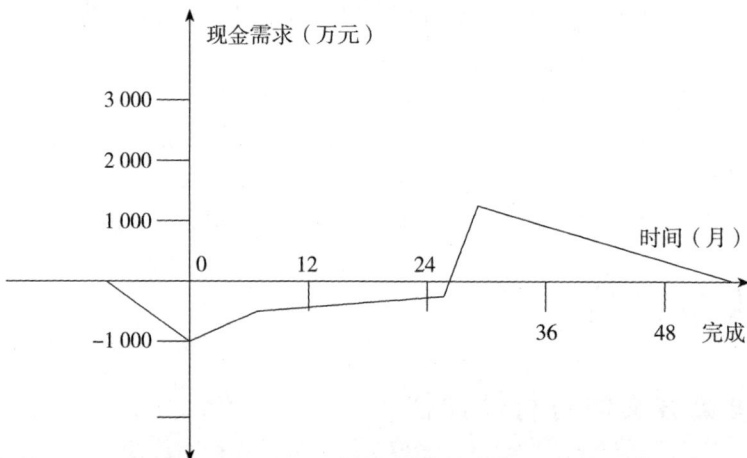

图6-2 现金需求分析

3）评估资源要求的变化程度

我们对技能、总的运营能力和资金三个方面的因素进行可行性评估的时候，当中的任何一个因素都有可能使决策变得不可行。但是，即使公司能够分别满足所有这三方面的资源要求，但是全部资源状态的变化程度可能本身就是不可行的。

例如，这个工程咨询公司也许获得了所有需要的资源。它认为自己能够招聘工程与管理方面的专业人才，并且从劳动力市场上获得了充分的专业知识。公司还认为自己可以在项目开工前就取得充足的资金。但是，公司还是认为项目是不可行的。假使公司决定扩张活动，则在半年后它的规模将是现有的两倍多，这将给公司本身的组织能力带来巨大的压力。公司虽然渴望成长，但是也许无力管理如此之高的增长率。所以，并不是资源需求的绝对水平，而是资源需求的变化率使得项目不具备可行性。

4）评估"配合的程度"

对方案的评估不应当在与公司日常生活隔离的条件下进行。如果最终选中一个方案，那么它的贯彻必然会伴随着公司现有的活动。所以，任何决策方案的一个重要特征就是，其与公司其他活动的配合程度。

决策方案的配合程度是指，方案包括的能造成一定后果的活动与资源通用的组织方式相适应的程度。这与决定资源是不同的。当我们考虑资源时，面临的问题是"我们能做吗？"然而在这里问题是"我们在不损害与分散当前活动的情况下，可以做吗？"具有很好配合性的方案不仅并不损害，反而可以加强现有的活动，能够补充与利用现有的技能，并且能够充分地利用现有的能力。而与正常活动配合极差的方案，要么需要与现有活动不同的技能，要么需要具有不同的运作经营目标。好的或者坏的配合，其后果可以在不同的职能领域中表现出来。与市场运营销售配合很好的方案将弥补产品、服务系列上的明显缺口，利用现有的分销渠道或者要求和现有产品非常相像的促销政策；而与市场营销配合差的方案就用一种损害现有营销成果的方式和现有的活动相区别，甚至相脱离。比如，一个专门经营昂贵的、高品质皮鞋的供应商，有一个廉价进口皮鞋的机会，不论这桩生意看上去多么具有吸引力，如果商店想要通过它现有的批发商店来销售这些鞋子，那么它将面临损害形象的危险，从而减少现有顾客。这项方案虽然在财务上是可行的，但是它的市场营销配合性却非常差。

6.6.2 决策方案的可靠性评估

决策方案的可靠性评估是指决策的风险性评估。决策风险包括：方案在机构中造成的影响；决策贯彻之后的环境态势；环境中其他主体对决策的反应。

决策风险可以通过一系列可能的最终结果来进行适当描述。通常来说，测定方案风险最常用的方法就是方案可能结果的离散程度，而测量离散程度最方便的方法就是标准差。但是，只用这一项来进行评价是远远不够的。也就是说，在不知道每个方案期望结果的情况下，仅仅知道一个方案的标准差为100元，另一个方案的标准差为1 000元，是没有任何意义的。实施标准差为100元的方案可以得到10元的预期收益，然而标准差为1 000元的方案却能够得到100元的预期收益。因此，尽管前

者的标准差较小，但是风险却较大。因此，最令人满意的评价风险方法是把结果的离
散度与预期的收益对比，其中最普遍的方式是概率分布的变差系数。

$$Cov = \frac{标准差}{平均值}$$

任何一个包含有风险的方案都应当依据期望收益与风险来进行评估，就是说运用
可能结果概率计算的变化差别系数来评估。图6-3举出了四个决策方案A、B、X和
Y，分别用变量系数与预期收益为坐标轴。

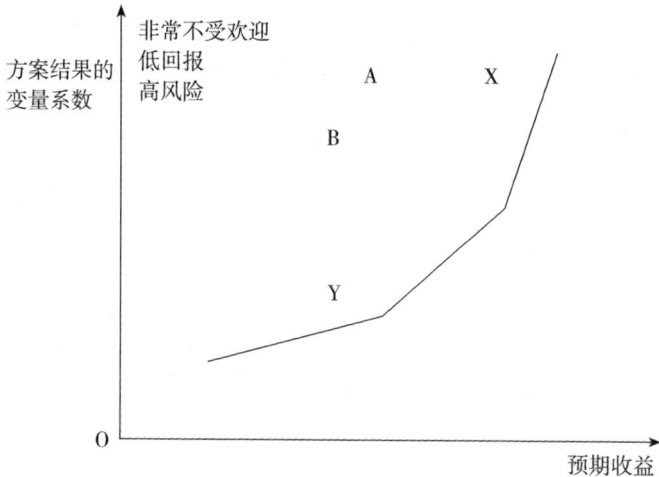

图6-3 风险-回报分析

图6-3中的左上角代表了非常不受欢迎的区域，就是方案拥有很低的预期收益与
很高的风险。图中的右下角的方案因为具有高回报和低风险，所以最具有吸引力。在
这两个极端之间存在特定方案的风险与期望回报结合达到最优化的边界线，如图方案
X和Y就在这条边界线上——有时又称作有效边界。位于这条线上的任何方案全部优
于其左上部分的其他方案，即方案X、Y比方案A、B更加优秀。

另外还需要评估未来的灵活性。决策影响其他决策的另外一种方式是控制选择方
案的变动范围或未来决策的活动空间。假如一位建筑公司经理购买了一个能以很高的
效率处理一项当前最重要的与经常性的工作的专用设备，则它处理完全不同工作的工
作组合的运作能力将受到严重的削弱。这并不是说购买专用设备的决策就一定是错误
的。然而它确实限制了公司未来的选择。如果公司还有一项没有限制未来行动的备选
方案，那么，为了长期的灵活性而舍弃短期的效率是值得考虑的。

6.6.3 决策方案的可接受性评估

决策方案的可接受性是指方案贯彻落实决策目标的情况。虽然某种程度上可接受
标准取决于特定决策的目标，然而下边的两条仍然十分有效。

1）评估方案的运营影响

如果全部的决策都发生在某种运营环境之内，那么它们必将产生运营结果。因
此，应当用下边所述的运营工作目标作为评估每个方案运营影响的基础。

（1）技术性。方案能否增加运作经营所产生的服务或产品更受顾客欢迎的可能性。比如，厂家提供更好的产品，连锁饭店提供更好的饮食等。

（2）灵活性。方案能否增加运作经营的灵活性，特别是在可行的工作范围之内能够实现的变化速度等方面。比如，银行出纳员不请教专家就可以直接解答顾客的各种咨询等。

（3）质量。方案能否减少在生产产品、服务时出现错误的可能性。比如，降低银行在账务处理时发生错误的次数，降低汽车被刮伤的可能性等。

（4）反应速度。方案能否降低顾客等待产品、服务的时间。例如，缩短排队购物的时间，加快售后服务的速度，缩短厂家的送货时间等。

（5）可靠性。方案能否增加人们希望事情真正发生的机会。比如，汽车准时到达，工程准时交工等。

评估每个方案的运作经营性影响时，从方案对增强竞争力的作用这个角度来看待运作经营变化是极为有效的。在分析竞争力时，如果能够包括公司的运营状况和竞争对手的对比，会达到更好的效果。

2）评估方案的财务影响

财务评估包括预先推测与分析公司采用方案的财务成本，以及决策可能带来的财务收益的增长。然而，在成本变为决策评估一个有用概念之前，必须对它进行比较详尽的定义。可以从以下几个方面进行评估：

（1）机会成本与获得成本。如果询问一位会计与一位经济学家成本的含义是什么，你会得到不同的答案。会计觉得某事物的成本是在取得该事物时所必须付出的代价。所以，在一家工厂生产某一特定产品的成本包括土地、工厂、机器、劳动力等要素的获得成本。而经济学家愈发倾向于按照没有将资源投资在其他领域而放弃的最高收益来定义成本，也就是事物的机会成本。所以对于经济学家来讲，投资于工厂的成本是将同样的资源投资于其他最适合领域所可以得到的收益——也许是另外一个决策方案，或组织外部的领域，例如投资于基金。

（2）生命周期成本。生命周期成本指决策直接影响的整个决策期内的全部成本。它包括认识辨别与说明在整个生存期内受到决策影响的所有成本。实际上，这是不可能的，任何重要决策的后果都会引起连锁反应，影响很多其他决策。

（3）内部收益率。一个决策方案的内部收益率指的是应用在成本与收益中，成本的净现值和收益的净现值相等时的贴现率。比如，考虑一个需要初始投资190万元，然而在随后的10年中每年收入20万元的投资方案。当贴现率为15%时，方案的净现值为零。这表明，在此贴现率水平上，全部收益的净现值和所有成本的净现值相等。这种方案的内部收益率越高，对收益贴现得越多，这样才能平衡初始的支出，方案才会更具有吸引力。

（4）投资的回收期。对于那些初始时进行投资，然后每年都取得一定现金收入的决策方案，一种最简单的评估方法就是使不折现的净现金流达到零时所需要的时间。换句话讲，就是收回所有最初投资所需要的时间。

通用电气公司是美国著名的集团公司，1981年，杰克·韦尔奇担任总裁后，重新对公司的相关制度进行调整和革新。他认为公司管理的部分过多，而公司实质性的领导却很缺乏。他认为过分的管制并没有给公司带来过多的利益，工人们往往比老板更知道怎样做。因此，他在公司内部实行了"全员决策"制度，公司员工与管理层能够平等讨论问题从而作出决策。此制度的实行减少了公司中存在的官僚主义作风，最终为公司带来了巨大的利益。可见，决策者在决策活动中起着决定性的作用，决策过程是"上行下效"的过程，决策者明智的决策对整个组织而言是大有裨益的。

6.7 决策应注意的问题

作为一个领导者，要懂得决策的一般原则和程序，这并不困难。但是，要在实践中灵活地运用这些原则，就不那么容易了。

6.7.1 确定决策目标

1）决策目标没有针对需要解决的问题

决策没有针对问题，就是说没有切中问题的要害，好比医生治病没有找到病因，犯了乱用药的错误。问题诊断是确定决策具体目标的基础和前提，决策者切忌在未做问题分析，或只是对问题做极草率的分析后，就匆匆忙忙地确定一个十分笼统的决策目标，那是无法达到解决问题的目标的。正确进行问题诊断，首先要查找有没有问题和问题出在哪里。决策者刚接触某个问题时，有时可以明显地感觉到问题所在，如产品质量不合格，产量没有完成计划等；有时则开始只有一个比较模糊的感觉，如"管理比较混乱"，"生产状况不理想"，但对乱在哪里，怎么不理想，算不算问题，属于什么性质问题讲不清楚。如果这时就确定目标，很可能发生乱用药或就事论事的情况。比如，主观地凭想象办事，秩序乱就大抓劳动纪律，但实际上问题的根源是平均主义大锅饭和权、责、利没有得到落实。问题抓不到点子上，矛盾当然无法解决。

2）没有处理好多个目标的关系

除了极为简单的决策问题只有一个目标外，绝大多数决策的目标都不止一个。例如，企业生产产品时都希望"物美价廉"，物美和价廉就是两个目标。对于多目标决策来说，容易犯的错误有两种情况：一是忽视某些应该考虑的目标，比如在用人决策中，只看才能而不看品德；二是没有安排各目标重要性的次序，领导者应当对其所做决策各个目标的重要性有明确认识，把哪个目标放在第一位，哪个目标放在其次，应做到心中有数。

一般来说，在一个较大的决策中，目标往往是分层的。小目标上有大目标，大目标上有总目标，我们不能孤立看待小目标。有一个讽刺故事讲的是几个自负的年轻医生，根本不把经验丰富的老医生放在眼里，有一次他们遇到一个疑难病症的病人，查了半天也不知道病人得了什么病，只好请老医生帮忙。他们对老医生说："只要你告诉我们诊断这种病的方法就可以了，其他你什么都不要管。"老医生觉得有必要教育他们一下，于是就说："你们不是只要我告诉你们对诊断这种病的方法，其他什么也不管吗？那最好办了，就是等这个病人死了后对尸体做个详细的解剖实验，那就什么都明白了。"一番话把这几个年轻医生弄得羞愧难言。诊断病情是治病的第一步，本身虽然也是个目标，但它应服从治病这个更主要的目标。解剖尸体虽然也可以达到诊断病因的目标，但他与治病这一主要目标是矛盾的，如果懂得了子目标服从大目标的道理，就不会弄出上述笑话来了。

3）决策中加进了不应有的个人目标

决策是人类的社会活动，而人又具有复杂的社会属性，如个人的利益、偏好等。当决策者在进行某项决策时，有时会出现有意无意地将个人的利益、偏好夹杂进决策目标之中的现象，这就容易导致决策失误。例如，某市在兴建一个大型钢铁厂的选址中，错误地选择了从飞机场到市政府的必经之路上，目的是想让上级领导乘飞机到本市视察工作时能看到这个工厂。这实际上是把"表现本地区工作成绩"这个不应有的目标列入决策诸目标之中，而且放在了重要地位。又比如，某学校在讨论建造宿舍的类型时，群众都希望能用有限的资金多造一些中、小套的住房，这样可以多解决一些住房困难户。但是决策到上面通过时却走了样，变成大、中套为主的户型。因为决策者都已经住到了中套以上的房子，如只建中、小套住房，对决策者来说就没有"锦上添花"的机会。显然，在建造什么房型的决策中，这个学校的决策者是把个人的利益放到了第一位。

4）目标过于笼统，不明确

决策目标与一般口号或鼓动性的口号不完全相同，它是必须实现的行动目标，不能含糊不清。作为口号，可以提"打个翻身仗"，"实现企业根本性的转变"等，甚至"让高山低头，让河水让路"这样的鼓动性口号也是可以的。但作为决策目标，就不能这样笼统、含糊，怎样才算"翻身"呢？"根本性转变"要达到怎样的程度呢？如果没有具体化的要求，人们在实施时就不知如何去做，也难以评价实践的结果。

6.7.2　集体决策

在重要的决策上，集体必须避免附和性与偏极化的危险与集体的过度自信。在任何场合，如果集体的领导人希望集体能作出贡献，就应该寻求不同的意见。这就要求决策者既要做到保留自己本身的意见和观点，还要鼓励其他成员提出新点子或批评意见，以保证集体决策时能够听到大多数人的意见。

在这方面，日本人的公司就有一项值得我们学习的传统风尚：他们让最底层的成员首先发言，依次往上。用这种方式就无人因恐惧他的意见与高阶层已表示的意见不同而有所保留。日本人以这种方式可以有效地进行集体决策。

6.7.3　重视执行措施，缺乏应变措施

这里的措施包含两个方面：一部分是执行计划的措施，它规定了人们实现目标——指标的具体途径、可采用的方法和必要的保证条件；另一部分是反馈的措施，

人们在制订计划时，总是难以完全掌握未来的情况，在执行计划过程中，遇到某些意外情况是难免的事。因此，为了保障计划能尽可能实现，人们需要及时了解信息，随时准备对意外情况迅速作出反应，进而采取相应的变通方法。为了及时了解信息，主动变通而规定的一系列具体方法、途径，就构成了我们所说的反馈应变措施。在任何一个计划中，这两种措施都是不可缺少的。如果仅仅拥有前面的目标——指标体系和各种因素配置，而没有这两部分相应的措施，那么整个计划缺少灵活性。

一般而言，拟订决策执行计划时，人们对执行计划的措施还是比较注意的，然而却往往忽视对反馈的应变措施，有些人不愿在确定应变措施方面多动脑筋，以为为"万一"想"一万"不划算。所以，决策者要想正常发展，就要常做"非常"打算；要想顺利进行，就要预先找到规避的方法。只有做到这两点，才能制订出真正有效的执行计划。

6.7.4 决策建立在不确切的信息基础之上

我们平时面对的信息太多了，而一到决策时却发现信息不够了，结果很多主管的推测就取代了事实。很多企业开会时，总经理、部门经理、部门员工坐在一起，可谓济济一堂。可是往往会发生这样的情况，大家在没有搜集有效信息的前提下纷纷发言，每个人其实都在用自己的主观推测来代替事实，结果会议变得毫无意义。所以，主观的推测和错误的信息会引导企业的领导层作出错误的决策，这是极其危险的。

本章小结

领导决策是指领导者为实现领导活动目标，组织制订多种决策方案，并择优确定方案和实施方案的过程。

决策的要素包括：了解问题的性质，考虑边界条件，研究"正确"的决策是什么，化决策为行动，建立信息反馈制度。

决策理论包括有限理性决策论、客观理性决策论、渐进决策理论和综合扫描决策理论、理性与组织理论等。

决策的方法与技术是科学决策过程中不可缺少的重要环节。现代决策方法主要分为定性决策方法和定量决策方法两个方面。

一个完整的领导决策过程，一般需要经过以下几个步骤：分析决策环境；发现问题，确定决策目标；拟订方案，评估选优；组织实施，追踪反馈。

个人决策模型有四种：经济人（理性）模型、行政人（满意）模型、策略模型和行为模型。

领导决策时应注意确定决策目标、集体决策、决策执行措施和决策信息搜集等方面的问题。

本章案例

长江三峡工程决议案的诞生

1992年4月3日，是我国决策史上极有意义的一天，在这一天，全国人大七届五次会议以1767票赞同、171票反对、664票弃权、25人未按表决器的结果，通过了《长江三峡工程决议案》，从此揭开了中国决策史上民主化、科学化进程新的一页。

三峡工程在中华民族的历史上，可以说是继万里长城之后最大的一个工程。它将创造人类史上蓄水、发电、主题建筑物等多项世界纪录。国外专家认为它是21世纪最大的、最有雄心的土木工程。三峡工程的研究、设计、论证时间之长，参加专家之多，涉及问题之广，在世界建筑史上是十分罕见的。早在1917年，孙中山先生就曾提出过修建三峡水电站，近一个世纪以来，三峡工程的最终决策经历了四上四下、多次反复的过程。全国人大七届五次会议为中华民族这一伟大的梦想画上了圆满的句号。

是否建设三峡工程，一直牵动着全国各族人民的心，仅中华人民共和国成立后就论证了40年，争论了30年。在这些激烈的争论中，仁者见仁、智者见智。这些争论虽然有一部分是因为工程技术上的不同观点所引发的，但相当大的部分在于人们处于不同的环境，对最终建设三峡工程存在着不同的心态。长江中下游地区是三峡工程的受益者，大都期盼工程能够尽快上马；长江上游地区，由于水库建成后将大面积蓄水，淹没大片的土地和家园，切身利益受到损害，因此有所异议是十分正常的；还有一些专家学者认为，三峡工程建成后，原有的长江水域的许多宝贵的自然和人文的历史遗产会受到破坏，即使能够将部分文物迁出，仍然有相当多的文物被淹没在水下，会造成不可估量的损失；全国其他地区也有人认为，三峡工程浩大，工程上马后会对整个国民经济形成巨大的冲击等。正是因为全国各地人民的不同心态，在三峡的最终建设问题上形成了诸多的意见和建议。长期以来，三峡工程几上几下，国家的经济实力和工程技术力量固然是重要的影响因素，但我们更应该从中看到，在进行如同三峡工程这样超大型建筑工程的决策时，领导者必须慎之又慎。全国各个地区、各个行业的声音都必须仔细倾听，尤其是各领域专家的意见。同时，从全国情况看，必须考虑人民的担心、异议，不能强制性地进行决策，否则一旦出现决策失误，给全国人民造成的精神损失和物质损失，是以后世世代代都无法弥补的。

从三峡工程议案的通过中我们可以看到，充分听取各方面的意见，详尽地搜集信息，严谨周密地论证，科学化民主化的决策程序，严格认真的方案，精确高效的实际运作，乃至坚定有力的监督控制，这些都是完成一个高质量的、高效益的领导决策的必备因素。

资料来源 彭向刚. 领导科学概论［M］. 北京：高等教育出版社，2013.

问题：

1.三峡工程决议案的通过过程体现了科学决策的哪些原理?

2.在实施三峡工程这样重大问题的领导决策过程中，应该如何充分听取各方面的意见?

3.在今后制定重大决策的过程中，如何更好地完善决策制度?

复习思考题

1.领导决策的特征是什么?

2.领导决策的基本原则有哪些?

3.领导决策有哪些相关理论?

4.智囊技术是什么样的决策方法?

5.领导决策需要进行哪些方面的评估?

6.领导决策需要注意哪些问题?

第 7 章

领导者素质

学习目标

领导者个人素质直接影响着领导者的整体水平，它是企业核心竞争力的主要源泉。通过本章的学习，了解领导者素质的内涵、特征和作用；明确领导者素质所包括的具体内容；掌握提升领导者素质的途径。

7.1　领导者素质概述

7.1.1　领导者素质的内涵

素质原是生理学上的一个概念。所谓"素",是本来、原有的意思;所谓"质",是性质的意思,也就是这一事物区别于其他事物的内在规律性。素质就是指事物固有的性质和特点,它在生理学上指人的生理特征和体质、感官及心理状态等方面的特点。这种特点是人们获取和使用知识与才能的基础,是才能形成和发展的自然前提。但它并不是决定的条件,决定的条件是后天的教育和实践。人的某些不足和缺陷可以通过实践和教育获得补偿。随着社会的发展与科学文化的进步,素质这个概念被广泛地运用到文学、艺术、军事、体育、人才学、领导学等各个领域,内涵不断扩大。

在领导学领域,领导者素质是指以领导者个体的先天禀赋为基础,通过后天学习和实践锻炼逐步形成和发展起来的内在的、稳固的、长期的基本观念、基本品质和基本能力的总称,是领导者从事领导活动必须具备的内在条件。领导者素质的含义不再单纯指一般人的德、智、体等因素,而是指领导者区别于非领导者的根本标志,也可以说是领导者在领导活动中经常发挥作用的本质要素。其中,既包括领导者实施领导的先天禀赋,如习惯态度、心理定势与悟性直觉,又包括领导者通过后天接受教育、培养和自身努力学习、刻苦实践所获得的思想品德、知识才能、个性心理以及所形成的观念、思维、作风、风度等方面在领导者身上的有机结合和凝结升华。

领导者素质的内容包括内在素质和外在素质。内在素质是指德、智、身、心四大方面,而外在素质就是在综合利用内在素质的基础上,在领导活动中所体现的领导能力。

7.1.2　领导者素质的特点

领导者素质的特点是由领导者所担负的领导工作的性质、职能,所处的时代、环境条件,以及个人的先天因素等决定的,主要包括如下七个方面:

1)时代性

不同社会、不同历史时期的领导者,在其成长发展的过程中必然要受到所处时代的政治、经济、文化和科学技术发展状况的影响,因此,在素质方面就会打上时代的烙印,具有一定的时代性。领导者素质是在一定的环境下培养出来的,而不断发展的环境又对领导者素质提出了更高、更新的要求。所以,客观环境决定了领导者的素质,而领导者素质又必须适应客观环境。

2)综合性

由于领导活动是涉及决策、组织、协调、控制、用人、沟通等诸要素、多方面的复杂过程,因而对领导者素质的要求也必然是全面综合的,具有很强的综合性特点。比如,《孙子兵法》中提到:"将者,智、信、仁、勇、严也。"

3）层次性

任何社会都有其严密的组织结构，在组织结构中都包含着不同层级的领导职位，不同层级的领导职位对领导者的素质要求是不同的，对领导素质的要求是有层次的。对于高层领导重要的是概念性领导素质，对于基层领导重要的是技术性的实务，而对于中层领导则要对概念、人际、技术三方面的素质综合掌握。

4）动态性

世界上的一切事物都处在不断发展变化之中，领导素质也不例外，它同样也是一个不断发展变化的动态概念。一方面，领导者的先天素质可以通过自身的努力学习、勇于实践、积极进取而改变。另一方面，领导者后天形成的素质也有发展变化的过程，如逆水行舟，不进则退，不会永远停留在一个水平上。领导素质是一个动态体系。没有天生的领导者，也没有一成不变即可终生受益的领导能力。社会的发展、组织结构的调整、领导职务的变迁都会对领导者的素质提出新的要求，领导者的素质、能力都需要在这些过程中逐步培养、磨炼，才能日臻完善。

5）实践性

领导素质的提高，虽然与先天的生理素质有关，但生理素质并不起决定性作用，关键是后天的社会实践。任何一位卓越的领导者都不是天生的，都是在实践中经过锻炼而逐步成长起来的。社会实践可以让先天素质好的领导者锦上添花，迅速提高素质；也可以使先天素质差的领导者一点一滴积累，逐步提高素质。

6）同一性

在同一社会同一历史时期，由于具有相同的社会环境和阶级基础，所以，领导素质具有同一性。但由于每个领导者的先天因素、所受教育、个人经历以及主观努力程度不同，因而领导素质又有差异性。有的领导者可以连续使几个濒临倒闭的工厂起死回生，效益倍增，而有的领导者却使好端端的一个工厂效益下滑，走向倒闭。其中缘由固然很多，但在其他条件相同的情况下，领导素质的差异是决定因素。因此，领导素质是同一性和差异性的统一。

7）阶级性

领导者总是处于某一特定社会中，归属于某一阶级，代表着一定阶级的利益。领导者所承担的重要而特殊的社会角色，以及权力运动所产生的深刻、广泛的社会影响，使各个阶级都加倍重视对领导者的塑造，努力按照本阶级的意志、要求，培养和造就本阶级利益的忠实维护者。例如，不同性质的企业领导者所代表的利益不同。国有企业的领导者，既代表着国家的利益，又代表着集体的利益，同时还代表着职工的利益；而私营企业主作为企业的领导者，他们所代表的主要是企业所有者的个人利益。

7.1.3 领导者素质的意义

古人云："欲治其国者，必先齐其家；欲齐其家者，必先修其身。"这充分说明了良好的素质修养对国、对家的重要作用。作为内因的领导素质在领导过程中始终具有不可替代的决定作用，领导者个人素质水准直接影响着领导者的整体水平，是领导优劣成败、升降荣枯的根本原因，甚至关系着整个单位、企业、国家的兴衰。领导者素质的意义主要分为以下几个方面：

1）领导素质造就领导者，是领导方法和领导艺术的源泉

领导者之所以会在各自的风格、特点、作用和价值上千差万别，就是因为他们的领导素质特性、容量及其组合的方式、过程、附加因素等方面存在着许多不同。领导者的优秀程度既取决于各单方面素质的优秀程度，更取决于这些素质融合在一起的综合质量和综合效果。要造就优秀的领导者，不仅要确保各个单方面素质都是优秀的，还要确保这些素质能够以最佳的方式融合在一起，还要确保领导素质综合运用的质量与效果也都是优秀的。通常所说的"高素质"就是优秀的领导素质，无不蕴涵着巨大的能量。这个能量就是强大的生机、活力、凝聚力、主动性、积极性、创造性和开拓性，一旦释放出来，就能变成现实的影响力、引导力、团结力、战斗力和生产力，并带来相应的现实结果。由这些素质造就出来的领导者或领导人才就是企业、事业、国家和民族的优质"栋梁"；由这些"栋梁"构成、支撑、操持或运作的企业、事业和国家就必定牢固坚实、充满活力、强大有力、敢于迎接挑战、能够制胜和成功。

领导活动是一种高强度的复杂劳动，为适应复杂多变的环境，得心应手地开展工作，领导者就必须具有科学的领导方法和娴熟的领导艺术，而领导方法和领导艺术运用得恰当与否，主要取决于领导者素质的高低。领导者的素质表明了领导行为主体的内在构成和行为机理，它从领导行为发出者的角度来探求领导行为的基础、原动力以及领导活动的规律，不仅对领导者自我认识、自我把握、自我提高有直接的帮助，而且对推进领导工作的科学性和艺术性具有先决的作用。领导者素质优良，就能熟练地运用并不断创造出满足实践需要的领导方法和领导艺术；如果领导者素质低劣，那么，再有效的领导方法和艺术也难以被运用，更谈不上创造和发展。所以，领导者拥有良好的素质是其不断改进领导方法和提高领导艺术的基础。

2）领导素质决定领导绩效

领导绩效是指领导者实施领导活动所取得的成绩和效果，是领导素质和一切领导行为的最终反映和综合体现。一般情况下，领导者的素质比较高，在客观条件有利时，他能高效地开展领导活动，出色地完成组织和领导任务，取得理想的领导绩效；而在客观条件不利时，他也可以通过努力，减轻或消除不利因素的影响和干扰，甚至能够根据规律，创造条件，扭转局势，完成任务。一个立场坚定、才智过人、能力突出的领导者，可以使人产生敬佩感和信赖感，即使是在困难的情况下，其属下也会同心同德地跟着他去战胜困难；相反，一个素质低下的领导者，即使权力很大，也很难使人敬佩和信服，不可能顺利实现领导目标，更谈不上取得理想的绩效。一些事业心强、工作负责又有专业知识和组织能力的领导者，能够把本企业的工作搞得很有生气，成效显著；而那些素质差的领导者，不仅工作打不开局面，还常常会把好事办成蠢事或坏事。因此，在同样的条件下，领导素质的高低往往决定着领导过程中决策效能、用人效能、组织指挥效能以及时间效能的大小，决定着领导绩效。

3）领导素质是企业核心竞争力的主要源泉

领导力和核心竞争力已经成为决定竞争结果的关键。因为企业与企业、国家与国家之间的竞争主要是各自人才，特别是领导人才之间的交锋较量。领导者对于这种组织性、规模性的竞争结果具有直接而重大的关系和影响。这是因为领导者是各组织群体的代表，承担着最主要的竞争压力和制胜责任，充当着领导力和核心竞争力的角色。领导者的自身素质直接决定着领导者能否很好地应对压力、化解风险、赢得竞争、担负责任，事关组织群体的前途命运。一个组织群体在大规模激烈的竞争中会有什么样的命运，很大程度上依赖于它的领导者能有什么样的领导素质。

优秀的领导素质蕴涵着优秀的领导力，构成优质的核心竞争力，进而能够自然而然地通过赋予更大的胜算把握和成功概率来引导和指挥组织群体，来面对挑战，从而使整个组织群体在竞争和挑战的压力下，不仅能够生存下去，而且能够发展壮大。

4）领导者良好的素质是我国社会主义事业兴旺发达的关键

毋庸置疑，在战争年代，一支能征善战的军队是胜利之本，那么在和平时期，将社会各种资源有效地组织在一起，使社会财富不断增值的企业则为立国之本。没有企业的发展，没有企业创造财富，社会发展就会失去赖以维系的根基，国家也将失去立国强国之本。而企业领导者作为企业管理的主体，是企业生存和发展中最为重要的人力资源，其作用愈来愈突出，一方面要率领企业全体员工取得最佳的经济效益，另一方面要承担企业的社会影响和社会责任。所以，加强企业领导者队伍建设，进一步提高企业领导者素质，已经成为一项事关全局的、刻不容缓的任务。

人类已进入信息时代，知识经济已初见端倪，科学技术的发展日新月异，市场竞争日趋激烈，我国的经济体制改革和政治体制改革已进入攻坚阶段。在这充满机遇和挑战的时代，各种矛盾层出不穷，错综复杂。能否抓住机遇，把我国建设成为高度文明的社会主义现代化强国，在很大程度上取决于企业领导者的素质状况。一个组织和一项事业的发展，一是靠正确的方针政策，二是靠高素质的领导队伍。领导者作为领导活动的主体，是最能动、最活跃的因素，起着决定性的作用。在社会主义现代化建设过程中，企业领导者既是党的路线、方针、政策的直接贯彻者，又是企业发展战略与决策的制定者和组织实施者，肩负着承上启下、继往开来的历史重任。因此，企业领导者素质如何，直接影响着对党的路线、方针、政策的理解，决定着社会主义现代化事业的兴衰成败。

7.2 领导者内在素质

领导者的内在素质包括品德素质、知识素质、心理素质和身体素质，是德、智、心、体的统一，缺一不可。

7.2.1 领导者的品德素质

品德是一个人的道德素质、涵养和精神风貌的集中体现。品德素质决定了一个人的发展方向。才是果实，德是养料。没有德，人就驾驭不了自己的才能。品德高尚的领导者就像磁石一样吸引着下属，以自身的品德在组织内产生强烈的影响力，使自己成为他们学习的榜样、仿效的楷模。正所谓"德高望重"，这是职位权力无法比拟的一种强大的影响力。做领导者首先是做人，就是要做有崇高的道德情操和精神风貌的人。那么作为一个优秀的领导应该具备哪些品德呢？主要包括以下几点：

1) 正直

正直就是前后一致，以负责的态度采取某种行为。不正直就谈不上领导。每个领导都需要跟随者，跟随是一种信任行为，也就是对领导者的信心。企业领导者若能信任下属，下属也能更信任他。如果下属不信任领导，领导就不可能对下属信任、授权，使之参与管理，或者采用自我管理的方式。不能信任下属的领导是未尽其职责的领导。企业领导者只有正直，并让下属也信任其正直，才能有效地提高企业的绩效。

2) 真诚

在詹姆斯·库泽斯从20世纪80年代直至2002年在全世界范围内的调查中，与其他领导者应具备的性格相比，真诚总是被人选到。真诚在领导者与追随者之间的关系中非常重要。选择真诚的人所占比例虽每年各不相同，但它经常占据了第一名的位置。人们希望领导者诚实、讲道德、有原则。有近90%的人把真诚作为他们的领导人应具备的品质，这意味着所有的领导者都必须赢得人们的心。

3) 笃实

对于领导者来说，要笃实守信、实事求是，大力弘扬求真务实精神，大兴求真务实之风，以诚实、崇实、踏实、平实、厚实的宝贵品德树立威信，具体要做到：

（1）为人诚实。属下、跟随者的信心、信任、信仰很大程度上取决于领导者是否诚信。毁信易、立信难。诚实的人坦诚真实，可能会暴露出很多的缺点，但却能赢得人们的信任。

（2）谋事崇实。现在，少数领导者办事说话不怕群众不满意，就怕上面不注意；不怕群众负担重，就怕上面不看重。这是谋事不实的具体表现，这样做的后果是"政绩"必成"政疾"，最终将丧失民心。

（3）干事踏实，就是要一步一个脚印地抓落实。对于领导者来说，落实才有形象，落实才有权威；对于群众来说，落实才有效益，落实才有实惠。

（4）作风平实。平实亦即平易笃实，是一种看似平淡，实则高雅的行为方式。

（5）根基厚实。就像高尚的人格需要日积月累的磨砺一样，做一个好领导者也需多做打基础、勤积累、添后劲的艰苦工作。

4) 尚智

学习可使人获取智慧，积累学识，陶冶情操，净化灵魂。作为优秀的领导者不仅自己要崇尚学习，更要懂得尊重有学识的人，重用有智慧的属下。随着世界范围内知识更新周期的加快和管理科学的不断发展，领导者的学习不能一劳永逸，必须确立不断学习、终身学习的思想。要通过不断学习、终身学习，不断更新自己的知识结构，适应领导现代化建设的跨世纪大业的要求，同时也适应正在兴起的管理革命的需要，使学习成为提高工作效率和管理水平的必要手段。

7.2.2　领导者的知识素质

当今世界，经济、政治、军事的竞争越来越成为科学技术的竞争、知识的竞争。

在日益激烈的竞争中，领导者不但要加强学习使自己成为具有广博知识的人，而且要以较强的超前意识及时调整自己的知识结构，以适应世界范围内新知识急剧增加、科学技术日新月异形势的需要。领导者的知识素质应该呈"T"字结构，其中"－"代表领导者所拥有的横向的可迁移性的知识，说明领导者知识的广博性；"I"代表领导者应该具备的纵向专业知识，说明领导者知识的深刻性。因此，现代领导者应具备以下知识：

1）法律知识

在依法治国的条件下，社会的法律制度不断健全，人民的法律意识日益增强，无论是领导活动还是企业的经营活动都离不开法律。作为一个领导者只有知法懂法，才能用法律来约束自己和其领导行为，才能够利用法律手段来维护和保障自身及其公司的利益。所以，领导者必须具备法律知识。

2）哲学知识

企业领导者应有一定的哲学知识修养，这是近年来在企业界树立起的新观点。虽然哲学家心目中的哲学是研究人们对整个世界的看法，但是当把哲学与企业经营管理联系起来时，会形成一种"微观哲学"，即管理哲学。在现代管理理论中，管理哲学越来越被认为是驾驭全部经营管理活动的基本观念，具有比管理制度、管理程序和管理方法更高的层次和更重要的价值。因此，对企业领导者来说，掌握哲学知识，实质是把哲学中对客观事物运动发展变化规律的一般认识具体运用于企业经营管理活动之中，建立一整套用于指导企业经营管理取得成功的管理观念、价值观和行为准则，并把它作为一切管理活动的思想渊源。一切成功的企业领导者都应该是有思想、有头脑、富有哲学思维的人。

3）市场经济知识

建立社会主义市场经济体制是我国经济体制改革的目标，在市场经济条件下，如何促进单位、企业更好地发展是领导者的首要责任。要做好这一点就必须具备市场经济的基本知识，熟悉和掌握市场经济的功能、特征、规律，学会在市场经济条件下，运用市场经济法则来经营自己的单位、企业。同时，在经济全球化的背景下特别是中国加入WTO后，面对来自全球的竞争，领导者要了解和掌握世界经济发展的趋势，熟悉国际贸易规则，更好地引领企业参与国际市场竞争。

4）现代科技知识

科学技术是第一生产力，是促进经济发展的重要因素，作为领导者，必须充分重视科学技术对现代经济发展的重要作用。当今世界科学技术迅猛发展，新技术、新产品层出不穷。在日新月异的科学技术的推动下，从企业的生产到国家事务和地方事务的管理，都离不开科学技术，具备现代科技知识也成为领导者素质中最重要的方面。

链接 7-1

1976年4月1日，史蒂夫·乔布斯和史蒂夫·沃兹尼亚克在美国加州库比提诺创办了苹果公司，其核心业务是电子科技产品。该公司在高科技企业中以创新闻名。苹果公司的产品从Apple I、Apple II、Macintosh计算机、iPod音乐播放器、iTunes音乐商店到现在的iPhone手机以及最新推出的iPad平板计算机等，每件产品都引起了不小的轰动。苹果公司打出了"再一次改变世界"的口号。

该公司已经成为全球最重要的科技电子产品公司，不论在软件还是硬件的设计上，实力都非常雄厚。

苹果公司向来注重公司产品的创新，在世界最具创新力的公司中排名第一。苹果公司已经成为标志性企业。

5）现代领导学知识

随着社会发展和企业建设的需要，领导学作为一门科学越来越引起人们的重视。领导行为也因为领导学的发展而进一步规范化和程序化，但规范化和程序化并不是领导行为的简单化，而是要求现代领导者具有更高超的领导才能和领导艺术。领导活动既是一门科学，也是一门艺术。因此，学习掌握一定领导学知识，已成为各级领导者提升管理水平的重要手段。

6）专业知识

领导者的专业基础知识越丰富、越扎实，领导能力就越强。领导者成为内行人，是实践和自身发展的要求。每一行业、部门都有各自的专业基础知识，要想成为内行人就必须掌握这些专业知识，这是能够认识和掌握本行业工作规律的基础。领导者只有掌握了专业知识，才能对工作中各环节进行综合平衡，对工作计划各个要点作出正确判断，对可能出现的矛盾进行预测并采取解决措施，对反馈信息及时处理。

链接7-2

在领导活动和管理实践中，领导者要善于发现和总结各类有价值的领导经验、方法与技巧，善于观察、学习别人的先进实践经验，将这些领导经验、方法与技巧在实践中不断进行验证、分析和提炼，并根据环境的变化不断进行修正，最后形成自己特有的、具有较强适应力的领导方法与领导技巧，并在实践中不断发扬光大。这是组织领导者获取非职位权力的重要方法。从表7-1可以清楚地看出我国企业家的素质状况。

表7-1　　　　　　　　　　我国企业家素质现状（%）

学历＼年份	1993	1995	1996	1997	1998
高中以上	31	20	14	16	18
大专	35	38	39	43	40
大学以上	34	42	44	41	42
合计	100	100	100	100	100

近年来，企业家的素质已有较大提高，但不容忽视的一个现象是许多企业家的文凭是通过非正规渠道获取的，因此统计数据不一定能够反映我国企业家素质的真实状况。应该说，真实情况是不容乐观的。

7.2.3　领导者的心理素质

心理素质是一直伴随领导过程的内在心理机能和特征，直接构成领导者对客观环境、现实、意外情况作出反应的心理基础，是领导者开展领导工作必须始终依托的心理基础。只有具备优良的领导心理者，才能做好领导工作。领导者的心理素质主要包括以下方面：

1）高度的责任感

责任感是指一个人对应尽职责的态度。责任感主要通过态度与价值观展现出来。生活在不同社会条件下的人们，由于其经历、地位不同，对同样的事物会形成不同的态度和价值观。这些不同的态度和价值观在很大程度上影响着人们的行为活动方式，影响着人们的工作和生活状况。

领导者的高度责任感是指要担当起企业的重任，面对各种风险，无所畏惧；面对企业发展过程中出现的各种问题，敢于面对现实，分析原因，解决问题，从不争功诿过，推卸责任；在各种矛盾的漩涡中勇于站在矛盾的中心，挺立于风口浪尖，承担暴风骤雨的打击，从不以个人荣辱为念，不为一己私利而苟安。"苟利国家生死以，岂因祸福避趋之"，便是高度责任感的真实写照。

在现实生活中，由于种种原因，出现了许多不尽如人意的现象。一些领导者抱着浓重的"获利"意识走上领导岗位，缺乏承担责任的思想准备，导致在实践中以领导者责任感缺失为特征的种种不良现象的发生。能给个人带来好处的事就争着上，需要个人承担责任的事，就绕道走；工作中出了成绩，就争着往自己脸上贴，而一旦发生了问题，不是积极分析原因，汲取教训，挽回损失，而是隐瞒真相，推卸责任，追求的不是避免企业和员工利益的损失，而是避免个人利益的损失；在工作中发表意见、处理问题时，不是以企业利益、员工利益为出发点，而是以个人经济利益为出发点。

链接 7-3

作为联合国全球契约的缔约方和成员，联想将公司的战略决策与联合国全球契约的十项原则保持一致，秉持"科技引导 PC+ 时代"的理念，建立了"六为"社会责任实践路径图，为客户、员工、合作伙伴、投资者、环境和社会承担责任。联想的公益计划是由联想集团出资创办，为中国境内的公益组织提供创业和发展资助的公益计划。自 2007 年启动以来，该计划以"让爱心更有力量"为宗旨，相继投入近千万元，帮助和扶持了 60 多家公益组织和项目实现公益目标，已经成为中国具有标志性的公益品牌。作为科技型企业，联想致力于缩小数字鸿沟，探索将电子设备和互联网技术应用于教育领域，推动联想将"科技赋能教育"理念与扶贫工作理念相结合，结合贫困地区的实际情况定制产品，提供可落地实现的信息化助学项目，做业务的同时也在做公益。2014 年，联想"公益创投"聚焦教育领域，将专业与公益相结合。不是简单地捐书，提供几台设备，而是通过项目评比鼓励偏远地区进行教育信息化创新的尝试，利用教育+信息技术的综合创新来弥补教育资源的匮乏，缩小与发达地区教育水平的差距。这种对社会负责任的精神为联想集团树立了良好的口碑，保证了联想集团的持续发展。

2）良好的情感品质

领导人的情感和情绪以及领导者与员工之间的感情联系，对提高企业的管理效能和领导人自身的影响力具有重要的影响。良好的情感品质包括以下几个方面：

（1）有情感控制力。在领导工作中困难和挫折是不可避免的，领导者要在任何情况下都能用理智控制情绪，不发脾气，不灰心丧气，处变不惊，镇静沉着。哲学家奥里留斯说："愤怒是脆弱的标志，显示受创和畏缩。"企业领导发怒造成了下属的恐惧心理和憎恶逆反心理，拉大了与下属间的心理距离。在遇到挫折的情况下，领导者更不能灰心丧气、失去斗志，这种情绪一旦感染到员工，必然给群众带来极坏的影响，给工作造成难以挽回的损失。情感控制力的另一面就是要求领导者在取得成绩、一帆风顺时，不能骄傲自大、目空一切，瞧不起竞争对手和群众，要能抑制并消除自己的骄傲矜持情绪，从而摆正自己的地位。

（2）有情感的表达能力。领导者情感的积极作用，不仅与情感的倾向、真挚和深度有关，而且还与情感表达方式有关。领导者善于根据一定的管理目标、具体环境和职工个人的特点，来决定自己情感表达的方式和分寸，做到既易于为职工接受，又不产生误解。

（3）有揣摩他人内心情感的能力。所谓"揣摩"，指的是对自身以外的事物（包括人和事）的推测、估量、估计、判断等。"知己知彼，百战不殆。"揣摩虽然是一种心理推测，但绝对不是瞎猜、臆断，而是必须以良好心态为基础，以实践经验总结为依据，以认真分析思考为前提。可以说，能否比较全面、客观和准确地推测、估量、估计、判断他人内心情感（或者是事物发展趋向），是现代领导者必须具备的基本功。没有客观的揣摩，就没有客观的领导。由于现代领导者所面对的生活工作环境是复杂多样的，面对的人（包括上司、下级、群众等）也是形形色色的，因此研究人、分析人、认识人、判断人，并针对不同情况来解决实际问题的能力，对现代领导者来说，显得尤为重要。为什么在现实社会中的一些领导者的思维方式总是显得格外特殊，解决实际问题的能力总是显得比其他人强？很重要的一个原因就是其具有多角度揣摩客观事物的能力。如果在实际工作中或是解决实际问题的时候，领导者幼稚无知、无的放矢，认识肤浅、思维偏激，态度武断、蛮横无理，甚至是捕风捉影、风马牛不相及，必然就会出现错误。尤其是现实社会中少数唯我独尊、心态不好、自以为是的领导者，在实际领导工作中总是会产生揣摩他人内心情感（或是事物发展规律）的思维错位状况，要么片面地否定他人，要么错误地估计形势，导致主观臆断、牵强附会、不近情理、强加于人的动机行为，其结果往往都会是适得其反的。

（4）有亲和力的性格。人的性格是一个人心理特征的总和，其内涵丰富。好的性格往往能使他的非权力影响力得到充分发挥，在领导工作中起巨大作用。有亲和力的性格是领导者性格特征中非常重要的方面。有亲和力的性格表现是多方面的：一是要尊重别人，真诚待人。态度上真诚，感情上真挚，地位上的平等，没有高高在上的优越感，没有动则批评指责的作风。工作上听得进反对意见，生活中能如朋友似的交往，这样的性格就能使下属觉得领导者能推心置腹，使其产生极大的亲和力和凝聚力。二是要态度和蔼，平易近人，说话办事晓之以理，动之以情，除需要严肃的场合外都能面带微笑，耐心倾听，说话和气，有理也能让三分，生活上与员工打成一片，经常和员工平等交往。

3）有宽广的胸怀

领导者要同各种不同身份、不同层次、不同类型的人相处和交往，要面对各种复杂的矛盾和棘手的问题，因而必须具有宽广的胸怀。宽广的胸怀对于领导者来说就像一个人有良好的胃，能够及时、顺畅地消化各种食物。

领导者具有宽广的胸怀，首先要能容人。容人包括：既要能容人之短，又要能容人之长；既要能容人之过，又要能容人之功。容人之短，就是对人不能求全责备。金无足赤，人无完人。任何杰出的人，都不可能没有缺点，没有短处。领导者不能一看到别人有这样或那样的缺点和短处就不能容忍，而应当认真分析这些缺点是本质的、主流的，还是非本质、非主流的。只要是非本质、非主流的，就要相信它是可以克服的，并满腔热情地帮助他们改正和提高。只有容忍人们缺点、短处的存在，才能发现人的优点和长处，才能做好发现和培养人才的工作。容人之长，就是要允许别人的优点、长处比自己多。领导者对水平、能力、品行等方面高于自己的人决不能有嫉妒之心，而应当"见贤思齐"。容人之过，就是要正确对待和使用办过错事、犯过错误的人，不借机整人，不把人看成一成不变的，给人以认识和改正错误的机会。容人之功，就是要允许别人作出的成绩超过自己，允许别人的威信和声望超过自己。容人，就应当善于团结人（不是庸俗的拉拉扯扯），不以个人恩怨论亲疏，特别要注意团结与自己有过分歧，有过矛盾，甚至反对过自己的人，不能以老乡、同学等为依据把人分成嫡系、非嫡系、意见一致的、意见不一致的等种种小山头而降低自己的身份，放弃对大多数人的信任而把他们置于疏远的位置甚至推向对立面。

领导者具有宽广的胸怀，就要谦让和善，虚怀若谷。要善于听取与自己相同的意见，更要善于听取与自己不同的意见或批评自己的意见。不能自以为是，把自己当作是先知先觉、无所不知、无所不能、一贯正确的"圣贤"，把别人看成愚蠢的人。既要能够"放下架子"听取不同意见，又要能够"放下面子"改正错误，领导者在任何情况下都不能为了维护自己的面子而拒绝接受正确的意见、拒绝纠正自己的错误，甚至打击报复持不同意见者。领导者不善于听取不同意见，不但会使决策因成为个人情感和意志的翻版而充满随意性、时刻潜伏着失误和危机的风险，而且最终会使脱离群众、一意孤行的领导者伴随着巨大的灾难走向悲剧性的结局。

领导者要想具有宽广的胸怀，就要做到不贪恋权力，不贪图名利地位。如果领导者个人的权力欲、名利欲膨胀，就会成为一个心胸狭隘、鼠目寸光的人，其一切行为都将在个人卑微目的的诱导下误入歧途。以良好的修养战胜自己，战胜权力和名利地位的诱惑，是领导者必须实现的一种自我超越。领导者决不以权力和地位作为自己追求的终极目的，要能够服从事业发展和社会进步的需要，适时地急流勇退。

4）创新精神

在知识经济时代，知识在不断更新，技术在不断进步，产品在不断创新。各级领导者只有具有创新意识、创新精神和创新能力，紧跟社会发展潮流，把握时代脉搏，不断进行理论创新和实践创新，才能把改革和建设事业不断推向前进。单纯的"有知识""会管理"，已经不能适应现代经济和社会发展的需要，已经不是有效领导的关键。"有知识"还要会创新，不能创新，知识再多也没有意义；"会管理"也要会创新，只有不断创新，才能实现有效的管理。只有具有创新意识、创新精神和创新能力的领导者，支持并鼓励创新、带头推动创新，才能担负起时代和事业赋予自己的领导责任。

创新，就要敢于否定权威，敢于否定前人。在各个领域，包括社会、政治、经济领域，大凡有成就者，都会成为一定领域一定时期的权威。但社会历史的发展和世界任何事物的发展从来都不会停留在某一个水平上，一个事物从它产生时就包含了走向消亡的因素。除了时间，任何事物都是有始有终，有生有灭的。不同事物之间的差异只是过程的长短、变化方式的不同。我们应当承认并尊重他们的贡献，但这不等于墨守成规、固守已有的成绩和经验。"芳林新叶催陈叶，流水前波让后波"，领导者必须以其敏锐的目光注视着社会发展和各个领域客观事物发展变化的进程，把握其规律，适时地调整战略、策略和政策，在新的起点上把事业推向新的进步。当然，这种"否定"是对旧的事物的扬弃，而不是抛弃。只有通过创新实现事业的进程，才是对旧的事物和前人最好的认可与尊重，才是有作为的表现。

创新，也要敢于否定自我。一个人在事业上成果卓著、功名显赫之时，好评如云，花团锦簇，会使其陶醉、自满，严重的自恋情结使人故步自封，不思进取。领导者应克服这种心理的消极影响，在任何情况下都能保持清醒的头脑，正确对待自我，把任何已有的成果、经验看作事业发展链条上的一个环节，既善于总结自我的经验。又善于总结他人的经验，不断地产生新的怀疑，提出新办法，解决新问题，以永不停歇的探索实现不断的创新，使事业生生不息。

▌▌链接7-4

华为公司成立于1987年。截止到今天，华为公司已经从最初从事通信交换机产品的贸易代理，快速成长为全球通信行业的领导者。从1992年开始，华为公司就坚持将每年销售额的至少10%投入研发，到2012年底，华为公司拥有7万多人的研发队伍，占员工总数的48%。华为公司在全球有众多研究中心，俄罗斯研究所和法国研究所主要从事数学研究，在华为公司的2G和3G研究方面有重大贡献。华为公司在欧洲等发达国家市场的成功，得益于两大架构式的颠覆性产品的创新，一个叫分布式基站，一个叫SingleRAN，这一颠覆性的产品设计原理理论上可以为客户节约50%的建设成本，也很环保。这种多制式的技术融合，背后有着复杂的数学运算，并非简单的积木拼装。对于华为公司"工者有其股"的制度创新也是华为创造奇迹的根本所在，在股权如此分散的结构下，实现企业的长期使命和中期战略，满足不同股东阶层、劳动者阶层、管理阶层的不同利益，从而达成多种不同诉求的内外部平衡，是极具挑战性的。华为公司研发体制的创新之一，是与全球诸多大客户，包括沃达丰等运营商建立了28个联合创新中心，使华为公司在面向未来和面向客户中长远需求的研发领域，赢得了无数先机。创新促使华为公司从一个弱小的、没有任何背景的民营企业快速成长、扩张为全球通信行业的领导者。

5）冒险精神

在以信息为载体的知识经济时代，新技术和新知识的结合极大地提高了信息传播的速度和广度。企业、单位所处的政治、经济和市场环境更加复杂，变化更加剧烈。不确定性的增加意味着风险的加剧和机遇的增加。在这个不进则退的时代，不冒风险就是冒最大的风险。正如投资的风险与收益成正比的关系一样，风险与成功也是如影随形，有多大的成功就会有多大的风险。人们大都习惯规避风险以减少损失，但也就在无形中远离了成功。所以一个优秀领导应当具有相当的冒险精神和胆略，这样才能抓住稍纵即逝的机遇，取得最后的成功。

▌▌链接7-5

房地产大王霍英东一生都在追逐冒险，曾在盲目的冒险中吃过苦头，但最终获得了备受称道的成功。1948年霍英东得知日本人高价收购可治疗胃病的药——海人草。他认为这是一个发财的机会。他知道柏拉斯群岛（东沙）附近有这类海草，于是，他买了一艘 61 英尺长的摩托艇，带领 80 多个渴望赚钱的人，直奔柏拉斯群岛。在岛上的 6 个月，由于粮食非常缺乏，又没有食用水和医药，加上天气炎热，霍英东等人经受了地狱般的考验。但是他们采到的海人草仅够补贴开支，靠海人草发财的梦破灭了。

霍英东喜欢冒险的性格和冒险失败的经历，使他母亲很不放心让他去经营家族的银行。从此，母子俩分道扬镳。霍英东用自己的积蓄买了一艘拖船，开始做船运生意。

1950 年朝鲜战争爆发，中国开始了长达 3 年的"抗美援朝"。战争需要物资给养，由此也带动了经济的发展，香港的繁荣从此拉开了序幕。当时中国海岸受封锁，香港成了中国对外的物资中转港，堆在这里的军用物资和等待处理的战余物资急需运送出去。霍英东看准了这个机会，很快把自己的驳船业扩大了几倍。

香港《南华早报》发表的美国人 Berte Manson 写的《霍英东发迹史》一书中说："霍英东在'朝战'结束后，至少赚了 100 万美金。"并且，他很快在香港航运界崭露头角，至今仍兴旺不衰。现在，霍英东的航运，除了挖泥、淘沙的船队，还组建了往返于香港和澳门的波音水翼船队。这种时速 80 海里的快艇，每艘可容纳 160 人，每年进出澳门的几百万游客，大多乘坐这种船。这为霍英东带来了丰厚的可靠的利润。

1954 年，在航运上取得初步的成功后，霍英东开始进军房地产市场。在 12 月 20 日这个农历"宜"房日，霍英东花 20 万港元买下了他的第一幢大厦，挂出了"立信建筑置业有限公司"的招牌，从此他跻身于房地产业。香港是弹丸之地，人多地少，寸土寸金，霍英东认准目标后，全身心地投入到房地产的经营中。

从此以后霍英东把业务重心转向房地产行业，靠着他的苦心经营，资产规模从几十万发展到上十亿。到 20 世纪 70 年代末和 80 年代，他名下的 60 多家公司大部分经营地产生意，他本人兼任香港地产建筑商会会长，商会垄断了香港 70% 的建筑市场，霍英东本人也成为香港地产业举足轻重的人物，被称为香港的"土地之王"。

在经营房地产的同时，霍英东也靠勇气、胆识、能力涉入了其他行业。20 世纪 60 年代初，香港工商界人士一般不敢问津淘沙业，因为这个行业需要招收大量的劳动力，投资大，但获利少，弄不好就会破产。正在经营房地产的霍英东却独具战略眼光，海底淘沙，不仅可以获得大量建筑用沙，支持房地产，而且可挖深海床，填海造地，实为一石三鸟之举。因而他大胆迅速行动起来，用 120 万港元买了一艘长 288 英尺、载重 2 890 吨的大型挖泥船，命名为"有容四号"。

如此巨大的投资，这对当时实力还不雄厚的霍英东来说，实在是一次极大的冒险。但实际上，"有容四号"成了霍氏的"挖金船"。随后，霍英东从欧洲定购了一批先进的淘沙机械船，用现代的先进设备取代了落后的手工操作。短短两年多的时间，他就拥有了 80 多艘船，淘沙船达 20 艘以上。

当时，香港经济正处于起飞阶段，高楼大厦如雨后春笋般不断涌现，地产业开始蓬勃发展，建筑用沙需求旺盛，淘沙可迅速获取巨利，但霍英东却从长远利益考虑，有远见地与香港当局和各建筑公司签订了长期合同，获得了中国海沙入口专利权，垄断了香港的淘沙业，并由此间接控制了整个建筑市场。正是由于霍英东的远见，当 20 世纪 60 年代中期，香港发生动乱，地产业跌入低谷时，霍英东的淘沙业却未受损失。

霍英东一生成绩的取得与他的勇于冒险的精神有非常大的关系。

6）坚强的意志

意志是人自觉地确定目标，并根据目标调节、支配自己的行动，克服困难，实现预定目标的心理过程。意志对人的行为具有推动、坚持、改变等方面的作用，是人类特有的心理活动。领导者的意志是在企业管理中为实现管理目标而自觉克服困难时所表现出来的心理品质，领导者坚强的意志是实现领导目标、完成工作任务必备的心理条件之一。

领导者坚韧不拔的意志，一方面表现为冷静面对复杂局面和突发事件的能力。在超乎寻常的复杂局面和意想不到的突发事件发生时，是冷静沉着地应对，还是惊慌失措，是对领导者心理素质的一种严峻考验。领导者必须时刻注意良好心理素质的培养、训练，对各种突然变故要有一定的思想准备，居安思危，在顺利的环境下不盲目乐观，不忘乎所以，在突然事变发生时，要能够做到临危不乱，处变不惊，冷静思考，泰然自若，机智果敢地处理问题，在错综复杂的矛盾面前举重若轻，运筹帷幄，在险象环生的困境中找到转危为安的办法，尽最大努力趋利避害，减少损失，克服困难，把握新的时机。

领导者坚韧不拔的意志，还应当表现为在挫折和逆境中具有超常的耐力。挫折和逆境是人生不可避免的经历，更是领导者不可避免的经历。可怕的不是逆境和挫折，而是因意志软弱、缺乏勇气被逆境和挫折击倒。只要做到无私无畏，不屈不挠，不灰心失意，不悲观消沉，不怨天尤人，正确分析事物发展变化的原因，以乐观、积极的心态面对现实，做应该做、也能够做的事，逆境和挫折就是可以战胜的，而且会给人的意志以极大的磨炼，愈挫愈强，愈磨愈坚，带来意想不到的收获。逆境和挫折给领导者以精神得到升华的契机，使其人生阅历更为丰富，意志更为坚强，具有更为蓬勃的创造力。

‖‖‖链接 7-6

作为法国最有威望的现代总统——夏尔·戴高乐在第一次世界大战中不幸被俘，他连续七次逃跑，虽然最终没有逃出去，但是他从不轻易言败的意志力却是极为宝贵的。在第二次世界大战时，在与德日之战中，法国败阵，戴高乐在流亡英国期间，为维护法国的尊严、带领法国人民走向解放和胜利作出了不懈努力。正是由于为了目标奋斗的坚强意志，他掀过了国家最耻辱的一页，他本人也成了法国人民的英雄和法国现代史上最杰出的总统。

7）强烈的领导动机

具有领导动机的领导者具有强烈的领导他人的欲望。领导动机包括影响和领导他人的愿望，它经常等同于权力的需要。领导动机很强烈的人，会较多地考虑对他人施加影响，赢得一场辩论，或者成为更权威的专家。他们喜欢处于领导的地位，而不是追随者的地位。权力动机包括个性化权力动机和社会化权力动机。领导者需要拥有强烈的社会化的权力动机。

成功的领导者必须愿意对追随者使用权力，告诉他们做什么。根据哈佛心理学家戴维·麦克利兰的观点，这可能是因为有两种不同的控制类型：一种是个性化的权力动机，或者说权力欲望；另一种是社会化的权力动机，或者说领导欲望。个性化的权利动机追逐的是权力本身；社会化的权力动机则是指将权力作为一种达成自己希望的目标或者设想的手段，它的使用是通过发展与他人的网络关系、协作和合作体现出来的。这样的领导者会以一种建设性的方式来处理问题，并且利用角色模型影响他人。因此，组织更需要具有社会化权力动机的领导者。

7.2.4 身体素质

领导工作的性质和特点决定了对领导者身体素质的要求要比一般人严格得多。因为领导者必须忍受和适应不同领导工作的特殊要求，必须忍受繁忙、杂乱而缺少规律的生活方式。唯有强健的体魄才能支撑一个领导者长久的领导生涯，取得领导活动的高效率。如果把领导素质比做一座宏伟的大厦，那么，身体素质就是这座大厦赖以生存的基石。可以这样形象地说：没有"德"的领导是"危险品"，没有"智"的领导是"次品"，没有"心"的领导是"残缺品"，没有"体"的领导是"废品"。任何一项领导工作，都要领导者深入实际，进行调查研究，联系各个方面，思考并解决各种矛盾。这不仅是艰苦而繁重的脑力劳动，而且要付出巨大的心力和体力，都需要健全的体魄来支撑。"身体是革命的本钱"，领导者要有健康的体魄和旺盛的精力，身体健康是领导者其他各项能力得以发挥作用的基础。现代领导活动，不管是决策、组织，还是协调、控制，都是十分繁重的工作。因此，只有身体健康，才能有充沛的精力和强健的记忆力，才能有清醒的头脑，对复杂的事物作出准确的判断。没有健康的体魄，是难以胜任现代领导工作的。

在快节奏的社会生活和社会生产中，有些领导者因工作忙、应酬多，加之对自己的身体过于自信和粗心大意，造成过劳死的现象屡见不鲜，往往给事业和社会造成不可挽回的损失。因此，领导者的身体素质如何，不仅是个人的私事，而且是关系到自己所领导的目标能不能实现的大事。所以，作为一个优秀的领导者必须时刻把自己的身体健康放在第一位，并利用一切可利用的时间来强健自己的身体，让"出师未捷身先死"的憾事尽量不要再发生在企业领导者的身上。

7.3 领导者外在能力素质

能力是一个人的知识智慧在工作中的综合表现，是指领导者运用已有的知识、经验，分析和解决实际问题的本领，是一个人的知识、品德、工作和生活经验等多方面素养的集中体现。一名现代企业领导者应具有如下几方面的能力素质：

7.3.1 用人能力

用人能力是指领导者为完成一定的任务，实现一定的目标而选拔、使用好各种人才的本领。任何一个组织内最有价值、最宝贵的资源是人才。体制会过时，建筑会破旧，机器会磨损，但人才能成长、发展并变得更有价值，只要他们拥有一个了解他们潜在价值的领导者。组织的战略决策目标以及各项方针政策的实现，都必须通过一定的人去贯彻执行。领导者必须明白，自己不可能独自完成所有的工作。"能成事者善用人，善用人者能成事。"作为领导者，善于发现和使用人才是其重要的工作之一。任何成功的领导者都有一个共同的特点，他们知道争取并留住优秀人才，做到人尽其才，才尽其用。

1) 识人是基础

千里马常有，伯乐不常有，一个优秀的领导者应当也必须是一个识人伯乐。正确识别人才是领导者认识水平的最高体现，正所谓"一流之人能识一流之善，二流之人能识二流之美，尽有诸流，则亦能兼达众才"。那么如何识人呢？要识人就要做好以下三点：

（1）视之以行而观其德。看他是否有高尚的情操。领导者在判断一个人是否真正优秀时，要看其是否德才兼备，是否表里如一，不能以一个人的外在表现作为衡量人的唯一标准，而要透过现象看本质，要重德才。

（2）问其是非而观其志。看他是否有远大的志向。任何事物总是不断变化发展的，在识别人才时，要在看清其本质主流后，还要看他的发展趋势及发展潜力如何，要看他是否是将帅之才，是否能迅速进入角色，是否有创造性，是否有良好的心理素质，能否担当起重任。

（3）置之以群而观其融。看他是否有团队协作意识。在团队工作日益重要的今天，一个人是否能与组织快速融合，是决定其在组织中发展的关键。

2）用人是关键

识人的目的在于用人，现代管理学认为，人才的使用应符合能级原理，要根据每个人的特长和能力安排在最适合、最能发挥不同人的积极性、创造性的地方。刘邦说过："夫运筹帷幄之中，决胜千里之外，吾不如子房；镇国家，抚百姓，给馈饷，不绝粮道，吾不如萧何；连百万之众，战必胜，攻必取，吾不如韩信。三者皆人杰，吾能用之，此吾所以取天下者也。"正所谓"骏马能历险，犁田不如牛。坚车能载重，渡河不如舟。舍长以就短，智者难为谋。生才贵适用，慎勿多苛求"。

在用人上一是要唯贤才是举。要坚持能者上、劣者下的任人唯贤的原则。要提倡不拘一格的思想，打破按资排辈的束缚，克服用近疏远的心理，放宽视野，从基层中选拔人才，任用人才。二是要知人善任。为政之要，唯在得人；用人核心，唯在知人善任；知人，唯在知其长短。每个人都有长处和短处，而且表现是多方面的，只要用得恰当，扬其所长，就能使每个人的才华得以充分发挥，还可使缺点向好的方面转化，做到人尽其才，才尽其用。

3）育人为策

育人是领导者形象塑造的一项根本策略、长远策略，也是领导管理的一项基本工程、重要内容。俗话说："人无远虑，必有近忧。"对员工的任用，要重其培养，要全面提高各类员工的知识素质、心理素质，注重品德修养的提高和能力的提升。

善于育人，就要明责授权，善于把人才放在与他能力相当的位置上，让他有权有责，尽情施展自己的才干。这样势必可以提高组织的整体效能，也可以使领导摆脱日常琐事的缠绕，专心于事关全局、长远发展的战略决策问题。作为一个现代领导者，懂得如何授权，如何有效地发挥下属的才能，对于实现有效的领导是至关重要的。

7.3.2　协调组织能力

协调，即协商、调整与调节。这是领导行为过程中的一个重要环节，是领导者通过协商与协调，使各项工作，各个地区、部门、单位和谐地配合，同心协力，团结协作，使矛盾的双方实现某种平衡，进而达到和谐一致的理想境界的行为过程。协调能力是领导者能力素质的重要组成部分，是领导的沟通能力和关系调整能力的综合体现。从小的群体活动，到大的社会政治、经济、军事、文化活动，要把诸多纷争不断的因素接近、靠拢起来，形成一个完整和谐、充满活力的整体，离开领导者的协调是根本不可能的。领导工作过程中的各个阶段的计划、组织、实施、监督都离不开协调；与实施领导过程中有关的行业、部门、地区，也必须进行必要的协调。因此，协调能力是现代领导者应具备的一种重要能力。

思想家亚里士多德说："整体大于部分之和。"这就是说，一个集体如果各部分关系协调得好，有着明快的合作线条，可以产生 1+1>2 的效果。为了做好协调工作要注意以下问题：

（1）注重垂直沟通，正确处理好上下级关系，以保证沟通渠道的畅通。这样才能营造良好的内部环境，培养团队精神，发挥整体的功能。

（2）加强水平沟通，协调好部门与部门、单位与单位之间的关系。随着社会分工的细化，水平沟通显得越来越重要，只有如此才能在行业、单位、部门内实现人、财、物的优化组合，保证目标的实现。

（3）善于发挥团队力量。

一个新型团队应该具有以下的特点：

①团队成员都很清楚且充分了解共同的目标和远景；

②每位成员都很明白自己的角色、责任和任务；

③每位成员都会自动为团队目标献计献策；

④每位成员都能真诚倾听彼此的建议；

⑤成员都能互相信任、支持、士气高昂；

⑥每位成员可以自由表达自己的感受和意见，保持一种真诚的双向沟通；

⑦成员间保持弹性、自由、开放、互助的团队气氛；

⑧团队成员彼此认可与赞美。

组织是领导者常用的一种领导方式，领导者既要会应用组织力量，发挥组织管理功能，更要善于把各种拥有不同才能的人聚集起来，合理安排，形成配合默契、步调一致、团结上进的集体，充分调动下属和员工的积极性，实现组织目标。一个具有好的组织能力的领导者，犹如一个交响乐团的指挥，通过把各种乐器巧妙地组织指挥起来，才能演奏出和谐美妙的乐曲。

7.3.3 决策能力

决策是领导活动中对重大事件作出的择优选择、决断，是一种创造性思维活动，是领导者改造和建设部门，驾驭事物发展能力的表现。决策能力是领导者依据决策原理、遵循决策程序和运用决策方法进行决策的能力。"管理的实质就是决策，决策贯穿于管理过程的始终，决定了管理活动的成败。如果决策失误，组织的资源再丰富，技术再先进也是无济于事。"决策能力是领导能力中最重要的能力，也是促进全部管理工作发挥积极作用的重要前提和保障。

1）决策的要素

决策由三个要素构成，即方案、客观条件和损益值。方案，又称备选方案、可行方案。它是根据决策系统主客观条件提出的满足决策目标要求的若干可行的备选方案，这些方案是彼此独立而又可以互相替代的。客观条件，是指各备选方案在执行中可能遇到的各种状况，如气候与环境的影响、设备的变化、市场繁荣与衰退的影响以及其他人为因素的影响等。损益值，即各方案在不同自然状态下的收益与损失值。

2）决策的注意点

当今世界，信息的爆炸加快了社会的进步，缩短了科学技术更新的周期，这一系列的变化对领导者的决策能力提出了更高的要求。作为领导者要在决策中深入分析以上三个要素，抓住以下三点，做到科学决策。

（1）决策的目的性。决策必须围绕一定的目标展开，没有目标就无从决策。

（2）决策的可操作性。在明确目标后，决策必须实事求是，根据当时的客观条件，制订切实可行的方案。不能实施的决策是无用的，不准备实施的决策是多余的。

（3）决策是最优化的过程。决策是一个过程，是一个不断根据条件的变化挑选损害值最小的方案，并进行落实的过程。

7.3.4 战略思维能力

1）战略思维能力的内涵

所谓战略，是指对重大的、带有全局性的或决定全局的问题的谋划和策略。任何事物都是作为系统而存在的，都是由相互联系、相互依存、相互制约的多层次、多方面，按照一定结构组成的有机整体。这就要求领导者必须牢固树立战略与全局思想，置局部于整体之中，从全局看局部。战略问题是关系全局的问题。凡是关系到全局的存在、巩固、发展的问题，凡涉及组织整体活动目标、方向、未来、成败和根本效益问题，凡在全局中带有共性并有普遍指导作用的问题，都是战略问题。

领导者的战略思维能力是指领导者必须具有强烈的战略意识，善于制定战略规划，并能够正确地确立战略目标，从而不断取得事业的辉煌。战略思维能力作为一种着眼于全局和长远来观察、思考和处理问题的科学的思维方式和领导艺术，是每个领导者必须具备的能力。

链接 7-7

研究海尔的发展历史，我们发现，早在1985年，刚刚起步的海尔就明确地提出了打造名牌的目标。

著名的砸冰箱事件发生在1985年，也就是海尔的起步阶段。谈到这个事件，许多人佩服张瑞敏抓质量的决心，但没有充分意识到他抓牌子的聪明。单纯地从物质效应来看，也许是可以不砸的，因为那些冰箱还可以修理。但张瑞敏就要向全国消费者表态：海尔就是对质量一丝不苟！76台冰箱的经济损失和造就的一丝不苟的名声，两者之间是不成比例的。

想想看，那个时候，许多企业连商标意识都还没有树立起来，更谈何名牌意识？而海尔就明确了这个目标，这是多么的难能可贵！

目前仍然有许多企业认为，自己的企业很小，企业还没有更多的富余资金，所以没有能力实施名牌企业品牌战略。他们不明白，企业不应等大了再搞名牌企业品牌战略，而是应该利用名牌企业品牌战略搞大，海尔就树立了最现实的榜样。

它清楚地告诉我们，名牌企业品牌战略是企业从小变大的催化剂，是从小成长到大的重要桥梁，而不是等到大了之后才能收获的成果。

是否把名牌企业品牌战略放在重要的地位，现在仍然是我国企业没有解决的问题，随着世界经济全球化，中国必将成为世界制造基地，这一点已经没有人怀疑，但是成为怎样的制造基地，仍然有两种可能：一种是没有自己的知名品牌、没有自主知识产权的纯粹的加工基地；另一种是拥有自主知识产权，拥有自己的国际知名品牌的制造基地。这两种结果是大不相同的。

2）提高战略决策水平的途径

21世纪，仅靠领导者的经验、直觉或盲目跟风来对待战略问题，会带有很大的盲目性。一旦发生失误，损失就是巨大的。领导者只有通观全局，长远考虑，研究规律，才能成为成功的战略家。领导者要提升战略思维能力，做好战略决策，要从以下三方面入手：

（1）抓住关键、突出重点，努力提高战略意识。战略意识，是指领导者对客观存在的战略问题的重视和敏感程度，是人们自觉地捕捉、谋划、解决战略问题的一种能力。战略意识是一种高层次的意识，是人类意识活动中的目的性、能动性、创造性的突出表现。战略问题是人们的感官所不能直接把握的，只有通过理性思维才能洞察到。战略问题不会自动呈现在人们的面前，只有去执著地探索、主动地寻求才能捕捉到。战略意识具有超前性，它可以帮助领导者由近知远，科学地预见未来，从而明确战略规划；它可以帮助领导者保持清醒的头脑；它可以帮助领导者在制订近期计划时，明确方向和目标。

（2）兼顾四方、统揽全局，科学制定战略规划。战略规划是战略目标的展开，具有创造性和现实性两大特征。由于有了电脑，时代已进入信息社会，世界每时每刻都在发布信息，人们每时每刻都可以接收信息，但是，接收了信息并不等于掌握了知识，也并不等于有了战略规划。

领导实践中，立足现实，着眼长远，科学制定战略规划，需要进行整体推进。但整体推进并非万箭齐发，而是在重点突破基础上的整体推进。这就要求制定战略规划时，要确立战略目标。这是因为战略目标是战略规划的核心。

（3）立足现实、着眼长远，正确确立战略目标。整个领导活动作为一种有目的的动态过程，必须对过程进行各种形式的控制，而战略目标就是进行各种控制的依据和准绳。战略目标是浓缩了的战略规划。战略目标确定的总任务，是领导者制定战略方针、战略重点、战略部署的出发点。

战略目标是一面旗帜，它反映着人们的长远利益和根本利益，从而能使不同的人向着一个目标采取统一的行动。譬如，看看许多明星企业浮沉的案例，也许会有许多感慨：联想、海尔之所以有稳健的发展，就在于他们不把一时的成功当作目标，而是适时调整战略，追求的是"长线"发展。一般来说，在确立战略目标时，只要抓住关键目标，达到满意就行，不要在一些细枝末节的问题上浪费时间，去追求所谓"十全十美"的"最佳"方案。

7.4　领导者素质的提升

7.4.1　领导者素质提升的要求

1）要理想相同，心气相一

理想信念是人生的动力，人生若没有理想信念生活就失去意义。没有理想、目标的生活，就像没有舵的船。领导者只有树立崇高的理想、信念，具有较高的事业心和责任感，把全部的精力放在工作上，这样大家才能心往一处想，劲往一处使，才有共同的语言。否则，心气不一，有的奋发进取，积极热情，大干快上，有的故步自封，消极冷漠，慢条斯理，企业的整体效能必然降低。

2）要谦虚谨慎，听取意见

领导者一定要时刻牢记"满招损，谦受益"的古训，孜孜不倦，虚心以求，不能让"成绩"成为"包袱"，让"喜悦"成为"狂妄"。领导者要正确认识自己的水平，重新审视自己，找准自己的位置，当集体决定与个人想法不一致时，必须无条件服从，绝不能固执己见。谨慎是一种修养，要学会追求，学会观察，学会倾听，学会比较，真正做到思之而后行、行之而得体。俗话说："水深流去慢，智人话语迟。"作为领导者说话不要过于随便，要考虑自己的话对别人的影响，这样就会少一些误会，多一些沟通。为人沉稳，处事得体，是一个人走向成熟的重要标志。

3）要精诚团结，友好相处

"人心齐，泰山移"，"二人同心，其利断金"。领导成员互相谅解、支持就可产生最大的效能。团结就是力量，团结就可以办好一切事情。如果领导班子不团结就会影响一大片，影响大家的情绪，各项工作就难以开展。

4）要勇于负责，用好权力

在进行领导活动的时候不要计较自己地位的高低、权力的大小。每个领导成员都应该认真负责，兢兢业业，勤勤恳恳地工作，尽心竭力履行自己的职责，按时按质按量完成自己分管的工作任务。平时虽有明确的分工，但分工不分家，要主动互相帮助，互相支持。一方的工作要为另一方的工作创造良好条件，开辟畅通的道路。

5）要及时沟通，主动商量

如果一个群体停止了内外沟通，那么这个群体就失去了生命力，领导成员之间及时沟通，不仅增进了解、减少误会，而且对问题看得更客观些，处理得更妥善些。应当在共事时将自己的同级当作自己的上级看待，予以足够的重视和尊敬。大家如果都这样谨慎，就可以避免很多不必要的矛盾。反之，如果大家互不信任，就会互相戒备，不敢大胆工作。如果当面不讲真话，背后嘀嘀咕咕，那就会搞得人心涣散，组织松懈。

6）要豁达大度，宽厚待人

俗话说："比陆地宽广的是海洋，比海洋宽广的是天空，比天空宽广的是人的胸怀。"心胸宽广的人才能正确地待人处事，增进友谊，团结他人共成大事。一个鼠肚鸡肠的人是成就不了大事的。领导者在开展领导活动时，应该是大事讲原则，小事讲风格，求大同，存小异，互谅互让。要虚心听取各种不同意见，不能因为他人与自己的意见相反就对其否定排斥，侧目而视。要善于与和自己意见不同，甚至反对过自己的人一道工作。

7）要严于律己，为人表率

领导者以身作则非常重要。群众对领导者总是要听其言，观其行的。领导者不仅要有高尚的社会公德，而且要遵守职业道德；不仅是遵纪守法的典范，而且要有出色的自控能力。要善于运用理智控制情感，针对不同场合、不同事情、不同对象，恰到好处地流露自己的情感，并将自己的行为控制在为实现领导目标所容许的程度或范围内。

7.4.2　领导者素质提升的途径

1）加强学习培训

处于知识经济时代，必须不断地补充新知识，学习新技术，才能跟上时代前进的步伐，不然将被社会所淘汰。企业领导者要树立终身学习的思想，把加强学习作为一种责任、一种追求、一种境界。首先要从书本中学习。书本是领导者最基本的知识来源，学习要有目的、有计划、有选择，并注意长期积累，力求事半功倍。

（1）进入正规院校专门进修。这种学习方式可以为领导者提供充足的学习时间，他们可以对企业运营中有关经济、经营、管理、领导等的相关知识进行全面系统的学习，从而从整体上提高领导者的理论素养。由于这种学习方式是领导者在已经具备一定实践经验的基础上进行的，因而更容易将理论与实际相联系，学习也将更有收获。同时，学习的过程也是交友的过程。通过一段时间的学习，怀着共同理想、共同目的的领导者们相互了解，相互协作，从而建立了一定的友谊。这种同学关系在未来的工作中有助于他们之间的相互合作与相互支持，是企业发展的宝贵资源。

（2）在职进修。在职进修与专门进修的最大区别在于进修的时间不同。在职进修是企业领导者们利用业余时间到正规院校学习，是一种集中学习的方式。这种方式的优点是进修者不用离开自己的工作岗位，一边工作一边学习。这样，既可以学习相关的理论知识，使自己的理论素养提高，同时不会影响企业的生产经营，而且还可以将新学到的知识即时地用在工作中，以检验所学理论的实用性。因而，目前大多数的民营企业领导者都愿意采用这种学习方式。

（3）短期专业培训。短期专业培训一般是为解决某一方面的理论知识或其他问题而进行的培训。这种培训时间短、实效性强、针对性强。通过这种培训，企业领导者们可以在较短的时间内学会处理某一方面问题的知识和技能。企业领导者们通过这种方式学习，一则时间安排短而集中，二则内容安排专而实用，又不会影响企业的生产与经营。所以，有相当部分企业领导者愿意通过这种方式进行学习。但这种方式的缺点是所学知识往往是专题性的，虽可以使企业领导者们学到某些知识或技能，但这些知识或技能缺乏整体性，从而大大弱化它们的功能与作用，也容易使企业决策因为所学知识的局限性而出现失误（因为任何决策都是对问题的综合决策，因而所要考虑的因素应是全面的，所涉及的知识也应是全面的）。

（4）自学。并非所有的企业领导者都有充分的时间到正规院校进修、在职进修或参加短期培训。而且，就学习的过程来说，所有的进修均是短期的。而要真正跟上时代的发展或走在时代的前列，就得不断地学习，而这种学习从根本上来讲是自学。由于现代科学的发展，自学的方式较传统上有了很大的进步。传统上的自学就是自己购买大量的书籍资料进行阅读、钻研。现代自学方式虽然不排除使用这种方法，但也包含了大量的新手段，如网上学习，购买录音带、VCD光盘。总之，现阶段由于实现手段的多样性和有效性，因而对企业领导者来说自学是容易取得成功的。

（5）参加经验交流活动。经验交流活动一般是企业领导者们聚在一起对经营进程中的体会进行交流。企业领导者们可以通过这种活动得到很多启示或体会，从而有助于他们提高自己的经营能力。同时，有些领导者通过长期总结，进而形成一些经营管理的理论，这样就完成了经营管理从感性到理性的转化。但这种学习方式的作用尤其是理论提升方面的作用是非常有限的。

2）加强实践锻炼

对提高素质来讲，学习重要，实践更重要。领导者要提高自身的素质，最有效的途径就是投身于企业实践。一定的领导素质，只有在领导工作实践中才能得到发展和提高。列宁曾说过，脱离开实践，孤立地讲优良品质，这在政治上是很不严肃的。实践出真知，实践长才干，素质需要在实践中体现。企业领导者必须自觉地在实践中锻炼和培养自己的素质。领导者只要坚持深入实际，调查研究，就能学到书本上学不到的东西。实践是领导者提高素质、改变作风的大课堂。

作为当代企业领导者除了努力学习知识之外，还要结合自己的社会实践，在实践中改造自己，提高素质。时代在发展、社会在进步，每个企业所面临的环境也随着时代的不同而变化。不同的经济理论也有不同的适用背景，作为一个出色的企业领导者，必须勇于实践，把所学到的理论知识与企业的实践结合起来，灵活运用，因地制宜，因时制宜，制定有自己企业特色的发展规划、战略决策。每个成功企业可能都有自己的成功经验，但未必适用于其他企业，所以作为企业领导者，必须勇于在实践中检验自己决策的科学性、有效性，善于从实践中总结成功的经验。常言道，实践出真知，当前企业领导者要想提高自身素质，适应复杂多变的环境，就要将理论知识的学习和运用同自身岗位的实践结合起来，勇于探索，勤于思考。

3）提高自身修养，要进行经常性的自我反省

在社会主义市场经济的复杂环境下，企业领导者更需要保持清醒的头脑，在繁忙的工作之余，要能够静下心来对自己的所作所为经常做认真的反省和检查，时刻以"自重、自省、自警、自励"的标准要求自己，以"吾日三省吾身"的精神修炼自己，对的坚持，错的改正，好的发扬，坏的克服。一个企业领导者千万不要只顾往前

干，不知回头看。更忌讳的是，明知不对，还要坚持，文过饰非，我行我素。所以，企业领导者要严于律己，"勿以恶小而为之，勿以善小而不为"。领导者加强自己的道德修养，首先要"正心""修身"，做到"为政以德"，强调德才兼备，以德为先，在实际工作中身体力行。

4）不断总结经验教训，逐步提高

除了勤学习、勤实践外，还要勤总结。只有不断总结经验，才会有所发现，有所前进。总结是为了更好地指导实践。要善于总结，揭示领导活动中规律性的东西，认清在实践中哪些是成功的，哪些是失败的，成功的经验是什么，失败的教训是什么，如何巩固成绩，纠正错误，以利再战。因此，企业领导者千万不要忽视总结、提高这个途径，要勤于动脑，善于思考，从以往的成功和失败中吸取提高自身素质的因素，总结一次，提高一步。

5）加强创新能力的培养

创新能力是领导者在组织和所从事的领导领域中善于敏锐地观察现有事物的缺陷，准确地捕捉新事物，在此基础上通过分析、判断和推理，作出大胆的推测和设想（如创意），然后进行周密的论证，制订可行方案并付诸实施的能力。创新能力包括组织的创新、技术的创新、产品的创新和观念的创新。这些创新能力是领导者带领组织走向成功的关键。创新能力的培育需要做到以下几点：第一，要培养广泛的兴趣。第二，要培养敏锐的洞察力。第三，要培养创新思维能力。第四，要富有独立意识和坚定的信心。第五，要坚持终身学习。

本章小结

领导者素质是指以领导者个体的先天禀赋为基础，通过后天学习和实践锻炼逐步形成和发展起来的内在的、稳固的、长期的基本观念、基本品质和基本能力的总称，是领导者从事领导活动必须具备的内在条件。

领导者素质的内容包括内在素质和外在素质。内在素质是指德、智、身、心四大方面，而外在素质就是在综合利用内在素质的基础上，在领导活动中所体现的领导能力。

领导者的内在素质包括品德素质、知识素质、心理素质和身体素质，是德、智、心、体的统一，缺一不可。

能力是一个人的知识智慧在工作中的综合表现，是指领导者运用已有的知识、经验，分析和解决实际问题的本领，是一个人的知识、品德、工作和生活经验等多方面素养的集中体现。

提升劳动者素质的途径包括：加强学习培训；加强实践锻炼；提高自身修养，要进行经常性的自我反省；不断总结经验教训，逐步提高；加强创新能力的培养。

本章案例

两个"比尔"的比较

比尔·克林顿，美国前总统；比尔·盖茨，微软公司原总裁。美国《时代周刊》曾评出"美国最有影响力十大人物"，名列第一位的是克林顿，名列第二位的是盖茨。可见，两个"比尔"都是美国乃至这个世界的重大影响者。一个是政界领导，一个是商界领袖，这两个人在领导特质上有哪些共同点和不同点呢？

比尔·克林顿与比尔·盖茨在许多方面都十分相似。对两个"比尔"进行比较，是一件很有意思的事情。譬如：过去，两个比尔都有能力让成百上千的人高兴，更可以让数十亿人抱怨；两个比尔都想统治国际互联网以及网上的活动；两个比尔都会满足你的需求——只不过是以他们的方式而不是你的方式；两个比尔都相信"越大越好"的原则，一个有膨胀的政府，一个有膨胀的软件；两个比尔都认为美国人别无选择，所以他们用那样的微笑来鼓舞人们；两个比尔都喜欢闲聊许多问题，都喜欢许从来不遵守的诺言；两个比尔都自命不凡，好惹人注意；两个比尔都证明了，任何决定都必然是"在其他可能之外你能够作出的最差决定"；两个比尔最感兴趣的东西都是你的钱包，他们都梦想从人们的钱包里搜刮到更多的钞票（税收和做生意）；两个比尔都想住在这个国家最大的房子里，其中一个是自己付钱的，另一个通过向全世界的知名人士出租房间来付款。

克林顿从小学起就一直是一个品学兼优、情感丰富的学生。他勤奋好学，兴趣广泛，思想活跃，力求拔尖，总是处在一种争强好胜的兴奋状态之中。克林顿从小就爱独立思考，关心社会问题。虽然现在克林顿已经卸任了，但他对人们的影响，他自身的魅力，却留在了人们的记忆中。

盖茨这个神秘的、"令人不可思议"的人物，其成功源于杰出的智商、坚韧不拔的追求、顽强的竞争意识和全身心的投入。盖茨提炼、加工信息的能力很惊人，也许他的思维是数字化的：没有脆弱的感情，没有含混的模拟状态，只有智能。从1981年将微软的MS-DOS安装于IBM的PC机，到1983年将Word软件及Windows操作系统投放市场，再到2000年2月"Windows2000"操作系统正式向全世界发行，盖茨几乎控制了电脑产业，并将主宰21世纪的电脑与通信以及其他许多行业。如果说瓦特的蒸汽机拉开了工业文明时代的序幕，那么，比尔·盖茨的软件则开启了知识文明时代的大门。在未来的时代里，比尔·盖茨的历史地位将十分突出，因为他是历史的改写者，他所发动的知识革命改变了人类的生活方式、生产方式乃至思维方式，从而使人类的文明得到重大发展。

资料来源　常健. 公共管理领导科学艺术案例分析［M］. 天津：南开大学出版社，2006.

问题：

1.从克林顿和盖茨身上来看，你觉得作为一个成功的领导者最重要的素质包括哪些?

2.从这一案例中，你认为政界领导者和商界领袖在领导者特质方面有哪些差别?

复习思考题

1.领导者的素质有哪些特点?

2.领导者的素质有哪些作用?

3.领导者的内在素质包括哪些内容?

4.领导者的外在素质包括哪些内容?

5.提升领导者的素质有哪些途径?

第 8 章

领导者权力与影响力

学习目标

　　拥有权力是领导者的重要特征之一，领导者能否正确使用权力关系到领导活动能否顺利进行，领导目标能否顺利实现，也关系到领导者自身影响力的大小。领导者必须树立正确的权力观，合理地利用自己手中的权力。通过本章的学习，可以明确权力的概念、特性、类别与其所包含的因素；了解权力和影响力之间的相互关系与领导者提高自身影响力的具体途径；充分认识权力变异的后果和表现形式，并采用有效方法，对权力的使用进行制约和监督。

8.1　权力概述

8.1.1　权力定义

对于一个组织的领导者而言，权力的重要性是不言而喻的。在组织中，领导和权力密切相关。权力是一个组织中的领导者对组织成员施加影响的基础，是领导者领导活动能够顺利实施的重要保证，是领导者实现目标的一种手段，群体目标的实现需要权力。拥有权力，也是领导者的重要特征之一。近代以来，西方学者从不同的角度出发，对权力进行了不同的定义：

（1）结果说。该观点以英国著名哲学家罗素为代表。他提出："权力可以定义为有意努力的产物。"他认为：假定两个人都有同样的愿望，如果甲完全得到了预期的结果，而乙只得到其预期结果的一部分，那么，甲的权力就大于乙的权力。或者说，当甲能够故意对乙的行为产生作用时，甲便对乙拥有了权力，结果说主要强调的是行为后果。

（2）概率说。这一观点主要以马克斯·韦伯为代表。他把权力定义为："处于某种社会关系内的一位行动者能够克服他人的抵抗以实现其意旨的概率，也就是在社会交往中一个行为者把自己的意志强加在其他行为者之上的可能性。"在他看来，人的意志并不是总能够借助权力得到实现，因此，权力更多的是表现为一种权力主体实现其意志的机会，是一种强制他人的可能性。

（3）影响说。法国著名的管理学家法约尔认为："权力是下达命令的权力和使别人服从的权限，必须将管理人员的政治权力与由智力、经验、道理价值、领导能力、过去的工作经历等形成的个人权力分开来。作为一个出色的领导人，个人权力是正式权力必不可少的构成部分。权力既可以产生于组织，也可以产生于对匮乏供给和对生产资料的控制，还可以产生于法律和其他的一些要素，因此，权力是一种影响他人做某事的力量。这种力量可能是强制性的，也可能是来自领导者自身的人格魅力，表现为下属的自愿服从与自愿归属。"影响说主要着眼于领导者通过正式职权和个人人格感召力对下属施加影响的程度。

（4）能力说。美国学者托马斯·戴伊认为："权力是担任某种职务的人在做决定时所具有的能力或潜力。"亨利·艾伯斯指出："某一个人或团体有能力影响另一个人或团体的活动，这就是权力。权力使某一行为出现，要不然本来是会发生另一种不同的行为的。"

中国学者对权力也有着各种不同的定义，例如万斌在其《政治哲学》一书中提出："权力是一个人根据自身的需要，影响乃至支配他人的一种力量。权力是一种关系范畴，是一种强制性力量。"李景鹏指出："权力就是根据自己的目的去影响他人行为的能力。这就是说，权力是一种力量，依靠这种力量可以造成某种特定的局面或结果，即使他人的行为符合于自己的目的性。"宋定国等人认为："权力，是指一定的社会主体个人或组织为了达到一定的目的，通过一定的方式支配或制约客体的一种现实能力。从主体的外部来说，权力是与把意志和利益施加于受支配者的能力相联系的；而从主体的内部来讲，它是和受某种意志和利益支配的人们自愿或被迫服从相联系的。"卢少华、徐万珉在《权力社会学》中则将权力定义为："某一主体凭借和利用某种资源能够对客体实行价值控制致使客体改变行为服从自己，以实现主体意志、目标或利益的一种社会力量和特殊的影响力。"

综合以上观点，我们认为领导权力就是领导者（权力所有人），遵循相关的法律法规，运用多种方法与手段，在实现特定目标的过程中，对被领导者（权力相对人）作出一定行为与施行一定影响的能力。在权力的概念中，通常包含以下几个要素：

（1）权力主体。权力主体是权力存在和起作用的前提，在权力关系中，处于主动和支配的地位。权力主体主要是指拥有权力的领导者，包括党政机构的领导者、企事业单位的领导者以及广大的社会组织中的领导者等。

（2）权力客体。权力客体是权力主体行使权力所指向的对象，是权力实现过程中不可缺少的物质承担者，权力必须通过客体才能实现。权力客体主要是指领导者的下属，以及由领导者下属组成的不同组织和社会集团等。

（3）权力目的。权力主体行使权力，无论客体是谁、后果如何，都在一定程度上反映着主体的利益，带有目的性。这种目的可能是权力主体个人的意志和利益，也可能是权力管辖范围内所有成员的意志和利益。

（4）权力作用方式。权力作用方式是权力主体与客体二者间作用的中介，是领导者行使权力，对其下属施加影响的手段，既可以是强制性的手段，也可以是非强制性的手段。

（5）权力后果。权力后果是权力运行过程结束后所得的结果，任何权力的行使都有一定的后果。权力主体的权力行为，既可能是权力得到完全的落实，实现预期的目标，得到良性的结果，也可能是权力没有得到完全的贯彻，未实现预期的目标，得到恶性的结果。

‖‖链接8-1

权力姿态与支配地位

通常，我们仅通过注意观察两个人之间的行为，就能获得关于相对权力分布的某些线索。为数众多的权力暗示，值得我们加以关注。

等级秩序（pecking order）一词是指群体之间在地位上存在的差异。这提醒我们，人类社会组织的很多方面都可以追溯到，或者至少类似于其他物种的行为。动物王国中存在多种多样的、令人着迷的程式化行为，这些行为反映了特定物种中的某一成员向其他成员展示其相对的统御地位或服从地位。这类行为机制有适应方面的意义，因为它们倾向于减少实际发生的身体对抗，并维持稳定的社会秩序。例如，低阶层的狒狒会走到一边，让高阶层的雄性狒狒通过；当后者盯视它们时，它们会变得紧张不安。最高阶层的雄性狒狒有权选择睡觉地点和交配对象。狒狒了解自己的地位。如同人类一般，等级意味着特权。

我们自己程式化的权力秩序已经成为第二天性，但我们往往意识不到它们的存在。如同在其他动物中一样，人类社会中也存在着权力关系的"舞步"。下面列出了人类社会中以某些非语言形式表达出的权力关系。

（1）直视。在美国社会，地位较低者直视地位较高者是不尊重他人的表现，但反过来，地位较高者无须服从类似的限制。例如，儿童被告知不可以直视其父母。关于两性之间的权力关系可以作出一个有趣的评注，即女性更有可能避开男性注视的目光，而反之则不然。

（2）用手指点。儿童也被告知用手指指点点是不恰当的行为。然而，成年人很少互相纠正其指点他人的行为。这不仅是出于礼节方面的考虑，对于地位较高者或者那些想要维持其统御地位的人，用手指点他人是可以接受的行为。愤怒的上司会食指指人，指责他的员工，如果员工想保住他们的工作，他们基本上不会以同样的方式作出回应。同样的行为限制也适用于皱眉。

（3）触摸他人。在未得到许可的情况下触摸他人、侵犯他人的个人空间，只有在该人地位较高时才是可以接受的行为，但若该人地位较低，情况就不同了。例如，上司或教师将手放在员工或学生的肩上是可以接受的，反之则不然。这种不平等的限制也适用于社会经济地位，拥有较高社会经济地位的人更有可能触摸社会经济地位较低的人，反之则不然。

（4）插嘴。事实上，我们所有人都曾打断过他人的谈话，并且我们也都被他人打断过。然而，关键的问题是谁在打断谁的谈话。权力较大或地位较高的人打断他人的谈话，权力较小或地位较低的人的谈话被人打断。在美国社会中，两性之间打断他人谈话的行为发生的频率存在极大差异。与女性相比，男性更频繁地打断他人的谈话。

8.1.2　权力的特性

领导权力有着以下的特性：

1）领导权力的职位性

只有占据领导职位的人才拥有相应的权力，并且权力的大小与职位高低相关。领导职位是依法律规定，按一定的程序由个人获取的。由于领导职位是依法获取的，因此领导权力的职位性特征可称为法定性特征。

2）领导权力的向心性

领导权力的向心性是指权力总是趋向一个稳定的中心，不仅在一个组织当中权力不是平均分配，而是掌握在部分领导者手里的；而且在这个核心权力团队的内部，权力也不是平均分配的，总是有一个人作为核心来做决断、主持大局。

3）领导权力的工具性

领导权力只是一种工具，而不是目的。它是权力主体获取利益、实现其目标和意志的主要手段。权力的行使总是与一定的目的相联系的，运用权力进行统治和管理，其目的不在行为本身，而在于实现和维护特定的利益。

4）领导权力的强制性

作为一种控制力和支配力，领导权力的突出特性之一就是使他人意志服从自己意志，而且这种服从根本上无须事先征得他人同意，领导权力是一种自上而下单向运行的权力，不可逆转。这就是权力的强制性，也可称为权力的单向性或不可逆转性。但同时须注意这种特性运行的前提是领导者行使权力的合法性、公正性与责任性。

5）领导权力的相对性

领导权力的相对性可从两方面去理解：一方面，权力主体与权力客体之间的关系及其性质划分是相对的。在一定范围内的权力主体在另一较大的范围内有可能是权力客体，此范围内的权力客体在另一较小范围内有可能就变成了权力主体。权力总是体现在特定的领域和范围之中，一旦超越这个范围和界限，权力就会失效或异化。另一方面，权力主体的作用力也是有限的，它对权力客体的支配只能达到一个特定的"度"，而不可能是无限的。同时权力主体通过权力实现的只能是一部分而不是全部的利益。

6）领导权力的双向性

领导权力本身具有内在的矛盾性：一方面，它是同整个组织需要和组织目标相联系的，具有维护组织整体利益的功能；另一方面，它毕竟是由组织中的一部分人所直接掌握，因而同掌权者的集团利益和个人利益相联系。因此，它是一把具有双向功能的"双刃剑"。权力主体既可以运用权力促进组织目标的实现，促进组织的发展，为组织成员谋福利，也可以利用权力为自己谋取私利，给组织带来不良影响。

7）领导权力的诱惑性

权力能带给领导者普通人所没有的荣誉、地位和财富，权力的运行过程也是一个领导者对其掌握的社会资源进行再分配的过程。这个过程给一些掌权者利用手中的权力谋取私利提供了机会和条件，因而权力就会对掌权者产生巨大的诱惑性，如果离开了有效的制约与监管，利用权力谋取私利的腐败现象就会应运而生。

8.2　领导者权力

8.2.1　领导者权力的分类

我们平时所说的权力，实际上是对各种类型的权力的总称。严格地说，权力是分为各种类型的，从不同的角度自然可以有不同的分类。例如，根据权力的性质和结构，可将权力分为政治权力、经济权力、社会权力；根据权力主体所代表的范围不同，可将权力分为个人权力、集体权力、国家权力；根据权力客体的服从状况和权力实现程度不同，可将权力分为潜在权力、现实权力等。在大多数讨论中，领导权力对于领导者来说有五种形式，如图8-1所示。

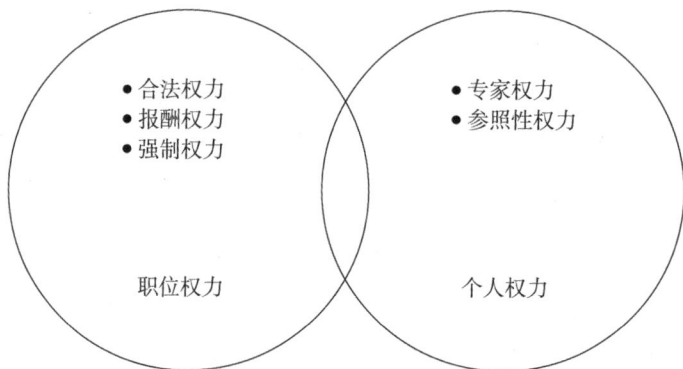

- 合法权力
- 报酬权力
- 强制权力

职位权力

- 专家权力
- 参照性权力

个人权力

图8-1　五种形式的领导者权力

1）合法权力

合法权力是由组织中的职位所授予的权力，这种权力是由个人在组织中的地位决定的。例如，如果某人被选举为一个组织的领导者，这个组织中的成员就会明白在工作中他们应该遵照此人的指令行事，组织成员的服从是因为他们认为这种权力是合法的。拥有合法权力的个人凭借与其职位相当的要求、责任来施加影响。也就是说，职位权力是随着一个人被任命，担任组织中的某一特殊职位所产生的，当其不再担任此职位时，职位权力也就随之消失了。

2）报酬权力

这种权力是从决定他人报酬的权力中派生出来的，组织的领导者掌握着组织中的各种资源，这些资源往往是组织成员所重视的，例如加薪、晋升、参加培训以及给予额外奖金的权力等，领导者利用所控制的这些资源就可以对组织成员施加影响。领导者报酬权力在一定程度上也取决于他们所在的职位，职位的高低不同，他们给予组织成员报酬的类型和频率也就不同。

在某些情况下，领导者运用报酬权力也会带来一定的问题。例如，组织成员对组织中奖励政策的公平与否的感觉与奖励内容本身同样重要，只有他们认为组织的奖励是公平的时候，领导者报酬权力才能得到有效的实施与利用。报酬权力的另外一个问题是，它可以使组织成员遵从领导者，但无法产生其他的有益结果，如组织成员的归属感、责任心等。

3）强制权力

强制权力是指通过负面处罚或剥夺积极事项来影响他人的权力，是指那些惩罚或是建议惩罚的权力。当领导者具有解聘、降级、评价或减少薪水的权力时，便具有强制权力。组织中的某个员工表现不理想时，他的上级领导就会利用强制权力去批评他，甚至降职或降低薪水。强制权力是合法权力和报酬权力的负面表现。

4）专家权力

专家权力是指领导者具有其下属所做工作的专业知识和技能，由此给领导者带来的权力。专家权力的核心是领导者渊博的知识和特殊的才华。古希腊哲学家苏格拉底早在2 000多年前就指出："无论在什么情况下，人们总是最愿意服从那些他们认为是最棒的人。所以，当人们得病的时候，他们最容易服从医生，在船上则服从领航员，这些人都是他们各自领域里最有技能的人。"当一个领导者是一个真正的专家时，他的下属会由于他所具有的出众的知识水平和工作技能而赞同他的建议。这种权力的形式与领导者的职位无关，是由领导者自身所决定的。

5）参照性权力

为消除因缺乏专长而产生的问题，一种方法是构建与下属之间牢固的个人纽带。参照性权力是指由于领导者与追随者之间的关系强度而产生的潜在影响。当人们钦佩一位领导者，将他视为楷模时，我们就说他拥有参照性权力。例如，学生可能对一位受人喜爱和尊重的教师提出的建议和要求作出正面反应，但同一群学生可能漠视其他不那么受欢迎的老师。这种反应程度上的差异主要源于学生与不同教师之间关系强度的函数。有一位年轻的陆军中尉，他对那些为他工作的军队警卫拥有极大的参照性权力，因为他对后者表现出无私关心，这点在他总是在警卫晚上值勤时带给他们热巧克力、自家做的小甜饼的行为中表现得很明显。有时在其他军官看来，这些警卫的工作是理所应当的，因而警卫们了解和珍视这位年轻上司为他们付出的额外努力和牺牲。当巴迪·瑞恩（Buddy Ryan）从费城之鹰橄榄球队总教练一职上被解雇时，很多球员对他表达了强烈的忠诚感。一位球员说道："有些事我们只会为巴迪而做，不会为其他教练做。"这就是参照性权力。

链接 8-2

Rachel 的领导权力

1978年，Rachel Hubka 加入了 Chicago-base Stewart 公共汽车公司。作为一名车辆调度员，她很快给自己定下了了解公司内所有工作的任务。当她爬上爬下做一些平凡的琐事时，她工作的热情不仅使她保持了稳定的地位，而且帮助她掌握了为公共汽车安排日程这个复杂的线路选择系统，增强了她在培训和解雇司机方面的技能，开发并实现了一个安全系统。于是，她逐渐成为公共汽车运营领域的专家。当 Chicago-base Stewart 公司的所有者将公司出售的时候，Hubka 买下了它，并改名为 Rachel 公共汽车公司。

Hubka 经常要解雇那些临时工，比如司机，但是她却向他们提供全面的培训，像对待专业工人那样对待他们。因为她在公共汽车运营方面的专业知识，她赢得了雇员们的尊敬。她不仅掌握了公司的整体发展情况和将来要建立的组织结构，并且清楚公司里的每一工作细节和难点。Hubka 还发挥了参照性权力，雇员们真诚地喜欢她，喜欢她在公司里创建的"学习的环境"。在 Rachel 公共汽车公司里，没有行政管理系统，Hubka 办公室的大门对每一位员工敞开，可以讨论任何事情。她被认为是一个非常好的倾听者，并且可以引入有意义的对话。她用企业家的梦想去鼓励自己的员工付诸实现。当她的员工离开公司开创自己的生意的时候，她会为他们感到骄傲。雇员们赞美她、尊敬她，因为她工作努力、无私奉献以及在经营方面知识丰富，还因为她尊敬每个人，将心比心地对待每一位员工。虽然她也使用报酬权力来影响追随者，但是她强大的专家权力和参照性权力意味着 Hubka 很少有机会使用强制权力。

在这五种领导者权力中，合法权力、报酬权力、强制权力被认为是职位权力，很大程度上是由组织的政策和程序规定的。一个人在组织中的职位决定了他拥有权力的多少，尤其是考虑到报酬和惩罚会对组织成员产生影响他们行为的能力时。同时我们也要看到，除去职位权力，还要考虑到领导者个人的权力，有效的领导者不仅仅是靠正式职位所赋予的权力去影响下属而达到目标，同时也要依靠专家权力与参照性权力这两种个人权力。这两种个人权力主要来源于领导者的专门知识与人格特点。这五种权力类型的比较见表8-1。

8.2.2 领导者应用权力的影响

领导者应用权力的目的是为了影响其下属，让组织成员去完成那些为了实现组织目标所必须做的工作。领导者行使权力对组织成员形成的影响主要表现为以下三种情况：

（1）支持。当领导者成功使用权力时，其下属会采纳领导者的观点，同意领导者的决策或请求，并尽最大的努力去执行领导者的各项命令。支持是领导者对其下属最成功的影响结果，可以保证组织工作向着领导者期望的方向发展。尤其是在领导者推行变革时，下属的支持对领导者来说尤为重要。

表 8-1   权力类型比较

权力类型	权力来源	权力过程	下属与领导者关系模式	要求的条件	领导者的行为特征	优点	缺点
合法权力	法定的	认同与服从的统一	领导者与下属的一致关系	领导者与下属具有相似的价值观	作出决策，下属服从	具有明晰的领导关系、行动比较迅速	领导者难以引起变革
报酬权力	下属的恐惧或期望	顺从	下属想从领导者那里获取某种反应，即渴望得到奖励，避免惩罚	领导者必须对下属进行监督与控制	领导者给与不给自愿，以求下属服从	迅速有效	成本较高
强制权力	下属的恐惧	服从	下属被动执行，渴望获得一种安全感	领导者必须对下属进行监督与控制	对下属进行命令与威胁	迅速有效	成本较高
专家权力	信任	内在化认同	一致性关系	领导者与下属具有相似的价值观	下属自愿执行	有效、可信	不能绝对保证效果的充分性
参照性权力	吸引力	辨认	渴望与领导者建立关系	领导者在下属面前具有显著的优越地位	下属自愿执行	成本较小，具有内在鼓舞力	可能会限制领导者的行为

（2）顺从。顺从意味着无论下属是否同意领导者的观点，他们都会服从领导者的命令，接受领导者的要求，执行领导者的决策，但他们并不会尽全力去完成工作，仅仅是为了达到领导者的要求，下属的潜能没有得到充分的发挥。

（3）抵抗。抵抗意味着下属反对领导者的观点、决策，并且会故意的、努力的避免执行领导者的命令或是企图违反命令。如试图劝导领导者重新考虑问题或改变要求，拖延执行以期望领导者改变决策，以及作出假装的服从但试图破坏任务等。抵抗意味着领导者权力应用的失败，会给组织的各项工作带来种种不利的影响。

8.2.3 领导者权力的来源

在领导活动中，领导者的权力主要来源于以下几个方面：

（1）职位。在组织中，领导者的职位赋予了领导者管理组织中成员、掌握组织中各项资源的权力，领导者通过自己的合法权力来设置目标和指导活动。职位是领导者权力的重要来源。

（2）资源。组织中的领导者拥有组织的绝大部分资源，这些资源掌握在领导者手中，由领导者进行分配。这种资源的分配关系加剧了下属对领导者的依赖程度，也带来了领导者权力。

（3）信息。在当代组织中，尽管信息的流动与共享越来越广泛，但组织中的领导者在大多数时候仍然能比组织成员获得更多的信息。领导者可以通过掌握获取信息的渠道，决定向谁分配信息以及分配信息的程度和方式来影响下属，并影响组织中决策的制定和采取的措施。对信息的控制是领导者的一个重要权力来源。

（4）不确定性。环境的变化会影响到组织，给领导者带来不确定性与复杂性。在处理突发的不确定性事件时，领导者往往能行使比平时更大的权力。领导者会充分应用自己的各项权力对组织成员去施加影响。在面对突发事件时，下属也更乐意接受领导者更多的指示与安排。领导者如果能够很好地处理突发的不确定事件，他们就会拥有更多的权力。

8.3 领导者的影响力

8.3.1 领导的权力与影响力

简而言之，领导影响力就是领导者在与他人（包括下属、同级、上级及外部人员）交往的过程中，影响和改变对方心理与行为的能力。美国学者托马斯·奈格尔提出影响力是行动者之间的一种关系，即一个或更多行动者的需要、愿望、倾向或者意图影响另一个或其他更多行动者的行动或行动倾向。这种关系在领导的层面表现为一种力量。这种力量就是人们通常所说的威信或威望。领导的威信主要是由领导者个人的很多素养在其下属心目中形成的形象所决定的，再加上领导者的权力，便构成了领导者的权威。领导影响力有大小、正负之分。正影响力可以促进下属积极、向上的心理和行为；负影响力则会导致下属消极、抵触的心理和行为。

在领导活动中，从社会作用的角度来看，领导影响力是领导与社会互动产生的一种效果，这种效果既有正面与负面之分，也有强弱之分；从领导实质来看，影响力是领导的重要功能，因为领导是一种影响一个群体实现目标的能力，作为领导必须具有影响力；从领导者的角度看，影响力是权力与能力的综合体现，是一种影响和改变他人态度、观念、情感和行为的能力，也是影响一个群体、一个组织实现组织目标的能力。

西方管理学界认为：领导影响力的构成基础主要是权力，是权力赋予个体或集体以影响他人的能力。在很多情况下，权力与影响力的概念可以互换。例如美国社会学家 Willer 在其文章中指出：权力就是"影响行为、改变事情的进程、克服阻力和让人们进行他们本不会做的事情的潜在的力量"；德国著名社会学家马克斯·韦伯认为：权力是"社会关系中的一个行动者扮演某种角色以排除阻力达成自己意愿的可能性"。从这些学者的论述中可以得出这样的结论：权力就其本质而言也是一种影响力，但权力带有更多的强制性色彩，是一种特殊的影响力。

近年来，一些学者倾向于在社会交换结构理论的基础上研究权力，而在身份个性与期望状态理论的基础上研究影响力。Willer 等就权力与影响力问题提出的观点具有一定的代表性，他们认为：权力是由社会结构决定的、是基于交换的；而影响力是在相互关系中提供利益的能力，是在社会互动中改变他人信仰、态度、预期状态的能力，不涉及对于资源的控制。因此，他们认为，影响力是改变他人的认知模式、认知内容、情感倾向和期望状态的能力。虽然不同学派和不同的研究者对影响力的范围与界定在认识上存在着一定的差异，但他们都认为领导者的行为对单个或成组的追随者的心理反应有着最直接的影响，追随者的态度、情感、感受、动机和期望都会随领导者的表现而改变。追随者对组织和工作的满意度、组织忠诚度、工作动机、工作压力以及团队凝聚力，都与领导者影响力水平的高低密切相关。

8.3.2 领导影响力的分类

广义的影响力包括权力性影响力和非权力性影响力两个方面。权力性影响力是职位对职位的影响力，是法定权力的影响力，是由领导者的职务、权力等社会因素所决定的，其作用方式以行政命令为主，表现为被领导者对领导者的被动服从；非权力性影响力则是人对人的影响力，是职位和权力之外的其他因素产生的影响力，是由领导者本身的特质所决定的。这种影响力没有组织或法律赋予的硬性权力作保证，它更多地依靠个人因素发挥作用。

1）权力性影响力

权力性影响力是指个人在社会组织中担任一定的职务，并且具有与职务相应的法定权力所构成的影响力。权力性影响力具有很强的职位特性，是由上级组织赋予领导者并由法律、制度所保证的，与特定的个人没有必然的联系。权力是领导者实施领导行为的基本条件。没有这种条件，领导者就难以有效地影响下属，实施真正的领导。权力性影响力是由三方面因素构成的：

（1）传统因素。在几千年的社会生活中，人们逐渐形成了一种传统观念，即认为领导者不同于普通人，他们或有权或有才，或者兼而有之。这种传统观念逐步成为某种表现形式的社会规范，也就是对领导的服从。这种服从领导的观念，使领导者的言行具有相当的影响力，这种影响力存在于领导者的领导行为之前，是传统所附加给领导者的一种力量。

（2）职位因素。职位是一种社会分工，是个人在组织中的地位。居于领导职位的人，社会赋予他一定的权力，他可以利用手中的权力左右下属，使其对领导者产生一种敬畏感。职位因素的影响力是以法定形式为基础的，与领导者的素质没有直接的关系，是组织所赋予领导者的力量，是存在于领导者实施领导行为之前的。

（3）资历因素。资历指的是一个人的资格和经历，反映着一个人的过去，是领导者因历史原因而形成的对他人的影响，如领导者过去辉煌的经历、特殊的人际关系背景等。组织成员对于资历较深的领导者总有一种敬重感，因而也就更容易接受领导者的领导。

2）非权力性影响力

非权力性影响力也叫自然影响力，它不是外界赋予的，而是产生于个人自身的因素。它是在组织成员对领导者崇敬和信服的基础上而产生的一种吸引力、感染力和凝聚力，是由于领导者自身具有良好的表现而受到下级由衷的敬佩，并依靠自己的威信和以身作则来影响别人的。非权力因素给组织成员带来的影响力要比权力性影响力广泛得多。这种影响力虽然表面上并没有合法权力那种明显的约束力，但在实际中常常发挥出权力性影响力所不能发挥的约束作用。非权力性影响力具体包括以下几个方面：

（1）品德因素。品德是指反映在人的一切言行中的道德、品行、人格、作风等的总和，是非权力性影响力的本质要素，也是构成领导者非权力影响力的基础要素。领导者具有优良品德，有利于树立良好的诚信形象，从而为领导者个人和组织在社会的发展奠定基础；同时也有利于赢得组织成员的信任，吸引下属的追随，解决团队成员之间的各种矛盾与冲突。优良的品德会给领导者带来巨大的感召力，使群体成员对其产生敬爱感。一个领导者好的品德常被下属作为典范来效仿。

链接8-3

华盛顿在美国独立战争中脱颖而出。他作为大陆军的总司令，凭着坚毅的品质和杰出的军事才能，领导北美人民为争取独立而进行武装斗争。历时8年，迫使英国在1783年9月正式承认美利坚独立。

作为美利坚合众国的开国元勋，他被推举为美国第一任总统，又蝉联了第二届总统。任职期满后，他不顾大多数人盼其连任的愿望，毅然回归田园，成为一个普通的美国公民，从而也确立了美国总统任期不能超过两届的惯例。

华盛顿为人坦率、真诚，深得人心。他知人善任，又有极强的判断力和高超的统御能力。他握有至高无上的权力，但却不迷恋权力，全心全意为国为民服务，毕生为美国人民奋斗，200多年来一直受到美国乃至全世界人民的崇敬和爱戴。

（2）能力因素。能力是指能够胜任某项工作的主观条件。能力因素是非权力性影响力的实践性要素，也是非权力性影响力产生的重要内容。领导者较强的能力会给其所在的组织带来更多成功的希望，领导者如果能够顺利实现组织目标，有效应对组织面临的种种挑战，组织成员必然对其产生敬佩感，对领导者也会更加信任，更加拥护领导者的决策。

（3）知识因素。知识是一个人的宝贵财富，是领导者领导组织成员实现组织目标的重要依据。丰富的知识会给领导者带来良好的感召力，会使下属对其产生依赖感。具备这种素质的领导者要比不具备这种素质的领导者在行使权力时顺利得多。

（4）情感因素。情感是人对客观事物的主观态度的一种反映，它表现为人对某个特定对象的好恶情绪。如果领导者与下属之间建立了良好的感情关系，领导者平易近人，关怀体贴下属，最大限度地满足下属的合理要求，解决他们的切身困难，就会使下属产生亲切感和信赖感，使下属对领导者心悦诚服，从感情上接受和服从领导，不仅工作上听从指挥，感情上也能与领导者紧密相连，领导者的吸引力、号召力、影响力就会加大；反之，如果领导者与下属的关系紧张，就会造成双方的心理距离和感情隔阂，从而导致对抗，抵消领导者的正效应影响力，甚至会产生负影响力。

8.3.3　权力性影响力与非权力性影响力之间的关系

权力性影响力与非权力性影响力之间既有区别又有联系，二者之间是一种辩证统一的关系。它们的区别主要体现在以下几个方面：

（1）二者作用的范围不同。权力性影响力受时间、空间、地域、任职部门等限制，一个领导者一般在本地区、本部门有影响力，离开这个特定的地区，影响力就减小或没有，而非权力性影响力则不受上述因素的限制。非权力性影响力是通过领导者的优良素质感染组织成员，进而形成"权威"的形象，即使领导者权力消失，这种崇高的"威望"也会演变成一种无形的号召力和影响。世界上许多伟大的政治家、思想家、军事家对后世的巨大影响，不是由于他们手中的权力，而是由于他们个人的思想、精神和业绩。

（2）二者作用的大小不同。权力性影响力随着权力的大小而变化，权力大则影响力大，其影响的持续时间以该领导者居于领导职位的时间为限，一旦权力消失，则影响力消失，而非权力性影响力具有因人而异的不确定性，影响大者可以影响历史乃至全世界。同时，非权力性影响力不会随着权力的消失而消失。一张任职通知可以提高或降低一个领导者的职务，改变其权力，但不能改变一个领导者在成员心目中的形象，不能改变其固有的非权力性影响力。

（3）二者作用的方式不同。权力性影响力是有形的、外在的，往往是通过正式的行政命令来行使，对下属的作用是外在的，而非权力性影响力是无形的、看不见的，往往是通过领导者自身的素质和自身的言行起作用，被下属所自觉接受，是一种内在的作用。

（4）二者作用的效果不同。权力性影响力体现着组织的意志，它对组织成员来说，是一种不可违抗的约束力，是一种合法的权力。领导者可以依靠权力限制其成员的行动或通过奖惩决定下属的去留，使下属服从其旨意，其效果是使组织成员被动服从，而非权力性影响力则是通过领导者的人格力量、模范行为，在组织成员中产生一种"见贤思齐"的号召力，使之自觉、主动地按领导者意图行事，这样能取得比法定权力更好的领导效果，使组织成员更加信服。

权力性影响力与非权力性影响力之间虽有区别，但它们并不是对立的，是相互渗透、相互联系的：

（1）权力性影响力与非权力性影响力是共同作用的，二者共同促进领导者领导活动的实施。在组织中，成员既要受到领导者权力性影响力的影响，也要受到领导者非权力性影响力的影响。一般情况下，权力性影响力是决定性的，属于制度的范畴；非权力性影响力是能动性的，属于思想的范畴。领导者拥有了权力就有了权力性的影响力。为了顺利施行自己的政策，领导者必须依靠自己的权力性影响力。领导者只有手中掌握实权，才能支配下属，实施领导功能。但这种强制性的影响力只能使下属被动地接受，在领导过程中要真正使下属支持自己的决定，领导者就必须依靠非权力性影响力，只有在非权力性影响力的能动作用下，组织成员才会由被动的接受权力性影响力变成对领导者主动的支持，二者的共同作用才能有效地对下属施加影响。

（2）权力性影响力与非权力性影响力是相互联系、相互影响的。一方面，非权力性影响力制约着领导者的权力性影响力，它既可以加强领导者的权力，同时也会削弱领导者的权力。一个拥有很强非权力性影响力的领导者，会发现自己的各项决策更容易被下属接受。另一方面，权力性影响力也会对非权力性影响力产生影响，如果没有权力，非权力影响力将受到限制，一个普通人虽然品德高尚、知识渊博、才能卓越，具有较强的非权力性影响力，但其影响力总不如其担任一定职位后发挥的大，对于非权力性影响力较大的领导者而言，权力性影响力能起到增加其影响力的作用。一个成功的领导者，必须以权力性影响力为基础，以非权力性影响力作为支持力量，集权力性影响力与非权力性影响力于一身。

8.3.4　提高领导者的影响力

日本松下电器公司创办人松下幸之助曾对领导者的影响力和群体凝聚力有过形象的比喻，他说："群体就像一个需要'箍'的水桶，有了'箍'，各部分才能聚合在一起，才能达到群体预期的目标。"而这个'箍'指的就是领导者所具有的强大影响力。

领导者影响力的大小对领导者履行领导职能、做好领导工作有着十分重要的影响，特别是非权力性影响力的大小，直接决定着领导效能的高低。领导者只有具备较高的非权力性影响力，才能真正得到组织成员发自内心的拥护与爱戴，才能使组织成员满怀信心地在其领导下，认真努力、尽职尽责地完成各项任务。

在市场经济条件下，非权力性感召力在表面上虽然并没有权力性影响力那种明显的约束力，但在实际工作、生活中，它常常起到权力性的强制力所不能发挥的约束作用。因此，领导者必须努力提高自己的影响力，特别是非权力性影响力，以促进领导活动的顺利开展。领导者要想提高自己的影响力，可以从以下的方面入手：

（1）树立正确的权力观，合理用权，同时注意行使权力的艺术，通过高超的用权艺术来提高自己的权力影响力。

①注意用权的合理性。领导用权要职权相符，严格遵守法定的权限，既不违反组织原则对上越权，也不向下侵权，更不能轻易动用、滥用、炫耀法定权力。领导者应明确自身所具有的法定公务性权力是代表组织成员所行使的，不是个人私有的，不能借职务之便为自己谋私。

②要注意行使权力的群众性。权力的实际大小与下属人员的接受程度直接有关，领导者在行使权力时，要尽可能地了解下属的倾向及心态，从实际出发，争取组织成员的认可。这样在实际工作中下属就会愿意接受指挥，承担任务，产生良好的工作效果。

③要注意行使权力的创造性。领导者要有效地使用权力，就必须审时度势，依据权变思想，根据具体情况，创造性地行使权力。通过权力的运用，开创组织工作的新局面，取得最佳的工作效果。

‖‖‖链接8-4

著名教育家陶行知在任校长时，有一次在校园里偶然看到王友同学用小石块砸别人，便当即制止了他，并令他放学后到校长室谈话。放学后，王友来到校长室准备挨骂。可一见面，陶行知却掏出一块糖给他说:"这奖给你,因为你按时到这里来,而我却迟到了。"王友犹豫地接过糖,陶行知又掏出一块糖放到他手里说:"这块糖又是奖给你的,因为我教训你不要砸人时,你马上不砸了。"王友吃惊地瞪大眼睛,陶行知又掏出第三块糖给王友:"我调查过了,你用小石块砸那个同学,是因为他不守游戏规则,欺负女同学。"王友立即感动地流着泪说自己不该砸同学。陶行知满意地笑了,掏出第四块糖递过去:"因为你正确认识自己的错误,再奖励你一块!我的糖发完了。"

陶先生自始至终都没有指出过那个孩子一丁点错误,而是创造性地使用了手中的权力使他认识到自己的错误。正是这种基于人性需求而被诱导出来的、发自内心的认知,对他的影响力才是最巨大、最持久、最深远的。

(2)促进组织中信息的充分交流,与下属进行积极理性的沟通。在领导活动中,由于下属与领导者之间角度、眼界、掌握信息等方面的差距,领导者的决策可能无法得到下属的认同与支持,即使是在这种决策是正确的前提下。在这种情况下,如果仅依靠领导者的职权强行推行政策,就会给下属带来领导者刚愎自用的感觉,不仅决策无法得到顺利推行,也会破坏领导者在下属心中的形象,造成领导者影响力的减弱。为避免这种情况的发生,领导者就要学会运用理性说服力来对下属施加影响,通过运用逻辑论据和事实信息来说服下属,讲清领导者的要求和提议是可行的,并与共同目标一致,是完成组织任务或达成组织目标的最好方法。通过激励和感召的方法来构建并诠释领导者的决策,可以最大限度地减轻下属心中的不安与迷惑,使领导行为具有良好的合作氛围和渠道。特别是领导者具有技术知识和相关的专门技能时(专家权力),理性的劝说是对下属最有效的影响方法。

链接8-5

国外成功组织的沟通之道

※ 微软公司

微软公司有一个非常好的文化叫"开放式交流",它要求所有员工在任何交流或沟通的场合里都能敞开心扉,完整地表达自己的观点。在开会时,如果大家意见不统一,一定要表达出来,否则公司可能错过良机。Internet刚开始时,很多微软的领导者不理解、不赞成花太多精力开发这个"不挣钱"的技术。但是有几位技术人员不断地提出他们的意见和建议,虽然他们的上司不理解,但仍然支持他们进行"开放式交流"。他们的声音很快传到比尔·盖茨的耳朵里,促成比尔改变公司方向,彻底支持Internet。从这个例子我们可以看到,这种开放的交流环境对微软公司保持企业活力和创新能力是非常重要的。

※ 凤凰纺织品公司

凤凰纺织品公司坐落在美国路易斯安那州,为了防止在管理部门和员工之间出现错误的沟通,公司首席执行官帕墨·雷诺开创了每月早餐请客的办法。每个月,雷诺都要从公司的5个部门中各邀请一位员工,在当地的餐馆与其共进早餐。通过这种方式,她使得公司的员工越来越多地了解自己,同时也有利于不同部门的员工之间互相了解,从而有助于找到公司存在的问题并加以有效的改进。例如,在一次这样的早餐会上,销售部门终于弄清楚了生产部门的定额,结束了两个部门之间长期的互相扯皮现象。正因为信息的沟通在某种程度上得到了改善,只用了6年时间,凤凰纺织品公司的年收益就从140万美元上升到2 400万美元。

※ 沃利丰公司

沃利丰公司是一家金融业务自动化产品生产厂商,其总部设在加利福尼亚的雷德伍德城。公司总裁兼首席执行官哈蒂姆·蒂亚布吉为进行有效的管理制定了如下的五点原则:

(1) 没有广泛的面对面的交流，就没有真正的有效沟通。

(2) 信息对任何人来说都不存在"太多的问题"。

(3) 业务关系是一项个人活动，即人与人打交道，而不同组织直接发生关系。

(4) 很不起眼的手势就可发出很重要的信号，特别是这些信号与核心原则相关的时候。

(5) 领导的真谛就是要使人感到真正可靠，而这可以通过沟通获取。

（3）以身作则，通过自身的行动对下属施加影响。现代管理学认为，领导者个人的行为影响力至关重要，其行动在很大程度上决定着领导活动的效果。现代心理学研究也表明，行动的影响力远大于口头语言和书面制度。在组织工作中，下属并不是看领导者怎么说，而是看领导者如何做。因此，作为一个领导者，必须要时刻注意自身的行动，用行动来对下属实施无形的影响。

首先，领导者要用行动来表明自己的决策意图。决策一旦作出，领导者必须坚持身体力行，切莫律人不律己，律下不律上，否则，领导者的决策在组织中就无法施行，最后只能以失败告终。

其次，要用行动来表明自己决策的决心。领导者的决策一旦作出，下属在最初阶段往往容易处于观望状态。在这个时候，如果领导者行动上与决策有一定距离，那么必然影响下属执行决策的积极性、主动性；相反，如果领导者自身积极执行决策，就会产生一种带动作用，使下属马上领悟到领导者的决心，从最初的观望转向认真地执行，从而促进领导活动目标的实现。

‖‖链接 8-6

曹操"割发代刑"

曹操能在汉末乱世中脱颖而出，接连击败吕布、袁术、袁绍、刘表等割据势力，统一黄河流域，其原因虽有多方面，但其中十分重要的一点就是号令严明，执法如山。一次，曹操领兵出征，行军经过麦田时下令："将士都不准破坏麦子，否则杀头。"军士们早已习惯了曹操的严明法纪，于是都下马步行，扶起麦子帮助马匹通过。就在这时，曹操自己的坐骑却受惊跃入了麦田之中。面对这一突然变故，曹操没有托词辩白，而是吩咐主簿按法给自己定罪。主簿根据《春秋》上所记载的道理回答说："罪不加于尊。"曹操却不以为然，驳斥道："制法而自犯之，何以帅下？然孤为军师，不可自杀，请自刑。"遂取剑割下了自己的一缕头发。

这就是历史上有名的"割发代刑"的故事。在我国古代，人们认为身体发肤受之父母，毁伤了它，就是不孝。剃去头发，在当时也是一种不轻的惩罚。曹操割发代刑，主要反映了他以身作则、率先垂范的领导风格。

（4）加强个人修养，树立良好的品德。作为领导者要十分重视自己的道德尊严和人格形象。领导者的优良品德，能引起组织成员的认同感，从而获得相应的领导影响力。这种影响力主要表现在领导者的示范作用与团结作用上：示范作用指的是领导者的品德为下属作出的榜样与表率作用，下属对领导者的言行看得见、摸得着，会对下属产生直接的影响；团结作用是指领导者认真公正、克己奉公的优良品德会对下属产生巨大的吸引力，使下属产生由衷的亲切感、信任感和信服感，使下属心甘情愿地服从领导，团结在领导者的周围。正如夏尔·戴高乐所言："那些具有品格的人会放射出磁石般的力量，对于追随他们的人来说，他们是最终目标的象征，是希望的象征。"

（5）培养健全的心理素质。所谓的心理素质是指人在感知、思维、情感和意识等心理品质上的修养和能力。对领导者来说健全的心理素质就是性格开朗、胸怀开阔、气度博大、意志坚强，在面对困难和挫折时或在受到他人的误解以及任何不利情况下，都能镇静自若，处变不惊，防止由于自己的消极情绪对下属带来不良的心理影响，同时做到既有感染力又能控制情绪，以自己的激情说服、影响别人。这是一种达到高层次的心理平衡。领导者只有做到这一点才能做好领导工作，真正对下属起到激励作用。

（6）培养自己出众的才能。才能因素是非权力性影响力的一个重要因素。领导者的才能是指其聪明才智在工作上的综合反映和表现。无能者无以服人，领导者才能出众，就能给组织带来成功，使下属产生敬佩感，吸引下属自觉接受其影响，从而提高其影响力。领导者才能的提高主要包括提高领导者的战略思维能力、科学决策能力、创新能力、用人能力与表达能力等。

①战略思维能力。领导者居于组织的中心地位，必须具有通观全局与驾驭全局的能力，形成一定的战略思想，并以此去影响和带领下属。这就要求领导者必须掌握事物发展规律，具备一定超前意识，能预见事物的发展趋势，做到先知先觉与宏观把握。领导者具备有效控制和促进组织的运作与发展的战略思维能力，无疑就会增强其影响力；相反，没有战略思维，不能把握大局的领导，就不可能有长久的影响力。

②科学决策能力。决策是人们对未来实践的方向、目标的认识，以及对使之实现的程序和手段所作出的抉择。决策是领导者的基本职责之一，决策能力也是领导者综合能力的表现，它直接关系到领导工作的成败。如果决策错误，就会给组织造成损失。决策的失误会造成下属对领导者能力的怀疑，破坏领导者的影响力。所以，领导者必须具有较强的科学决策能力，能够在错综复杂的情况下，把握事物的本质，根据具体情况制订多种方案，并从多种方案中选出最佳方案；同时在决策中要敢于突破传统思维的限制，集思广益、博学众长，既要尊重科学，严格遵循决策原则与程序，又要及时抓住机遇，当机立断，不断促使组织向有利的方向发展。

③创新能力。创新是一个民族进步的灵魂，是一个国家兴旺发达的不竭动力。创新是指按照自然和社会发展的规律，提出或发现改造主客观世界的新方法、新技术或提供新观点、新思想。如果领导者具备创新能力，就能引领组织不断开拓进取，产生带动组织发展的影响力，领导者如果中断或停止了创新，其影响力就会受到削弱。因为一个只满足于例行公事、按部就班的领导者，是不可能有强大影响力的。

创新的能力应贯穿于整个领导活动之中，特别是在经济社会快速发展的今天，领导者如果有一股永不衰退的创新能力，能够及时提出新方法、新技术或新观点、新思想，为组织发展设定新目标，不断强化创新意识、增强创新能力、创新工作方式、创新领导活动，便能给下属不断施加影响力，促使其不断发展与进步；相反，如果领导者墨守成规，停滞不前，便会被社会淘汰。

④用人能力。领导者要处理许多内部的，以及内部与外部的复杂人事关系，要组织、指挥、协调和带领下属去完成既定的任务。所以，领导者必须能够处理好横向与纵向的人际关系，在得到外部帮助和支持的同时，在内部建立起一种与下属同心同德搞好工作的关系，形成宽松和谐的组织氛围，造就强大的合力。

一名合格的领导者必须具有识才的慧眼、用人的能力，善于了解下属的长处和短处，适才适用，扬长避短，使下属各得其用，各尽职守；必须爱护人才，珍惜人才，为人才提供和创造用武之地；必须懂得培养人才，对组织成员的不足之处给予正确引导，具有容才纳才的伟大胸怀，紧密联系广大下属，充分调动和发挥他们的积极性和创造性。这样可以大大地提高组织成员对领导者的认可度，加强其非权力性影响力。

链接 8-7

孙权眼里无坏人

领导干部用人，不可能人人如意、事事顺心，即使很优秀的下属也不可能完全称心如意。这就需要领导干部多一份宽容，充分发掘下属的优点。三国时，孙权在这方面就很出色。

对下属不求全责备：张昭主张投降曹操，但事后孙权也没有把张昭当成投降派，没有秋后算账。诸葛瑾是诸葛亮的兄长，孙权也没有说诸葛瑾"里通外国"，在蜀吴之争时没有杀诸葛瑾解气。周瑜妙计安天下，赔了夫人又折兵，孙权也没有把周瑜怎样。鲁肃始终在周瑜和诸葛亮之间和稀泥，对刘备和诸葛亮心慈面软，外交连连失败，荆州始终要不回来，孙权也没有怀疑鲁肃吃里爬外，也没有惩治鲁肃。

在孙权眼里，周围似乎没有什么坏人，没有奸臣。孙权对身边人的信任让东吴的人才队伍结构合理、稳定、高效。

⑤表达能力。作为领导者而言，在确立目标并制定决策后，必须将作出的决策在下属中广泛宣传发动，这样才能使组织的目标充分得到下属的认同。在这个过程中，语言是最直接、最有效的宣传工具。领导者可以通过语言与下属进行交流，解答下属的种种问题，让其思想为下属所接受，使下属完全相信既定目标是应该并且能够实现的，因而能够团结在领导者周围去实现目标。表达能力可分为口头表达能力和书面表达能力。出色的表达能力能够增强领导者的非权力性影响力。

领导者的这些能力要素，既要综合发展，同时也必须不断更新，不断学习，自我发展。这样才有利于解决领导活动中复杂多样的问题，不断增强领导者由能力带来的影响力。

8.4 权力的制约

8.4.1 领导权力的变异

权力如同一把双刃剑，合理的利用权力，可以有效推动领导活动的进行，促进组织的进步与发展，也有利于领导者形象的树立，增强其影响力；相反，如果领导者不能有效利用自己的权力来促进组织目标的实现，而是为自己谋取私利，这就必然会导致员工的反感，破坏领导者的影响力，领导活动在组织中也就无法有效地推行，造成领导权力的变异。

领导权力的变异从根本上说是领导权力主体错用、滥用的行为所致，但也有更深层次的政治、经济、历史、文化等方面的原因。如在政治上，权力运行的透明度、公开性差，缺少制约与监督；在经济上，比较落后的生产力和不发达的经济状况，使社会生产与分配关系以及供求关系的矛盾很突出，诱使权力行使者谋取私利；在历史上，我国漫长的封建专制制度推崇个人独裁专断，使领导者在行使权力时具有很大的偶然性与随意性。权力变异主要表现在以下几个方面：

（1）权责分离。权责分离是领导者只讲用权，不讲责任，凡是属于权力范围的职能，领导者全部紧紧握在手中，而属于要承担责任的事情，就推给下属或组织中的其他成员。在这种情况下，由于权责不对等，组织中的成员有责无权，在趋利避害心理的驱使下，就会把工作和责任推给更下一级的成员，这样就造成上下级之间、同级之间、部门之间的推诿扯皮，使领导决策和领导活动推行的效率大大降低。

（2）用权神秘化。部分领导者习惯给权力抹上一层神秘的色彩，他们的一切运作都不向公众公开，在进行决策的过程中也很少向组织成员征求意见，抹杀成员的知情权与参与权，这样不仅不利于公众对权力运作的监督，也不利于取得组织成员的配合与支持，组织成员会怀疑领导者权力应用的公正性与公平性，特别是在涉及组织成员切身利益的时候，用权神秘化会诱发成员的抵触与反抗行为。

（3）玩弄权术。玩弄权术是指某些权力行使者为了满足个人的野心、权欲和私利，在获取权力、维持特权等方面采取的伎俩和手段。例如：不辨是非、调和折中；权力均摊，在用人时充分照顾各方"利益"；甚至适时制造矛盾，阻止各种组织中产生不利于自己的联合等。这些行为破坏了组织成员间的关系，不利于组织中形成一种同心协力的氛围，也阻碍了组织目标的树立与实施。

（4）权力角逐。权力角逐是指权力行使者不顾自己肩负的使命，不顾组织目标的实现与自己对组织所担负的责任，仅仅把对权力的追求作为自己一切行为的主要目的，为自己争取更大的权力。这会造成领导者热衷于钻营关系，而忽视自己的主要责任，导致领导权力目的和手段的本末倒置。

（5）权力寻租。权力寻租是指握有公权者以权力为筹码谋求自身经济利益的一种非生产性活动。如果领导者以权力为资本去参与商品交换和市场竞争，谋取金钱和物质利益，就会造成权物交易、权钱交易、权权交易等问题的产生，使权力变为领导者谋取私人利益的工具，不利于组织的发展。

8.4.2 领导权力的制约

为防止权力变异的情况发生，使领导者的权力得到正确的应用，就必须从领导者自身与外部权力制约、监管机制出发，在提高领导者自身认识与素养，树立正确权利观的基础上，加大对领导者权力的制约与监督，保证权力的正确使用。

领导者树立正确的权力观，对于领导者正确利用权力有着十分重要的意义。如何正确的对待自己所掌握的权力，是领导者能否取得成功的关键所在，同时，也在很大程度上决定着领导者的心态、领导方式和领导信念。在现代民主社会中，一名合格的领导者必须树立如下的权力观念：

（1）责任权力观。责任感是成为一个成功领导者的关键要素。领导者不仅担负着实现组织目标的任务，同时也和全部组织成员的物质乃至精神生活有着千丝万缕的联系。只有那些敢于承担责任的人，才能完成推动组织发展与变革的任务。领导者应该把手中的权力视为领导者责任的外化物，责任权力观可以使领导者正确地履行自身的职能。

（2）代理权力观。领导者必须认识到，在当今的民主社会中，没有什么人能成为永远的领导者，权力不会被同一个人长久的占有，领导者仅仅是作为权力的代理者来从事管理和领导活动。代理权力观可以使领导者把自己放在一个正确的位置上行使自身的权力。

（3）复合权力观。领导者的权力是职位权力与个人权力的集合，只有将职位权力与自身的个人权力结合起来，才能使领导者释放出一种积极的力量，有效地影响下属，正确运用权力。如果缺少个人权力的支撑，仅仅依靠职位权力是无法有效地对下属施加影响的，从而阻碍组织目标的实现与组织工作的进行。高明的领导者要善于利用自己的个人权力来施加影响，如推动决策方案的制订，领导意图的贯彻、实施等。职位权力与个人权力的结合可以使组织中的成员增强工作积极性，减少被驱使的感觉，心悦诚服地按照领导者的决定行事。

（4）法治权力观。领导者必须在法律、制度和政策规定的范围之内正确地运用权力。首先，领导者要重视法制，在自己的权限范围内，加强法制建设并严格依照法律和制度进行管理。在遵循国家的法律、政策的同时，对本单位需要规范的问题用明文规定出来，作为规章制度既用以约束下属，也作为处理和解决问题的一个重要依据。其次，领导者要依法用权。领导者职位有高低，权力有大小，但是无论职位多高、权力多大，都必须受到国家法律的约束，都必须在法律、制度、政策规定范围之内行使权力。领导者必须增强法制观念，增强法制意识，增强依法用权的自觉性，同时还要善于用法律手段保障领导权力，提高领导权力的使用效能，以制度来保障自己管辖的组织有正常的生产秩序、工作秩序和生活秩序。

（5）民主权力观。领导者在行使权力的过程中，要充分考虑组织中其他成员的意见与看法，发扬民主，集中集体智慧，按照民主原则，实行民主决策。只有实行民主，才能使领导者的决策真正体现组织中成员的要求与利益，使他们接受与拥护领导者的领导活动。

（6）效用权力观。首先，领导者要掌握权力发挥效用的最好时机。权力发挥效用的最好时机，不仅是在它行使之时，同时也在它行使之前。比如思想政治工作事前的得力引导比发生了问题后行使惩治权的效果要好得多。当然有时发生了严重问题，也必须及时行使惩治权，拖久了往往会影响权力行使效用的发挥。其次，领导者要善于使用影响力。从一定意义上讲，领导是一种影响力，好的影响力有积极作用，坏的影响力有消极作用。

8.4.3 权力制约

保证领导者权力的合理应用，除了领导者自身因素之外，还必须从外部对领导者权力加以制约与监督。

1）权力制约的含义与特点

从一般意义上讲，领导权力制约就是对领导权力的限制与约束，具体地说，就是享有制约权力的人或者组织、群体，运用民主与法制的手段，通过民主、法制与新闻舆论等各种有效途径，对权力所有人与行使者所形成的特定的限制与约束关系。

领导权力制约，就其对领导权力的正常运行所发挥的作用而言，是一种功能；就其对组织结构、组织运行方式、组织基本功能而言，又是一种机制。科学的权力制约机制必须是完整的、严密的，既能最大限度地保证权力的正常行使，又能使所有权力无一例外地受到有效制约；既能通过权力的行使规范领导者行为，促进组织的进步和发展，又能通过制约防止权力的无限扩张和泛滥。领导权力制约是通过规范化、常规化的调控，随时纠正权力运转过程中产生的失衡，以保证组织的稳定，推动组织的发展与进步。权力制约的特点主要表现在以下方面：

（1）权力制约关系必须有两个或两个以上的权力才能形成，单独的权力无法形成制约。

（2）权力制约关系是横向的，各种权力的地位是平等的或同层次的，不存在隶属关系。

（3）权力制约关系是双向的，各种权力之间的限制与约束是双向的。

2）权力制约的本质要求

权力制约作为一种机制之所以具有限制与约束权力的功能，是由其内在的本质要求决定的，权力制约机制建设只有符合其内在的本质要求，其运行才能达到预期的目的，否则就是有名无实、徒劳无益的。权力制约的本质要求主要体现在：

（1）保证权力制约主体活动的独立性。权力制约主体活动的独立性，是指制约主体依法独立行使制约权，不受其他任何机关、组织和个人的非法干涉。这种独立性包括组织机构依法设置的独立性、工作人员依法任命的独立性、制约活动依法进行的独立性等。权力制约作为一种制约者对被制约者进行限制的强制力量，要求制约者只向赋予其制约权的组织负责，独立地行使自己的职权。制约主体一旦失去了这种独立性，就会蜕变为权力的附庸，制约活动就会失去应有的效力，而仅仅成为一种形式。

（2）保证权力制约关系的对等性。权力制约关系的对等性，是指对权力的赋予应该对等，赋予掌权者一定的权力，也必须相应地赋予制约者一定的权力。制约者没有与被制约者平等的地位、平等的权利，权力制约关系就会失衡，权力制约也就无从进行。制约关系对等性的另一个含义，就是对制约者的制约，即无论是政治团体、专职机构，还是公民个人对掌权者的监督制约，都必须在宪法和法律所赋予的权利与权利所规定的形式和程序范围内进行。

（3）保证权力制约手段的强制性。权力制约手段的强制性，是指制约主体的制约活动有权用法律的强制力量做保证，权力制约需要被制约者合作，但又不能建立在与被制约者合作的基础上。权力总是作为一种强制力量发挥着作用，权力制约如果离开了同样的强制，就会变得软弱无力。只有以相应的强制力量为手段，才能迫使制约对象无论愿意与否都能接受制约主体的约束，才能保证制约主体不论制约对象愿意与否都能正常行使其职权。

（4）保证权力制约机构的协调性。权力制约机构的协调性，是指各类制约主体各尽其职，各负其责，密切配合，协调一致，从而形成制约系统的良性循环。在整个制约系统中，国家法律、组织内部监督、组织外部监管三个组成部分内部各有各的制约对象、制约内容和制约方式，但只有相互配合、相互协调，才有利于整个制约系统发挥整体效能，实现整体目标。

3）权力制约的基本功能

领导权力制约的基本功能是对权力正常运行的肯定和保护，是对权力偏离轨道的防范与矫正，是对权力的补充与完善。它具体表现为：

（1）权力制约的导向功能，即引导权力始终按照组织中成员的意志运行，建立健全有效的权力制约机制，使选举制和罢免制得到普遍实施，使掌权者充分体会到组织成员的力量与权威，从而引导其忠实地按照组织成员的意志办事，全心全意为组织成员服务。

（2）权力制约的保障功能，即保证领导者忠实地为人民服务。权力制约实现了人民意志的制度化与程序化，并将其注入权力运行机制之中，因而较好地确保了权力的合理运行。

（3）权力制约的防范功能，即预防和阻止滥用权力的行为发生、发展。由于权力制约使权利与责任相结合，能够使掌权者在主观上明确、在客观上承担行使权力所产生的各种后果，促使掌权者以高度责任精神审慎地运用权力，由此达到有病治病、无病防病之效。

（4）权力制约的矫正功能，即对偏离正轨的权力行为予以及时的矫正和补救。权力制约有一套完善的监控机制，一旦发生失误，便能作出灵敏的反应，并按预定程序及时进行补救和调整。

（5）权力制约的惩戒功能，即对滥用权力的行为及其责任者予以必要的制裁。权力制约要与严明的法律、法规相适应、相配合，以达到惩前毖后、治病救人的目的。

（6）权力制约的调整功能，即使权力所有者与权力行使者之间的矛盾得到及时调解，作为联系权力行使者与权力所有者及其内部不同利益群体的枢纽。权力制约对二者之间矛盾的解决和利益关系的协调起着必不可少的作用。

权力制约的基本功能表明，要确保掌权者的行为以组织成员的价值为取向，合理界定其所掌握权力的行使界限和运行轨道，使各项决策和管理更加科学合理，就必须建立健全有效的权力制约机制，以获得最佳的经济效益和社会效益。

8.4.4　制约权力的途径

1）以权力制约权力

对权力实施必要的控制是保障权力良性运作的关键，制约权力、遏制权力变异的基本手段就是权力本身。权力是一种客观存在的强大的力量，必须用另外一种与之相当或更强大的力量来制约和监督，才能保证权力的正确使用。英国哲学家洛克说："在一切情况和条件下，对于滥用职权的强力的真正的纠正方法，就是用强力对付强力。"孟德斯鸠也说："从事物的性质来说，要防止滥用权力，就必须以权力制约权力。"

以权力制约权力，就是对权力实行分工制衡，对权力进行合理分工，使不同权力机构之间相对独立而又互相制衡，形成一种监督与被监督或相互监督的关系。这样就可以将掌握权力的领导者置于受到有效制约与监督的权力运行体系中，保证他们利用权力为组织成员服务。以权力制约权力是通过两种方式实现的：一是由一种高级的权力监督低级的权力；二是平行权力层级之间的监督与制约，这种形式的权力制约在行政组织中最为常见，并随着国家性质、法律法规的不同而不同。

以权力制约权力，一个重要方面就是通过实行权力分工制衡，分清责任，以责任来制约权力，确保任何权力都必须对自己的行为负责，任何权力都是负责任、受监督的权力。权力与责任是不可分割的统一体，任何一种权力都包含着相应的义务和责任，行使权力的同时也意味着必须承担责任，权力越大责任也就越大，任何权力的行使都必须对所造成的后果承担责任，任何非法或不当的权力行使都必然会受到另一种权力的追究与惩罚。

在我国，权力的法定监督机制主要包括：人民代表大会及其常务委员会对行政机关、审判机关、检察机关的监督；审判和检察机关对行政机关及其工作人员的监督以及行政机关内部对其他行政部门及其工作人员的活动的监察。通过这样的机制，可以切实做到权责统一，有权必有责，用权受监督，违法必追究，保证了权力使用的正当性，使权力的行使者不敢恣意妄为。

2）以道德制约权力

以道德制约权力这一机制是利用道德对权力的促进与调节作用，通过学习和教育的方法使社会或组织对领导者的要求内化为他们的道德信念，帮助他们树立正确的权力观，培养他们为公共利益服务的意识和品质，使领导者能够自觉地以内心的道德力量抵制外在的不良诱惑，自觉地、严格地要求自己，从而减少滥用权力的可能性，行使好手中的权力。

以道德制约权力，必须对领导者进行正确的权力观教育，使之明确自己的权力来源于组织成员，只能用于促进组织目标的实现。要求权力的行使者自觉用道德规范来约束自己，使权力在法律难以或无法干预的领域受到道德的约束，确保权力的获得和使用合乎道德和规范。

与以权力制约权力的机制相比，道德制约通常是软性制约，更侧重于事先的预防，期望将问题解决在可能出现之前。而以权力制约权力的机制则侧重于事后的阻止或惩罚，以使已经出现的问题得到解决。现实中这两种机制往往是并存的。

3）以权利制约权力

以权利制约权力，是在正确理解权利与权力关系的基础上，权力授予者对权力行使者的制约和监督。通过恰当的配置权利，组织成员可以对掌握权力的领导者进行直接监督和制约，从而起到一种限制、阻遏权力滥用的作用，确保权力的运行始终有利于成员的共同利益与组织发展。例如，通过向组织成员赋予选举权，对于那些滥用权力的领导者，组织成员就可以在选举领导者的过程中利用自己的权利剥夺其职权。同时，组织成员也享有监督与举报权，这就可以保证成员通过合法、正规的渠道反映组织领导活动中所存在的问题，避免权力的不正当使用。

以组织成员权利制约领导者权力所要建立的是被领导者对领导者的监督机制，其实质是使组织成员成为监督领导者的力量。这样一种监督机制体现了组织的民主性质，赋予了组织成员民主的地位，有利于调动组织成员的积极性，增强他们的归属感，是一种民主性质的监督。

以权力制约权力、以道德制约权力和以权利制约权力这三种机制是相辅相成、共同作用的。以权力制约权力，是权力间的监督与制约，以权利制约权力，是权力利益的主体——组织成员对权力所有者的监督，这两种制约机制并存，构建了从外部对领导者全方位的监督体系；而通过道德制约权力，又可以培养领导者的自律意识，帮助其树立正确的权力观，认清自己所肩负的责任与义务。道德制约机制从领导者内部出发，保证了权力的正确施行。

本章小结

权力，就是领导者遵循相关的法律法规，运用多种方法与手段，在实现特定目标的过程中，对被领导者作出一定行为与施行一定影响的能力。其要素包括权力主体、权力客体、权力目的、权利作用方式和权力后果。

领导权力具有职位性、向心性、工具性、强制性、相对性、双向性、诱惑性等特征。

权力按照不同的标准有着不同的分类，一般可分为合法权力、报酬权力、强制权力、专家权力、参照性权力五种类型。其中：合法权力、报酬权力、强制权力属于职位权力；专家权力和参照性权力属于个人权力。

领导者应用权力会使下属产生支持、顺从、抵抗三种结果。

领导者的权力主要来源于职位、资源、信息、不确定性等方面。

影响力指的是一个人用以影响另一个人的能力，这种影响使后者能够根据前者的意愿来做事，是后者态度、价值观、信念和行为的改变，并且可以用后者所表现出的行为或态度来度量。领导者权力是构成影响力的基础，影响力也对领导者权力的运用产生影响。

影响力可分为权力性影响力和非权力性影响力两类。权力性影响力是职位对职位的影响力，非权力性影响力则是人对人的影响力。

权力性影响力是因为传统因素、职位因素、资历因素产生的。

非权力性影响力是由于领导者的品德因素、能力因素、知识因素、情感因素而产生的。

权力性影响力与非权力性影响力之间是辩证统一的，二者作用的范围不同、作用的大小不同、作用的方式不同、作用的效果不同，但同时，二者又是共同作用、相互影响的。

领导者提高自己的影响力的途径主要包括树立正确的权力观，合理用权，同时注意行使权力的艺术，通过高超的用权艺术来提高自己的权力影响力；促进组织中信息的充分交流，与下属进行积极理性的沟通；以身作则，通过自身的行动对下属施加影响；加强个人修养，树立良好的品德；培养健全的心理素质；培养自己出众的才能。

领导权力的变异是由权力的不正当使用导致的，主要表现为权责分离、用权神秘化、玩弄权术、权力角逐、权力寻租。

为避免权力的变异，领导者必须树立责任、代理、复合、法治、民主、效用的权力观。

领导权力制约，从一般意义上讲，就是对领导权力的限制与约束。具体地说，就是享有制约权力的人或者组织、群体，运用民主与法制的手段，通过民主、法制与新闻舆论等各种有效途径，对权力所有人与行使者所形成的特定的限制与约束关系。其本质要求主要表现在：权力制约主体活动的独立性；权力对应关系的对等性；权力制约手段的强制性；权力制约机构的协调性。

领导权力制约主要具有导向、保障、矫正、惩戒、调整的基本功能。

权力制约主要包括三种方式：以权力制约权力、以道德制约权力、以权利制约权力。这三种机制是相辅相成、共同作用的。

本章案例

美国国务卿的武士公主

赖斯被美国总统布什提名为国务卿的新人选后，这位女子因此散发出更强烈的光芒，吸引了更多的关注，在《福布斯》杂志首度推出全球最有权力女性排行榜上，赖斯位居第一。究竟是什么让她在美国的男人世界里成为独一无二的强势人物？

《福布斯》对于赖斯给出的评语是：到哪里结束？赖斯的权力来自于美国，也来自于布什，美国是当年唯一的超级大国，她则是美国总统顾问。不仅如此，世界各国的领袖也不能忽视她的意见。所有这些都让这个50岁的女人成为全世界最有权力的女性。在白宫，布什最信任的人就是她，当赖斯阐述政策时，大家都知道她是在替总统说话。外交上，赖斯能说会道，意志如钢铁般坚定。在国家安全事务助理的职位上，赖斯扮演了非常关键的幕后角色，从某种意义上讲，她是带领美国经历两场战争（伊拉克战争和阿富汗战争）的舵手。尽管小时候经历过美国种族隔离制度的伤害，但这并未阻挡她前进的步伐，她心中永远地记住了母亲的话："或许在沃尔沃斯你拿不到一个汉堡，但你能当美国总统。"

美国国务卿鲍威尔在卸任美国国务卿一职时在国内引起震荡，这样一位德高望重的老国务卿的离任使美国不得不选择新的国务卿来代替鲍威尔，以完成美国的历史使命。而新的国务卿不仅要能支撑起新的局势，同时也能与老国务卿的国际威望相当，美国总统布什正式宣布他的国家安全事务助理赖斯接替已经辞职的鲍威尔，在他的第二个任期中担任国务卿一职。布什在讲话中对赖斯给与高度评价，并感谢她接受自己的提名。布什在外交政策上对她的依赖很大，视她为"外交政策导师"。不仅如此，赖斯与布什在国际政治事务上的观点往往不谋而合，两人私交也不错，赖斯常常跟随布什一家去戴维营度周末。布什对她是百分之百信任的。

赖斯一直主管外交政策，从布什的反恐政策到两次战争，都离不开她的影子。这个强硬的女人虽然露面不多，却给外界留下了深刻的印象。她的下属们给她起了一个绰号，叫"武士公主"。赖斯在国内也拥有众多支持者，她的狂热支持者曾建立了关于赖斯的网站，集结赖斯的众多崇拜者，忠心不二地支持她。

资料来源　佚名. 美国国务卿赖斯：政坛女一号传奇［DB/OL］.［2005-03-23］. http://www.sohu.com.

问题：

1.是什么赋予赖斯权力？赖斯通过怎样的非正式渠道获取权力？

2.获取权力和获得职位之间的关系是什么？

复习思考题

1.简述权力的概念及构成要素。

2.领导权力有何特点？

3.领导权力是如何分类的？

4.职位领导权力和非职位领导权力有何不同？

5.领导者的权力来源于哪些方面？

6.领导者的影响力是如何分类的？

7.权力性影响力与非权力性影响力的关系是怎样的？

8.领导者应如何提高其影响力？

9.权力变异的表现形式是什么？

10.领导者应树立什么样的权力观？

11.权力制约的本质要求和功能是什么？

12.权力制约的途径主要有哪些？

第 9 章

领导者用人

组织竞争的核心是人才的竞争。组织要想在激烈的竞争中生存和发展，就必须拥有足够的能力引进、培养并保留一大批具有宽阔胸襟、国际化视野、先进的专业技能的人才。因此，研究领导者的用人之道，是领导学的一项重要内容。通过本章的学习，了解领导者用人的含义、作用和方法；明确领导者如何有效选拔、管理人才。

9.1 领导者用人的含义和作用

9.1.1 领导者用人的含义

领导者用人，主要是指领导者或领导集团在实施领导活动的过程中，凭借自身的职权，按照一定的隶属关系和干部管理权限，对下属加以选拔、使用和培养等一系列组织行为过程。

领导者用人，从领导学的角度看，主要包含两大方面的内容：一是选干；二是用才。所谓选干，主要是指选拔配备领导干部，即各层次的主要负责人。这是领导者用人的主要任务，是不同于一般用人的重要标志。所谓用才，是指把不同才能的人安排到合适的岗位，主要是对普通员工的调配。领导的实质是用人的艺术，领导者在实际工作中必须做到知人善任，将下属安排到适当的位置，用其所长。围绕这两个方面，领导用人包括对人才的识别、选拔、使用、培养、激励、保护等诸多内容和环节，涉及政治、经济、军事、科学、文化、教育、卫生等各个领域。因此，领导者要根据不同领域和不同工作岗位的需要，选拔和使用多种多样的人才。不论是在哪个用人环节，也不论是选用何种人才，领导者都必须从事业出发，坚持正确的用人原则，发挥人才的最大价值。

领导者在用人问题上的主要任务，不仅在于如何正确识别、选拔、使用、培养、激励干部和员工，更主要的是要创造一个人才辈出的环境和机制。首先，要创造一个鼓励人才脱颖而出的社会环境，在全社会树立起尊重知识、尊重人才的社会风气，使真正想干事业的人有用武之地。其次，要建立起法制化的用人机制，要以政治民主化为根本目标，建立起民主开放、法制完备、平等竞争、充满活力的选拔任用机制，使领导用人由"人治"走向法治，用机制保证优秀人才脱颖而出并健康成长。

9.1.2 用人在领导活动中的地位和作用

1）用人是领导者的基本职能

由于领导者在领导活动中居于主导地位，起着领导作用，因此，其基本职能不仅要制定决策，更要知人善任，达到人尽其才，才尽其用。因为领导活动的最大特点就是领导者指挥别人来实现组织目标。刘邦曾说过："夫运筹帷幄之中，决胜千里之外，吾不如子房；镇国家，抚百姓，给馈饷，不绝粮道，吾不如萧何；连百万之众，战必胜，攻必取，吾不如韩信。三者皆人杰，吾能用之，此吾所以取天下者也。"这说明，做一名领导者不必样样都干，也不一定样样都比别人高明，只要决策的目标正确，并通过科学地使用人才来保证组织目标的实现，就称得上是好领导。邓小平曾指出："善于发现人才，团结人才，使用人才，是领导者成熟的主要标志之一。"这些都说明了，要做一个合格的领导者必须要善于选才用人。

2）用人关系到事业的兴衰成败

领导者对人才的选拔、使用是否得当，直接关系到领导的效能，关系到事业的成败和国家的兴衰。古人云："得人才者得天下，失人才者失天下。"第二次世界大战以来，西方最推崇的理论是美国舒尔兹首创的"人力资本理论"。他认为人才是最重要的资源、最重要的资本，只有重视人才资本，才能创造更大的物质财富。这一思想在今天的知识经济时代发扬光大。当今世界的竞争，其本质是人才的竞争，谁拥有一流人才，谁就能占据主动地位。无论哪个国家、哪个单位，人才开发得好，使用得当，就会兴旺发达；反之，就会衰退。当前，我们进行社会主义现代化建设，实现中华民族的伟大复兴，需要各级领导者高度重视用人问题，把人才的开发和合理使用放到重要的战略地位，成为善于发现人才、团结人才、使用人才的成熟领导者。

3）人是实现领导决策的组织保证

在领导活动中，领导者作出决策之后，有一系列组织实施工作要做，选才用人是其中的中心环节，是实现领导决策的根本组织保证。领导者要想实现决策目标，使一切主意见之于行动，必须团结人才，推动他们去完成目标。从这个意义上说，没有大批的人才，我们的事业就不能成功。

9.2 人才的识别与考察

9.2.1 人才的含义和特性

1）人才的含义

所谓人才，是指才能较高，以其创造性的劳动成果，对社会发展和人类进步作出一定贡献的人。钱学森在《人才系统工程》一书中指出："我们的人才，不是什么天才，而是人民之才，是人民当中各行各业有才能的人。"人才有广义和狭义之分。狭义的人才是指那些德才兼备，对社会发展和人类进步作出巨大贡献的人，如我们讲的领导人才、科技精英、经营奇才等。广义的人才是指所有具备一技之长的人。从这个意义上说，人人都是人才。

2）人才的特性

（1）创新个性。这类人渴望自由，畏惧约束。军队的士兵以服从命令为天职，具有高创新能力的人则把自由看成像空气一样重要。他们可能没有时间或缺乏足够的能力去发展各种公共关系，所以他们往往畏惧一个单位的各种清规戒律、烦琐的办事程序和复杂的人际关系。他们陶醉于自己的兴趣，追求思想自由。杰出人才的人生观往往和一般人不太相同，他们抑或陶醉于自己的研究兴趣，以揭示自然之谜为乐趣；抑或志向高远，追求卓著表现，实现人生价值。他们的行为往往不会为周围人甚至领导者的好恶所左右。

（2）喜欢公平竞争机制。一些领导可能认为，杰出人才得来不易，应给予多方照顾和"倾斜"。其实，杰出人才能够接受，甚至喜欢在公平的游戏规则下竞争发展，即便竞争失败也心甘情愿。相反，他们中的大多数人并不指望领导的特别"青睐"，个别的"倾斜"在他们看来只是对弱者的怜悯。不少人有这样的观点，杰出人才少了不行，多了也不行，多了会引起内耗，真正的英才却向往"百舸争流"的小环境。高水平创新活动需要有心灵的相互碰撞，如果他在这个系统中只是"一花独秀"，找不到可以讨论交流的同事，可能会很苦恼，并最终逃离这个系统。

（3）有成就欲。成就欲是一个人追求事业的前提。首先，一个人要有成就一番事业的愿望，然后才取决于他的成就能力。根据美国心理学家马斯洛的需求层次理论，人的需求包括：生理上的需求、安全上的需求、情感和归属的需求、尊重的需求以及自我实现的需求。企业人才的需求属于较高层次的需求，通过承担具有挑战性的任务来实现自身价值，追求事业成功所带来的成就感。

（4）有冒险精神。有冒险精神的人不一定是一个理想的人选，但一定是一个有潜能的人选。有冒险精神的人会在某一方面作出突出的成就，如微软公司宁愿冒失败的危险选用因有丰富的想象力和敢于冒险的精神而曾经失败过的人，也不愿意录用一个处处谨慎却毫无建树的人。在英特尔看来，得3分（成绩中等偏上）的人也许更可取。英特尔在各高校招聘应届毕业生时，愿意招聘那些虽然成绩是3分却富有创新意识的学生，最好是在校期间就完成过颇有创意性的项目。这种选才本身就是一种冒险，但是他们的成就却是有目共睹的。

（5）存在的广泛性。人才分布在社会的各个领域，俗话说"七十二行，行行出状元"，讲的就是人才的广泛性。随着社会发展和科技进步，各个领域、各个层次会涌现出越来越多的新人才。

（6）动态性。所谓人才的动态性，是说人才的内涵和层次不是固定的，会随着时间、地点、条件的变化而变化。这种动态性主要表现为：在一定条件下，人才和非人才，各种类型和各种层次的人才，是可以相互转化的；人才概念本身在不同的历史时期有着不同的内涵和衡量标准，就个体而言，人才的出现总有一个从潜到显、从崭露头角到炉火纯青的发展过程。

9.2.2　人才的识别与考察

识人是领导用人的基础和前提，只有正确了解、识别人才，才有可能正确地选拔和使用人才。因此，领导者必须树立正确的识人意识，掌握科学的识人方法，善于识别人才。

1）识别人才的条件

在领导活动中，领导者是识人的主体，能否正确地识别人才，主要取决于领导者自身是否具备识人的素质和能力。

（1）要有爱才之心。人才是国家的宝贵财富，是成就事业的根本保证。任何一位有作为的领导者，都有一种求才若渴、爱才如命的精神。因为他懂得事业是大家做的，即使自己是个天才，也不可能掌握一切知识，了解那么多复杂多变的情况，解决各种大小问题，而必须有各路人才方能成就事业。正是出于爱才之心，才有了"萧何月下追韩信"的千古佳话。如果领导者对人才漠不关心，就不会产生求才的愿望和动力。那么，即使发现了人才，也会置若罔闻，而不会甘当人梯，举才护才。

领导者的爱才之心还表现在要跳出"马太效应"的制约。在社会上往往存在这种现象，一个无名小卒，即使他能作出巨大的成绩，也很难被承认、接受；一个有声誉的人，尽管他没有新的发明创造，却可以凭借他的声望赢得人们对他的推崇。这就是人们常说的"马太效应"。这种马太效应与中国的"重名家"、重资历的旧习惯是一脉相承的。领导者要克服"马太效应"，依靠群众，眼睛向下，不拘一格，广开才路，才会发现各种各样的人才。

（2）要有识才之能。识才是一个对人才进行观察、分析、辨别、判断并最终作出选择的复杂过程，这就要求领导者本身必须是人才。汉魏时代刘劭在《人物志》中说过："一流之人，能识一流之善；二流之人，能识二流之美。"宋代包拯在《论取士》中把"审人之术"归结为"以贤知贤，以能知能"。这些都说明，领导者要想识别人才，本身必须是人才，具备识别人才的能力，才能发现人才，分辨人才。

（3）要有辨才之功。领导者在识人时要有明辨真伪的能力。自古以来"人才难得也难知"。人是世界上最复杂的精灵，心里想的和行为表现出来的往往不一样，就像古人说的"大智若愚""大奸似忠"。领导者如果没有真本领，那是不可能识别人才真伪的。这就要求领导者要有辨别真伪的能力，避免遭人蒙蔽上当受骗。因此，领导者要做到不以言貌而舍才，不以缺点而掩才，不以资力而压才，不以妒忌而毁才，不以好恶而弃才，不以亲疏而断才，不以印象而误才，不以卑微而轻才，只有这样才能真正发现人才。

（4）要有容才之量。我们知道有大才者必有怪癖，有大能者必不谦虚，甚至目中无人。领导者就需要有宽阔的胸怀接纳他们，甚至容忍他们的毛病和错误。第二次世界大战期间美国有两员大将——巴顿和麦克阿瑟，他们都是很有个性、难以驾驭的人才，但是从罗斯福到艾森豪威尔并未因此而改变对他们的重用。新希望集团总裁刘永好说过一句话：有多大的胸怀就有多大的人才；有多大的人才就有多大的事业。领导者的任务就是培养和选拔人才。

2）识别人才的方法

（1）观察法。观察法是指通过感性直观地识别人才的方法。观察法可以分为直接观察法和间接观察法两种。所谓直接观察法，是通过与考察对象面对面地接触，听其言而观其行。这种方法具有直观性的特点，可以更快捷、有效地识别人才。所谓间接观察法，就是不与观察对象直接接触，而通过间接方式对考察对象进行考察的一种识人方法，如考察他过去的行为、档案，听取群众反映等。尽管这种方法带有间接性，但却可以排除主观因素的干扰，更具有说服力。领导者在识别人才时，必须善于运用这两种方法。

（2）试用法。试用法是在观察的基础上，通过短期试用来鉴别一个人是否是人才的方法，如艰苦考验、代职试用等。这种识别人才的方法可以避免主观判断的错误，可以更全面地了解被识别对象的品格、意志和解决问题的能力。

因此，领导者要给各种人才创造条件，使其充分展示其才能。王安石写过一篇《材论》，说有才能的人外表和一般人没有什么区别，只是"惟其遇事而事治，画策而利害得，治国而国安利"。所以，领导者如果不能仔细地发现他们，慎重地使用他们，那么即使他们有天大的才能，也不能使自己突出于一般人。所以，王安石的结论便是"尽其道以求而试之，试之之道，在当其所能而已"，就是让他担任合适的工作，在实践中检验其才能的大小。这是考察人才的最好方法。

（3）考绩法。考绩法是通过对考察对象的工作政绩或业绩做全面考核，来了解一个人品德优劣和能力大小的一种识人方法。这种方法更具有综合性、全面性。考绩法一般通过组织考察、群众评议、民意测验等方法进行，具有一定的客观性，可以克服个人情感的障碍，弥补领导者识人的狭隘性和局限性。

领导者识人，重要的是必须掌握识人的辩证法。一是要坚持全面与重点的统一。既要全面考察人才的德、才、学、识等综合素质，又要重点分析人才某一方面的素质情况；既要看人才的一时表现，又要看人才的全部历史和全部工作。二是既看显能，又看潜能。显能是指已经表现出来的才干和能量；潜能是指蕴涵的有待开发的能量。领导者识人既要看显能大小，更要看潜能的强弱。因为人的思想、品德、能力是随着客观条件的变化而变化的，我们不能把人看死，要从人才成长的历史过程中看其发展趋势，由此决定人才的品德好坏和能力的大小。特别要通过长期实践来考察识别人才，就可以对人才的情况有一个全面地认识。三是要坚持优点与缺点的统一。识别人才往往不那么容易，特别是他们有骄傲的毛病。所以，对人才的缺点要进行具体分析，既要分清主流和支流，又要分清现象和本质，还要分清偶然和一贯。特别要注意征求群众的意见，古语讲："官有斤两民有秤"，谁贤谁能，群众的眼睛就是定盘星。

9.3 选拔人才的原则、方法与方式

9.3.1 选拔人才的原则

选拔人才是一项非常重要的工作，关系到领导用人全过程的成败。因此，领导者在选拔人才时，必须坚持以下原则：

1）德才兼备原则

德才兼备是我们党一贯坚持的用人标准和原则。所谓"德"，是指领导者的政治素质和道德素质；所谓"才"，是指领导者做好工作所需要的知识和能力水平。前者是政治标准，后者是业务标准。坚持这一原则的关键是要做到正确处理好德与才的关系。一般来说，"德"是统帅，是灵魂，是属于政治方向的；"才"是从属于德，受德制约，为德服务的。有德无才，有才无德，都不是真正的人才。因为有德无才，政治上固然可信，但是难当大任，重用之势必助长不学无术之风；有才无德，才足以济其奸，重用了会有很大的危害。所以，德和才应该是统一的、相辅相成的。

2）公开竞争原则

选拔任用人才必须彻底改变过去那种封闭式的神秘选人方式，而向全社会选拔人才。因为人才蕴藏在社会的各个领域之中，领导者单凭伯乐式的相马是难以发现有用人才的。只有坚持公开竞争的原则，面向社会公开人才选拔的资格和条件，公开选拔录取程序和方法，让所有人平等地参与竞争，按照优胜劣汰法则择优，才能使真正优秀的人才脱颖而出。在这种原则下，公开是选择人才的前提，没有公开就不可能使人才有平等的机会和公正的待遇；竞争是选拔人才的关键，没有竞争就难以分辨出人与人之间素质和能力的差异，就难以确定谁是真正的人才。只有在公开、公平竞争的基础上，才能正确地选择人才。

3）放手锻炼原则

在使用年轻人的问题上，要任人唯贤，大胆使用。对干部不能求全责备，坚持"金无赤金，人无完人"的观点，放手锻炼，让年轻的干部在实践中自行摸索、自行提高，加速年轻人才的成长过程。

4）人才可塑原则

即相信人才就在身边，立足于在本组织内部选拔、培养人才。这样既可以缓解人员闲置与人才不足之间的矛盾，又有利于节约人才选拔、培养成本。日本松下电器创始人松下幸之助被称为"经营之神"，提出 70% 用人原则，即人才本身具有 70 分能力，加之在企业中培养的 30 分能力，最终可以造就符合企业需要的 100 分人才。

5）能力重于学历原则

在人才选拔过程中要注意避免只重学历不重能力的情况发生。实际上，学历只是证明能力的一种工具，它并不是能力的必要条件，只是一种相关条件。领导者必须对人才的能力、品质、性情、学识等作出综合评价，最后将真正有能力的人使用在重要岗位上。

6）注重实绩原则

实绩是实践的结果，是一个干部能力、品德、思想、行为及所付出的心血、汗水的综合体现。马克思主义认为，实践是检验真理的唯一标准。评价一个干部是否是人才，最主要的就是要在实践中看他为群众做了哪些实实在在的贡献，是有功还是有过。这是评价干部的实践标准。人才，只有在实践中作出显著的业绩，才能得到社会和公众的承认。在实践中检验和选拔人才，是辩证唯物主义认识论的客观要求，也是人才选拔工作必须遵守的基本规律。实践证明，以政绩评价和选拔人才，能够有效克服人才评价中的主观主义倾向，更加全面、深入和具体地了解和评价人才，减少人才选拔工作的盲目性和随意性。

9.3.2 选拔人才的方法

选拔人才时，如何在众多候选人中，挑选出适合岗位要求的人是一件复杂的工作。在实践过程中，心理测验法、笔试、面试、情景模拟法等多种测评方法是人力资源部门选才的方法。领导者如何选才，主要体现在以下几个方面：

1）审察他过去的行为

许多领导者要考察员工诸如努力工作、坚持不懈、自信和可靠等方面，但是人格特性并不是预测未来工作的良好指标。

多数人很相信特性对行为的预测力，知道人在不同情景下有不同的行为，但又倾向于以特性将人们分类，对这些特性进行判断（例如认为自信就"好"，顺从就"不好"），以及根据人们的特性分类来对其做评价。领导者在招聘和评价现有员工时常常如此，毕竟，如果领导者确实相信情景决定行为，他们就会以近乎随机的方式招聘员工，然后重新设计组织环境以配合员工的优势。但是，在大多数组织中，员工的甄选过程过于强调特性。组织在招聘中一般注重申请人在面试和测试中的表现如何，对特性的重视由此可见一斑。在面试中，领导者观察并倾听员工是否具备一个"优秀员工"应具有的"特性"，同样，测试也常常被用来决定申请人在多大程度上具有"优秀员工的特性"。

在招聘过程中使用人格特性存在两个问题：首先，组织环境可以对员工的行为施加很大的影响；其次，个体具有高度适应性，个体特性能够随着组织情景的变化而变化。特性用以解释行为时，在较弱的环境下效果最好，而在较强的环境下效果最差。组织环境一般为强情景，因为规则和其他正式的规章制度会肯定可接受的行为，惩罚有偏差的行为，而非正式的规则会规定适当的行为。这些正式和非正式的规则使人格特性产生的影响降到最小的程度，相比之下，像野餐、派对之类的非正式环境是弱环境，在这些环境下，特性可以很好地预测行为。

越来越多的证据表明，尽管人格特性一般比较稳定，但其可以被个体所在的组织所改变，而且人们一般会从属多个组织，这些组织常常会包含各种各样的成员，他们要适应这些不同的情景。事实上，人们的个性不是一成不变的，他们能够调整自己的行为以适应不同情景的需要。

如果特性不是特别适合于预测员工未来的行为，那么领导者应该采取什么标准呢？答案是过去的行为。预测个人未来行为的最好指标是其过去的行为。通过了解其过去行为查找个人在工作过程中获得什么样的成果，取得什么样的业绩，从而对其实际的工作能力作出判断。因此，在面试候选人时，领导者应该询问一些与目前工作相关的过去经历的问题。例如："你在以前的工作中是怎样展示你的创造力？"

2）聘任有责任感的人

人的个性是不一样的，有的人安静但消极，而有些人喜欢喧闹却有进取心；有些人很放松，而有些人易于紧张。

广泛的调查得出了人格特性的5个基本维度。这5个维度是：

（1）外倾性：外倾（外向、善于社交）还是内倾（沉默寡言、胆小）？

（2）随和性：随和（合作、信任）还是相反（不随和、敌对）？

（3）责任心：有高度责任感（负责、有组织）还是相反（不负责、无组织）？

（4）情绪稳定性：稳定（冷静、自信）还是不稳定（焦虑、不安全感）？

（5）经验的开放性：乐于接受新经验（创造性、好奇）还是封闭（保守、故步自封）？

研究人员做了大量的研究，试图找出这5个维度与工作绩效的关系，结果表明，只有责任感与工作绩效有关。具体来说，责任感可以预测的范围很广，如从专业人员到警察、推销员和半熟练工人。在责任感维度上得分高的人，具有为人可靠、工作认真、细致、善于计划、有组织性、工作努力、坚忍不拔以及成就导向等特点。这些特点在大多数职业中都会带来较高的工作绩效。

因此，如果你注重与工作绩效相关的人格特性，那么就应该选择在责任感维度上得高分的人。当然，其他的个体维度也可能与某种特定的工作相关。有证据表明，外倾性可以很好地预测管理和销售工作绩效。这类人的社会交往程度较高，因此外倾性的特质可以起作用。

3）雇用适合组织文化的人

作为一名管理者，你应该用与组织的适应程度作为标准来评价潜在的员工。你需要选择那些价值观念与组织基本一致，或者至少与组织价值观中好的那一部分基本一致的员工。如果你一开始就能牢牢把握组织的价值观和奖励标准，你就能很好地确定一个候选人是否能与组织吻合。通过提问和观察来确定申请人在这些方面的倾向：创造力，冒险，注重全局性还是细节，强调目的还是手段，团队导向，进取心强，富有竞争性还是平易近人，安于现状还是注重成长。以上是识别组织文化的主要因素。

如果员工不适应组织文化，那么这样的员工很可能缺少激励感和承诺感，对工作和组织环境不满。比起那些绩效相同但价值观与组织相一致的员工而言，他们得到的绩效评估偏低。毫不奇怪，这些员工的离职率比那些适应组织的员工要高得多。大多数人感觉到他们不适应这个组织，因此，如果可以得到其他的工作机会，他们就会去寻找别的能够使自己得到赏识的工作。

9.3.3 选拔人才的方式

目前我国人才选拔任用方式主要有选任制、委任制、考任制、聘任制和试用制。为保证能够及时选拔任用优秀人才，应注意对以上各种选拔方式加以改进和完善，充分发挥它们的作用，特别是要把考任制与委任制、选任制以及聘任制、试用制结合起来，使它们进一步规范化和科学化。

1）选任制

选任制是指由所属群体的成员直接选举该群体的主要领导人的方式。这种方式是一种能够反映群众意愿，体现群众当家做主的选拔人才方式。选出的人才有群众基础，同时又因选举定期举行，有助于解决领导干部能上能下问题，克服官僚主义，纠正用人中的不正之风。

实行选任制具有非常重要的现实意义，它不仅能够有效地保障政治透明，使人民群众拥有更多的知情权、参与权和选择权，有利于行使和强化监督权，而且有利于充分发挥竞选主体的主动性和创造性，从而保证优秀人才脱颖而出。

2）委任制

委任制主要是通过组织部门、人事部门对现有员工的日常考核，由上级领导来决定委任人选。实行这种办法，要求领导者的思想要端正，出于公心，坚持"任人唯贤"的原则。由于委任制方式易出现少数领导决定，群众无权选举自己领导人的情况，因此可能出现选上来的一些人只对领导者负责，而不对事业和群众负责的现象，甚至出现在领导面前说一套，在群众面前做另一套的两面派行为。为此，应该坚持民主集中制原则，委任制要与群众评议、民意测验相结合。

实行委任制时，领导者要注意以下问题：一是要在干部任用上尽量减少委任制的比重，并把直接委任制的重点放在非领导职务上面；二是即便运用委任制的方式，也必须首先通过任职资格考试，然后才能按相应的程序任用；三是实行委任制要和实行行政首长负责制相结合，以避免管人与管事相脱节，也可以由行政首长根据任期总体目标的要求优化组合行政领导班子。当然，这也需要有效的监督以避免权力的滥用，并和相应的责任联系起来。

3）考任制

考任制是通过面向全社会公开报名，选用同一类型试题测试不同的应试者，从中比较选择出优胜者任职的一种方法。考任制有利于激励人才竞争，形成钻研业务、奋发向上的社会风气。此方式的不足是，考试内容与实际能力很难达到完全一致，虽然能测出一个人的知识的多少，但很难测出这些知识究竟有多少可转化为解决实际问题的能力。

我国现阶段的考任制分两种：一是目前实行的以考试为主要手段，配合一定形式的考核，即可获得某一领导职位的公开选拔领导干部制度。这种考任制适用于专业性较强的部门和中低层次的领导岗位。二是即将实行的领导干部任职资格考试制度。这是仿照世界通行的各种资格考试的做法，定期组织进行选拔领导干部的考试，成绩合格者即在一定时间内取得任职的资格，职位出现空缺时经考察合格后加以任用。实行这一制度，实现了干部思想政治素质考核的定性与定量分析的紧密结合，也使干部的提拔使用有了一个比较客观的、公正的衡量尺度，把较少人参与的行为变成了多数人参与的过程，同时还大大地提高了工作效率。

4）聘任制

聘任制是某一组织通过登门聘请或张榜招贤等形式择优选聘人才的一种方式，还可以聘任主要负责人，然后再由他组阁，实行层层聘任。聘任制有利于人才竞争，促进人才交流，有利于发挥人才特长，挖掘人才潜力。聘任工作一定要严格按照规定的程序进行，并与考试、考核紧密结合，认真进行鉴定。

以上不论什么方式，都应该采取试用制。对选拔上来的人，应该先试用一段时间，通过实践考察其是否能够胜任，然后才正式任用。这是为了防止用人失误的好方法。试用期半年或一年为宜。在试用期内，领导者应有意识地给他们出题目、交任务，给予其表现才能的机会，并不断地帮助他们总结经验教训，在实践中锻炼成长。试用期结束之前，应广泛征求群众意见，进一步增加了解。

9.4　人才的使用与管理

识别、选拔人才的目的是为了使用人才，使人才能够人尽其才，才尽其力。实践证明，人才用得好，会事半功倍；使用得不好，不仅浪费人才，而且必然贻误事业。因此，领导者必须掌握用人的方法与艺术，克服用人过程中的不良心理状态，科学地管理好人才。

9.4.1　人才的使用

人才使用是领导用人的核心问题，在人才使用过程中首先要遵循以下几项原则：

1）不拘一格，适时任用

领导者发现人才后，应该及时提拔任用。这是因为人才成长是具有周期性的，一般分为萌芽期、发展期、创造期、成熟期、衰退期。其中最佳年龄区域是 30～40 岁，如果到一定阶段不及时提拔任用，就会贻误人才的成长。古人云："用人之道，当曰其壮年心力精强时用之。"因此，领导者要破除论资排辈、求全责备和平衡照顾等传统观念，树立崭新的用人新观念。

链接 9-1

　　1982 年，英国与阿根廷发生了马岛主权之争，战争不可避免。当时的英国首相撒切尔夫人决定任用伍德沃德少将任特遣队司令，引起国内很多人的争议。因为伍德沃德才四十几岁，是没有打过仗的"年轻人"，而在海军中，仅参加过二战和苏伊士战争的"老将"就可以组成一个连队，大家看来，这副重担轮不到伍德沃德来担任。但撒切尔夫人认为，衡量一个人的才能要以其岗位中的实际表现为依据，而非年龄和资历。伍德沃德在其担任国防部海军作战计划处处长、驱逐舰舰长等职期间表现出过人的聪明才智，证明他是一名优秀的指挥官。因此，撒切尔夫人给予其充分信任，授予伍德沃德除了进攻阿根廷本土以外的一切权力，明确指示完成该任务的目标是夺回马岛。在伍德沃德的指挥下，英军远涉重洋、孤军海外作战，以意想不到的速度顺利达到军事目的。

　　领导者用人要不拘一格，敢于起用能人，要认识到人才不是完人，世界上也没有完人，只有具有不同个性的人。现实中往往才能越高的人，其缺点也往往越明显。苏轼在《贾谊论》中说过："古之人有高世之才，必有遗俗之累。"就是说，古代有大才的人，必然会有世俗的毛病。现实生活中也是这样，那些有突出才干的人，其优点和缺点同样突出。如果领导者片面地追求人才的完美无缺，那么在他眼中可能就没有可用之才了。

　　美国南北战争开始时，林肯曾先后用了三四位高级将领，都是没有什么缺点的人，但却打不了胜仗。林肯就分析南方李将军打胜仗的原因，恰恰是用了有缺点但会打仗的人。林肯在实践中付出昂贵的学费之后，才改变了选完人的主张，任命被人以偏概全称为"嗜酒贪杯、难当大任"的格兰特将军为总司令，后来事实证明用对了。美国管理学家杜拉克在《有效的管理者》中引用了这个故事，并评论说："谁想在一个组织中任用没有缺点的人，这个组织最多是一个平平庸庸的组织。谁想找'各方面都好'的人，只有优点没有缺点的人，结果只能找到平庸的人，要不就是无能的人，才干越高，其缺点往往也越明显。有高峰必有低谷，谁也不能是'十项全能'。"我们领导者不仅要懂得这个道理，更要照此去做。

2）因事设人，量才任职

　　领导者用人时，要就事论人，而不能就人论事。首先，要做岗位分析，把本单位、本机构各项工作的性质、责任、权限及条件分析清楚，实质上是搞清楚职位有哪些，任职者应具备什么条件，这是用人的前提。其次，要设计出科学合理的职位，决不能因人滥设职位。最后，根据这些条件了解下属的类型，考虑谁能胜任这项工作，即分析下属人员的特长，确定人才类型，然后对号入座，授以职权，做到大才大用、小才小用。

　　这条原则要求先有职位后选人才，不能先选人而后设岗。为什么不能因人设事呢？原因之一，因人设事会造成不良的后果。美国管理学家杜拉克在《有效的管理者》一书中说："因人设事的结果，必将产生恩怨派系。任何组织都经受不起恩怨派系。人事的决策，须凭公平和公正，否则就会赶走了好人，或破坏了好人的干劲。同时，组织也需要各方面的人才，否则将缺乏改变的能力。"原因之二是，只有因事用人才能容纳各种人才，用杜拉克的话就是"只有这样，我们才能为组织选用其所需的各色人才。也只有这样，我们才不能不容忍各色人才的脾气和个性。能容忍这些差异，内部关系才能保持以任务为中心，而非以人为中心。"这条原则的运用，在当前来说有着极为重要的意义。大庆油田某公司提出的"四个不一样"，即"素质高低使用不一样，管理好坏待遇不一样，技能强弱岗位不一样，贡献大小薪酬不一样"，正是体现了因事设人、量才任职的原则。

3）扬长避短，各尽所能

屈原说过："尺有所短，寸有所长，物有所不足，智有所不明。"人的知识和才能由于受天赋、阅历、地位等条件的限制，总是表现出不同的特点，有的长于此，有的短于彼。领导者的任务就是要了解每一个下属的长处和短处、优点和缺点、能和不能，以资备用。斯大林说过："要了解干部、细心考察每个干部的优点和缺点，了解每一个干部究竟在什么岗位上最能施展自己的才能。"这是领导者一项很重要的任务。

（1）用人要诀在于用其所长。领导者应该用心分析每个干部的特点和能力，分析其长处是什么，他能做得最好的工作是什么，尽可能将其放在最能发挥他优势的岗位上，决不能用非所长，勉为其难。最关键的是对专才不能求全责备。宋朝大政治家王安石认为每个人学业有专修，才能有专长，任用人才必须用当其才。用之不专，其才能就发挥不出来。如果让一个搞文学的一会去管理财政，一会儿又让他管理监狱，就是让"一人之身，而责之以百官之所能备，宜其人才之难为也"，这样，虽然也在职在位但用非其才，结果与无能者几乎没有什么区别，是很可悲的。作为专才必然是擅长某一方面，而不擅长其他方面。所以，对专才不能求全责备，要求其什么都行。如果让一个只知道钻研技术的工程师来当厂长，让陈景润式的教师来当校长，肯定是当不好的。这就像马歇尔将军所说的："某人之所不称职，仅在于不称于'此'职，而不是说别的职位也不胜任。所以，选拔某人出任此职，是我的过错，我应该负责找出此人的长处来。"

（2）要善于用人之所长。用人就是要用人所长，避其所短，而且要注意将不同人的长处组合起来，形成一股合力。我们常说的"不是人不好，只是没用好"，就是这个道理。齐国名相管仲之所以能辅佐齐桓公成为春秋五霸之首，用人之长是关键原因。管仲在向齐桓公推荐五杰时，就曾经说："升降揖逊，进退闲习，辨辞之刚柔，臣不如隰朋，请立为大司行。垦草莱，辟土地，聚粟众多，尽地之利，臣不如宁戚，请立为大司田。平原广牧，车不结辙，士不旋踵，鼓之而三军之士，视死如归，臣不如王子成父，请立为大司马。决狱执中，不杀无辜，不诬无罪，臣不如宾须无，请立为大司理。犯君颜色，进谏必忠，不避死亡，不挠富贵，臣不如东郭牙，请立为大谏之官。君若欲治国强兵，则五子者存矣。若欲霸王，臣虽不才，强成君命，以效区区。"管仲对五杰就是根据他们各自的长处，进行委任。所以，领导者要用人所长，使智者尽其谋，勇者竭其力，仁者播其慧，信者效其忠，文武争驰，则百事兴。

（3）要能短中见长，变短为长。我们要树立人人都是可用之才的观念，一个人没有大用也有小用。有句管理名言："垃圾也是放错位置的人才"，就说明了这个道理。魏源说过："不知人之短，不知人之长，不知人长中之短，不知人短中之长，则不可以用人，不可以教人。"所以，领导者用人不仅要扬长避短，更要善于变短为长。

链接9-2

明朝吕枏讲了一个故事：某人有五个儿子，老大傻，老二尖，老三盲人，老四驼背，老五腿瘸，没有一个健全的人。但他们的父亲很会安排，让傻子务农，面朝黄土背朝天，毫无怨言；让尖子做买卖，只占便宜不吃亏；让盲人去算卦，起码能养活自己；让驼背撮麻绳，低头弯腰背不痛；让跛脚纺线，稳坐如钟脚不麻。他们父亲的这种安排，使五个儿子各得其所，都能安身立命，终身不愁吃穿。因此，领导者要做到随才器使。古人说："夫圣人之官人，犹匠之用木也。"这是说领导用人，就像木匠使用木材一样。韩愈在《进学解》中作过解释：大木为梁，细木为椽，短木为柱，小木块也可以做门闩。这说明各种粗细大小的木材，通过良匠一番校短量长，都派上了用场。领导者应该善于变短为长，使每一个人都能各得其所。

4）用人不疑，放手使用

（1）用人不疑，疑人不用，是用人的重要原则。这里的核心是信任。只有信任才有力量，才能调动下级的积极性。上级对下级有多少信任，下级就能发挥多少主观能动性。这是因为用人是为了使下级充分发挥作用，作出更大的成绩。领导者只有充分地信任下级，放手让下级去干，才能使下级领知遇之情，效报答之功，充分发挥下级的聪明才智，上下一心干好事业。所以，信任是一种无形的力量。用人不信人，这本身就是矛盾的。这种矛盾的存在和发展将会挫伤下级的积极性，导致工作效能的降低。在这种气氛下，下级不是缩手缩脚，顾虑重重，就是远离领导，甚至远走高飞。因此，你用人才，就要信任这个人才，相信他能把事情干好，否则，事前就不要起用他。

在《贞观政要》中，引用了齐桓公与管仲的一段对话。齐桓公有志称霸于世，向管仲请教如何防止有害于霸业的行为。管仲回答说："不能知人，害霸也；知而不能任，害霸也；任而不能信，害霸也；既信而又使小人参之，害霸也。"大政治家管仲也是把使用与信任看得同等重要。信而不疑，关键是不听小人的谗言。对待谗言的态度，是检验领导者是否信任下属的试金石。有些流言传到了领导者的耳朵，甚至一句话、一封信就动摇了他对人才的信任，使一些有用之才不得重用，终止了他们的前程。如何防止这种现象发生呢？战国末期的荀子在《致士》篇中说："朋党比周之誉，君子不听；残贼加累之谮，君子不用；隐忌雍蔽之人，君子不近；货财禽犊之请，君子不许。凡流言、流说、流事、流谋、流誉、流愬，不官而衡至者，君子慎之……"这段话的意思是：结党营私之徒的相互吹捧，君子不能听取；陷害好人的坏话，君子不能相信；嫉妒、阻塞人才的人，君子不能亲近；钱财贿赂之请，君子不能答应。凡是流言飞语，无稽之谈，没有经过公开渠道传来的，君子一定要慎重对待。这应该作为领导者的座右铭。

领导者用人生疑的原因主要有三种：一是认为人才有缺点，不堪重用；二是认为人才打了"败仗"，就不值得信任了；三是认为人才有野心，怕超过自己，不敢重用。这都是错误的。如何做到用人不疑，放手使用呢？首先，领导者必须要以德服人。领导者要有高尚的品德、宽广的胸怀，才能使人服气，甘心情愿地为之效力。美国钢铁大王卡内基，生前善于使用能力比自己强的人，使钢铁事业迅速发展。他死后，人们在他的墓碑上写下："一位知道选用比他本人能力更强而来为他工作的人，安息于此。"其次，领导者必须待人以诚。唐太宗很开明，有人给他出馊主意，让他装着生气来实验官吏的忠奸，说如果"彼执理不屈者，直臣也；畏威顺旨者，佞臣也"。唐太宗批评说，待人要有诚意，不能靠权术辨忠奸。只有上下同心，才能事事有成；如果君臣相疑，实为国家之害也。再次，领导者要能容人。古人说："自古有匡天下之志者，必有容天下之量，而后能成安天下之功。"韩信在评价项羽时说，项羽平时看到部下有病，流着泪去慰问；可是当部下立了战功该升封爵位时，却将刻好的官印握在手中，印角都磨坏了，也不肯授予人家，此妇人之仁，所以必败。领导者应该有比古人更宽广的胸怀，能够容人之过，容人之短，容人之强，才能够成就大业。

（2）在用人过程中要注意克服一些不良的心理状态，主要分为以下几种：

①报恩心理。有的领导者对那些于自己有恩的人，给过自己帮助或好处的人，往往以官职给予回报。这不是说领导者提拔那些自己有恩的人不行，也不是说领导者不能提拔对自己有恩的人，而是说，如果一个领导者单纯从报恩的角度出发去用人，这种心理肯定是不健康的，弊端很大。作为一个领导者，不管他人是否对自己有恩，只要他能干和肯干，又能干好，无恩的也要提拔重用；不能干和不肯干，又干不好的人，再对自己有恩也不能提拔重用。

②报复心理。同报恩心理相反，也可以说是报恩心理的孪生兄弟。有的领导者对那些有意无意冲撞过自己或侵犯过自己的人，就是再有才干，再有才华，再有本事，也不提拔重用，有的甚至还想方设法进行压制、打击。

③用亲心理。有的领导者任人唯"亲"的心理比较强烈。任人唯"亲"有两大类：一类是搞家族化，有的领导者在一个单位，凡是自己的亲戚，只要沾亲带故的一个个都提拔重用，占据重要岗位，手中握着大权。另一类是搞帮派、小团体主义。

④选"熟"弃"生"心理。有些领导者用人时，倾向于用熟人，如老乡、老同学、老同事、老上级等。往往有这种现象，有人被提拔到一级领导岗位后，他的老乡、老同学、老同事、老下级等一大帮人，都被提拔起来。用熟人的现象，从心理上来分析，大概是认为熟人相互了解，工作起来方便。当然，领导干部的熟人中不乏人才，使用人才是无可非议的，但是，熟人中也不可能个个都是人才，有些领导者所用的熟人中，庸俗之辈也不少。另外，"生人"中更不乏人才，熟人和"生人"相比，所占的比例很低，仅从熟人中选拔人才，面太窄，选择的余地太小，是很难把握优秀人才的。现在社会上的公开招聘就是一大进步。

⑤取"近"弃"远"心理。"近"和"远"主要是指与领导者的空间距离的远近及与领导见面、打交道次数的多少。有些领导者喜欢从自己身边的工作人员中选拔干部；有些领导者喜欢从围着自己转的人中选拔干部。而那些远离领导的人，那些不愿意整天去向领导汇报工作而默默无闻地工作的同志，提拔的机会就相对较少。

领导者的重要任务之一就是用人。领导者用什么样的人，不仅直接反映着领导者自身的素质，而且，在一定程度上直接决定着领导者所在地方、部门、单位和企业的工作绩效。所以，领导者在不断提高自身素质的同时，应努力提高用人的水平。

链接 9-3

培育赢者的心态
罗伯特·H.罗森

成功的领导者造就成功的下属，造就懂得怎样赢得胜利的下属。要做到这一点，领导者要时刻把下属挂在心上，要认识到，为其工作的下属希望对他们所起的作用、对他们所从事的工作有良好的感觉。

成功的领导者知道，有一个赢得胜利的明天的梦想是何等重要，也懂得怎样使一个团队按原则办事、团结一致，怎样鼓舞团队的士气。

成功的领导者还要懂得怎样创造赢的心态，使下属一点一滴地树立起信心，来营造一种成功的氛围。

这样的领导者能教会别人怎样获得胜利，如何对待失败，怎样遵守规则。这种能力和技巧来源于对人们的需要和意愿的深刻理解。这种能力和技巧也是领导者个性中两个方面的内容相互融合的直接产物。这两方面指的是争强好胜、坚韧不拔、勇于竞争的特点和关心别人、理解别人、温和宽厚、富于同情心的个性。

9.4.2 人才的管理

1）热情关心，积极保护

会用人还要会护人。爱护人才，才能用好人才。因为人才能力出众，也存在某些短处，必然有不同于流俗之处，会与传统的习俗陈规发生这样或那样的矛盾，也必然暂时不为多数人所理解，工作中会遇到各种阻力和障碍，甚至在某种程度上与领导和群众处于敌对状态之中。这些问题直接影响人才工作的积极性。因此，领导者对此应有正确认识和明确的态度，要采取积极的措施关心爱护人才，甚至在特殊情况下勇于保护人才。

（1）要热情关心人才。这种热情不是虚情假意、不疼不痒的寒暄，而是建立在对人才重要性的深刻认识基础上的真情流露，具体表现为：在政治上热情关心人才的成长进步，帮助他们树立正确的世界观、人生观、价值观，鼓励和支持他们关心政治，积极参与领导决策活动过程，充分发挥他们的政治智慧。在工作上放手使用，积极为他们创造条件，做好服务，让他们独立地解决自己管辖范围内的工作，有工作的自由感和成就感。在生活上要经常关心、帮助他们解决家庭中自己不能解决的诸如住房紧张、夫妻分居、子女上学和就业等问题，使他们解除后顾之忧，更好地做好工作。

（2）要勇于保护人才。其一，要使人才尽快摆脱困境。由于人才的真知灼见、改革行动、工作积极、受到表扬等，常常会遇到某些人的妒忌、非议，甚至是公开的讽刺、背后的诽谤，因此，领导者不仅要支持人才工作，而且应勇敢地站出来保护人才，力排众议，为人才伸张正义，采取积极措施保护人才，使人才尽快摆脱困境，继续发挥作用。这就要求领导者要有高度的事业心和责任感，有强烈的爱才之心和护才之胆。其二，要敢于为人才的失误承担责任。人才也有缺点，工作难免失误、犯错误。领导者对其缺点和错误，既要批评和帮助他改正错误，又要主动承担责任，绝不能怕受牵连而一推了之。其三，要敢于抵制对人才的无原则吹捧和不适当的使用。人才作出了成绩，领导者无原则地吹捧，会使人才失去群众的支持和组织的帮助，甚至昏昏然地走入歧途。领导者应该站出来制止不恰当的吹捧，并且帮助人才正确地对待组织、群众和自己。

2）精心培训，教育监督

用人不仅重在使用，更重在培训教育。若组织能够重视员工职业生涯的设计，充分了解员工的个人需求和职业发展意愿，为其提供适合其要求的晋升道路，使员工的个人发展与企业的可持续发展得到最佳的结合，员工才有动力为企业尽心尽力地贡献自己的力量，才能与组织结成长期合作、荣辱与共的合作伙伴关系。因此，企业应注重对员工的人力资本投资，健全人才培养机制，为员工提供受教育和不断提高自身技能的学习机会，从而具备一种终身就业的能力。

有人说："最大的福利是培训，最好的投资是教育，最棒的礼物是知识。"也有学者提出："比你的竞争者学得快的能力，也许是唯一能保持的企业竞争优势。"

最优秀的员工是企业长期施以教育的结果。在优秀的企业里，一位员工自进入企业那一刻起就开始接受在职教育，企业用自有的经营理念和制度来引导和规范员工的行为，使员工的理念、言行适应企业。

最适应这种教育的人肯定是企业里发展最好的人，因而他也有可能是企业最优秀的员工。

一个优秀企业的最高境界就是成为一所"大学校"，从而可以对员工、团队、市场、客户等持续不断地进行教育。

对员工进行教育是企业的"必修课"。事实上，总经理或领导者在企业经营管理活动中，本身就担任着四种职能：首先，他是要"上场打球"的"运动员"，因为企业有许多事情需要亲力亲为；其次，他是"服务员"，要给员工提供各种条件、便利和信息；再次，他又是"裁判员"，对员工之间、企业之间、企业内部与外部之间的有很多事情要进行是非、对错的分析和判定；最后，他还必须是要带兵打仗的"指挥员"，带头做事，起到模范作用。

3）赏罚分明，善于激励

人才的管理，重在赏罚分明与公平。因为人才都是有很强的上进心和荣誉感的人，他们非常重视领导者对他们工作的评价是否合理和正确。因此，通过赏优罚劣、赏善罚恶，不仅是对群体的思想和行为进行规范的有效措施，而且会对作出重大贡献的人才产生巨大的激励作用。

对赏罚措施的要求是准确合理，具有权威性。要使赏罚准确合理，就必须掌握下属的第一手资料，客观地评价其功过是非。这样才能具有权威性和说服力，起到激励和威慑的作用。领导者对下属的激励行为是十分复杂的过程，激励方式、方法多种多样，有物质激励、精神激励、赏识激励、荣誉激励、目标激励、领导行为激励等。然而，从直接产生于用人过程的激励来说，莫过于"赏识激励"。这是领导行为中最高的激励形式。所谓赏识，就是领导者对被用者价值的认可并给予合理赞许或重用。社会心理学研究表明，社会群体成员都有某种归属心理，希望能够得到上级的承认和赏识，特别是能力强的人这种需要更加强烈。赏识激励能较好地满足人才这一高级的精神需要。对于一个有才干、有抱负的人来说，奖他千元、万元，不如为之提供一个能发挥其才能的岗位和机会，使其得到一个自由发展的空间可以有所作为，实现其人生的最高理想。因此，领导者要善于了解人、理解人，做到对人才由控制型管理走向指导与激励型管理，使人才得到最合理的安排和使用，充分调动人才工作的积极性、主动性和创造性。

4）有效开发，合理流动

人才是世界上最重要的资源。领导用人不仅重在使用，而且需要不断开发和管理，在使用中开发，在开发中使用，通过使用促进开发，把使用与开发有机地结合起来。具体来说，人才的开发，首先，要制定人才开发规划，有领导地搞好人才开发。如上海市实行的人才开发战略，靠构筑人才开发高地来吸引人才，取得了极好的效果。其次，要制定一系列有利于人才成长的政策法规和用人机制，善于用事业留人、用待遇留人、用感情留人，更要用机制留人，为人才健康成长创造一个宽松和谐的有利环境。最后，要实行一系列开发人才的具体措施。如通过学习培训来实现人才的智力增长，通过感情投资来保持人才的心态平衡，通过更新知识来补充人才的能源消耗，通过开发潜能来提高人才的能级和能质，通过协调关系来保持人才的智能互补，通过开展竞争来激发人才的创造性，通过净化人才的思想来控制人才的前进方向等。

人才使干部队伍生机勃勃，富有活力。在大体上保持干部队伍相对稳定的情况下，要有计划、有步骤地保持人才合理流动。所谓合理流动，就是根据事业发展的需要，让干部们到更广阔的天地大显身手，有所创造，多做贡献，而不是把他们禁锢在狭小的环境里人浮于事，埋没窒息人才。这种流动，不但是指调动，还包括干部交换、下派、暂借使用等多种形式。合理流动的"合理"，当然首先看是否符合事业发展需要，要坚持流向的正确性，流动中的计划性、双向性和灵活性，这样才能确保人才流动产生最佳效果。

在合理流动中，要注意克服人才专业跳跃性过大和干部异地交流过频的现象，这样不利于人才的健康成长，也容易导致短期行为，同时，也要注意利用好近几年开放的人才市场。这种市场在较大程度上减少了行政的盲目干预，使人才供求关系在市场调制中更趋合理，使人才找到最有利于发挥自己作用的场所。当然人才市场的开放是相对的、受宏观调控的，人才流动不能全靠这个市场，但领导者应学会利用这个市场。

本章小结

领导用人，主要是指领导者或领导集团在实施领导活动的过程中，凭借自身的职权，按照一定的隶属关系和干部管理权限，对下属加以选拔、任用和培养等一系列组织行为过程。

人才有广义和狭义之分。狭义的人才是指那些德才兼备，对社会发展和人类进步作出巨大贡献的人。广义的人才是指所有具备一技之长的人。从这个意义上说，人人都是人才。

目前我国人才选拔任用方式，主要有选任制、委任制、考任制、聘任制和试用制。为保证能够及时选拔任用优秀人才，应注意对以上各种选拔方式加以改进和完善，充分发挥它们的作用，特别是要把考任制与委任制、选任制以及聘任制、试用制结合起来，使它们进一步规范化和科学化。

人才使用是领导用人的核心问题，在人才使用过程中要遵循：不拘一格，适时任用的原则；因事设人，量才任职的原则；扬长避短，各尽所能的原则；用人不疑，放手使用的原则。

本章案例

林肯总统为何重用格兰特？

罗伯特·李是美国将门之子。南北战争爆发后，南方军队在他的指挥下捷报频传，而联邦军队节节败退。罗伯特·李很快就成了所向披靡的司令官。当时的美国总统林肯便任命格兰特为联邦军队的总司令。而格兰特嗜酒贪杯是出了名的。所以当时内阁一些官员都表示反对："格兰特嗜酒贪杯，整天和士兵们厮混一起，一点也不像指挥官的样子，不能担当这样大的重任。"而林肯却说："也许正是没有官架子的军官，才能指挥打胜这场战争。如果我知道他喜欢什么酒，我倒应该送他几桶，只要能打胜仗，嗜酒算得了什么。"其实林肯并不是不知道酗酒容易误事，但是他更清楚，在北军诸将领中，唯有格兰特能够运筹帷幄、决胜千里。后来事实证明：林肯的这一决定是完全正确的，正是格兰特将军受命总司令，才成为了南北战争的转折点。林肯的用人思想，是要求人才的长处，而不是要求人才的完美。

林肯并不是天生就懂得，而是后来才学会使用人才这一窍门的。因为在这以前他也曾经先后选用过几位将领，标准都是不能有重大缺点。而结果恰恰相反，即使在拥有绝对优势的条件下，不仅战事毫无进展，反而被那些看起来满身都是大小缺点的南军打败了。对方之所以能够取胜，究其原因就在于对方的李将军善于使用人才的长处而避免了人才的短处。林肯的这一用人窍门，也是从对方学来的。这就应了中国的一句成语："金无足赤，人无完人。"

资料来源 万良春. 领导科学案例新编 [M]. 北京：中国经济出版社，2006.

问题：

1.如果你是林肯，会选用格兰特担任总司令吗？为什么？

2.为什么林肯原来选用的几位"无重大缺点"的将领反而容易打败仗呢？

复习思考题

1.用人在领导活动中的作用是什么?

2.领导者如何正确地识别人才?

3.选任干部的正确原则是什么?

4.使用人才的科学方法是什么?

5.领导者如何管理好人才?

第 10 章

领导者用权

学习目标

领导活动的有效性在很大程度上取决于领导者在组织中获取的权力的大小。领导者的正式权力是领导者权力的基础，但是一个领导者是不是一个成功的领导者取决于他是否拥有足够的影响力，而影响力的来源则不只是领导者的正式权力。通过本章的学习，了解领导者权力的来源；掌握权力的使用策略、授权的艺术性以及权力是如何在组织中变化的。

10.1 权力的来源

10.1.1 正式的权力

正式的权力分为五种，包括合法权、报酬权、强制权、专家权以及参照权。其中前三种被看成是职位权力，很大程度上是由组织的政策和程序规定的。一个人拥有职位权力的多少通常取决于他在组织中的职位，尤其当考虑到这个人有权力奖励或惩罚追随者的时候。一个人可以拥有正式的职位权力，不管他是不是领导者。有效的领导者并不仅仅靠正式的职位去影响其他人来达到组织目标。专家权和参照权这两种个人权力主要来源于领导者的专门知识和人格特点。

10.1.2 组织中的权力

以上五种权力是来源于领导者的正式职位或是个人才能，但在组织中还有一种权力和影响力的来源已经得到了证实。偶然事件学说证实了权力来源不是与确定的个人或是职位联系在一起的，而是与领导者在整个组织中的角色相关的。因此，从这个方面来考虑，组织中权力的来源主要有各部门之间的依赖性、对信息的控制、中心性和对不确定性的处理。

1）各部门之间的依赖性

在组织中，材料、资源以及信息都会在一个系统内部的各个部门流动，而这种流动则成为领导者权力的一个重要来源。在这种情况下，同样作为领导者，提供资源的领导者的权力要比接受资源的领导者的权力大。在大多数生产企业中，生产部门的领导者的权力要比维修部门的领导者的权力大。然而，在少数企业中不是这样，这些企业的生产过程是一个程序化的工作，机器基本上都是自行运转的，但是维修却是一项极为复杂的工艺，需要维修工人多年经验的积累。因此，生产部门的管理者对于维修部门有依赖性。

2）对信息的控制

尽管授权是当今组织管理工作的趋势，信息的共享也依旧方兴未艾，但是领导者仍然能够比其他人得到更多的信息。对信息的控制，包括获得信息的渠道、如何分配信息以及向谁分配信息，是领导者主要的权力来源。几乎所有的领导者都认识到信息是一个主要的商务资源，通过控制、解释以及分享这些信息，可以影响决策。一个人在组织中的职位决定了其获得信息的渠道，这种控制信息流的权力属于法定性权力的一种。例如高级管理者总是比基层管理者和普通员工获得更多的信息，有时为了影响其他人，高管人员可以有选择地公开一些信息。不过，同样，对信息的控制也可以成为基层管理者和普通员工的权力来源。例如，有时候高管人员需要依赖基层管理者对复杂数据进行分析，然后才能作出决策。

3）中心性

衡量中心性的一个指标就是领导者所在部门的工作对于整个组织最终产生的影响

程度。中心性反映的是领导者在组织的活动中发挥的作用。在微软和英特尔这样的企业中工程师的权力就比较大，而在宝洁、安利这样的企业，销售人员的权力就比较大。中心性反映领导者或领导者所在的部门对组织所做的贡献，贡献越多，权力越大。

4）对不确定性的处理

环境发生的轻微变化会给领导者带来不确定性和复杂性。作为专家性权力的衍生物，当一个人或作业单元拥有管理环境不确定性的能力时，就可获得权力。在高管人员制订方案的时候很少会考虑（即使考虑也无济于事）突发事件。部门经理如果能很好地处理突发的不确定事件，就会拥有更多的权力。如果市场研究人员准确地预测出了新产品市场需求的变化，他们通常会获得更大的权力和声望，因为他们成功地减少了组织所面临的一个关键不确定性。

10.1.3　能带来权力的个人特质

通往权力之巅的路对大多数人都是敞开的，但是能通过这条路取得辉煌成就的却是凤毛麟角。在这节我们将试图分析获得巨大权力的人同没有权力的人有什么不同之处。

从科学角度仅仅分析那些获得了权力的人并据此得出需要的个人特质是不够的，要想确定某一特质对于获取权力肯定有用，就必须要看到它在哪些获得了权力的人身上的表现更明显或更经常。对能够带来权力的那些个人特质的研究往往强调如强烈的动机、成就或是亲属关系。诚然，这些都很重要，但全都不是最具有决定意义的个人特质。

根据研究和观察，以下特点对于获得和保持权力是特别重要的：

1）精力、体力和耐力

在信息时代，人们谈到拥有权力的人时，首先想到的是天才和智力而不是身体特点，这是十分错误的。充沛的精力和体力使谋求权力的人占据许多优势。第一，它使你比你的对手更有耐力，或者能让你以勤补拙。第二，你的精力和耐力能为其他人树立楷模，促使你周围的人更加勤奋地工作。长时间的努力工作不仅使你的下属看到这样苦干是人所能到达的，同时也表明你所完成的任务的重要性。你愿意为之呕心沥血，必定是值得一做的事情。

链接 10-1

法国著名作家雨果年过不惑，正是创作旺盛期，却不幸得了心脏病，几乎无法从事创作，人们不胜惋惜地哀叹，这颗文坛巨星即将陨落。但雨果和疾病几经搏斗后，不仅不灰心丧气，反而充满信心。他坚持每天早晨散步、做操和打拳，并在医生的指导下加大运动量，跑步、游泳和爬山。结果身体逐渐好转，又重新拿起笔来，在60岁时完成了传世之作《悲惨世界》，以后更笔不止，与命运抗争。他一直带病创作，并活过了84个年头。生命的延续是雨果创作成功的奠基石。

2）集中精力于一个目标

无论我们的精力有多么旺盛，技能多么高超，我们所能办到的事情总是有限的，没有人是无所不能的。那些有权力和有影响力的人总是只朝一个方向努力。几乎每个人小时候都做过这样的实验：用放大镜聚拢太阳光把干燥的纸点燃。这证明太阳光聚集起来，其威力就可以增强。

在对15名成功的CEO的调查中发现，他们多半都把精力集中在一个行业和一家公司上。有理由得出这样的结论：CEO不能面面俱到，必须把精力集中在小范围业务问题上。这样就需要特定的知识，这些知识有助于建立权力基础和取得事业的成功。同时，这也意味着你的精力不会被分散，你可以把精力集中在较少的问题上。

要看一个人是不是专注，可以考察他对细节的考虑是否全面。近些年来，业界最流行的便是"细节决定成败"，就算对细节的考虑没达到这种程度，但是细节也是至关重要的。我们所遇到的许多经理和学生都缺少这种品质，因为他们智力太高、兴趣太广泛，以至于他们无法专注于一件事或很少几件事。精力分散本身就容易导致人们做无用功。同样，获取权力的细节也很容易被忽略。

链接 10-2

从前在美国标准石油公司里，有一位小职员叫阿基勃特。他在远行住旅馆的时候，总是在自己签名的下方，写上"每桶4美元的标准石油"字样。在书信及收据上也不例外。只要签名，就一定写上那几个字。日复一日，年复一年，他因此被同事叫作"每桶4美元"，而他的真名倒没有人叫。公司董事长洛克菲勒知道此事后说："竟有职员如此努力且关心公司的声誉，我要见一见他。"于是邀请阿基勃特共进晚餐。后来，洛克菲勒卸任，阿基勃特成了第二任董事长。这是一件谁都可以做到的事，可是只有阿基勃特一个人去做了，而且坚定不移，乐此不疲。嘲笑他的人中，肯定有不少才华、能力都在他之上的，可是到最后，只有他成了董事长。

3）善解人意

权力与对人的影响分不开。要实施领导就要领导一个集体去实现共同的目标。在其中设法影响他人、理解他人，懂得如何去接近他人，显然对领导工作有利。这里所讲的善解人意就是善于揣测他人的意思。

善解人意并不是说你一定要按照他人的利益、以友好的方式或代表他人来行事。所谓善解人意，只是要明白对方是什么人、在相应的问题上处于什么地位、容易采取什么策略、使用哪种方式与其沟通最容易就可以了。善解人意的领导者必须具备解决纷争的能力。在关于谈判的著作中，解决纷争的方法是谈利益而不谈立场。加德纳在他的著作中写道："领导者必须对他们与之打交道的不同类型的人有所了解……同人交往的核心技能就是社会认知力，即准确估计追随者的响应程度和抵制程度……从而最大限度地利用现有的动力，并理解人们的态度。"要知道别人的心意，就要对这个人的行为进行客观的观察。要获得权力不仅应有自我意识，还必须考虑别人的意识。这有点讽刺，要为自己争取某些东西，最关键的却是要替别人考虑。

在哥伦比亚广播公司，总裁斯坦顿被认为就是一位善解人意的人。公司的董事长佩利想要一个可以让自己掌握终极权力，又能帮助自己经营公司的人。斯坦顿明白，让佩利觉得自己始终大权在握是多么重要。虽然斯坦顿只比佩利小7岁，但两人之间似乎形成了一种父子般的关系。当着下属的面，斯坦顿永远对佩利保持着对长辈般的尊敬。在开会时，斯坦顿决不出风头，从不与佩利争论。当然，在他老练了一些以后，他会把一些对立的意见当作别人的看法提出来。但当他自己发言时，他总是与佩利一致。

4）灵活性

如果你不能运用你所揣摩到的别人的心意来调整自己的行为，那么这些信息就没有任何作用，而在这种情况下，你也必须有特别特殊的运气才能获得权力和成功。比如一位销售人员在劝说某个打算显示身份的人购买车辆时会把它说成一种豪华车；同样，他也会把同一款车说成经济型（如果买主打算购买一辆经济适用型汽车）。

虽然，灵活性这个词好像有些贬义的成分，但它对于那些希望取得权力的人却是一个十分重要的特质。它能使人获得更多的盟友和资源，因为具有灵活性的人比较容易改变态度，顺应不同的利益。

‖‖‖链接 10-3

世界上第一位女大使柯伦泰曾被任命为苏联驻挪威全权贸易代表。一次，她和挪威商人谈判购买挪威鲱鱼。但是，挪威商人给出的价格高得惊人，而她的出价也低得出人意料。双方开始讨价还价，在激烈的争辩中，双方都努力争取自己利益的最大化，互不让步，谈判一时陷入僵局。最后，柯伦泰笑着说："好吧，我同意你们给出的价格。如果我们政府不予批准的话，我愿意用自己的工资来支付差额。但是要分期付款的，而且要支付一辈子的。"挪威商人被柯伦泰逗笑了，他们也意识到他们的价格抬得太高了，于是同意将价格降到柯伦泰认可的价位。

各种来源的证据表明，由专注于最终目标而产生的感情超脱所产生的灵活性是建立权力的重要特质。

5）能够直面冲突

权力包含这样一种假定，即分歧的存在。所以，权力是在有冲突的情况使用的，如果大家对于应当做什么和应当怎么做没有分歧的话，就没有必要使用权力了。由于只在出现分歧的时候才使用权力，因此，想拥有权力，就必须拥有愿意面对冲突的这种特质。不过，不是所有人都喜欢面对冲突。大多数人在小时候接受的教育是"少与别人发生争执"，但是几乎所有人都会遇到令人不愉快的冲突。冲突是内部关系紧张的标志。为了避免这种情况，一些人会默许别人的意愿或者避免将矛盾公开化，希望通过视而不见使之不了了之。真正可以获得权力或拥有权力的人则不会畏惧冲突，相反，他们会直面冲突、解决冲突。

没有冲突的组织是一个没有活力的组织，正确地面对冲突、合理地处理冲突并且激发冲突的积极作用是获得权力的重要影响因素。索尼的盛田昭夫以自身的行为很好地诠释了这一点。多年前盛田昭夫担任副总裁时，曾与当时的董事长田岛道治发生过一次冲突。由于双方各持己见，使得田岛道治很愤怒，田岛道治对盛田昭夫说："盛田，你我意见相反。我不愿意待在一切按你意见行事的公司里，害得我们有时候还要为一些事情吵架。"盛田的回答非常直率："先生，如果你我意见是完全一样的，我们俩就更不必待在同一公司领两份薪水了，你我之一应辞职。正因为你我看法不一样，公司犯错的风险才会减少。"

组织中的某些人因为别人不愿意同他们争斗而遂了心愿。因此，敢于面对冲突在任何组织中都是获得权力的一个重要来源。

10.1.4　资源、盟友所带来的权力

在各种组织中，手握大权的人几乎都明白两个相互颠倒的法则：黄金法则和新黄金法则。黄金法则的真谛是：制定法则的人会拥有黄金；而新黄金法则的真谛是：法则是由拥有黄金的人制定的。这根本就不是什么惊人的新发现，但是如果你能同时理解分配资源、建立盟友的话，这两个法则就十分重要了。

1）资源

人们往往会由于找到了未曾利用的资源领域而获得权力。这样，你就可以不必与人争论你的预算是否合理、你的设备是否足够，你可以通过对房屋和时间安排甚至是更无形的潜在的资源的有效控制而获得权力。从另一个角度看，权力的获得就是找到了以前未被利用过的资源。

想要利用资源获得权力需要两个前提：

（1）你能支配这些资源而不仅仅是拥有这些资源。美国社会保障署署长所拥有的权力不可谓不大，但是，每一笔钱的支配都有详细的法律跟踪，所以，那个署长只是"拥有"这些资源却没法"支配"它们。

（2）别人依赖你的这些资源。通常情况下，这需要你增加你所投入的资源，而且还要懂得如何让在刚开始获得机会得到发展，以便能提供将来所需要的足以影响别人的资源。能够分清对于不同的争取对象而言，哪些资源是重要的，哪些尚未被利用的资源是可以掌握并且会被依赖的，是这个过程中所需要的最关键技能。

2）盟友

机构中的任何一名成员所拥有的最宝贵的资源就是盟友，而每个成员都可能是最重要的资源之一。现代组织都是一些庞大的、相互依赖的、纷繁复杂的系统。就算你才华横溢，也很难在这样一个组织中独自做好什么，拥有忠诚可信的支持者是至关重要的。但是，我们也经常看见有些经理人不去培养自己的盟友。在考虑这个问题的时候，重要的是要考虑怎样识别盟友，如何建立联盟。其最重要的一点是要找到与自己有共同利益的人，并与他们建立长期关系。日产经理川又克二说道："联盟之所以能长期存在，是因为各方都认识到利益的一致性。而交易却是一次性的，没有任何一方对将来负有义务。"

建立联盟有两个基本方法：

（1）通过任命和提拔来获得盟友。建立联盟的办法之一是帮助那些与你争取权力的努力有关联的人。这种关联也许来自以往的工作关系，也可能来源一种事实：你提升或录用了他们。虽然，录用和提升都以择优为先，但是有一些管理人员也同样认识到确保机构中有一些对他们忠心耿耿的人的必要性。

（2）通过施惠于人来建立同盟。除了安插自己的"心腹"在某些重要职务之外，还可以通过施惠于人来建立联盟。这里的"施惠于人"是指互惠。我们必须分清互惠和交易的区别。如果我给你钱，你给我东西，这是市场交易，不是互惠。二者的区别有以下几点：①所施的恩惠不一定是接受者所谋求甚至是所希望的。②没有具体说明需要回报什么。③这种恩惠所带来的不是具体的期望，而是一种很笼统、很模糊的义务。

10.2　有效使用权力的策略

仅仅知道权力从哪儿来还远远不够，我们必须知道如何利用权力去办成我们想办的事。一般情况下，权力的使用会带来三种不同的结果：顺从、抵抗和承诺。领导者成功地使用职位权力时，员工的反应是顺从。领导者过多地使用职位权力特别是强制权时，员工可能会产生抵抗反应。而当领导者成功地使用个人权力时，追随者对个人权力的反应通常是承诺。要想有效地使用权力，使员工采纳观点、服从命令并热心地执行指示，就必须懂得人际关系的影响。当我们了解基本的人际影响过程后，我们还须知道权力的扩展——时机的选择、信息的分析。

10.2.1　人际关系的影响

1）社会验证

如果我们刚刚进入一个组织中，对组织中人员交往习惯、规则等一无所知，那么这个时候我们就会需要同事出主意。组织生活不断变化，很多时候我们都需要在不确定的情况下作出判断、在没有把握的情况下去行动。我们会选择与自己观点相近的同事来帮助我们。因此，看法与判断就以社会交往为依托，进而成为一种共识的社会产物。

依靠别人的判断来帮助我们不仅可以节省在认知方面所花费的时间、精力，还可以与别人保持一致，人际吸引力的论述证明，相似是产生吸引力的一个重要因素——我们喜欢与自己相似的人。另一个好处是较少受到排斥和拒绝。大多数人都不自觉地争取与别人意见一致，以被集体所接受。

社会验证能帮我们理解为什么酒吧服务员会自己在往装小费的瓶子里放点钱，也能让我们明白为什么有人在人潮涌动的街头遭遇非法行为而无人制止（这种情况正是由于大量的人围观所导致）。因此，能够帮忙的人越多，获得帮助的可能性就越小。这非常类似于"三个和尚没水吃"。

‖‖链接 10-4

我们来看一个关于社会验证的例子：罗恩达·克拉克博士非常高兴，因为 KLC 猎头公司的主席贝内特·米切尔刚刚告诉她史密斯基金会决定聘用她为 CEO。史密斯基金会是由实业家查理·史密斯资助数百万美元建立的一家非营利性组织，近几年，该基金会的捐赠日益萎缩，最近，基金会要在一个略少于 150 万美元的年度预算内开展经营。据内部消息，董事会经常发生骚乱，对 CEO 的建议会产生抵抗行为并已强迫五位 CEO 在很短时间内辞职。克拉克决定采取特殊的方法，她结识那些拥有良好关系的城市部门高管并和他们发展密切关系，将注意力放在那些能为基金会取得一定收入的内外部联络工作上。此外，她与董事会成员苏珊建立共同利益关系，争取苏珊和一些同事的支持。在此基础上，克拉克开始了多部门计划并得到了百万美元的资助。

最后，使盟友和支持者围绕一种观点提供社会共识的证据是极其重要的。你需要让组织中的每个人都相信你在"力争"的东西是"据理"的。当然可以通过重复别人的意见让大家知道还有别人跟你意见一致。

2）获得好感与运用

在人际影响中，好感是很重要的，因为好感是相互的、双向的。对他人的好感是建立在很多因素基础之上的，包括：（1）社会雷同（我们都喜欢与我们相似或同属于一个社会集团的人）；（2）相貌的吸引力（漂亮往往使人更可爱）；（3）恭维（我们喜欢那些对我们表达赞赏的人）；（4）交往与合作（我们倾向于那些熟悉的人）；（5）与正面消息相联系的人（我们都喜欢那些能带给我们好消息的人）。

如果想要很好地利用好感来影响别人，我们就必须把上面提到的所有获得好感的基础考虑进去。相貌是最难改变的，但是，交往、正面的联系，特别是恭维，则是首先应当考虑的行为策略。恭维与奉承是获得人际影响的一个非常有效的手段。人们总是怀疑把恭维当成手段的有效性，但是，你可以想一想你在听到恭维后作出的反应。你知道有两种可能：（1）发自真心的赞美；（2）一种为达到某种目的的手段。显然，你总是倾向于选择真心的赞美，因为这样你会对自己更有信心，让自己感觉更舒服。

比较含蓄却十分有效的恭维方式之一是对别人表示体恤和关心。当这种体恤来自级别或地位更高的人的时候，肯定会给人受宠若惊的感觉。当乔治·鲍尔在赫顿公司经济部工作的时候，他通过细致入微地关心每一位部门内的人而建立了强大的权力，最终成为这家公司的CEO。由于他知道细小的事情可以换来下属的忠诚，因此，他竭力做到有求必应、有电话必回。赫顿的一位财务经理说："我第二次遇到乔治，已经距离我第一次见到他有几年之久了，我认为他肯定认不出我了，不过，他第一句话就对我说：'你好，贝斯蒂和孩子们都好吗？'我当时只是觉得我应该无条件的忠诚于他。"

还有别的一些因素也应该被考虑进去。人们也很有可能满足在服饰、宗教、年龄等方面与自己相似的人的要求。如银行负责硅谷贷款的经理通常都比较年轻，因为他们的顾客通常都是年轻人；在学校里，讲授普通课程的教授和讲授经理培训课程的教授都会在排名次序中受到年龄问题的影响。

当然，各种各样开心的事情往往也能使人产生好感。人们之所以在宴会上或其他愉快的社交场合募捐，除了对等之外，也是因为在一种惬意的环境中享受精美的食物会使人们对宴请的人产生好感，从而也就使人们更愿意接受这个人对其行为施加的影响。

3）通过感情施加影响

表达感情是施加人际影响的重要手段。这有两个含义：第一，向别人表达的情感是可以掌握和控制的。如果情感不能被控制，那就不可能作为策略来利用了。第二，他人的行为至少在一定程度上是以我们表达的情感为转移的，因此，我们所表达的情感才可能影响到他人。这两点并不是说明每个人都有巧妙利用感情来影响他人的能力。这种能力在一定程度是可以学习并获得的，它是帮助我们区别组织成员中哪些人做事比较有效、哪些人做事效果较差的特质之一。

有人认为情感是不可以控制的，但是组织明显不这么认为。航空公司对空姐的要求就明显表明了它们认为情感是可以控制的。迪斯尼世界的雇员受到的训练是，不论自己的感受如何，都必须按照公司的规定来表达情感。培训者告诉受训者："你必须时刻对顾客笑脸相迎，不管那人在你看来多么恶心、你内心多么愤怒。客人到这儿来的原因就是看我们表演。99%的客人都是好的，但你决不能让另外1%的客人抓住你的把柄，因为那就是你遭到解雇的原因。"

虽然使用情感可以作为有效的人际技巧手段，但并不是每个人都能做到的。事实上，一些技巧属于从战略角度表达情感的范畴。它需要一个人具有巨大的自我控制和自我克制能力，而且要明白自己希望在你与之交往的人身上取得什么效果。长时间处于这种情况的人可能导致一些疾病，如头痛、酗酒甚至吸毒。

在组织中要与其他人和睦相处，往往需要你能愉快、有效地与那些你可能并不喜欢也并不尊敬的人打交道，因为你需要他们的合作才能办成事情。你所表达的情感与感受是很重要的，你要学会喜怒不形于色，甚至有意识地利用情感影响别人，来达到你的目的。无论你是否打算使用这种策略，承认并了解这种策略还是很有必要的，它可以使我们更清楚地观察自己周围的社会影响，帮助我们理解和比较准确地预测组织中各种事情会出现什么样的结果。

10.2.2 时机的选择

在使用权力的战略中，确定做什么是至关重要的，但是何时去做也是必须给予重视的问题。时机恰当的行动有可能成功，相同的行动如果时机不对则完全有可能不成功。你必须在正确的时间、正确的地点同正确的人讲正确的话。

1）及早行动，先下手为强

首先行动当然有不利之处，它会使你的策略暴露在别人面前。但是，先下手也有各种各样的好处。通过表明立场、采取某种行动，我们可以迫使后来者顺应我们的态度。例如，一旦某个项目开始了，要使它停下来就会很困难；一旦某人被雇用了，要解雇他也不是那么容易；一旦某个建筑完工了，要拆了它几乎就是不可能的。当你已经做成的事情难以被推翻时，你的行动就成了进一步谈判的基础，谈判的条件和框架就必须根据你的行动事实来制定。

除此以外，先下手还有这样的一个好处，你可能让对手措手不及。有时，这样的行动很可能是致命的。众所周知，韩信是汉朝的开国元勋，为刘邦成就帝业立下了汗马功劳，可是功成名就后韩信却没有享受应有的优待反而被吕后所杀。韩信一代英雄最终却被一个女人所害，究其原因主要是吕后占据了主要地位，先下手为强。当时，韩信舍人向吕后告发韩信谋反，吕后与萧何商议以"假传皇上御驾亲征告捷，陈豨兵败被杀，召集群臣在未央宫庆贺"的计谋诱韩信进宫。韩信没有意识到吕后有要将其置于死地的想法，也未料到吕后早已布置好了陷阱等着他，没有掌握充足的信息，所以遭受这么悲惨的命运。

大家需要注意的是，吕后是在韩信可能给她造成威胁前把他除掉的，一方面清除掉了障碍，另一方面树立了威望。吕后先斩后奏，使得刘邦得知后也只能是"且喜且怜之"。

2）拖延战术

制止某件事情发生最好的办法就是拖延，而要求拖延的最好借口就是更进一步的调查或者思考。因此，拖延的战术通常是在争论的时候使用，拖延之所以有效通常是由于以下原因：（1）支持者感到厌恶，特别是让他们相信这件事根本就毫无希望。（2）人们为某件事所作出的努力在一定程度上是受到时间和力度的限制的，拖延久了就没有支持者了。这在政府中尤其显著。（3）决策的时间限制。拖延久了就会导致反对。如果一项计划是关于建筑的，那么报价肯定是有时限的。拖到有效期后，决定就会自动取消，然后开始重新谈判。（4）拖延也很可能意味着一个组织对有关问题的兴趣。例如，对某人的求职迟迟不予答复最大的可能是对这个人的申请并不感兴趣。

实施拖延法的人几乎总是提出通盘研究、充分讨论诸如此类的理由。了解情况然后再进行分析当然是有益的，但是主张拖延的人很少明确告诉别人的想法应该是：时间的推移本身就会改变决策过程，而这种改变往往有利于主张拖延的人。

在司法领域内，拖延是一种常用的、往往很有效的策略。一方会尽力耗尽另一方的金钱和信心。在财力超过对方的情况下采用拖延策略，几乎是必胜的。罗伯特·摩西成为公园事务专员后打算把泰勒庄园改建成为公园，但他的行动却超越了他的权力范围。当土地所有者控告他的时候，他竭力把它拖延下去。通过这种拖延策略，摩西把他的对手拖得实在不想再多花钱了，而且在案子审理期间，公园建成了。最后，他付了一小笔土地征用费之后，不了了之了。

3）等待的策略

大多数时候人们把拖延加以掩饰，让它看起来好像是由于偶然原因。然而，有时候我们也可能把它有意识地公开使用——让别人等我们到来。

链接 10-5

等待的模式是与一个社会权力的分配相一致的。这个结论是以下述假定为前提的：权力同某个人作为一种社会资源的稀缺程度直接相关，因此，也就同他作为一个社会单位中一员所具有的价值直接相关。使别人等待还有利于你改变他人的行为，这种情况下，被迫等待的人受到制约，而被等待者则巩固了自己的权力地位。

使别人等你不仅是你自己权力的象征，更是一种增加权力的策略。迟到可以使你成为引人注目的人物，这个事实本身就可以扩大影响。另外，让别人等你，也让大家考虑你对他们的隐含影响，他们等你总是有等的理由吧？

罗斯·约翰逊在担任标准布兰兹公司老板期间，形成了一种帮助他行使权力的个人风格，其中就包括"大人物驾到"的习惯。约翰逊不论参加什么活动总是迟到20分钟，不多也不少。他说："你按时到场，谁也不会注意你，但是，如果你迟到了，他们就会认认真真地关注你。"

4）最后期限

拖延的解决策略是最后期限。最后期限总是对优势的一方有利。我们经常会发现在开会的时候对某种立场有利时，鼓吹这个观点的人就会说："我们需要现在就作出决定。"最后期限是办成事情的一个极好的办法，它能让人产生紧迫感，是一个对付无休止拖延战略的有用手段。

在最后期限即将到来时提出一项建议，很少会像在较早的时候提出那样引人注意并作出缜密的研究，因而，它会以更高的概率通过。在美国，最常使用这一策略的是那些议员。一些非常离谱的税收优惠建议和许多只对少数人有利的法案都是在国会快要休会的时候提出的。1924年，罗伯特·摩西起草了一些赋予其公园事务专员极大权力的法案。他请一位初出茅庐的议员在那次会议的最后一周将它们提交议会，事实上会上根本没有讨论就通过了。直到后来，那些议员们才发现他们在会议马上就要休会的时候草草通过的东西产生了怎么样的后果。

5）有利时机

任何一份重要的研究报告应该在适合的时间提出，时机不合适的话，就算它是一份极有见地的报告也会被束之高阁。一项研究报告应当在合适的时间发表，即在人们正在辩论有关问题并即将作出决定的时候拿出来。那个时候，也只有那个时候，做决定的人才会认真地阅读一份重要的报告，否则他们是没工夫理睬这种东西的。

任何决定、任何活动都有时机问题，有该行动的时候，有该拖延的时候。比如阿尔·史密斯州长想唤起公众对摩西非法占地的支持，他没有选择在三四月份开始，而是选择在6月份中一个最炎热的周末在电视上发表讲话，那个时候所有的人都在逃离市区，沿着公路逃往公园——换个角度讲，那个时候正是人们最需要公园的时候，也特别不在乎宪法中的某些细节。还有一家食品公司的员工一直在设法使他的雇主关注劳资关系，但都没效果，直到有一天公司因歧视员工而被当地的就业委员会罚款。他再次提出他的问题，这次不但是高管人员，连公司的股东都能听取他的意见了。

政治策略最重要的因素之一就是时机，若能在时机恰当的时候使用它，就会大大提高它的有效性。

10.2.3 利用信息与分析来争取权力

毋庸置疑，信息以及它所提供的把握性，是权力的一个重要来源。它可以作为一个重要的政治战略——通过分析找出解决问题的办法的一部分来使用。近些年来在商界及公共事务中，最成功的就要算麦克纳马拉了。他先后就任福特公司第一经理、国防部长、世界银行行长。他在福特公司的擢升主要原因就在于他善于运用信息和进行分析。

在他就任福特公司经理时，亨利·福特还是个新手，他对财务方面完全没有把握，每当遇到问题就会问麦克纳马拉，因为他看起来总是有解决的办法，他提供的不是粗略的估计，而是大量翔实的资料、数据和事实。

这个例子能够很好地说明掌握事实和善于分析的人就可以发挥重要的影响。有很多时候，事实并不像我们想象的那样清晰明确，巧妙地使用和阐述事实并进行分析，往往是有效运用权力战略至关重要的组成部分。

信息与分析是很重要的，也是很有益处的，但是必须意识到，成年人都能找到事实来支持自己的立场。信息和分析之所以对于办成事情是重要的，基本上是因为我们愿意相信那些看起来熟练掌握这些的人。然而事实可能不是如此，他们也许没有"正确"答案，甚至在某种情况下，他们不会把"好"的答案拿出来。

也许有人会说，信息和分析虽然在事前很难分辨，但事后却可以被事实所检测，当事实证明决策和结果很糟糕的时候，那些滥用信息和分析为自己服务的人最终会被识破。这能确保比较好的信息和分析得到褒奖，成为机构的标准运行程序。可是，这种假设并没有多少根据。出于很自然的原因，组织的行为方式总是与此相反，而且最重要的一点是：发现决定的质量不仅是一个困难的过程，而且在机构中，人们通常都会回避决定的质量。其结果就是以信息和分析作为有效整治武器的机会是存在的，那些懂得利用的人会获得很大权力。

1）需要给人以讲究理性的印象

使用讲究理性或者看起来讲究理性的分析过程可以使权力和影响的运用显得不那么明显。同样，按照规定的正当的程序作出的决定会给人以较好的印象，也使人们更容易接受。给人以讲究理性的印象对于组织而言是至关重要的，它可以使得组织具有合法的外衣，而这种外衣恰恰是组织获得资源和支持的关键。因此，有时候组织中的人并不是为了作出决定而去收集资料，而是积累信息来使自己的信息看起来是"正确"的，不像是根据个人好恶作出的决定。

在一家公司购买电脑的决定过程中，信息被有选择性地利用来对已经作出的决定形成支持。人们会想为什么要那么正式地提出这个问题，直接购买想买的电脑不就可以了吗？可是，在不搜集信息或者直接根据上层的指令来购买的话，它的合法性会受到怀疑，不会像根据信息和分析作出的决定那样令人愉快。

▌▌▌链接10-6

通用汽车公司凯迪拉克分部考虑推出阿兰特汽车，价格为5.5万美元，有人怀疑这样的价格能否达到预期的销售量和利润。起初，当时的销售预测是3 000辆，标价为4.5万美元，可是这样的价格和销售量却无法完成利润为15%的目标。于是，这两个数字都被提高了，其结果是这个计划至少在纸面上看来是行得通的。

这种利用内部数字进行操纵借以支持自己立场的做法非常容易被察觉。比较好的办法是利用外部专家，比如让咨询公司来提供你所需要的数字和答案。原因很明显，因为你花了很多钱，所以组织不可能不重视如此贵的报告，而且它是由专业的咨询公司提供的，它的分析肯定会被视为正确的。最重要的是它是一家外部公司，研究结果与它无关，它提出的建议自然是客观公正的。可是大多数咨询公司都知道是谁提供给它这份生意，所以，大家看到的都是咨询公司建议提高聘请它们部门的地位或者待遇。

2）事实与分析的局限性

显而易见，分析和外部专家的意见可以从战略角度来加以利用，以便对决策和行动产生影响。当然也有人认为不管怎么说数字和分析还是非常有用的，它们很能说明组织中存在的问题，尽管它们有可能被有心人利用。不过事实证明，在组织中，常理、判断往往比数字和分析更加重要。本书以前提到过时代公司由常春藤提议的《有线电视周刊》就是一个很好的例子。

时代公司以失败告终的《有线电视周刊》，是以哈佛大学两位MBA所做的分析为依据的。要办这样的一个刊物就必须为每个有线电视台列出详细的节目单，当然这需要很多钱，特别是那位主编执意要办成一份高质量的刊物，这就需要花更多的钱。不过，这份杂志的销售却必须由有线电视经营者来负责，能否获利的关键在于在每个有线电视系统中的渗透度。他们两个人对渗透度都没有把握，于是各种设想开始了：当渗透度为3%时，每年亏损数百万美元，而且不会有任何起色；当渗透度为8%时，仍旧要亏损；于是渗透度被提到了15%，还是不行；20%呢，结果是在纸面上都行不通；最终60%的渗透度隆重登场了，因为这才是有利可图的渗透度，不过这种渗透度在大众刊物市场上是闻所未闻的。

分析一旦变成了白纸黑字，它本身就有了生命。无论它所需要的假定有多么离谱，分析还是有可能变成现实。事实上，那份有线电视周刊的渗透度从没接近过3%。

3）对信息的选择性使用

由于需要一个合理化的决策过程，因此，当这种过程模棱两可的时候，人们就会有选择地鼓吹那些对自己或者自己部门有利的标准。每一次需要讨论的决策几乎都有几套标准和若干个可行方案，由于组织的目标有可能是多重的，而且这些目标之间还有一定的竞争性，模棱两可几乎难以避免。

有选择地使用数据可能是自私自利的行为方式，但是，人们既有选择地使用数据，又有选择地使用一种看待问题的特定角度，这可能就不完全是自私了。人们都是通过承诺对自己所做的事情产生了信念，在没有把握的情况下，人们就会倾向于使用自己感到顺手的数据和决策过程。因此，不熟悉设计和制造程序的财务人员总是依赖有关状况和收益预测来指示数据，而生产人员通常都会依赖技术因素和他们对产品的理解。人们都希望自己知道应该怎么做，但是，又几乎都会选择自己所熟悉的方式、标准作出选择。

以下为斯坦福大学的毕业生谈到他如何使用信息和分析的技巧来获得支持的。他说他干得不错，而且他发现他在获得支持这个方面做得特别有效。他的统计学、运筹学和数学分析能力使他受益匪浅，这样他就能够以周详而充分的论据来支持自己的观点。从这个意义上说，懂得分析技巧对于在组织中运用权力和发挥影响是非常有用的。关键是要知道，在所处的环境中，哪种方式会使你的观点得到支持，当然你也必须注意在恰当的时间、恰当的地点，以恰当的方式说给恰当的人。

4）很难吸取教训

如果前面所提到的歪曲数据的现象真的发生的话，人们一定采取更谨慎的态度，反馈会使人们纠正某些错误。例如，如果数据是根据对某个人所支持的决定有利的标准提出的，而那个决定又行不通，人们就会认为他应该承担这个责任。不过事实好像跟人们的预期不一致。

在很多情况下，正确的决定几乎都是没有实际意义的概念。就像基辛格曾经提到过："如果一个问题可以得到是不是正确的答案时，这个问题根本就不会送到总统办公室来。"如果一个部门的负责人利用信息和分析来证明他的部门应当得到较多的预算，而且他也确实得到了与他部门重要性不相称的预算，怎么来判断这个预算案是不是正确呢？

在私营企业可能会好一些，如果为了自己而无法给公司带来利润的话，那个人就要有麻烦了，但也不尽然。

许多决定都跟组织中可衡量的结果有着间接的联系。有很多人愿意帮助自己的盟友取得有权力的岗位或因为盟友是权力的重要来源。除非你的盟友或者支持者是一个笨蛋，否则，不大可能对组织产生明显的负面影响。而且，组织的状况是由多种因素共同决定的，要想明确地知道哪种因素起主导作用是很困难的，甚至是不可能的。恰恰由于多种因素共同作用导致想归咎于某一个错误的行为本身就成为一个政治行为而不是推理过程。

另外还有两个原因导致反馈很难对权力形成制约：

（1）决策的后果要很长时间才能显现出来。例如，基建项目、推出新产品等都需要很长的时间，而决策同结果之间的时间差让人们很难记得到底谁应该对此负责。

（2）大多数组织都已经形成了集体负责制。换句话说，当出现问题后，你很难找到某个具体的人能对此负责。《有线电视周刊》的创办就是一个集体讨论的结果，经理讨论会已经开过好多次了，最后连董事会都已经讨论通过了，那么你不能要求任何一个人对此负责。

这种结果不是不可避免的。由于种种原因，结果与你所受到的待遇之间的关联性并没有想象中那么紧密。也就是说，我们似乎不应当过分谨慎而不敢使用信息与分析来获得权力和支持。这个战略很有效，并且我们被要求对自己行为负责的可能性并不是很大。

10.3 授权的艺术

想成为一名成功的领导者，除了之前讲述的获得权力、使用权力之外，还需要满足下属高层次的需求，而最好的方法莫过于将权力下放，与下属共同分享。当今，由控制向授权的转变是领导者必须承认的现实。领导者都在使用胡萝卜加大棒的方法来实现由努力向控制行为的转变。同时，也使其下属明白，他们的工作对于实现组织目标是非常重要的。

10.3.1 授权的原因

授权给追随者能带给组织什么好处呢？一项研究表明，可以通过授权来建立一个独特的具有出众绩效的公司。授权可以提高雇员的工作能力，如果能扩张到整个组织，那么就可以提高整个公司的发展能力。其具体原因有：

1）授权可以满足个人的高层次需求

几乎所有人都希望自己能有出色的工作业绩，而这种增强的责任感正好可以最大限度地激发员工的潜力。

2）授权在实际上增加了权力的总量

人们都说领导者将权力下放了，事实上领导者建立了一个更广泛的权力基础。从另一个角度讲，如果组织中每个人都有权力，组织就会变得更加有力量，因为所有的成员都可以从过程控制中解放出来，充分发挥自己的智慧和想象力，而不必担心会受到限制。得到授权的员工可以尽可能多地发挥自己的才智来解决问题。

3）领导者很可能从授权中获益

因为雇员参与会带给公司额外的能力。比如，领导者可以将更多的时间、精力放到整体规划上而不必担心某个部门内的小事。另外，组织成员也可以更快、更好地对他们所服务的市场作出反应。授权还可以释放以前的压力，通常情况下，一线工人比领导者更理解应该如何改进工作程序，如何使顾客满意，如何解决生产上的问题。

10.3.2　授权的因素

通常有效授权需要领导者找到那些有能力、真正能为组织作出贡献并且有工作激情的人。要想真正的授权，使员工能有效地完成工作，有五个要素是必备的：

1）员工应得到公司的绩效信息

在授权中不应当有保密部分。如制造商 Meritor 花费很长时间来帮助员工理解公司的经营策略，并且提供个人办公及公司的常规信息。

2）员工所必需的知识和技能

组织应当对它的雇员提供培训使他们具有那些对公司发展有利的知识和技能，而这些知识和技能可以树立他们完成自己工作的信心，正所谓"艺高人胆大"。所有人都知道现代社会枪械比武术更容易置人于死地，但军队仍然保持练习武术的传统，其目的就是为了增强士兵的信心。

3）员工们有权力独立作出决定

很多组织都给予员工影响工作进程、组织发展方向的权力，这种权力主要是通过质量管理和自我工作指导来实现的。例如让员工自行确定和解决各种问题，自行决定应在何时、如何完成工作等。

4）员工应理解自己工作的意义和产生的影响

得到授权对员工个人而言是非常有意义的，因为这能表明他的工作是很重要的，而他本人也是很有影响力的。帮助你的下属理解日常工作和组织整体目标之间的联系可以给他们一种方向感、使命感，让他们将个人的目标与组织目标相匹配，从而产生积极的影响。

5）员工的奖励应以组织绩效为基础

大量实例表明，公平的奖励和认可系统在支持授权方面扮演着极其重要的角色。需要强调的是与传统的胡萝卜加大棒不同，奖励只是授权的一个组成部分，而不是激励的唯一方法。

10.3.3　授权的类型

主要的授权类型大致有以下四种：

1）刚性授权

刚性授权，即对所授权力、责任、完成任务的要求、时间均有明确规定，被授权人必须严格遵守。这是一种相当特殊的授权方式，除非是重大问题，否则不宜采用这种授权方式。

2）柔性授权

柔性授权，即领导者没有严格的规定、具体的分派，仅仅指出一个轮廓。下属有较大的自主空间，可以随机应变。我们发现这种授权方式通常是用在环境变化较快、领导者不是特别清楚而且被授权人又比较精明强干的情况。

3）模糊授权

模糊授权与柔性授权有相似之处，被授权人所获得权力限度和权力容量方面都比较模糊。这种授权一般都有明确的职权范围，在需要达到的使命和目标上都有明确的要求，但是通常情况下对如何实现并没有特殊要求，被授权者在实现目标的方法上有较大的自主权。

4）惰性授权

惰性授权，即领导者将自己不愿也不必处理的繁杂事务交由下属处理，通常由秘书来代劳。当然这种情况的发生还有另外一种可能就是，领导者本人也不知道该如何处理类似问题。

10.3.4 授权中应注意的问题

授权中应当注意的问题主要有以下几点：

1）**不可把授权当成推卸责任的工具**

有很多组织的领导者误以为只要把权力下放，那么过错就不会轮到自己头上。事实上这种想法在现实中完全行不通。领导者在授权的同时，必须对被授权者的行为后果承担责任。诸葛亮街亭之失后，上书要求自贬三级就是最好的说明。

2）**防止反向授权**

领导者在主动承担责任的同时，也要注意下属什么责任都往自己身上推的行为。这种行为完全背离了授权的宗旨和目的，是授权失败的表现。

3）**不可越级授权**

组织机构是分层级的，领导活动中权力分配和运用也是层层连接的，这就要求按层级授权。高层领导者不应该把属于中间领导层的权力直接给下属，否则会造成中间领导者工作上的被动，扼杀他们的负责精神。授权时只能逐级进行，千万不可越级授权。

4）**切忌权责不一**

其主要表现为授权后，领导者又不放心，总对被授权人抱有怀疑，经常干涉被授权者，妨碍其权力的正常运用。另外的一种表现就是所授予的权力与责任不对等，经常出现责任大于权力的现象。

5）**适度控制**

领导者对下属进行授权的同时，也要对权力的实施进行适度控制和监督。领导检查过于频繁，则是对下属能力不信任、授权不充分的体现，也会引起下属的不满。领导可以通过制定规章制度，定期对下属的工作进行检查监督。一方面，可以帮助下属解决棘手问题；另一方面，通过了解下属工作进程，可以保持对下属权力的可控性，防止出现"将能而君难御"的局面。

10.4 权力的变化

10.4.1 权力的增强

增强个人在组织中的权力有三种比较有效的手段：第一，以政治行为来增强权力；第二，以改变结构来增强权力；第三，以象征性的行动来增强权力。

1）以政治行为来增强权力

仅仅能够完成中心任务或者不确定性的任务是不够的，尽管它很重要。你也要作出努力让其他人认为你的任务是非常重要的。想要增强权力必须确保你所做的工作得到他人的赞赏。这是一个政治过程，它包括获得、运用权力和其他资源，以得到尚未得到的未来结果。在组织中出现不确定事件是很正常的，对于无法由正式权力解决的问题来说，政治策略就是解决这类问题最好的策略。

想要提高个人权力，首先，你要为其他人做一些让他们感到需要报答的事情。比如帮助追随者完成一项工作、对某个人或事表示一下关心等。其次，你也可以通过争取更大的责任来获取更大权力。如主动要求加入某个有难度的项目组或者要求加入某个比较繁忙的工作组等。再次，培养追随者的友谊感和忠诚度是一个增强个人权力非常重要的方法。如果你能够很友好地对某些事情表示关心，并对处理这些事情的人表示信任和尊重，那么你就会很容易地获得指示权。最后，是"印象管理"，努力地控制其他人对你的印象。换个角度说，你可以以努力创造一个你拥有更多权力的印象。奉承也是印象管理的一个方式，它可以让人觉得你很有洞察力和讨人喜欢，但是一旦被人发现你不真诚或者是傲慢无礼的话，你很可能会给自己找麻烦。

要想影响其他人，需要一定的技巧。在组织内部，要办成一些事情，就需要一些政治策略，而这些策略通常都涉及个人权力的使用，而不仅仅是组织所赋予的正式权力。你需要组合使用这些能增强影响力的策略。

（1）理性说服力

理性可以使你看起来更具有合法性。无论是上级、下级或是同级，理性说服都是很重要的一种策略。大多数人都更愿意相信事实和分析，特别是当你具有这方面专长知识的时候，理性说服力就会让大家相信你——与其说是相信，不如说是愿意相信更准确。因为你更加可靠，所以相信你。

（2）满足对情感的要求

与理性说服力相反，这种方法是用情感来影响其他人，当然就像前文所讲述那样，你所表达的情感必须是你能够控制的。你可以让他们感到他们要求的重要性以及有用性，让他们充分展示才华，让他们参与那些令他们感到兴奋的事情。而做到这些对于一名志在成为领导者的人来说至关重要。当然，这种策略很大程度上依赖你的倾听能力和敏锐的洞察力。

（3）使用信号行动

作为一名领导者，调动大家情绪的一种方式就是使用惯例、传奇以及其他抽象的事物。除此之外，你还可以使用身体语言、口号和仪式来劝说其他人采取一系列你所希望的行动来达成你的目的。

（4）建立联盟

建立联盟的作用在前文中已经有所讨论了，它的重要性无须赘述。恰恰是因为它的重要性，所以这里需要再次提及，当然，这种策略是十分有效的。

（5）坚决、果断

领导者可以通过简单、清晰地表达出他们想要的来获得影响力。政治策略再好，如果没有清晰地表达出来，组织就不会作出回应，那么任何的策略就都没有意义。领导者必须坚决、果断，甚至可以用你的勇气来作出判断，说明你所确信的东西来说服其他人，让他们明白他们没有更好的选择。一个明确的建议或者决策选择，在其他选择被明确说明之前很有可能获得全面的支持。有效的政治行为要求足够的说服力和承担风险的能力（前文已经说明你几乎不用承担什么风险），至少你需要努力实现你所期望的结果。

2）改变结构来增强权力

在前文中已经提到结构是权力的来源之一。在组织中的地位会给你带来信息，而这些信息会让你拥有权力。考虑到结构与权力的关系，不难理解为什么有人把改变结构当成是行使权力、扩大权力的机会。改变结构可以分化、制服那些反对自己的人，可以安排盟友来巩固自己的权力。

（1）分化、制服反对者

要获得和使用权力，就应当在组织的结构中拥有一个独立的、受到某种程度保护的活动领域。这个地方可以作为搜集信息和资源的基地。居于核心职位的人往往努力使这些下属部门始终处于羸弱地位或者在他控制之下。尽管如此，那些想在组织中获得权力的人必须使自己获得一块独立的领域。

在20世纪初，美国的众议院是严格论资排辈的，按照在众议院工作年限来晋升。但是到了六七十年代，一批年纪轻轻、资历尚浅但是雄心勃勃的议员逐渐要求改革。他们对那些两鬓斑白的委员会主席感到担忧，对他们有权力阻止国会的改革和法案的通过感到不满。1974年，一大批民主党新人当选了，"造反"就发生了，众议院各委员会主席的权力被大大限制了，众议院的组成方式有了改变，但是获利最大的却是众议院的议长。

还有一个没有掌握结构权力的例子能够说明结构权力是多么有用。从美国政府的解密文件来看，20世纪四五十年代美国国务院盯着欧洲所发生的一切，可是却忘记了亚洲。中国的红色政权、印度的不稳定、日本的重新崛起都没有引起重视，这直接导致美国对亚洲政策的失误。因为处理亚洲事务本身就没有一个单独的部门，而是通过处理殖民地的欧洲部来负责。这就是说如果想要把认为是很重要的问题提交到更高层的官员那里，不仅需要亚洲部的认可，同时还需要欧洲部负责人的签字。结果表明，维持现状对欧洲部最有利。

（2）扩大自己的活动范围

结构性的权力是通过控制一个拥有充分资源、信息和正式权力的部门实现的。它不但可以帮助你获得权力，同时也阻止你的对手获得这部分权力。一旦你控制了这个部门，你就可以通过结构改组的办法来扩大部门的影响，从而扩大你的权力。下面这个例子就是改组部门来扩大权力的典型案例。

有一位本该是斯坦福大学医院手术部主任的人在护理部成为了主管。由于护理部对于医院的财务状况和为患者提供的照顾具有重大影响，护理部理所当然地获得了巨大的权力。因此，任命护理部主任成为一个主管患者服务的副院长是顺理成章的。这个雄心壮志的人获得了副院长的职位之后对医院的结构进行了重大的改革，他把急诊室、手术室、理疗室所有的非医生操作器械全部划归护理部。在这种改组显示了巨大的成效之后，他出色的才华得到了认可，那么他顺利的升迁就是可以预料的了。

（3）工作组也可以为自己扩大权力

直接施行权力通常会树立敌人，而且在现实中，这些敌人很可能长时间在组织中。因此，在运用权力的过程中，要采取措施以确保你的权力不会引发针对你个人的攻击。吸收别人与你一起工作是很重要的，它可以让你把决策和行动分散给很多人。如果在这种情况下，工作组就是很好的工具了。通常它的决定会被理解为集体决定，既不用担心被事后追究，又可以避免在行使权力的过程中树敌。

3）使用象征性的行动来增强权力

象征性管理基本上是依靠错觉来进行运作的，也就是说通过使用相应的语言、举行相应的仪式来引起人们强烈的感情，让这种感情去扰乱或蒙蔽某些可能是合理的分析。比如，你打算买车的时候你一定会查看很多有关资料，但是最终你的感情会驱使你购买那辆车。不可否认，你的情感会影响你的决定，而采用象征性的行动来影响你的感情，从而达到增强权力的目的。通常有三种常用的方法来增强权力：第一，使用共同语言；第二，举行仪式；第三，利用环境。

在仔细讨论各种象征行动之前，有必要将感情与理性分析加以对比，以免有些人误以为只有在理性没法获得所需要的胜利的时候，才使用这种手段。

以理性方式行使权力的最大问题在于掌握事实，使别人感到恐惧，对你的才智感到敬畏，但是这种恐惧并不能让人产生亲切感。我们很可能钦佩某人的才华、智慧，但这不能说我们就喜欢这个人。以这种方式所能得到的盟友将是非常有限的。

（1）共同语言的作用

语言是施加影响的重要的工具。共同语言对于在各种组织中行使权力往往是至关重要的，因为我们通常都是根据人们在谈话和辩论中得知组织中这些人是如何看待某件事的。一种语言会影响我们的感情，从而影响我们的判断。据说有人曾经问过孔子，如果你能见到国君的话，你准备的第一条建议是什么，孔子说是规范语言。我们曾经听过这样的一句话："遇人说人话，遇鬼说鬼话。"使用共同语言可以帮助你更快更好地融入这个组织中。

在组织中，善于巧妙地使用语言可能会给你带来意想不到的好处。比如，不要谈"解雇"或是"下岗"，而是谈论"工作调整"或者"重新安排"，可能会使原本艰难的改革变得容易一点。你能使用简短的语言让你的建议是或者看起来是"干净利落""放眼未来"的，那你的建议很可能会通过。如果你能让一个看起来很"拖泥带水"

的建议共同参与评议的时候，那你的建议就毫无通过的可能。

语言之所以能起到如此巨大的作用，在相当程度上是因为它确实做到了唤起"具有共同利益的人对行动方针与他们利益相一致方面的注意"。总的说来，语言能起到作用是因为人们根据某人的意图、他所争取实现的事情的象征意义来评判，不过，他实际上做了什么很可能被忽略了。

（2）仪式的作用

仪式能提供动员支持力量、平息反对声音的机会。举行仪式可以使组织中的员工对需要做的事情产生好感，也可以用来进行大规模的权力斗争。通常举行的仪式或者仪式性的活动有年会、培训班、庆功会、欢送会等等。在每次举行这种仪式的时候，要分清举行的目的。

举行会议的目的是让在组织中的某些人觉得自己是受到重视的，仅为这些人举行会议这件事本身就具有某种安慰的作用，并使每个有关的人觉得自己拥有权力和地位。公司的培训活动会要求某些最高层经理参加，并让这些人有机会在晚宴上认识公司最高层经理。即便他们可能实际上没有参与到公司的决策系统中，但是他们仍然为见到公司最高层领导而感到荣耀。但是，在这些活动上发生了什么也很重要。赫顿公司在罗伯特·福蒙领导下，将零售经济部边缘化了，但是仍然建立了一个由这些经纪人所组成的委员会来对公司提意见，其实这就是让这些经纪人觉得自己很重要。随着他们的意见越来越大，董事会决定开一次例会，让福蒙参加并安抚这些经纪人。这本是化解怨气的好机会，他只要坐下来，听他们讲讲，然后作出一些指示，表示他很重视他们就可以了。但是，福蒙作出的却是另一种反应，他仅仅是打个招呼就走了，好像他根本就不屑于跟这些经纪人共同讨论一些问题一样。

知道了一些会议是仪式性的，这能帮助你有耐心坐到底，甚至可能获得某种快乐。了解这种方法后，你可以从这些会议中判断出哪些人是更有权力和影响力的。

（3）利用环境

前文已经讨论过如何通过空间环境来判断权力分布了，下面将讨论如何让实际空间成为运用权力和发挥影响的工具。

其典型代表可能就是通用汽车的"14楼"了，那里是公司高层经理们的办公地，对于通用汽车的绝大多数人来说，那里是梦想的终极境界。14楼的气氛总是庄严、肃穆的，那里的安静永远会让人产生一种巨大的压迫感，感觉到它巨大的权力。经理们都是乘坐专用电梯上、下楼，就连门口的接待员都有一间很大的候客室，她的写字台下面有一个按钮，用来开启14层的电动大门。

当然，在人际交往中也有一些空间可以利用。例如，长桌的上首位会让人感觉到占据那个位置的人的权力。一个宽敞的办公室、一套豪华的办公设备、一个单独的会客间，这些都会让你看起来更有权力。

语言、仪式和环境在行使权力和施加影响方面之所以重要，是因为我们往往认识不到它们的重要性。措辞恰当的语言、组织得体的仪式和精心设计的环境所产生的影响基本上不会被人们所注意，而且，由于人们执著于理性，很可能根本就看不起这些技巧。有多少人曾经要求改变开会的地点或者要求修改一些用词？你很有可能在不知不觉中就拜下风，仅仅是因为你不重视语言、仪式和环境而已。

10.4.2 权力的丧失

如果你获得了权力，你就很可能处于中心地位，自然而然就会有人来同你竞争，权力会转移，最后会失去权力几乎是不可避免的。

1）环境的变化

丧失权力的一个很重要的原因就是环境的改变。环境变了，问题变了，就需要新的态度，采取新的技巧，建立新的关系。认识具有灵活性，想要保住你的权力，你就要更加灵活。但是通常情况下，人们都是抵制变革的。一旦我们学会了以某种方式做事，我们就会维护我们的做事方式，因为我们的知识、以前的关系网都会给我们带来羁绊。换句话说，我们就连承认变革的能力都会受到限制，更不用说去亲自实施变革了。

链接10-7

美国莫肯公司是总部设在明尼苏达州的上市企业，核心产品是分析工具，并向客户提供服务产品。汉克·汤姆森从小职员做起，逐步发展成为小部件生产部的经理，负责监督零件的生产。操作机器生产零件的工作并不困难，但员工难免因工作无聊而懒怠。汤姆森监督员工，以确保产品保质保量的完成。员工们认为汤姆森是个好领导，因为他非常关心下属，所以员工的生产效率很高。汤姆森因工作表现良好被晋升为设计部经理，但他之前没有做过设计工作。设计人员都是工程师，技术水平很高，工作绩效也不错。经过观察，汤姆森发现设计人员工作方法都不一样。因此，他努力寻找一种大家都能采用的高效方法，并告诉员工要按这种方法操作，但员工说他不懂设计，私下说他是一名差劲的经理。

2）不珍惜权力

这听起来似乎不符合常理，人人都在努力争取权力，不会有人不珍惜的。但是，对于有些位居高位者而言，事实不是这样的。有一些高层管理人员走到高层管理岗位并不是从下层一步一步走上来的，他们没有取得和保持权力的经验，来得太容易就不会很珍惜。这些人通常对权力的消长缺乏洞察力。没有经过艰苦的努力而被安排在高级管理岗位上看起来是十分幸运的，但是这种幸运却可能十分短暂。其实，有很多创始人丢掉了自己的公司就是因为他们一开始就是高层人员，不是很注意权力关系的各种细微之处。当然，在创业之初不是这样的。

3）傲慢、特权、缺乏耐心

如果你获得了权力以后就变得傲慢、特权化并且缺乏耐心的话，你的倒台几乎就是可以预见的了。

傲慢是指你觉得自己永远是正确的，不屑于考虑别人的意见和需要。这样也把你自己置于所有人之上，当然也在所有人之外，这个时候你能获得支持几乎超出了人类想象的极限了。

而特权则是旗帜鲜明地为自己谋福利，公司的创始人通常都会这么做，而且如果仅仅使用特权为自己谋福利的话，通常没有人会对创始人的地位提出挑战，因为"老一辈"都是跟着他一起创业，而年轻一代则通常是怀着敬仰的心情加入公司的。但是，这个逻辑不能推延到第二代的身上。就像福特公司的克努森挑战艾柯卡注定会失败一样。克努森的父亲是福特公司第一批董事之一，后来克努森本人成为了福特公司的总经理。但他对艾柯卡所发起的挑战却是以失败告终，而福特本人解雇艾柯卡的行为则获得了成功。

本章小结

权力是一种影响他人做事，达到组织目标的力量。这种力量分为职位权力和非职位权力。职位权力主要是强制性的，非职位权力主要是领导者本人的人格感召力。

权力的来源主要有：正式的权力、组织中各部门互相依赖所带来的权力、一些能带来权力的个人特质以及资源和盟友所带来的权力。

不仅要知道权力的来源，还要知道如何才能有效地使用这些权力。使用权力的策略包括人际关系的影响、时机的选择、利用信息与分析来争取权力等三种基本但是很重要的策略。

作为一名领导者，不仅要学会获取权力，更要会授权，要了解授权的原因、授权的因素、授权的类型、授权中应注意的问题。

最后需要注意的就是权力的变化。以政治行动、改变结构和象征性的行动增强权力以及不重视环境的变化，不珍惜权力、傲慢、特权、缺乏耐心等会丧失权力。

本章案例

"挟天子以令不从"与"唯才是举"的曹操

时事造英雄，纵观中国历史，每当君主失政、九州易主、改朝换代之乱世，必是英雄人物辈出之时。东汉末年，朝政腐败、君权式微、权臣当道、民生凋敝，先有张角的黄巾之乱，后有董卓的篡权夺政，以致豪强并举、划地割据、互相攻占，最终形成魏蜀吴三足鼎立之势。作为三足鼎立中最强一足魏国的领导者，曹操是一个在中国历史上颇具争议的人物，但无论如何，其以5 000人马起家，灭掉实力强大的袁绍，并通过一系列兼并战统一北方，不愧为一代枭雄。

1. "挟天子以令不从"

领导者一项非常重要的职能就是要为自己及其组织正名，从而获得其追随者的认同和支持，获得合法的权威。"挟天子以令不从"是曹操最为成功的一项政治决策，充分体现了其作为一名领导者的战略眼光。所谓名不正则言不顺，曹操之所以能继袁绍后成为最大的割据势力，其"挟天子以令不从"的政策发挥了重大作用。群雄割据时期，虽然东汉政权已经名存实亡，但其作为统治上的正统地位仍受到民众的广泛认同。此时汉献帝已成为一个名存实亡的君主，但仍成为各方豪强争斗的对象。曹操接受谋士毛玠"挟天子以令不从"的策略，将献帝迎到了许昌。曹操的这一举动，等于把自己变成了天子的代言人，以天子名义进行封赏、任命乃至征战，把自己由地方豪强变成了正统权威，其军队也由地方武装变成了所谓的帝王之师。从此，曹操"挟天子以令不从"，师出有名，形成政治上的极大优势，尽收豫州之地，关中诸将望风而从。这就是善于站在全局的高度思考和处理问题，以宽广的视野洞察形势、谋划工作，统筹兼顾。

2."唯才是举"

曹操一改两汉唯德取才选拔人才的方式，提出"唯才是举"的用人观点，确实是一大突破。曹操认为"治平尚德行，有事赏功能"，即认为治世重德，乱世重才，在天下未定的群雄争霸时期，应该改变成规，不拘小节选拔人才。为此，曹操四次发布《求贤令》，广求各种人才，这样的选才策略为曹操树立了求才若渴的良好形象，吸引了大批人才。在这个原则下，曹操获得了大量的人才，"操曰：'荀彧、荀攸、郭嘉、程昱，机深智远，虽萧何、陈平不及也。张辽、许褚、李典、乐进，勇不可当，虽岑彭、马武不及也。吕虔、满宠为从事，于禁、徐晃为先锋；夏侯惇天下奇才，曹子孝世间福将。安得无人？'"。拥有这样庞大豪华的人才阵容，恰恰是曹操能崛起中原的最重要原因。所以，曹操能在和吕布对垒的时候派六员战将齐出，让吕布手忙脚乱。

资料来源　佚名. 曹操的领导艺术 ［EB/OL］. ［2014-09-03］. https://wenku.baidu.com/view/196c8adabceb19e8b9f6ba12.html.

问题：

1."挟天子以令不从"体现了权力的什么来源？作为现代组织中的领导者有何借鉴意义？

2.如何辨证地看待"唯才是举"与"唯德取才"在组织用人中的关系？

复习思考题

1.正式的权力包括哪几种？职位性的权力与非职位性的权力有什么区别？

2.如何利用人际关系的影响来获得权力？你认为用信息与分析的方法来获取权力是一个好办法吗？你有更好的办法吗？

3.你觉得能使权力产生变化的因素中，最重要的是什么？

4.你是如何看待授权的？

第 *11* 章

领导者协调

学习目标

　　领导者在组织中的成功很大程度上取决于如何认识自己以及自己下属的执行力。通过本章的学习，了解一个优秀的正职应当在工作中注意哪些问题，一个优秀的副职如何与正职相处；掌握与自己的上级、同级、下级相处技巧以及怎么认识非正式组织。

11.1　成为一个优秀的正职

11.1.1　正职的任务

组织中的正职，通常人们的理解就是组织的最高领导者，是组织发展的领军人物，对组织发展成败负最终责任的人，而更广义的概念应当是指一个组织内，不同层级、不同部门的主管负责人，他们在自己的领域内行使着管理者和领导者的权力及责任，成为其所在领域的权力和责任中心。

领导者必须明确自己的使命、宗旨、目标、职责和任务，才能最大限度地发挥领导者的作用，将个人目标与组织目标有效结合。一般来说，正职的具体任务有：

1）接触组织内、外部的环境，将组织做好定位

国外对此的形象描述为：我的组织是谁？我在哪里？我的资源与环境匹配度如何？我的竞争者是谁？我的员工都有谁？

2）根据组织环境确定组织战略

领导者需要明确地知道组织的竞争优势，并且知道如何将其保持下去；领导者要作出有关组织的重大决定和长远计划，在全局上推动组织的发展。

3）推动组织变革

做好了战略层面的工作，就需要通过综合分析组织的目标、环境等，来明确组织的运行模式。

4）确保组织健康

组织变革是为了适应环境，但是组织变革很有可能破坏组织内部的环境，领导者一定要确保组织健康以迎接挑战。

为实现上述任务，领导者需要明确自己的角色定位。通常，正职担任着人际、信息、决策三大类角色。

人际角色包括：头面人物、领导者和联络者；信息角色包括：侦查者、传播者和发言人；决策角色包括：创新者、解决纠纷者、资源分配者和谈判者。

11.1.2　优秀正职所需的能力

正职，这两个字本身就已经表明了你是组织的最高领导者，同时是其他各级管理者的领导，基本上所有成功的领导者都是经历了很多的磨难才走到领导岗位的。作为一名成功的领导者，必须具备一些基本素养。

1）成为一名成功的正职所需的技能

（1）阐明愿景，坚定不移。愿景，是指组织成员的未来方向，是企业领导者对企业前景和发展方向的高度概括。领导者必须时刻保持对环境的清醒认识和洞察力，及时、准确地找到组织所面临的机会与挑战，决定组织所需施行的战略，以最终实现宏伟蓝图。当领导者将这样的蓝图展现在员工面前时，蓝图本身就是对员工工作热情的一种激发。

（2）沟通有道。领导者除了保持旺盛的精力外，还要通过管理沟通的方式与下属有效地互动、交流，这样不仅能保证领导者及时地获得信息，还能让下属准确地知道自己在想什么。最新的研究提出了"企业遗传密码"的概念。这个研究显示，企业遗传密码是由最高领导者建立，通过领导者的行为、思维方式对其他人产生影响，最后，他们所发出的信号成为组织的行为、思考方式，最终成为组织的遗传密码。

（3）赢得信任。一名成功的领导者不仅拥有组织所赋予的正式权力，而且会从下属那里赢得信任和忠诚。一个组织的成功必然是一个团队努力工作的结果，因此，一个正职必须具备优秀的内部营销能力，赢得大家的认可与支持，从而让大家愿意接受他的愿景和战略，从而在行动上保持一致，形成团队合力，最终达成目标。

（4）与时俱进、灵活应变。由于正职在组织中有着核心、灵魂的地位，因此，组织要想获得长期的发展，领导者必须时刻保持良好的状态，始终冷静、客观地分析组织中内外部的环境，并且随着环境的变化而变化，从而使组织朝着既定的目标前进。正职要保持良好的状态，必须依靠不断的学习、不断的思考、不断的调整。变化是不可阻挡的，要保持组织的发展，必须与时俱进、灵活应变。

2）成为一名成功的正职所需的个人素质

（1）超出常人的忍耐力。"正职"处于高位，其权力和地位使得他处在利益斗争的焦点位置，而他的每个决定都需要顾全大局、立足未来，因而，很容易成为孤家寡人。身为正职，必须忍受这份孤独，超出常人的忍耐力是一个正职所必须具备的众多优秀特质之一。戴高乐曾说过："伟大的人物，必然会与人群保持一段距离。权威若是没有威信就无法建立。威信若不与世俗有所隔离，也无法树立。"

（2）坚定的个人意志。个人意志分为两个部分：第一，遇到困难时绝不后退；第二，在日常工作中要始终保持积极乐观的心态。

任何一项工作都不会一帆风顺，一定会遇到一些困难，这些困难看起来甚至无法解决，尤其是当巨大的成功即将来临之际。"黎明前最后的黑暗"那一刻到来时，正职往往面临着巨大的心理压力，怀疑自己甚至有些绝望。只有具备坚定的意志，面对困难不屈不挠，才能战胜一切，达到组织目标。正如爱因斯坦所说，由百折不挠的信念所支持的人的意志，比那些似乎是无敌的物质力量具有更大的威力。

在日常工作中保持乐观心态就是要求正职勇于承担责任，用积极的心态去影响下属，不轻易放弃，在暂时的逆境之中获得经验、教训，以利再战。

（3）出色的领导力。领导力来源于权力、魅力，二者缺一不可。正职拥有权力，但是只有权力是无法掌控下属的心的。魅力，显然是出色的正职不可或缺的能力。只有将权力与魅力结合起来，正职才可能真正实现对下属的领导。如何获得个人魅力，在上一章中已经有了论述，在此，不再赘述。

（4）洞察力。敏锐的洞察力、理性地面对复杂的外部环境是一个正职必须做到的。正职要具有敏锐的洞察力，须做到以下三点：

①掌握通盘情况。对正职而言，要对所面临的局面作出正确的判断，必须清楚地掌握所有的信息。因为，正职所作出的决定就是最后的决定，不能随便作出一个决

定，必须有道理、有根据。君无戏言说的就是这个道理。

②正职需要自知。世界上最难的可能就是自知了，但是正职却必须做到这一点。做到自知，首先正确地认识自我，客观地分析自己的知识和能力，明晰自身优缺点；其次跳出自我，通过他人评价全方位地认识自己，避免自我认识的片面性；最后发展自我，在环境动态变化的过程中不断修正、完善、发展自我。商战中，了解自己往往是正职作出正确决定的前提。

③知人善任是正职必不可少的一项技能。正职必须站在一个较为超脱的立场上冷静地审视全局，敏锐地发现下属的优势、劣势，做到用人所长、避人所短，为组织谋求最大效益。

11.1.3 作为一个正职的具体职责

正职的具体职责主要有：决策和用人、变革和创新、驾驭冲突。

决策和用人在本书中的其他章节有详细的介绍。在此，我们将对变革和创新以及驾驭冲突进行讨论。

1）变革和创新

变革通常意味着不确定的情况。人们在面对不确定的情况时通常会选择逃避或者抵制，而组织的变革会对既得利益者构成威胁，因此，组织变革往往带有强制性。

高明的领导者懂得如何在变化中维持秩序，在秩序中保持变化。精明的领导者不怕变革，他们希望通过变革实现组织的目标，同时彰显自己的价值。他们懂得组织要保持长久的繁荣昌盛，只有不断变革。在变革过程中以下问题需要注意：

（1）最好的变革策略应该是在创新中调整现有的运行体制。

（2）正职要及时、准确地发现问题，有勇气和主动精神去挑战正式的组织构架，对真正紧要的问题紧追不舍，并且要勇于在不受欢迎的地方立足、立威。

（3）要善于处理变革中突发的事件。变革会产生一定的风险，也必然会遭到一些人的反对，甚至是抵制。因此，正职通常会遇到一些突发事件，一名优秀的正职应该能控制事态，使其不扩大、不升级，这是处理此类问题的关键。以下的两种方法可供借鉴：

①心理控制法。突发事件通常是人们的心理受到了巨大的冲击所导致的。这时，正职必须首先自己冷静下来，控制自己的情绪，镇定自若。这样，组织成员的心理就会平定下来。

②组织控制法。这种方法要求发生突发事件以后迅速在组织内部统一观点，稳定大局，避免危机的进一步扩大。

要实施组织变革，要求正职具有六种能力，分别是：洞察力、敏感力、远见力、忍耐力、应变力以及集中力。

具体来说，洞察力有助于拟定成功的策略，敏感力有助于培养有力的组织文化，这二者能为卓越的管理奠定坚实的基础。远见力可以让领导者清晰、准确地看到组织的未来，忍耐力则会使领导者稳健、扎实地向目标迈进。应变力和集中力则可帮助领导者预测未来。这六项能力可以让领导者站在一个全新的高度来审视组织的变革，充满信心地进行这场变革。

2）驾驭冲突

冲突是组织生活的一部分，一般有四种形式：目标冲突、认识冲突、感情冲突、程序冲突。传统的冲突理论认为组织中的冲突对组织不利，会给组织带来消极的影响，应当尽可能地消灭冲突。但是现代冲突理论认为：冲突是组织内部不可避免的现象，冲突过多会破坏组织功能，冲突过少则会使组织僵化，没有冲突的组织容易对创新和变革变得冷漠和抵触。冲突的实质是观点的差异，由此，领导者处理冲突时采用何种方法主要根据冲突的性质和对组织的影响而定。

（1）解决冲突

当组织内部冲突很多，并会降低组织绩效，对组织产生重大威胁时，这类冲突往往是破坏性的，领导者要设法解决冲突。解决冲突主要有以下几种方式：

①组织文化建设。组织文化能够统一组织内部员工的价值观，这样会大大减少冲突。比如销售部与市场部的冲突就是因为双方互相的抵触情绪；而生产部与销售部的冲突大致是由于订单在时间上分配不均。

②解雇冲突主体。这种方法简便易行，但是对其他员工的负面影响很大。因此，除非万不得已，不宜使用此方法。

③分割冲突主体。在组织中，有些冲突是属于个人之间的，并不妨碍组织大局。如果冲突主体的工作态度、工作能力都受到肯定的话，最好的办法是将其中的一个人调到另一个部门去。

④回避冲突。时间是解决一切冲突的最好办法。如果不是需要立即解决的冲突，不妨先让冲突主体冷静一段时间。这种方法的适用性要求冲突不伤害组织本身，而且有时间来解决。

⑤给予冲突主体更多的信息。拥有的信息越多，想问题、看事情就越准确。有很多冲突是因为误会和偏见造成的，这时应当给予冲突双方更多准确的信息来消除误会，以达到消灭冲突的目的。

（2）激发冲突

组织内部冲突太少时，需要激发适当的冲突。组织内部冲突太少会导致没人反对错误的决定、没人支持创新甚至是阻碍创新。因此，冲突太少对组织而言不见得就是有利而无害的。那么何时才应当激发冲突呢？以下八点情况发生时，正职应当考虑是不是组织内部的冲突有些不足。

①开讨论会时，发言的人太少。②决策的方案多采用折中的方案。③高层领导过分注重维护中层干部的面子。④缺乏创新思想。⑤员工的辞职率异常低。⑥管理层以意见高度一致而自豪。⑦下属的行为表明"无过"比"有功"更重要。⑧组织上下都认为"以和为贵"。

激发冲突的措施：

第一，建立认可适度冲突的组织文化。为使组织保持活力，容忍一些健康的、有利的冲突是有益的，要让员工正确地看待冲突，理解冲突的必要性，不要害怕冲突。

第二，引进外部人才，形成竞争机制。引进外部人才，可以带来新的理念、新的思想，打破原来的观念，发挥"鲶鱼效应"的作用。

第三，调整组织结构。人们在一套自己熟悉的流程下是不会产生冲突的。这是因为几乎所有人都知道其运行规律。打破这种常规有利于激发冲突，给组织带来活力。

第四，奖励不同意见。组织应当对不同意见给予适当的奖励，鼓励大家多提意见。针对组织工作中的问题，意见越多，组织的活力和生命力就越强。

（3）创造有效冲突

当组织内部存在一定冲突，并且冲突能提高组织决策质量，提升组织绩效，激发变革与创新时，这种冲突是建设性的，是有效冲突。组织应该采取措施创造此类冲突，如召开分裂性的会议以激发员工产生新的想法等。

11.2　成为一个优秀的副职

11.2.1　了解正职

认识正职、了解正职，才能更有效地得到正职的认可、尊重，让正职接受并肯定自己，也才能让自己在组织中获得更广阔的空间施展自己的才华，实现自己的抱负。

了解正职，也就是自己的"顶头正职"，就要知道自己的领导会被什么事情所激励，他的管理风格、管理方式是什么样的。

其实，每个人都会被一定的事情所激励。不同的人会被不同的事情所激励，自己的领导也一样会被某些特定的事情所激励。作为副职要发现自己顶头正职会被什么事情所激励，但是这并不容易，一般有以下几种方法可供借鉴：

1）分析正职的动机

动机是产生行动的内在原因。要想推断正职的动机需要利用现有资源进行一场"猜谜"，同时，还要理解分析正职动机的过程是一个变化的过程。随着掌握的材料越来越多，对正职的了解可能会有变化和加深。

2）直接询问

这个方法看起来很简单，但一般说来基本没人会用。

3）询问他人

询问与正职长期接触的人，如秘书，但是，注意不要询问那些对自己有偏见的人或者爱传播小道消息的人。

4）观察

这个方法最大的问题是效率，但准确性却无可置疑，特别是观察到了正职一些无意识的行为时，更能得出真实的信息和推断。

5）倾听正职的谈话

谈话最能传达真实、准确、丰富的信息。如果是私人谈话，更能反映出正职的准确想法和真实意图。

除了要准确地分析自己正职的激励因素外，作为他的下级，还要知道正职的管理方式。我们都希望正职使用自己比较喜欢的管理方式，但是往往会事与愿违。我们很难改变正职的管理方式，所以，就要求我们调整自己的方式来适应正职。调整的方法包括以下两种：

1）了解正职的管理风格

下级了解正职的管理风格，就能更好地预测正职的行动，有利于下级更好地跟紧正职的步伐。

2）接受并适应正职的管理风格

假如自己不喜欢正职的管理风格，通常有三种方法可以解决这个问题。

（1）让正职改变风格来适应自己。

（2）辞职。

（3）改变自己风格来适应正职。

第一个方法几乎是不可行的。第二个方法最大的问题是即使你离开了，你也未必能找到适合你风格的正职。所以，第三种方法的可行性最高。相信任何一个正职都有他的可取之处，在磨合期过去之后，自己可以找到一套让双方都接受的方法，适应正职并不是委曲求全，应该及时向正职反映自己的想法和状况。

链接11-1

带刺的玫瑰既能伤人，也能刺伤自己。明朝的王朴，是洪武十八年的进士，曾官授吏部给事中，因为总是与皇帝意见相左而被罢官。重新起用后，刚一上任就上书千言，指陈朝政，还数次与皇帝争辩。有一次，为一件事又与皇帝争辩起来，言词激烈，激怒了皇帝，皇帝下令杀他。刚把王朴押到刑场，皇帝又把他叫了回来，压了压火气问他："你目无皇帝，知道悔改吗？"王朴昂然说道："皇上不认为我是无才能的人，才开我为御史，怎么如此侮辱我！如果我没有罪，为什么杀我，有罪，又为何让我活？我今日只求速死！"皇帝大怒，下令立即处死。王朴太不识时务了，既非为正义而死，亦非为百姓而死，仅仅是因为不能了解皇帝的真实意图，或者了解皇帝的真实意图后仍不知变通、固执己见而死。所以，在一定情况下，改变自己适应上级风格不失为一种睿智的选择。

11.2.2 让正职相信、接纳自己

一个好下属不但要主动地适应正职，还要主动地让正职相信、接纳自己。适应正职是前提，相信、接纳自己才是目的。这样才能与正职和谐相处，最终实现组织和个人目标。

1）忠诚是最好的敲门砖

谁都喜欢对自己忠心耿耿，也就是"厚道"的人。正职对下级更是如此。对正职忠诚大致可以用如下方法表示：

（1）要有服从的意识。下级服从正职是管理的重要原则，这个原则要通过具体行动表现出来。

（2）要主动维护正职的权威。自己的言谈举止必须符合"下级"这个头衔，在公共场合要注意自己的所作所为是不是抢了正职的"风头"，尤其是正职有缺点、错误需要指出的时候，更要注意时机、场合和表达的方式。

（3）善于表达。要和正职经常沟通，把自己对正职的忠心用适当的语言表达

出来。

（4）关心体贴。即使再坚强的人都会有脆弱的时候，这个时候不要体现出自己的情绪，要帮助正职。特别是当正职遇到难处的时候，要恰当地表示关心，用语言和行动来安慰他，分担他的痛苦。

2）让正职知道你在做什么

在工作中要让正职知道你在干什么，你去了哪里，让他随时能找到你。要及时汇报工作，让正职知道你干了什么，避免产生误会而影响正职对你的看法。

3）善于领会正职的意图

当副职就必须要能正确地领会正职的意图，这样才能让各项工作不偏离中心，并且能给正职留下一个"机灵"的好印象。这对自己的前途有着不可估量的作用。正确领会正职意图可以采用以下的策略：

（1）要了解正职日常工作的常规工作思路和日常工作特点。这点可以从日常开会、私下的交谈、工作计划的要点中分析出来。

（2）经常与正职沟通。一般情况下，副职向正职汇报工作，请示下一周期工作重点，正职都会作出反应，作出一些指示或表态，有些是明确的、肯定的，有些是暗示性的、提醒性的。这时应该能从中领悟正职的工作重点、真实意图，从而在下一周期工作中按照正职的要求来完成工作。

（3）联系工作实际或近期工作情况去分析、理解正职的意图。

（4）做事不抢功，出场不炫耀。副职除了要与正职处理好关系外，还要处理好同其他副职的关系。作为一名好的副职，必须要意识到人与人之间会产生矛盾和误会。这是不可避免的问题，不必夸大它，也不必回避它，要正面看待这个问题，并想出办法加以解决。对于某些特殊的工作不是首先考虑应该谁做，而是我能不能做；在工作配合中，出现了问题应该首先检讨自己。作为副职必须有一个平和的心态，应理解对于正职的肯定和褒奖都是对整个组织的嘉奖。

4）当好助手，做好参谋

副职处于辅助地位，应起到参谋、助手的作用，具体要把握三点：第一，要为正职出谋划策，根据自己的观察和分析，提出一些有利于组织的意见和建议。第二，要有超前意识。作为副职要善于观察、理解正职的意图，要给正职留下一个创新型人才的印象。第三，要尽可能地站在正职的角度来考虑问题，以正职的名义提出有创造性的独特见解，全面了解情况，为正职提供全面、准确、及时的信息和参考意见。只有这样才能起到助手的作用，才能获得正职和员工的认可。

11.3　如何与上级、同级、下级相处

11.3.1　如何与上级相处

利用对彼此的了解与上级形成一种双向期待、互利共赢的信任关系。与上级建立这种信任关系不是最难的，最难的是如何把这种信任关系保持下去。

1）与上级相处的注意事项

（1）适当的距离

要根据上级的性格和价值观灵活掌握与上级的亲密程度。所有人都有自己的私生活，内心都有不能让别人窥视的地方。理顺与上级的关系，取得信任很重要，但也不要一味迁就，从而丧失了人格、品格和原则。

适当的距离，在这里是指关系适度、心理交往适度、角色与非角色交往适度。

关系适度就是下级在处理与上级关系时，既不要"不及"，也不要"过分"，要使自己与上级的关系保持在一个和谐愉快的工作环境下。

心理交往适度就是交往的积极性要适度。如果表现过分积极或消极都是不利于与上级共建和发展良好关系的。

角色交往适度就是下级在与上级进行工作交往时，大多数不包含个人感情。这种情况下，交往频率不能过高或过低。过高，可能被认为缺乏独立工作能力；过低，可能被认为目无领导。

非角色交往适度是指以个人身份与上级进行交流。这种交往通常是感情交流居多，工作成分少。

（2）不能得意忘形

当得到了上级的信任后，下级的局促感就会消失。一些下级可能还会忘记自己的身份，在上级面前不讲分寸，尤其是在工作中让上级难堪。作为下级，一定要主动维护上级的权威，不管你的上级是一个多么温和、多么民主的人。

①摆正心态，到位而不越位。社会生活中每个人都为别人服务，同样，别人也在为你服务，认识并承认自己具有一定的缺点和不足才是客观的心态。正职和副职的形成本身就是为达到某个特定目标而进行的分工。做副职，一定要摆正心态，积极地与正职配合。

②要明确自己的权力范围。副职与正职是有权力差别的，副职仅在自己管辖范围内有一定的权限。正职会根据副职的实际能力和工作需要赋予副职一定的权限。副职一定要在职权范围内进行工作，多汇报、多沟通，对没有授权的部分不能轻易越权，应根据自己的职责范围和权限来做好自己的工作。

链接 11-2

　　春秋战国时，齐国宰相邹忌身高八尺多，身材魁梧，容貌美丽。一天早晨他洗漱完毕，问妻子他与徐公谁更帅。他的妻子说，当然是您了。徐公，是齐国著名的美男子。邹忌不相信，于是又问他的妾和一位来访他的客人，得到了相同的答案。第二天，徐公来了，邹忌自视不如徐公。晚上，他躺在床上反复想这件事，说："我的妻子偏爱我说我更帅；妾惧怕我说我更帅；客人有求于我说我更帅。"因此邹忌上朝拜见齐威王，说："我确实知道我没徐公帅。可是妻子偏爱我，小妾惧怕我，我客人对我有所求，他们都说我比徐公帅。如今的齐国，土地方圆千里，有120座城池，宫中的妃子及身边的侍从，没有不偏爱大王的，朝中的大臣，没有人不惧怕您的，国内的百姓，没有不对大王有所求的。由此看来，大王受蒙蔽一定很深了！"齐威王接受了邹忌的意见，广开言路，改良政治，齐国变得很强盛。邹忌作为下属有自知之明，善于思考，与上级沟通时注重方式，才能达到目的。同时，齐王善于接受下级意见，勇于改正，也是管理者很好的榜样。

（3）支持上级不分远近

①一样支持。在组织中，我们所面对的上级很可能不止一个。作为下级，我们要一视同仁，不应该因人而异。对某些与自己感情比较好的上级给予大力配合，积极协助，而对另外一些上级的工作则袖手旁观、不闻不问，甚至是故意出难题、拆台。这些做法对组织、对自己未来的发展都是有百害而无一利的。

②一样服从。下级服从上级是一条很重要的组织原则，这个上级是一个群体概念而不是具体到某个人身上。有的人把它割裂开来，把服从上级说成是服从某个与自己感情、关系较好的上级。

③一样对待。我们经常看到这样一种现象：有些人对自己的主管领导、对负主要责任的领导热情备至；对副职、非自己的主管领导则不理不睬。这样做不仅会导致受到冷遇的领导不满，让受到热情对待的领导难堪，还会使组织工作遇到不必遇到的麻烦。作为下级，不要轻易去越级汇报，不要轻易去直接找负责全面工作的领导汇报工作。

（4）对授权要不断试探

有的组织对授权没有明确的规定，即使有也存在一些"灰色"地带。这种情况下就会有一些微妙的变化，下级就要对上级的授权进行不断的试探：先汇报，根据授权执行，千万不要以为上级对自己信任就可以不用请示上级自行处理问题了。如果你的上级不是一个非常自信、能力很强的人，则会导致他的误会。这可能会招致他因误会而产生攻击，这对双方而言都不是最佳的选择。

2）与各种类型的上级相处

世界上没有完全相同的两个人，上级会有各种各样的不足，要与上级和谐相处，就是要在不彼此伤害的前提下，保持自己的利益，灵活运用各种方法和艺术，达到自己的目的。

（1）与缺乏自信的上级相处。当上级缺乏自信时，会在工作中表现得优柔寡断、反复无常，这会影响工作的顺利进行。针对这种类型的上级可以用以下方法与之相处：

①给予上级信心。相信上级，对其优点进行不易察觉的赞美，积极拥护上级所作出的决定，维护上级的威信。切忌在上级犹豫的情况下，在公共场合首先表态，更不可以趁机戏弄上级、嘲讽其弱点。每个上级之所以能坐到那个位置，必然有其过人之处。他也许会对工作举棋不定，但是如果你威胁到他，他肯定会毫不犹豫地保护自己。

②积极准备。为了使上级能够及时、准确地作出决定，作为下级要为上级多收集相关资料，以事实和数据帮助上级早下决心，同时，要多准备几套应对方案让上级权衡、选择。

③要有耐心等待上级，切忌"立竿见影"。如果所要决定的事情不是万分紧急，就要尽量让上级多一些考虑时间，不要催促上级赶快作出决定，这会影响到他的自尊心。自信心不强的上级是不会容忍下级挑战他的自尊的。在实施上级决定时，也要及时与上级沟通，以取得信任。

（2）与过分自信的上级相处。过分自信的上级通常分为两种：一种是因为经历了很多成功，有些"曾经沧海难为水，除却巫山不是云"的感觉；另一种是因为性格中有些偏执而不听别人意见。对前一种上级，要虚心向其请教，以学习和提高自己为主；对后一种上级，不要顶撞，按照他说的做，切忌自行修改他的意见，以多请示、多询问为主。针对这些过分自信的上级有以下方式与之相处：

①以欣赏和承认为主。过分自信的人都有一个通病——喜欢炫耀自己。所以，在上级谈到自己过去的成就时，要以诚挚的心态去听，同时，要适当赞美来满足上级的成就感。但是，要注意多听少说，适当就可以了。

②在工作中适当让步。如果在工作中与上级发生意见分歧，要认真考虑，如果不是至关重要的事情，应以上级意见为主。对于一些重要的事情，要充分、明确地表达自己的看法，如果意见不一致，要温和、委婉地与此类上级沟通，如使用电子邮件、在咖啡厅闲聊等。当然，在讨论过程中可以适当作出一定的让步。

③寻找盟友。当一般的方法已经不能起到作用，而自己又觉得说服上级是很有必要时，可以寻找盟友来帮助自己。上级也有与之亲近的人，当上述情况发生时，可以找上级亲近的、喜欢的人来帮助自己说服上级。我们也偶尔看到越级汇报，这种方法一定要慎重，即使越级汇报也一定要做到：保密，陈述事实而不抱怨，继续与自己的上级进行沟通。

（3）与气量小的上级相处。气量小主要是由于私心造成的。这样的上级通常比较注重自己的面子和利益，在工作中会表现出强烈的嫉妒心，甚至打压才华出众的下级。与这样的上级相处要更小心。

①坦诚相待。没有人喜欢这样的上级，但是作为下级是没有办法选择上级的。这样的上级不能容忍别人瞒着他做事，要向他详细地汇报工作，直到他满意、没有疑问为止。在工作中，要注意细节、实事求是。

②隐藏锋芒。气量小的上级最害怕失去自己的权威和地位，所以，作为下属的你一定要隐藏好自己的锋芒，特别是在公众场合，要恰如其分地表达出服从、尊敬的意愿。在成绩面前，要学会克制，不要"抢镜头"，这样才能维护好上下级的关系。

③为自己留条后路。在与这样的上级相处时，要努力与之和谐相处，不要抱有不切实际的幻想。如果实在不能忍受就可以辞职离开，在离开之前也要与上级处理好关系，争取得到一封推荐信，给自己谋求一个好出路。

（4）与脾气暴躁的上级相处。脾气暴躁是性格因素，几乎无法改变，如果不能忍受就及早离开，以免彼此伤害。如果还在自己能够忍受的范围内，应该设法与其建立良好的私人关系，减少自己受到的伤害。因为这样的上级通常很有才华，不然，他早就被其他下级联合挤下台了。

①要全面地看待上级。这样的上级通常只是性格问题，但心地还是善良的。是否在这样的上级属下工作要看你从他身上学到的是否足够补偿你的"心理伤害"。离职之前一定要确定是否有比此地更适合自己的工作，不要"才离狼窝，又入虎口"。

②坚持。相信自己的适应能力，如果连自己的上级都无法适应，怎么能成就自己的梦想呢？适应一段时间以后你会发现你的上级其实没你想得那么可怕。如果你对你

所在的组织很满意的话，可以考虑组织内的其他部门。

11.3.2　与同级相处的艺术

同级关系是指在领导活动中，同一层次领导者之间存在的一种横向人际关系。

处理好同级之间的关系是每一个处于领导职位的人所必须解决好的问题。同级之间的接触通常较直接、经常、密切，接触多了，产生矛盾的可能性就大了，这样就可能产生隔阂。若同级对你的评价和反映不是积极的，那么你将来的晋升之路就可能充满荆棘。

1）把同级视为事业上的伙伴

同级领导应该是合作互补的关系。同级领导之间的目标应该是一致的，因为伙伴是相互的，这是大家通力合作的基础。以下四点是把其他同级领导视为伙伴时应当注意的事项：

（1）信息交流。信息交流是同级领导之间最基本的联系形式。如开会休息时的闲谈、到另一个领导办公室去沟通意见等都可以促使各自从多方面更加深入和全面地思考问题，从而正确地认识自己，评价工作，产生新的思想。

（2）联络感情。领导工作要求各级领导必须乐观、坚强，具有丰富的思想感情。同级领导之间通过互相的交流、交往，加强互相之间的感情，这样可以更容易地产生一种亲密感。

（3）共勉、共进。社会活动中存在着群体压力、人际关系烦恼、工作竞争等问题。这些问题全都可以成为同级领导者之间的共同话题，应互相勉励，共同进步。同级领导的相互激励能给彼此带来创造奇迹的活力，这样就会在组织中又多了一个可以信赖的盟友。

（4）形成互补。由于各个领导者的经历、能力、背景、知识结构、性格特征各自有别，因此要完成一个复杂的工作要求所有领导者必须相互配合，取长补短，才能建立一个坚强、高效的领导团队。这种现象的实质就是领导者通过人际交往，在双向交流中取得能力方面的增值。

2）协调与同级关系的艺术

（1）与"邻"为善，以"邻"为伴。借用调节国家关系最常用的一句话，领导者与同级领导者的关系也大致应该如此。真心诚意地对待别人，友好和善地与他人相处，这是人与人相处的基本原则和总体规范，同时，也是领导者处理同级领导关系的首要原则。

同级领导者之间都知道这样一个事实：合则两利、分则两伤。因为工作如果做不好，谁也没有发展到更高一层的机会，所以，大家的大目标、大方向是基本一致的。正因如此，只要能够真心实意地与他人交往，就一定可以获得他人的真心。无论什么时间、什么地点、什么情况，都可以将事情办好。

（2）各司其职、相互支持。同级相处，最重要的是分清职责，掌握分寸，不争权力，不推卸责任。属于自己范畴内的事情就别耽误其他人的工作；不属于自己范畴内的事情，不要轻易插手。为组织内其他成员提供方便，做到相互支持、相互补充，尽最大能力互助互利。因此，同级领导者要按照分工行使权力，不要越权。

（3）面对分歧，沟通解决。在工作中观点不一致是正常的，领导者之间的意见、看法不同也是正常的。面对分歧，应该正视这一问题，及时讨论，不应回避问题，避免造成误会，而且同级领导之间由于特殊的工作关系，日常工作中肯定会经常见面，经常保持联络，进行感情、信息交流，就可以形成相互之间的信任，减少一些不必要的误会和摩擦。

（4）灵活应对相互需求。在工作中同级领导者相互之间提出一些希望和要求是很正常的。自己向其他领导者提出的都是主动的、可控的；其他领导者向自己提出的属于被动的、不可控的。如果总是用单项的思维来考虑和处理其他领导者提出的要求，只能说明你还没有丰富的领导经验。这是因为，即使你的决定是正确的，你也可能招致其他领导者的反感。在同级领导者之间，"正确"并不是唯一追求的目标，在很多情况下，还要兼顾相互之间的合作和未来的发展。这要求领导者运用多种思维应对同级领导者提出的要求。

（5）民主集中制的应用。处理同级关系，必须坚持民主集中制，这是因为同级之间没有权力上的制约关系。你只有坚持民主，听取各方意见，考虑各方面情况，照顾好各方面利益，才能把工作顺利地、无障碍地进行下去。特别是当你有一个可能会影响到组织全局的决策时，一定要争取其他同级的支持，这样上级领导就会以为你的意见是万众一心的，是具有可行性的。

（6）信任与支持。信任是同级领导者之间最难形成的，因为大家既是组织的成员，又是上一层级位置的竞争者。但是，信任是一种巨大的力量，是以遵守诺言、实现诺言来取信于人。只有同级领导者之间形成了相互之间的信任，才能在工作中全心全意为组织服务，为每个领导者提供彼此最大的帮助。

3）协调与同级冲突的艺术

协调领导者与同级领导者之间的冲突共有两部分：第一，冲突之前的防范；第二，冲突后的调节。

（1）冲突之前的防范

①对所有同级领导一视同仁。如果一个组织内领导者各自有自己的小团体，各有亲疏，这样的组织会产生矛盾。纠正这一问题的办法就是一视同仁。

作为一个领导者必须要胸襟豁达、能容人，与此同时，还要适当掌握平衡，争取与所有同级领导保持一种既亲密，又有适当距离的合作关系。

当然，在组织中同级领导者每个人都是平衡点，他们的组织关系呈现"球"状，核心是上级领导，周围是下属成员，他们在整个组织中发挥作用。

②及时沟通。同级领导之间不协调的重要原因之一就是彼此之间缺乏足够的理解，信息交流不顺畅，导致误会产生。改变和预防这种状况的一个基本方法就是加强彼此之间的信息沟通，保持同级领导者之间经常和密切的联系。

领导者都是由性格迥异的人构成的一个有机整体，但是这个整体却常常由于社会风气、观念意识等众多原因处于心理上的相互隔绝状态，这对同级领导者之间形成相互的信任与默契是非常不利的。针对这种情况组织有必要根据具体情况改变组织当前的风气。例如，可以在每天或者每周有一次同级领导者的通气会，以制度的形式增加同级领导者之间的信息交流与沟通，增进理解，获取支持，实现坦诚信任与亲密合作，使大家在和谐、互信的组织环境中共同发展，度过领导者之间的信任危机。

同级领导者各有分工，各司其职，各负其责，可是所有人又都处于同一个组织这一大环境之下。所以，同级领导者之间应该做到彼此合作、相互支持，竞争而不拆台，创造一种和谐的氛围。

（2）冲突之后的调整

同级领导者之间的冲突可能是在个人意料不到的情况下发生的，因此，很可能是猝不及防的，当然，也有可能是意识到了早晚会发生冲突只不过准备不充分而已。其实，不管是哪种情况，冷静地看待冲突肯定会比慌张地看待冲突更容易找到解决的办法。

①宽容自制，推功揽过。为了更有效地调整与控制同级领导者之间的冲突，领导者首先应该学会自制和宽容。领导者要以宽广的胸怀、容人的气量，对别人的缺点和不足给予包容、体谅，对别人的无礼和失态给予理解。不但对自己的下级要做到这一点，对自己的同级更要做到这一点，这样才能在同级领导者之间留下一个好印象。

要做到宽容别人必须首先能够控制自己的感情。上一章已经谈到了控制感情的问题，在这里，即使你不打算把感情当成一种策略，你也应当能够控制自己在发怒时的感情，必须尽快冷静下来。自制是一种后天锻炼的能力，它可以帮助领导者在必要时控制自己的言行，避免激化矛盾或助长争吵，特别是要注意避免伤害其他人的自尊心。所谓"打人不打脸，骂人不揭短"，不可以用语言刺痛对方的心结。

推功揽过是宽容自制行为的外延。实事求是地说明自己的不足，充分、诚恳地认识到对方的长处，并为自己的错误表示歉意，请求原谅，冲突就不会那么不可调节。

②共识的重要性。同级领导者之间发生冲突时，切不可意气用事，不顾彼此的情面，要知道大家都处于同一个组织中，正所谓"抬头不见，低头见"。发生矛盾时，应该彼此礼貌尊重，至少为将来调节矛盾留有一丝余地。同时，这样一种态度也会使对方寻求一种平衡而难以借题发挥或失态。如果是工作中的事情，产生意见分歧时也要注意保持心态平和，相互尊重，用事实和道理来达成共识。

③及时平息怒火。冲突发生时，冲突主体双方难免血气上涌，导致失态，况且同级领导者之间没有权力上的从属、级别上的高低，一旦矛盾激化，往往都是不计后果地说一些伤害彼此的话，可能把以前所知道的事情全都当众讲出，不念旧情。这时作为一名领导者必须能及时控制自己的怒火（尽管这很难），保持头脑的清醒，能忍常人之所不能忍，才能成为一个有作为的领导。平息双方火气最直接、最简便的方法就是求同存异。

11.3.3　与下级相处的艺术

随着改革开放的深入，民主意识越来越深入人们的意识。平等、互助、信任、理解、真诚、和谐等理念已经深入人心，人们更加迫切地在相互交往中追求这些理念。作为一名领导者必须了解这些变化，积极顺应人际关系发展新趋势。这是搞好与下级关系的首要条件。

1）与你的副职相处

本章前面已经讲过副职如何与正职相处，同样的道理，正职也要明白如何与副职相处，这样才能相互促进、共同发展。

你的副职在隶属关系上从属于你，他分管某一方面或者几方面的工作。副职处于重要而又复杂的地位。他受制于人，又制约人；是执行者，也是领导者；对全局而言，副职是配角，但是就分管的工作而言，又是主角。所以，你一定要充分发挥好副职的助手、参谋作用，协调好各方面关系，共同把工作做好。要做到上述要求需要做到以下几点：

（1）授权、放权。作为正职要赋予副职一定的权限。一般来讲，副职所能获得权力通常包括：协助正职安排全面工作；主管某一方面工作的权力。在授权后，正职一定要注意不要对副职的工作横加干涉。一个人有一个人的工作方式、工作风格，这种风格也许就是比较适合你的副职，因此，你不能随便地插手、过问，以免让副职处于尴尬的地位，以及出现命令混乱等情况。

（2）关心、揽过。副职在工作中出了差错，正职要为其承担责任，对副职的错误给予理解和安慰；要帮助副职从中吸取教训，总结经验。当你的副职出现问题的时候决不能撒手不管。要帮助副职重新看待问题，帮助提高，尽量让副职自己宣布新的决定，树立副职的权威和信心。这个时候副职最需要正职的支持，正职应当主动帮助副职放开手脚，继续大胆工作，为副职创造性的工作"撑腰"打气。

2）与下级干部相处

你必须清楚你的下级干部是你的决定执行者和组织者，他们表现得好坏将直接决定你的决定到底是对是错，甚至可以说没有他们的努力工作，你的一切决定基本都是没有用处的。

（1）敢于授权。对给予你下级的权力要有明确的界定，能授权的要大胆授权给他们。你必须相信你的下级。只有这样才能调动下级的积极性，充分发挥他们的作用，这是领导工作的关键。作为他们的上级，你应当担负的责任是检查、督促，但是不要指手画脚、越级指示。

（2）培养你的下级。你应当时时刻刻关心你的下级，帮助他们进步、成长，让他们在自己的工作领域作出成绩，培养他们实现自己的目标的能力。关心他们的进修、培训，加快他们知识更新的速度，并且应该让他们尽可能多地参与到上一层的决策、管理中来，让他们对组织的情况加深理解。不要害怕一旦你将下级培养成才就会取代你的位置。如果你的下级能够经过培养就超过你，那么他超过你只是迟早的事情，不如早点助其发展，自己将来也会在上层多一个盟友。

（3）强调团结。由于各个业务组利益的相对独立性，你的下级的认识水平、工作能力也不尽相同，在工作中发生分歧也是正常的。在面对这类问题时，领导者一定要秉持公正、公开、公平的原则，切不可因为个人的好恶而偏帮一个。这时候强调大局，强调团结可以使你的下级感到自己被公平对待了，也让其他的下级看到他们的领导是一个奖罚分明的人。

日本企业注重员工在企业中的参与感，通过征求各方意见的民主决策方法保持群体的团结，通常采用的决策方法为秉议决策制度。秉议决策制度的具体形式为：经办人将提案汇总后，以公文的形式依次取得股长、课长、经理的认可，在征得与提案有关者的同意后，最后由决策者裁决。秉议决策制度在层级管理的情况下，通过员工参与决策过程，尊重下级意见，既可以保证决策的科学性，又可以发挥下级创造性，保持组织的团结高效。

3）同基层员工相处

近代社会以来，个人能做多少事已经不再重要了。同样作为一个领导者，你个人如何出色的重要性已经远远落后于你的团队有多出色的重要性了。你能否把你的团队形成一股合力，发挥自己最大的潜力，提高整体的工作效率将是考察你领导工作的重要内容。

（1）倾听员工的声音。领导者要与你的团队经常沟通，不能只通过层层汇报，信息传递的失真性决定了你不能靠这样的信息通道来取得你想要的信息。你要跟基层员工多沟通，了解他们的情绪，听取各方面的意见和批评。如果有些对你不满的言论，你一定要记住"忠言逆耳"，切不可利用职务之便打击报复。

（2）尊重他们的个性。有关研究表明，事业成功的多种因素中就包含性格因素。错误地打击了别人的事业固然是"人神共愤"，但是把可以推动事业成功的优秀个性扼杀于摇篮之中也是令人惋惜的。松下幸之助曾说过："公司有不可推卸的义务去帮助雇员们陶冶他们的内心世界。坚持管理要为训练和发展人的个性服务，而不只是利用人力资源，从而把公司与社会及个人联系起来，也就有可能最完善地履行这一义务。"所以，作为一名领导者，尊重基层员工的个性，使他们认识到自己的价值，对领导者、对员工本人都是意义重大的。

（3）重视基层员工的期望。领导者与基层员工的人际关系和状况，是领导者在群众中实际影响力的指标。只有了解他们的期望，使自己成为他们心中的理想上级才能缩短领导者与群众的心理距离，奠定与你的员工搞好关系的基础。你可以针对不同的人的不同的需求，并利用人们渴望成功的期望心理，用可望又可及的目标来刺激他们努力工作，以更好地激发他们的工作热情。

4）与你的下属相处

（1）批评教育。对下级的缺点和错误进行批评教育是完全必要的，但应当注意方式方法和批评程度。另外，在面对不同对象的时候要采取不同形式进行批评教育。比如，对于脾气急躁、容易冲动的人，商讨式的批评可能更有效果；对于那些自尊心很强、固执己见的人，渐进式的批评教育可能更有效；针对那些依赖性很强的人，宜采用触动式批评；对于有些下属没能及时完成工作的，事后又发现是领导安排有些不切实际，最好是自我批评。对于批评教育，对方肯定会在心理上有些抗拒，这就要求领导者要考虑被批评者的处境、态度，一时不能接受的，可以转移话题来缓和气氛。批评教育时要注意态度诚恳，切忌挖苦、讽刺。如果发现批评错了，要勇于承认，消除隔阂，以利团结。

（2）关心、爱护。关心、爱护下级，满足人的情感要求，是调动下级工作积极性的重要方面。领导要善于用爱抚、亲和的方式来带动下级，创造出令人心情愉悦的工作环境，重点发挥感情激励的作用。例如，如果你能亲自登门拜访，这将极大地有利于你的下属畅所欲言，增加彼此之间的信任；在下级工作取得成绩或家庭遇到喜事时，给予祝贺，下级一定能获得你意料不到的鼓舞；如果下级遇到挫折或是不幸，你一定要给予关怀和慰问，这会使你的下级感到温暖从而增强自信和勇气。这种关心、爱护对于领导效能的提升作用是毋庸置疑的。

（3）上下沟通。上下沟通是指你与你的下级之间传达感情、交流思想、沟通信息的过程。上下沟通是统一下属意识的技巧，也是实施领导的基本条件。作为领导，你必须知道、了解下属的需要和期望，还要能够把这些同你的意图、组织目标有机地结合起来。在布置任务时，要为下属着想，充分考虑到你的下属所面对的困难和问题。这样，你的意图就可以被你的下属更深刻地理解和接受。除此以外，你还要注意搜集下属的工作情况的反馈信息，了解情况，使上下级之间彼此了解，相互支持，共同完成组织工作。

（4）切忌以权压人。如果你不幸与你的下级发生了冲突，最忌讳的就是为了面子，你不能公正地对待自己和下属，甚至在升迁、薪酬、晋级等问题上泄私愤。这种做法是不可能瞒得过其他人的，会让其他人重新审视你的人品、人格，影响极坏。

公正是正确调整你与下级之间冲突的前提。因此，你必须放弃个人主义和膨胀的权利欲望。在冲突发生后，你要先与下属考虑这次冲突的起因和调节办法，把自己放在与下属同等地位上才能认真地看待事物，最后找到调整冲突的措施和办法，从而在大家面前树立更高的领导威望。

（5）即便是"得理"也要"让三分"。你的下属有了过失，批评教育是不可缺少的，如若不然就是对下属的不负责任，需知"对敌人最大的惩罚就是纵容他的错误"。所以，你要对你的下属进行有针对性的批评，但是方式方法却是可以调整的。如果可以和气商量的，就没有必要板起面孔；可以个别处理的，就不必兴师动众。小题大做只会让存在的问题越来越不好解决。

11.4　发挥非正式组织的作用

对于正式组织的领导者来说，领导活动是不能完全依靠正式的权力实现的。正式组织是按照规章制度所形成的权力、职位体系，它提供给领导者的仅仅是领导活动的制度化保障性的基础。然而，领导活动是一种激发下属积极性、完成组织目标的行为艺术，因此，它必须要依赖于正式组织之外的感情空间才能有效地激发下属的积极性。现代管理学与领导学的研究表明，领导活动的目标并不是单一的，除了实现组织目标以外，还要同时考虑员工的满意度。领导工作不是完全致力于实现组织目标，而是将各种因素考虑进去，实现1+1>2的创造性工作。非正式组织就是由于组织成员的感情和动机上的需要而形成的松散的群体。通常来讲，非正式组织是以信任、尊重、爱护等因素所构筑起来的感情空间作为其载体的。它在很大程度上能够克服正式组织那种严肃的、机械的甚至有些非人性化的弊端。因此，激发下属的积极性，创造一种和谐的气氛，首推非正式组织。

11.4.1　非正式组织为领导者与被领导者提供有效的沟通渠道

众所周知，沟通一直是领导学研究的重点问题。因为体制的力量、传统的力量等众多因素，领导者与被领导者就不可避免地产生了区别。但是，从领导的概念来看，领导活动实际上是领导者与被领导者互动的一个过程，而沟通则是这个过程畅通无阻的关键。

以沟通所采用的方式和标准，可将沟通分为言语沟通和非语言沟通。作为一名领导者，你不能只注意语言沟通这种常见的形式，还要注意非语言（身体、服饰）沟通这种形式。

以沟通所存在的空间标准，可将沟通分为正式沟通和非正式沟通。在正式组织中所进行的沟通行为称为正式沟通，例如开会、汇报工作等。从信息流向来看，正式沟通又可分为下向沟通、上向沟通、横向沟通、斜向沟通、外向沟通等几种形式。正式沟通具有比较严肃、约束力强、易于保密、可以使信息沟通保持权威性的优点，适合于重要信息和文件的传达。但层次沟通渠道过于刻板，沟通速度慢，存在信息失真或扭曲的可能。这就使得通过正式系统以外的途径获得信息成为组织领导的另一选择，组织内的非正式网络起着不容忽视的作用。

非正式组织是一种超越体制性边界的社会关系，而这种社会关系恰恰是非正式组织的沟通渠道。在这里，我们认为在非正式组织中的沟通可以称为非正式沟通。它与正式沟通的区别在于沟通对象、时间、内容等方面都是没有计划、没有准备并且难以辨别的。非正式沟通不拘泥于沟通形式，其主要形态分为四种：群体链式、密语链式、随机链式、单线链式。相对于正式沟通，它存在很多优点，如沟通直接明了，传播速度快，可以了解到正式沟通难以提供的"内幕新闻"等。它能有效地克服正式组织所具有的僵硬、冷漠的特性。非正式沟通也存在一些缺点，如传递的信息不确切、容易失真等。这就要求领导者关注组织中非正式组织的存在与发展，对非正式沟通渠道采取既利用又修正的策略。一方面，积极利用非正式组织在满足员工情感需求方面发挥的积极作用，了解员工真正的心理需求；另一方面，改善正式沟通渠道，将小道消息控制在一定的影响范围内，防止小道消息涣散人心。

11.4.2　正式组织与非正式组织的关系

1）支撑正式组织与非正式组织的规则是不同的

前者更多地依赖制度化的规范，后者则依赖于情感的软控制。正式组织中的领导活动着眼于效率，通过对资源的权力性分配来达到组织目标。而非正式组织的领导活动则着眼于强化领导者与下属的情感基础，通过对资源的幕后分配来增强其魅力和中心地位。

2）非正式组织的扩展不是无限的

它必须在正式组织所能容纳的范围内进行扩展。非正式组织是一种关系网络，它可以穿透正式组织那种制度化的边界。领导者和下属都可以在那种有限制的关系网络中找到自己恰当的定位。但是，如果非正式组织的扩展达到颠覆正式组织的程度，必然会遭到毁灭性的打击和清除。这是因为非正式组织一旦发生异变，成为不可驾驭的因素，那么清除非正式组织就成为领导者不得已的选择。

3）非正式组织是一种隐藏组织

非正式组织不是凭借正式组织的力量来获得生存和发展的，而是依靠感情机制得以维持的。因此，它不具备正式组织那种显性特征。非正式组织只是为领导补充或强化力量而提供一个更为广阔的舞台。领导活动也会被这些极具包容性的非正式组织所遵守的规则所引导，比如人情化的分配、志趣相投的交往、伦理化的支配等。

本章小结

组织中的正职，通常人们的理解就是组织的最高领导者，是组织发展的领军人物，对组织发展成败负最终责任的人。而更广义的概念应当是指一个组织内，不同层级、不同部门的主管负责人，他们在自己的领域内行使着管理者和领导者的权力及责任，成为其所在领域的权力和责任中心。

想成为一名优秀的正职，必须清楚正职的任务、优秀正职所需的能力以及作为一个正职的具体职责。

作为副职，应当知道如何了解正职，让正职相信、接纳自己。这是成为一名好副职的关键。

在组织中，不是一个人可以完成所有的事情，你必须与人接触，借助他人的力量。这就需要了解、掌握、运用如何与上级、同级、下级相处的技巧。

任何一个组织中都存在非正式组织，而非正式组织因为其地位的特殊性受到管理学和领导学的重视。对于正式组织的领导者来说，领导活动是不能完全依靠正式的权力实现的。非正式组织为正式组织领导者与被领导者提供了一条十分有效的沟通渠道。

本章案例

小王的烦恼

某商业银行的分行创业之初由詹行长主持工作，通过招聘组成了分行各业务部门的领导班子。办公室萧副主任就是这时由外资银行进入这家商业银行的。创业头几年，虽然在竞争激烈的市场起步艰难，工资待遇不高，但分行人员均能团结奋进，以高昂的工作热情开拓市场，希望快些步入发展的正常轨道。詹行长为人比较随和，大事做主，不在小事上斤斤计较，还经常和员工进行沟通交流，鼓励员工定期开展文娱活动，调节工作氛围。萧副主任从分行筹建到开业，在工作岗位上积极进行建章立制、内外联络协调的工作，经常加班加点工作到深夜。遇到总行各部门和兄弟行来考察，则节假日也不能休息。其积极的工作作风和严谨的工作态度受到詹行长及分行班子成员的肯定。光阴荏苒，转眼分行走过了5年的历程。5年里，詹行长始终是领军人物，分行副行长却更换了3人。虽然每位副行长的性格脾气都不同，但萧副主任与这些副行长相处得都很愉快。然而，情况从詹行长调往总行后发生了变化。

第5年年底，詹行长被总行提升为董事局秘书，按总行副行长对待。此时，总行从其他商业银行调来一位李行长来做分行行长。李行长比较信风水，一来就对在本银行系统内提拔上来的能力较强的主管副行长采取孤立手段，控权控人。对从创业之初一直干下来的中层干部采取戒备的态度，其中也包括萧副主任，认为这些人都是詹行长的人，不可靠。萧副主任对李行长上任以来的做法一开始还是理解的，认为新领导到一个新环境，总希望获得大家支持。市场潜规则就是"站队"，对那些对自己构成潜在威胁的竞争对手自然要防，对中层干部而言，也是自己的人用着顺手。萧副主任认为自己和多数中层干部在各自的岗位上勤恳工作，自觉奉献，为的是整个分行的发展，为的是个人价值的不断实现，并不会因为领导换了就改变对工作的态度，高层的变动是总行的战略调整，等接触时间长了，相互了解了，李行长会打消疑虑的。

可是，事态的发展却不尽如人意。通过别人的推荐，李行长从其他商业银行调来一位黄主任主持办公室工作，同时也调整了其他业务岗位的多位负责人。从李行长的角度和发展的需要上是可以理解的，且黄主任也是一个务实勤奋的人。工作上的认真负责使黄、萧两位很快成为工作上的好搭档，萧副主任比较佩服黄主任的工作能力，而黄主任也认为萧副主任能协助自己尽快融入新环境，主动高效地完成领导交办的工作，是自己有利的助手。萧副主任本以为和黄主任配合好，完成各项本职工作就会得到李行长认可，然而问题是李行长天性多疑，对事情要求完美，又多变化，经常搞得大家无所适从。就算圆满完成任务，也不会从李行长那里得到一点肯定。比如，分行搞大型联欢会或重要会议，会议筹备主要是办公室负责。从方案制订到会场布置、从物品采购到会务服务，办公室样样要花心思和精力。好在办公室人员团结，大家齐心协力、经常加班加点为完成重要活动而努力。李行长经常对方案提出修改，这本是正常的事，可当大家按照领导的意图去办理并即将完工时，他又会推翻原方案，提出有时看来是不可能的事，甚至经常是一变再变，而李行长又不允许辩解，让黄、萧二位经常白忙一场，手下工作人员也开始有了抱怨。

此外，办公室是分行迎来送往的主要接待部门，经常要采购烟、酒供接待所需。每次办公室采购物品都货比三家，将每种商品的各家报价和拟选购价格写得一清二楚，报领导审批。可李行长还是不信任，总认为价格有水分，还派人去查，有一次竟没凭没据说办公室采购有道德风险，令黄主任很气愤，认为行长明显不信任自己。办公室工作人员的积极性也受到挫伤，不愿意去干又累又不讨好的采购工作。而且，每次接待完，如有剩余酒水，办公室人员都自觉收入库房以备下次或行领导急需时用。李行长对此做法也有异议，有一次问黄主任剩余的烟酒哪里去了，黄主任给予了回答。李行长却说：不会有些人拿回家了吧。令黄主任瞠目结舌，没想到领导会这样说话。

除了对办公室不信任，李行长对分行班子成员也不信任。分行在几家高档酒楼给行领导办理了签单权，方便领导业务公关。在个别酒楼，李行长只允许给自己办理签单，其他行领导都不行。不但如此，他还让稽核部门去查班子其他成员的签单情况，美其名曰：防私用。令其他行领导甚为不悦。

在分行中层干部的选拔任用上，李行长当着分行全体员工的面说经理级干部报名竞聘处级不过是有展示的机会，讽刺经理级干部水平低，不能担当中层重任，引起基层干部的普遍反感。而他却在人员任用上做手脚，将50多岁（文件要求40岁以下）、口碑和能力很差的周某提为办公室副主任，令全行员工哗然。此外，李行长还是一个很自负的人，对别人的意见他很难听进去，认为自己的水准别人可望不可及。一次就餐后，他问黄主任多大了，黄主任回答38，他一笑，盛气凌人地说：我38岁早都是常务副行长了，弄得黄主任很尴尬。基于以上的种种，萧副主任认为李行长在领导素质上存在很大缺陷，对他自己请来的黄主任尚不信任，更何况被他认为是詹行长的人的自己了。而且，靠真才实干也得不到认可，从周副主任的任用就可略见一斑。"道不同，不相为谋"，萧副主任动了离开的念头，同时，在与黄主任的交谈中，他也获悉黄主任正做同样的打算。

资料来源 吴维库. 领导学［M］. 北京：高等教育出版社. 2006.

问题：两位行长的区别是什么？李行长的管理有何特点？一个高效的正职与下级相处时应该注意什么？

复习思考题

1.为某个组织设计一个核心竞争力的蓝图，确定正职、副职必须具备什么样的技能、知识才能让组织运转良好？

2.正职的素质和职责是什么？

3.如何做好一个副职？副职必须具备哪些基本素质？

4.如何发挥非正式组织的作用？

第 *12* 章

领导者绩效评价

学习目标

领导者绩效是评价领导者能力高低或领导活动优劣的综合标准。通过本章的学习，了解领导者绩效评价的含义、内容和作用；了解在领导者绩效评价中存在的问题；掌握领导者绩效评价的原则、程序及提升领导者绩效的方法。

12.1　领导者绩效的含义及内容

12.1.1　领导者绩效的含义

领导者绩效是领导活动的出发点和归宿。领导者绩效是指领导者或领导集体在实施领导过程中表现出来的领导能力、工作状态和工作结果，以及为实现领导目标所获得的领导效率、效果与效益的系统综合。领导者绩效包括正绩效、零绩效、负绩效三大类。领导者绩效是领导工作有效性的内在动力。它包含以下几个基本要素：

1）领导目标

领导目标是领导活动所要达到的预期目的，是构成领导绩效的核心内容。领导绩效不仅反映在个人所主持、负责的部门工作和单项领域之中，更重要的是反映在全局工作和整体贡献上，即整个组织的总体目标上。领导者的时间效能、用人效能、决策办事效能，最终都将体现为对组织的整体贡献效能。因此，整个组织的总体目标实现程度如何，是衡量领导者绩效高低的最重要的客观尺度。

2）领导效率

领导效率是指领导者或领导集体在单位时间内完成工作的数量和质量，是已取得的领导工作实绩与所需时间之比，即完成一定数量和质量指标的速度。领导效率可以直接以数量分析方法反映出领导工作的速度、节奏和频率，也可以从领导效率评估的结果看出在条件和环境大体相同的情况下，由于领导者自身能力、素养等方面的差距而产生的不同的工作效率。领导效率主要受领导者的能力、工作态度、领导环境以及下属的积极性等条件的影响。

3）领导效果

领导效果是指领导者或领导集体实施领导所产生的效果。它是领导工作优劣的直接反映。这种效果是与实践的目的紧密相连的。由于领导工作的层次分明，行业不一，表现其领导效果的方式、内容和程度也不尽相同，但最根本的是看其物质成果和精神成果。

4）领导效益

效益一般是指投入和产出的比值。领导效益是指领导者或领导集体实施有效领导所产生的客观价值，是领导工作的最终成果及对社会的影响，即领导活动投入和领导活动结果的比值。它包括经济效益、政治效益、文化效益、人才效益以及社会效益等，是一个综合性的指标。

领导者绩效的各要素是相互联系、相互制约、相互促进的关系。领导目标是实现领导效能的出发点和归宿；领导效率是衡量实现领导目标的数量描述，它是以数量来分析领导效能的手段；领导效果是领导活动实际成绩的直接反映，是高效、低效或无效领导的显著标志；领导效益是领导活动的最终结果，是领导绩效最本质的内容。

12.1.2　领导者绩效评价的内容

领导者绩效评价是指运用一定的方法和技术手段测定领导有效性、领导水平、领导业绩和领导贡献的过程。领导者绩效评价主要从以下几方面着手：

1）用人绩效

领导活动不同于其他社会活动最为重要的特征是领导行为与目标之间的间接性。因此，用人绩效就成为考察领导绩效高低的重要指标之一。用人绩效是指领导者对其部属的培养、选拔、配备和使用等方面的成效。其考评方法：一是看用人恰当数与用人总数之间的比例关系。在用人总数中用得恰当的人越多，说明效能越高；反之，越低。二是看部属能力的发挥情况与潜在能力之间的比例关系。潜在能力发挥越充分，说明用人效能越高；反之，越低。领导者如何选配、组织和使用有关部门的人员，不仅关系到每个成员的积极性、主动性和创造性，也关系到整个组织的整体贡献。

2）时间绩效

时间绩效是衡量领导者管理和利用时间的尺度。时间绩效是有效工作时间和法定工作时间的比例，包括领导者本人的时间有效利用率以及领导者部属、组织整体的时间有效利用率。领导者时间绩效的高低，不仅关系到个人贡献的大小，而且会直接影响到组织的整体贡献水平。因此，领导者要善于区分事情的轻重缓急，作出工作计划，科学合理地利用时间，努力提高时间的利用效率。

3）决策办事绩效

决策办事绩效是指领导者制定决策、处理事务的能力、效率和效益。领导者决策和办事绩效直接决定领导活动的成败。由于客观事物的复杂性，对领导者处理问题的绩效有的难以精确考评。这里只提出一般能表明办事绩效的几个关系：一是已办事件数与应处理问题总数的比率；二是正确处理的问题数与处理不当数的比率；三是正确处理的重大问题数与一般问题数的比率。以上三种情况的比率越高，说明领导办事效率越高。

4）整体的组织贡献绩效

它是指同一领导组织整体目标的实现程度。领导活动中为实现领导目标所获得的成果与所消耗的人力、物力、财力和时间之间有一个比率关系；被社会认可成果与成果总数之间也有一个比率关系。这两种比率越高，说明领导工作的整体贡献效能越高。领导者的时间绩效、用人绩效、决策办事绩效，最后都将体现为组织的整体贡献绩效。因此，整个组织的总体目标实现程度如何，是衡量领导效能高低的最重要的尺度。

12.2　领导者绩效评价的作用

领导者绩效是评价领导能力高低或领导活动优劣的综合标准。领导能力的高低和领导活动的优劣，不能仅仅凭一时、一事或某一侧面来加以考查和评价，它应该是一个综合的指标，而作为综合指标的领导者绩效也就自然成为检验领导者能力和领导活动的根本标准和唯一尺度。按照这一标准，才能客观、全面和正确地评价领导者能力水平的高低，以及领导活动的优劣。离开了领导者绩效这一标准，最终的评价性意见就不可避免地会带有主观随意性。

1）领导者绩效是领导活动的出发点和归宿

领导活动的出发点是为了实现按照领导目标设定的领导绩效，作为领导活动的起点，领导者必然会时刻关注绩效，不论从事任何活动都必然会考虑它是有利于提高领导绩效，还是会降低领导绩效。领导活动的归宿则是按照领导目标的实现程度来检验领导绩效。绩效既是领导追求的目的，也是评价、检验领导活动的客观标准。

2）领导者绩效评价能够为领导的提拔和使用提供依据

要做到及时地把优秀人才提拔到各级领导岗位上来，合理地使用干部，首要的前提是正确、客观地评价干部，而这种正确评价的科学依据，来自对领导者绩效的严格考核。只有通过对领导绩效的严格考核评估，我们才能掌握领导在贡献、能力、品德和知识水平等方面的可靠资料和数据，在判断领导者胜任何种领导工作以及在这一领域中的胜任程度时，就能够基本摆脱主观随意性。

3）领导者绩效评价可以为奖惩领导提供依据，激励领导者

对各级领导者在物质上和精神上严格实行奖惩，奖勤罚懒，奖优罚劣，才能激励个体的积极性，使每一个领导者都能通过考评后效能差异的比较，找出各自的优势和差距，从而起到鼓励先进、鞭策后进的效果。

4）领导者绩效评价是提高领导水平的重要手段

作为领导活动实际结果的领导绩效，能够在总体上综合地反映领导水平的高低。同时，通过领导者绩效评价，还可以揭示领导活动的各要素、各环节、各种职能与领导者绩效之间的相关性，找出影响领导者取得工作成效的因素，不断深化对领导活动客观规律的认识。把领导绩效评价中发现的问题和总结出来的经验作为一种信息，反馈到领导活动的过程中去，还便于领导者及时修订计划，改进工作，避免重复以往的错误，从而大大提高领导工作的水平。

5）领导者绩效评价有利于加强对领导活动的民主监督

领导者绩效评价实质就是一种有广泛群众参与的、具有民主形式的对领导活动的监督。它不仅评价领导活动的最终结果，考评领导活动的具体过程及相关因素，而且有一系列的具体指标。这无疑增大了领导过程及结果的透明度，使下属和群众能以事实为依据，进行客观公正的评价和必要的监督。

链接 12-1

赛马不相马

众所周知，海尔的用人理念是"赛马不相马"，通过员工的绩效优劣决定员工在企业中的位置。在多项赛马规则中，海尔对干部的考核指标分为五项：一是自清管理；二是创新意识及发现、解决问题的能力；三是市场的美誉度；四是个人的财务控制能力；五是所负责企业或部门的经营状况。对这五项指标赋予不同的权重，最后得出评价分数，分为三个等级，每月考评。每月中工作既没有起色也没有失误的干部会被列入批评之列，使得各层干部都有压力。相对来说，海尔的此项规则较为公平，一切以制度化考核为依据，对各层干部进行监督，既为各层干部奖惩提供了依据，又可以

促使各级干部努力工作，提高绩效。

12.3 领导者绩效评价的原则

为保证领导者绩效评价的有效性，评价领导者绩效时应该遵循以下原则：

1）全面系统原则

领导者绩效评价的直接目的在于对领导者作出全面、客观、公正的评价。全面系统原则，一方面要求对领导者自身内在条件和外在表现进行全方位的考核和评价，对领导者的德、能、勤、绩各个方面进行综合测评；另一方面要求在考评时，应考虑和重视环境因素对领导者的制约作用。

2）统一规范原则

领导者绩效评价因素众多，涉及面广，关系到领导者的积极性能否被充分调动以及整个领导活动的成败，因此必须严肃认真地进行，坚持统一规范的原则。

（1）在建立健全各级各类领导者岗位责任制和任期目标制的基础上，确定考核标准。在绩效考核过程中，一方面，考核标准要根据领导所处的领域、类型、级别的差异而建立相应的规范体系；另一方面，对于处在相同领域、相同类型、同样级别的领导要建立统一的考核标准。考核评价要素及标准必须统一规范、清楚明确，形成一套既能反映客观实际又能便于操作的科学合理的考核评估体系。

（2）建立健全严格的评价制度，形成相应的考核规章制度或考核准则。例如，规定考核的目的、期限、范围、对象、步骤等。考核制度形成后，必须严格执行。凡属考核对象都必须如期接受考核，任何机关及领导者不得以任何借口随意取消本单位的考核。

（3）运用严谨科学的考评方法。考评方法既要做到科学化、规范化、程序化，又要切合实际，有一定灵活性，做到确定性与非确定性、规范性与非规范性的统一。

3）客观公正原则

客观就是要以实事求是的态度对领导者的实际绩效加以测量，避免掺杂个人主观因素，以保证测量结果的真实性。公正是要对被测评者一视同仁，公平对待，依据同样的标准作出评价。客观公正是考评结果准确可信的根本保证，违背客观公正原则，就有可能造成考评结果的不准确，降低其可信度，削弱领导考评的权威性的影响。

人的社会性使得人们的一切活动都会受到社会某种方式的评价。根据美国心理学家马斯洛（A.H.Maslow）的需要层次理论（hierarchy of needs theory），一般情况下人们愿意知道社会对自己工作和行为的评价，以便从社会和他人的肯定评价中获得成就感。所以，人们一般不反对考核评价，而是担心考核评价的结果是否公正。一是考评的内容、方法不太切合实际，考评结果不全面，不能真实反映领导者的工作的全部状况。二是由于考评主体或其他原因，评价结果与被评价者的实际绩效相去甚远，使被评价者难以接受评价结果。因此，在评价领导者绩效时，必须坚持客观、公正的原则。

4）民主公开原则

领导者绩效评价过程和考评方法对考评结果影响极大，要保证评价结果的客观、公正和准确，就必须坚持民主公开的原则。民主要求广泛动员群众参与领导绩效评价工作，在具体考评过程中注意听取群众意见。公开要求领导绩效评价活动要有一定的透明度，做到过程公开、标准公开、结果公开，避免暗箱操作。

坚持民主公开原则要做到以下几点：

（1）领导者绩效评价应该在员工参与的基础上进行。采取360度绩效评价方式，即采用上级评价、同级评价、下级评价和自我评价相结合的方法，进行多渠道、多层次和多角度的领导者绩效考评。上级评价，可以看出下级领导者如何处理局部与全局的关系以及对整个组织所作出的贡献。同级评价，可以反映更多真实情况，使评价更深刻、更真实。自我评价，可以打破以往人事评价的封闭倾向，体现对考评者的信任和尊重。因为领导者工作在下属中，所以下属最熟悉领导者的成绩和错误，也就最有发言权。因此，实行下级评价，既能使考评结果客观、公正，又能促使领导者强化"公仆"观念，加强对下属的责任感，改善领导者与追随者的关系。

（2）领导者绩效评价工作要接受群众的监督。考评过程中必然涉及对人的评价，各种因素错综复杂，不可避免会存在一些主观成分，因此需要加强群众对评价工作的监督。它包括对评价主体的监督，看其是否刚正不阿，是否具备评价别人的能力；对评价过程的监督就是看评价过程是否合理，考评方法是否科学；对评价结果的监督是看评价结果是否受非正常因素的干扰，是否符合被考评者的客观实际。

（3）反馈领导者绩效评价结果。领导者绩效评价的目的是帮助领导者总结领导工作的可取之处及不足之处，改进工作方法，改善领导环境，提高领导者的领导水平，实现更理想的领导绩效，这就要求必须把考评结果用适当的方式向被评价者和群众公开。反馈方式要慎重选择，否则不仅达不到预期效果，甚至还会产生负效应。

向被评价者反馈其评价结果的方式有多种，主要有面谈、书面反馈、电话通知、会议等。对不同性格的被评价者采用不同的绩效反馈方式或者多种反馈方式综合运用更有利于被评价者对自身能力的认知。美国心理学家斯金纳（B.F.Skinner）提出"用强化的办法来控制人的行为"的强化理论（reinforcement theory）。其强化的办法有正强化和负强化两种。正强化是指刺激行为重复出现，保持、巩固、加强某种有利的行为；负强化是指制止某种行为重复出现，改造某种不利的行为。在绩效反馈中采用的奖励与惩罚，实际上是正强化与负强化办法的具体应用。正强化与人的心理要求一致，比负强化起作用的时间长，效果显著。但若过于频繁地使用同一种正强化或负强化方式，将可能弱化绩效反馈的激励效果。因此，在绩效反馈中，领导者应采用多样化的反馈方式，才能使每一次绩效反馈起到较大的激励作用。

5）定性与定量统一原则

任何事物都有质的规定性，也有量的规定性，是质和量的统一。领导者绩效评价也是如此，不仅要注意领导绩效质的方面，而且还要注意领导绩效量的方面。如果只注意质，而忽视量的综合计算与分析，这种质就会由于缺乏客观依据而无法真正确定。相反，如果只注重量的分析，而缺乏质的考评，那就容易被大量表面现象所迷惑而无法弄清真正的质。只有坚持定性分析与定量分析相结合的原则，才能避免对领导效能或作抽象肯定，或作抽象否定，从而对领导绩效作出全面、公正、合理的评价。

12.4　领导者绩效评价的程序和方法

12.4.1　领导者绩效评价的程序

领导者绩效评价一般按以下几个步骤：

1）评价准备

（1）思想准备。在正式开展考评活动之前应当进行深入的宣传动员，向相关人员讲清评价的必要性和重要性，把评价中将要运用的方法、手段、标准以及评价的具体内容向被考评者讲清楚。

（2）组织准备。领导者绩效评价需要依靠专门的测评理论和技术手段，事先必须做好精心的组织准备，具体要做好两方面的工作：一是要建立评价组织；二是要配备合格的考评人员。

（3）计划准备。为保证实际考评工作的正常开展，应当根据领导考评的总体目标和要求制定切实可行、具体的行动计划。

2）测量评议

测量评议是领导者绩效评价的关键环节，属于评价过程中的客观阶段。这一阶段的主要任务是运用具体的实用测量技术和手段对考评对象的实际情况进行检测和测量，从而对考评对象在领导活动中表现出的领导绩效作出客观的描述。测量的结果是对领导者作出评价的依据和基础。测量结果的客观性、真实性程度如何，从根本上决定着考评结果的公正性、准确性。

3）综合评价

综合评价是依据一定的标准以及领导者的客观实际，对领导者作出最终评价或结论。综合评价阶段总的要求是保证评价结论的公正性、准确性。为实现这个目标，要求在综合评价阶段必须做到：坚持以对领导者的测量结果为评价依据；以事先确定的考评标准为评价尺度；评价结论要确定，特别是评价用语应简明扼要、概念清楚，不能产生歧义。

4）评价结果的反馈与复核

评价结果应当反馈给被评价者，这样能够使被考评者了解自己的优缺点，从而起到一定的激励、鞭策作用，同时也增强了考评的透明度和公开性。

5）评价工作的总结

评价工作结束后，应当对整个评价活动进行全面、系统的总结，以便吸取经验和教训，不断提高评价工作的水平和质量。总结工作一要及时，二要全面，三要客观，实事求是。

6）建立领导者考评档案

对在考评工作过程中形成的各种资料、材料要进行分类归档，妥善保存，以便为以后的考评工作提供参考。

12.4.2 领导者绩效评价的方法

领导者绩效评价要达到预期效果，就必须运用科学、正确的考评方法。评价方法既要能够客观、全面地反映领导活动的实际，又要有较强的可操作性，方便适用。常见的评价方法有：

1）目标考评法

目标考评法，又称目标对照法，就是根据领导责任目标进行考评，包括实施目标的进度、措施及其实现的程度。目标考评法的基本内容是以预定目标为尺度，测量目标实现情况，通过比较二者间的差距，对领导者作出一定的评价。它具体包含两方面的内容：一是领导目标的正确性；二是领导目标的实现程度，即领导活动所取得的实际效果。

目标考评法通常是对领导者进行评估的最常见的方法。之所以能得以推广，原因之一在于这种做法是与人们的价值观和处事原则相一致的，例如，人们都认为很有必要依每个人所做的贡献而给予一定的回报、奖励；原因之二在于它能更好地把个人、组织目标有机结合起来，达成一致，而减少下述这种可能性，即领导们每天在忙忙碌碌，但所做的事却与组织目标毫不相干。再者，因为目标具有可分性、层次性、阶段性和综合性的特点，所以目标考评法可以从内容上、层次上和时间上分项、分层、分段地进行，也可以综合地进行。

至于目标考评法的具体操作，可以分为以下四个步骤：

第一步：建立每位被评价者所应达到的目标。在许多组织中，通常是上级评估者与被评估者一起来共同制定一个目标。目标主要指所期望达到的结果，以及为达到这一结果所应采取的方式、方法。

第二步：构建被评估者达到目标的时间框架，即当他们为这一目标努力时，可以合理安排时间，了解自己目前在做什么，已经做了什么和下一步将要做什么。

第三步：将实际达到的目标与预先设定的目标相比较，这样评估者就能够找出未能达到目标，或实际达到的目标远远超出了预先设定的目标的原因。这一步骤能有助于决定对于培训的需求，同时也能提醒评价者注意到组织环境对被评价者工作表现可能产生的影响，而这些客观环境是被评估者本人无法控制的。

第四步：制定新的目标以及为达到新的目标而可能采取的新的战略。凡是已成功地实现了目标的被评估者都可以被允许参与下一个新目标的设定过程。

尽管在对领导者进行评价的过程中，目标的使用对于激发他们的工作表现、工作热情很有效，但有时却很难确定有关产出方面的工作衡量标准。比如，工作的过程、工作行为可能与工作结果同样重要。例如，一个经理通过一种不道德的或非法的手段打败了他（她）的竞争对手，这对组织来说是非常有害的。另外，虽然产出评估能够体现工作的真正含义，但对于所有的领导者来说目标的设定也是难点。

因为目标考评法不仅是一种绩效评估方法，还具有一种强制性，要求目标的达成必须是领导者的技术、知识和态度综合运用的结果，否则目标考评法的实施会导致不择手段、道德败坏、生产率低下。下面这个例子就验证了这一点。

║║ 链接 12-2

绩效考核的利弊权衡

绩效考核对于销售部门尤为重要，是提高员工工作业绩与对其进行奖惩的依据。房地产行业的利润非常丰厚，售楼员工售出一套楼房获得的回报十分可观，但行业竞争异常激烈。为了激发大家的工作积极性，某房地产公司制定了相应的绩效考核制度，不仅规定了员工的基本工资和绩效工资，还对每季度绩效最高的员工进行额外的奖励。此政策一出，绩效果然有了很大提高，但也产生了一些负面效应。一些销售人员为了提升绩效不择手段，不仅与本公司销售人员争抢客户，对于其他客户的要求置若罔闻，甚至误传客户电话或信息。员工之间的合作消失了，往往为了一个客户争得头破血流。公司的管理层对此绩效考核制度的争论也很激烈：到底要不要坚持这种考核方法？从短期来看，公司的业绩的确提高了；从长期来看，公司的销售成绩和声誉将受到损害。

2）专家评估法

专家评估法实际上就是由那些具有领导专业知识和测评专业知识的人对领导者进行测评。首先，测评者掌握领导知识，可以超越普通人对领导活动规律的认识，用"内行"的眼光来看待被测评的领导者。其次，测评者由于没有直接参加被测评领导者的领导活动，因此能够摆脱利害关系的纠葛，站在公正的立场上评价被测评者。最后，由于测评者拥有测评专业知识和经验，是测评专家，因此能够保证在进行测评时从科学的角度出发，运用专家方法测评领导者。

德尔菲法是一种专家评估法，其实施步骤如下：

（1）拟定意见征询表

意见征询表是专家回答问题的主要依据，调查机构根据调查目的，拟定需要调查了解的问题，并制成调查意见征询表，作为调查的手段。在拟定意见征询表时应注意以下几个要点：

①征询的问题要简单明确，使人容易回答；

②问题的数量不宜太多；

③问题的内容要尽量接近专家熟悉的领域，以便充分利用专家的经验；

④意见征询表中要提供比较齐全的背景材料，供专家参考。

（2）选定征询专家

选择的专家是否合适，直接关系到德尔菲法的成功与否。在选择专家时，应注意的要点有：

第一，应按照调查需要的专业范围，选择精通业务、见多识广、熟悉情况、具有预见性和分析能力的专家。

第二，专家人数的多少要根据调查内容和涉及面的宽窄而定，人数不能过多也不能过少，以10人左右为宜。

第三，调查机构以通信方式与专家联系。专家彼此之间不发生关系。

（3）轮回反复征询专家意见

第一轮，向专家寄发征询表，提供现有的背景材料，要求专家明确回答，并在规定时间内寄回，调查人员对各个问题的结论进行归纳和统计，并提出下一轮的调查要求。

第二轮，将第一轮经过汇总的专家意见及调查人员对所要调查的新的要求和意见寄给专家，要求专家根据收到的资料，提出自己的见解。在这一阶段，专家可以清楚地了解全局情况，他们可以保留、修改自己的原有意见。对于与总体结论差异较大的专家意见，应请他们充分陈述理由，然后，可再次将专家寄回的资料进行统计，并提出新的要求。

经过几轮的反复征询，使专家的意见逐步趋向一致。需要说明的是，征询的轮次和征询的时间间隔不应一概而论，须视调查内容的复杂程度、专家意见的离散程度而定，通常征询轮次为3~5轮，征询的时间间隔为7~10天。

（4）作出调查结论

调查人员根据几次提供的全部资料和几轮反复修改的各方面意见，最后作出调查结论。

德尔菲法的优点在于专家们都必须匿名地发表意见，这样可使被征询的专家不会出现因迷信权威或因慑于权威而不敢发言的现象，也不需要为顾全自己的面子而固执己见，从而使影响每个人畅所欲言的心理因素降到最低程度，创造一种平等、自由的气氛，鼓励专家们独立思考，充分发表意见。由于评价过程中要进行多次反馈征询意见，对各种不同意见加以修正，集思广益，有助于提高评价的全面性和可靠性。

德尔菲法的缺点是：评价结果主要凭专家判断，缺乏客观标准，故这种方法主要适用于缺乏历史资料或未来不确定因素较多的调查；有的专家在得到调查组织者汇总后的反馈资料后，由于水平不高或不了解别的专家所提供调查资料的依据，有可能作出趋近中庸的结论；由于反馈次数较多，反馈时间较长，有的专家可能因工作忙或其他原因而中途退出，影响评价的准确性。

3）模拟测试法

模拟测试法是把被测试者置于一个模拟的工作环境中，要求他们按照给定的条件进行模拟操作，以此来观察他们的行为方式、心理素质、反应能力等，并依据这些观察对他们作出一定的评价。模拟测试法是目前国际上较为流行的一种领导测评方法，主要有情景模拟测试和文件筐测验。

情景模拟测试是设置一定的模拟情况，要求被测试者扮演某一角色并进入角色情景中，去处理各种事务及各种问题和矛盾。考官通过对考生在情景中所表现出来的行为进行观察和记录，以测评其素质潜能，或看其是否能适应或胜任工作。情景模拟测评的特点主要表现在针对性、真实性和开放性等方面。针对性表现在测试的环境是仿真的，内容是仿真的，测试本身的全部着眼点都直指拟任岗位对被测试者素质的实际需求。需要指出的是，有时表面上所模拟的情景与实际工作情景并不相似，但其所需要的能力、素质却是相同的。

文件筐测验是国外人才测评中常用的方法，在国内人才选拔中正逐渐运用。文件筐测验，通常又叫公文处理测验，是面试评价最常用和最核心的技术之一。文件筐测验是情景模拟测试的一项通常用于领导者的选拔，考查授权、计划、组织、控制和判断等项能力素质的测评方式。一般做法是让被测评者在限定时间（通常为1~3小时）

内处理事务记录、函电、报告、声明、请示及有关材料等文件，内容涉及人事、资金、财务、工作程序等方面，一般只给日历、背景介绍、测验提示和纸笔，考生在没有旁人协助的情况下回复函电，拟写指示，作出决定，以及安排会议。评分时除了看书面结果外，还要求被测评者对其问题处理方式作出解释，根据其思维过程予以评分。

模拟测试法具有以下特点：

（1）针对性

模拟测试法模拟特定的工作条件和环境，并在特定的工作情景和压力下实施测评。根据不同层次人员的岗位要求和必备能力，设计不同的模拟情景，具有很强的针对性，避免"高分低能"倾向。

（2）全面性

模拟测试法突出的特点之一是多种测评技术与手段综合运用，不仅能很好地反映被试人的实际工作能力，还可以测评其他方面的各种能力和素质。

（3）可靠性

模拟测试法由多个主试小组成员分别对被测评者给予评价，减少了因被测评者水平发挥不正常或个别主试人评价偏差而导致的测评结果失真。每项测验后，请被测评者说明测验时的想法以及处理问题的理由。在此基础上，测试者进一步评定被测评者处理实际问题的能力和技巧，使评价结果的可靠性大大增加。

（4）动态性

将被测评者置于动态的模拟工作情景中，模拟实际管理工作中瞬息万变的情况，不断对被测评者发出各种随机变化的信息，要求被试人在一定时间和一定情景压力下作出决策，在动态环境中充分展示自己的能力和素质。

运用模拟测试法应该注意两个问题：一是测试人员配备合理，其中应该包括人力资源部门的主管、有关专家和被测试者的领导。主持测试者应具备较强的判断力，能够较为准确地测试各种能力的强弱和各种素质的高低，从中挑选出优秀者。二是测试内容设计科学，具有先进性、适用性、可操作性和动态性。测试内容要切合实际，并有一定难度，这样可以考核领导能力，并且可以提高领导能力。整个测试过程保持动态，以便有效地反映被测试者的实际能力。值得注意的是，领导活动中遇到的很多问题是突发性的，所以在解决问题时就更要注重创新性、实用性和应变能力。

4）360度反馈评价法

360度反馈评价法，也称为全方位反馈评价法或多源反馈评价法。传统的绩效评价，主要由被评价者的上级对其进行评价；而360度反馈评价法则由与被评价者有密切关系的人，包括被评价者的上级、同事、下属和客户等，分别匿名对被评价者进行评价（如图12-1所示）。被评价者自己也对自己进行评价。然后，由专业人员根据有关人员对被评价者的评价，对比被评价者的自我评价向被评价者提供反馈，以帮助被评价者提高其能力水平和业绩。360度反馈评价法的好处之一就在于它提供了关于个人领导技能的自我感知和他人感知信息。360度反馈评价法主要服务于被评价者发展时，评价者所作出的评价会更客观和公正，被评价者也更愿意接受评价的结果。当

360度反馈评价法的主要目的是进行行政管理，服务于被评价者的提升、工资确定等时，评价者就会考虑到个人利益得失，相对来说所做的评价难以客观公正，而被评价者也就会怀疑评价者评价的准确性和公正性。

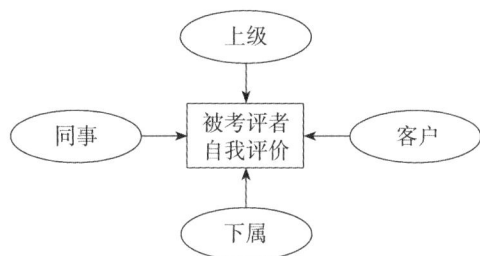

图 12-1　360度反馈的来源

　　360度反馈评价一般采用问卷法。问卷的形式分为两种：一种是给评价者提供5分等级或者7分等级的量表（称为等级量表），让评价者选择相应的分值；另一种是让评价者写出自己的评价意见（称为开放式问题）。二者也可以综合采用。从问卷的内容来看，可以是与被评价者的工作情景密切相关的行为，也可以是比较共性的行为，或者二者的综合。

　　为了提高评价结果的准确性和公正性，在进行360度反馈评价之前，应对评价者进行选择、指导和培训。360度反馈评价一般是让被评价者的上级、同事、下属和客户对被评价者进行评价，但是并不是所有的上级、同事、下属和客户都适合做评价者，一定要选那些与被评价者在工作上接触多、没有偏见的人充当评价者。在评价之前，还要对评价者进行指导和培训，让评价者对被评价者的职位角色有所了解，让评价者知道如何作出正确的评价，让评价者知道在评价的过程中经常会犯哪些错误。在培训的时候，最好能让评价者先进行模拟评价，然后根据评价的结果指出评价者所犯的错误，以提高评价者实际评价时的准确性和公正性。

　　360度反馈评价法最后能不能改善被评价者的绩效，在很大程度上取决于评价结果的反馈。评价结果的反馈应该是一个双向的反馈：一方面，应该就评价的准确性、公正性向评价者提供反馈，指出他们在评价过程中所犯的错误，以帮助他们提高评价技能；另一方面，应该向被评价者提供反馈，以帮助被评价者提高能力水平和绩效水平。当然，最重要的是向被评价者提供反馈。

5）比较测评法

　　比较测评法是一种通过比较不同被测评人员而确定其各自优劣顺序或好坏的测评方法。不同领导者之间的差距是一种客观存在，通过相互之间的比较，就可以比较直观地、相对容易地对他们作出评价。比较可以横向进行，如同一领导组织中领导者之间的比较、不同领导组织中同类领导者之间的比较；比较还可以纵向进行，如年度之间的比较、新领导班子和老领导班子之间的比较；还可以进行多视角多层次全方位的比较。一般来说，主客观条件类似可以用综合比较，若差异较大则选择单项或几项比较。利用比较测评法可以较有说服力地评价领导者绩效，同时领导者又能发现自身的优缺点，有利于提高领导者绩效。

6）自我述职法

自我述职法是领导者自我鉴定的一种方法。例如，县（市）党政领导班子成员在每年度终了或任职期满时，分别向县委会、县人大常委会报告职务履行情况、工作成效、个人所起作用、工作存在问题和今后打算，述职过后，再组织与会者对述职报告进行评论，主要看述职的内容是否实事求是，与会人员对述职者履行岗位职责及其贡献有何不同评价。这种自我述职、自我鉴定也是全面评价领导者绩效不容忽视的一个方法，对于领导者自我约束和提高领导绩效起着积极作用。

7）民意测验法

民意测验法就是通过投票、对话和问卷等方式，调查了解群众对领导者的反映和评价，在充分掌握和综合分析群众意见的基础上对领导者作出相应的评价。民意测验作为一种调查民情了解民意的重要手段，已经得到广泛运用，成为一种在世界范围内通行的调查方法。民意测验法主要有投票法、对话法、问卷法。在运用对话法时要注意方式和技巧，既不能暗示谈话者，妨碍其表达真实想法，又要引导得当，使其畅所欲言。实施问卷法要先设计合理的问卷，把需要考评的指标都列入问卷中，然后发放问卷并要求被调查者填后送回，最后再对问卷中的数据进行分析处理。

8）统计分析法

统计分析法就是运用数学方式建立数学模型，对通过调查获取的有关领导者的各种数据及资料进行数理统计和分析，形成定量的结论。统计分析法是目前广泛使用的现代科学方法，是一种比较科学、精确和客观的测评方法。其具体应用方法很多，在实践中使用较多的是指标评分法和图表测评法。

领导者绩效评价的方法有很多种，它们各具特色，各有优缺，适用于不同领导者的绩效评价。所以，正确的选择和使用评价方法是实现评价目标的关键环节，而且伴随领导实践活动的多元化及多样化，评价方法也必须与时俱进，在实践中不断发展和完善。

12.5　领导者绩效评价中存在的问题及解决方法

12.5.1　领导者绩效评价中存在的问题

领导者绩效评价是个复杂的过程，但是对组织而言又是非常必要的过程。因此，在进行领导者绩效评价时应谨慎细致。无论采取何种评价方式，应用何种技术，在进行领导者绩效评价时都会遇到一些影响考评的问题。为了有效地进行绩效考评，现将实践中可能遇到的问题列示如下：

1）抵制绩效评价

绩效评价对于组织和个人的发展都具有导向的作用：为组织人事决定提供依据，为个人发展提供反馈信息。但是许多领导者不愿意接受测评，因为他们担心对自己不利的评价结果会影响到自己的形象和前程。因此，在绩效评价中他们竭力掩盖自己的缺点和不足。另外，他们还会担心评价者不能客观、公正地对待他们的工作绩效，而不愿意正确对待绩效评价。

2）绩效考评目标不明确

对所要考评的领导者绩效的考评目标不明确，在实际操作中抓不住工作的重点，而显得评价工作没有依据和章法，也达不到促进领导者提高绩效的目的。

3）绩效评价标准不清晰

评价标准不清晰是在绩效考评中经常遇见的一个问题。绩效考评所采用的方法非常准确，但是由于评价的标准模糊使评价结果很不可信。比如对领导者的沟通能力进行评价，什么样的沟通能力是良好，什么样的沟通能力是一般，不同的人有不同的看法。即使针对同一个评价者，可能在不同时间对评价的标准也有所变化。

4）评价者的问题

在绩效评价过程中，评价者往往是评定结果可靠性的重要决定因素。但是在评价过程中，评价者总会存在一些心理因素的干扰，影响了评价结果的准确性。在此讨论几类常见的问题：

（1）晕轮效应。晕轮效应是指评价者对被评价者的某一方面绩效作出的评价影响对其他方面的绩效评价。其特点即以偏概全。一个人如果被标明是好的，他就被一种积极、肯定的光环所笼罩，并被赋予一切都好的品质；一个人如果被标明是坏的，他就被一种消极、否定的光环所笼罩，并被认为具有各种坏品质。特别是当评价者欣赏或厌恶被评价者时，往往不自觉地对被评价者其他绩效方面作出过高或过低的评价。

（2）宽松和严厉倾向。绩效评价要求评价者具有某种程度的准确性和客观性，但是评价者要完全做到"客观"很难。有的评价者认为什么都好，而有的则严厉些，这样就导致把关程度不合理。

（3）居中趋势。居中趋势指评价者对全部被评价者都作出既不太好又不太坏的评价，采取中庸的原则。为避免出现两个极端，评价者不自觉地将所有评价都集中在中等程度，这样就使评价结果失去了意义。

（4）近期效应。由于评价者对被评价者近期行为表现印象深刻，因此不能客观地对整个评价周期内的行为进行评价，尤其是当被评价者在近期内取得了令人注目的成绩或犯下错误时，近期效应会使评价者作出偏高或偏低的评价。

（5）对比效应。对比效应是指在绩效评价中，他人的绩效影响了对某人的绩效评价。与前一个被评价者的绩效评价结果对比，造成对现在被评价者的评价的偏低或偏高。对比效应也可能发生在同一个被评价者新近绩效和过去绩效的对比时。

（6）暗示效应。暗示效应通常来自实施评价的人员的上级或是权威人士的影响。暗示会使评价者迫于压力而改变自己的真实想法，对被评价者的真实绩效作出不准确的评价。这样由于暗示而导致的评价误差即为暗示效应误差。

5）评价结果没有及时反馈

领导者绩效评价结果是衡量领导者工作成败的标准。如果在评价后不将结果反馈或不能及时反馈给被测评者，都会导致日后对绩效评价工作的怠慢和忽视。再者，由于被评价者没有看到结果却受到了一些依据评价结果作出的奖惩，对此会不能理性接受结果，特别是受到批评和惩罚的被测评者，会对绩效考评产生抵触情绪。

　　总之，在领导者绩效评价实际操作中会出现很多问题，这些问题如果不能得到重视和解决，则会影响绩效评价的有效进行。

12.5.2　领导者绩效评价所遇问题的解决方法

　　上一节中我们讨论过了在领导者绩效评价中可能出现的问题，针对这些问题在此提出解决方法，以保证绩效评价能够公平、公正、科学、有效地进行。

1）明确绩效评价目标

　　设置目标并制订实现这些目标的行动方案对个人和组织都很重要。一个明确的目标可以是一个群体的主要规范，也可以引导下属，并作为评价领导者绩效的标准。如果没有明确的工作目标，通常会比较迷惑、彷徨，没有方向感，当然工作效率会受到影响，同时，由于没有得到明确的目标指引，下属的努力方向同领导者所希望达到的结果难免会有所不同。

　　首先，目标应当具体、可以观察。研究表明，具体目标比一般目标更有可能导致较高的努力水平和绩效。例如准备节食很容易，但一个更好的目标是"到3月份，体重减轻8斤"。必须注意，具体、可观察的目标也是有时间限制的目标。没有完成目标的时间限制，就不会有完成目标的紧迫感，也没有一个确切的时点表明目标已完成。

　　其次，目标应该既可达到，又具有挑战性。如果目标只需要可以到达，则设定非常容易的、几乎保证能够达到目标就好，但是并不会导致高水平的绩效。更高、更好的绩效会在目标扩展和鼓舞人们去超越自己时产生出来。目标应该是有挑战性的，但是又是可以实现的，这样才能挖掘出被评价者的最好一面。

　　最后，目标需要反馈。提高绩效的一种最有效的方法，就是对某人的行为和标准之间的匹配程度提供反馈。研究表明，当目标伴之以反馈时，绩效会高出很多。

2）建立清晰的绩效评价标准

　　清晰的绩效评价标准可以让高绩效的领导者有成就感，知道自己已经达到或者超出了组织的要求，这种成就激励的效果对层次较高的管理人员或者专业人士非常明显。清晰的绩效标准可以使没达到标准的领导者有一个努力的目标，知道自己同其他人的差距，从而激发工作热情，努力完成工作目标。

3）及时监控绩效评价

　　评价周期可以是一个月、一个季度或者一年。但是，监控应该是随时随地进行的。监控不及时，当然不能获得全面、客观的第一手资料，很容易导致绩效评价之前争相表现的现象发生，使"聪明人"钻空子，造成评价不公平。

4）及时反馈评价结果

　　在绩效考评刚刚出结果的时候，正是领导者对绩效考评问题最关心、思考最多的时候。这个时候反馈效率高、效果好，并且有利于对一些出现的问题进行及时改进。如果过了这个时期，考评者和被考评者都已经把考评的事放在一边了，效率一定降低；同时还会引起被考评者对绩效评价的不重视甚至反感。由于其他工作已经展开，评价反馈也会占用工作时间，难免会给其他工作带来不良影响。

在进行绩效反馈时要注意方式与方法。面谈是信息反馈的有效手段之一。因为面谈能真正实现绩效评价的公开和开放，促进评价者和被评价者的沟通和交流，同时也能为被评价者指明差距和不足，明确其改进的方向。

为保证面谈顺利进行并且达到理想效果，需要注意有关的技巧。在面试之前要做好面谈计划表，并检查是否遗漏重要项目。面谈进行中，要营造良好的面谈气氛，这样可以鼓励被评价者表达自己的观点。面谈者要准确地把绩效评价结果告知被评价者，要注意避免双方发生冲突，并要把握好谈话的结束时机。

5）充分沟通

良好的沟通可以使领导者绩效评价工作更有效地进行。充分的沟通可以使被评价者理解绩效评价的目的在于提高其领导技能、改善领导绩效以及组织绩效，这样，被评价者则会对绩效评价工作给予理解和支持，并对自己的绩效给予足够的重视。沟通可以分成正式的制度化的沟通和经常性的非正式的沟通；沟通的方式还可以列举出很多，可以依据自己的具体条件和沟通效果情况予以采用，什么方式有效并且成本比较低就采用什么方式。沟通的效果主要看两个方面：是否快速送达；接收者理解信息的意思同信息发送者要表达的意思是否一致。为了提高沟通的效果，反馈、核实是必不可少的。

6）科学选择和培训评价者

由于评价者的素质直接影响评价结果，因此要慎重选择评价者。在选择之前要了解评价者是否具备评价资格和素质。在评价小组中应包括1~2名专业人士，这样可以保证绩效评价的科学性和客观性，如果专业人士不能参与其中，也要请专业人士对评价小组进行一定的培训。针对由于评价者心理因素出现的评价误差，则需要把上文中提到的各种效应向评价者介绍，使其有意识地避免发生，树立正确的评价观念，减小主观性误差。

12.6 提升领导者绩效的方法

评价领导者绩效不是目的而是手段，旨在帮助领导者正确认识自己的工作能力，端正工作态度，改善工作方法，成为一名以绩效为导向的领导者，从而提高组织整体的工作绩效。

1）从关注领导者绩效做起

从绩效入手，领导者就找到了拥塞在水道中挡住成百上千的其他原木顺流之下的那个至关重要的原木。首先要确定组织中所期望的绩效是什么，以作出明确的目标绩效。领导者对所追求的目标绩效有了清楚的认识后，找出现在绩效和目标绩效的差距。只有在此时，真正应该改善或变革的东西才开始明确。当然，关注领导者绩效的同时还必须坚持道德标准和正确的价值观，争取正面的绩效。

链接12-3

柳传志是怎么选择接班人的？

就如柳传志说的，要将联想建成"没有家族的家族企业"，通过何种途径选择和培养接班人是其首先要考虑的问题。

当初，柳传志选拔人才，能力与绩效是很重要的衡量因素。联想"赛马法"包括三个方面的含义：要有"赛场"，即为帅才提供合适的岗位；要划分"跑道"，不能乱哄哄挤作一团，必须引导他们有秩序地竞争；要制定比赛规则，即建立一套较为科学的绩效考核和奖励评估系统。在联想看来，最好的认识人才和培养人才的方法就是让他做事。郭为和杨元庆正是在这种体制下被挖掘出来的。

1991年，杨元庆在CAD部销售惠普公司的绘图仪时，学会了除了零售和批发之外的另一种销售模式：代理和分销。他以这种销售模式使得CAD的销售业绩持续上升，由1991年的3 000万元达到1993年的2.3亿元。后来，联想在中国市场屡屡打败HP、IBM。杨元庆在CAD取得了非常出色的业绩。

1994年，柳传志在给杨元庆的信中提到："当你由CAD部调到微机事业部，并在当年就把微机事业部做得有显著起色时，我的心中除了对事情本身成功的喜悦以外，更有一层对人才脱颖而出的喜悦。另外，年轻的领导者要凭无私和对自己的严格要求，对伙伴的大度、宽容以及卓越的领导能力，虚心地看到别人的长处，不断反省自己的不足等优良品质使人心服。"

最终，在郭为与杨元庆二位帅才中，柳传志选择了杨元庆。可见，对于接班人的选择，柳传志的心中有一杆秤，"德"与"才"在这杆秤中具有很重的分量。

2）培养领导者的个人能力，改善领导者绩效

当领导者感觉到自己能力不足时，就不会找到绩效区域，也无法产生让自己充满信心所带来的绩效。这种对自我能力的感知是带来高绩效的重要因素。因此，领导者应注重培养个人能力，如决策能力、沟通能力等，培养更强的自尊、参与精神和主人翁精神，用自己的热情和影响力去感染别人。

3）把绩效作为维持原有领导方法还是实施新的领导实践的判断标准

从长远来看，拥有和使用一个绩效标准对领导者绩效进行评价可以极大地改善领导者的领导风格。平庸的绩效可以让人认识到原有的领导方法和领导模式不再适应新的环境，不能再被组织所接受，因此需要进行改革。领导者绩效评价可以评判领导的价值，帮助领导者实践新方法。

4）对团队绩效担负责任

有效的领导者不应该把责任强加给任何别的人或事上。优秀的领导者会完全承担任何业绩下降或任何所犯错误的责任。领导者要对团队的表现担负完全责任，这样才能够全力以赴地投入到工作中，并带来团队的优秀表现和出众的绩效。如果他们把责任推诿到别人身上，造成了不和谐、不信任的氛围，则绝对不会实现高水平绩效。

5）把握机会，参加有助于提高绩效的活动

领导者可以通过听学院专家和管理领袖所做的演讲，去读最新的领导学论著，参加经营模拟练习，参加专门在活动中学习的项目团队（一起工作以解决各自组织所面临的实际问题），还可以去讨论经营案例，以求获得局外之人才有的洞察力。领导者在参加有针对性的培训活动时，应保证每项活动都与绩效联系在一起。

6）创新改善领导者绩效的方法

以绩效为导向的领导者往往不死守曾经有用但是不再有效的理论和方法。推崇变革对任何组织都是十分必要的。领导者一边为组织制定了善于探索和创新的基调，一

边为组织营造持续改善和创新的文化。这样无论是领导者的个人绩效，还是组织的整体绩效都会有所提高。

以绩效为导向的领导者能够更有效地发挥自己的能力，体现自己的影响力，引导其追随者完成领导目标，提高组织绩效。因此，提升领导者绩效应该是领导者不断追求的目标和方向。领导者须培养关注绩效的意识，明确绩效目标，运用科学的方法在实践中不断磨炼自己的领导能力，勇于探索和创新，这样有助于成为一名拥有高绩效的领导者。

本章小结

领导者绩效是指领导者或领导集体在实施领导过程中表现出来的领导能力、工作状态和工作结果，以及为实现领导目标所获得的领导效率、效果与效益的系统综合。

领导者绩效是领导工作有效性的内在动力。它包括领导目标、领导效率、领导效果和领导效益四要素。

领导者绩效评价的内容包括用人绩效、时间绩效、决策办事绩效和整体的组织贡献绩效。

领导者绩效是领导活动的出发点和归宿。领导者绩效评价能够为领导的提拔和使用提供依据；可以为领导的奖惩提供依据，激励领导者；是提高领导水平的重要手段；有利于加强对领导活动的民主监督。

领导者绩效评价遵循全面系统、统一规范、客观公正、民主公开和定性与定量统一的原则。

进行领导者绩效评价时首先要做好评价准备，然后测量评议，综合评价，还要对评价结果进行反馈与复核。

评价领导者绩效的方法有多种，如目标考评法、专家评估法、模拟测试法、360度反馈评价法、比较测评法、自我述职法和民意测验法等，它们各有特色，应根据具体情况选择可操作性强的方法。

领导者绩效评价中会出现：抵制绩效评价；绩效考评目标不明确；绩效评价标准不清晰；评价结果没有及时反馈以及评价者由于心理因素所出现的误差等问题。

明确绩效评价目标，建立清晰的绩效评价标准，及时监控绩效评价，及时反馈评价结果，充分沟通并且科学选择并培训评价者可以有效地解决领导者评价中出现的问题。

提高领导者绩效可以从关注绩效开始，注重培养领导者的个人能力，把握机会参加有助于提高绩效的活动并对团队绩效担负责任，并把绩效作为维持原有领导方法还是实施新的领导实践的判断标准，并且不断地创新领导者绩效的方法，这样领导者的绩效就会得到改善。

本章案例

企业接班人之惑：选亲还是择贤？

重庆力帆集团的董事长尹明善曾表达过这样一个观点："我知道，如果我把班交给家族成员，我们的企业就会慢慢死掉，而如果我急急忙忙地交给职业经理人，我们的企业就会快快死掉。在慢慢死掉和快快死掉之间，我选择慢慢死掉。"格兰仕、方太选择了子承父业，父亲把儿子扶上马再送一程。在联想集团，由于杨元庆的业绩突出，柳传志很早就把联想拆分，神州数码交给郭为，并逐步实现将联想集团向杨元庆过渡。虽然收购IBM后柳传志再次复出，但不会打乱原定的接班计划。海尔、TCL则一直举棋不定，至今未见接班人迹象。美国福特公司在接班人问题上，福特家族的人选永远都是第一位的，如果从家族无法选取接班人，才考虑从外部或职业经理人中选择。但为了保证家族的传承，即使选择了外部人士，在董事会的表决权上，福特公司依旧拥有高达49%的表决权。而这种权力传承，对于秉承东方文化的企业而言，如日本、韩国和我国的香港、台湾等家族企业则表现更甚。面对日益严峻的接班人问题，解决权力传承问题的主要有三类模式。

1）"慢火煲汤"模式

经验表明，培养一个合格的企业继承人需要数年甚至数十年的时间，比如IBM著名的"长板凳计划"和GE的"新人"计划。GE在100多年里共经历了七任主要领导，其中最著名的杰克·韦尔奇后来在描述他选择继任者的工作时认为，这不仅是他职业生涯中最为重要的一件事，而且是他面临过的最困难也是最痛苦的选择。"整个过程几乎使我发疯，给我带来了无数个难以成眠的夜晚"。从1994年春天挑选继任者的工作开始，他总共列出了23名候选人；4年后，原来的23位缩减为8位；而在经过进一步的挑选后，确定了最后的3位；这3位候选人通过竞争，最终杰夫·伊梅尔特胜出，成为GE新的领导人。综观整个过程，历时7年，可谓风云变幻，跌宕起伏。这种"慢火煲汤"式的传承模式，虽然时间跨度较长，但选出来的接班人经过精心挑选、长期栽培，最终经过层层考验达到公司的要求，降低了犯错的概率和企业未来发展的风险。

2）"分槽喂马"模式

与GE不同的是，东方的文化与哲学创造了"分槽喂马"模式。成功运用这种模式的代表人物就是联想的柳传志和长江实业的李嘉诚。柳传志通过分拆联想与神州数码两家公司而受到广泛赞扬。在分拆公司时，柳传志表示，虽然手心手背都是肉，但取舍有道，坚决不让神州数码沾"联想"品牌的光。其实，不管哪边做大，都是联想的蛋糕在做大。以后，假如一方受困，另一方可以立即出手相助。李嘉诚有两个优秀的儿子李泽钜和李泽楷。他把性格沉稳、作风踏实的长子李泽钜立为长江实业集团新掌门人。另外，他资助崇尚自由创新、喜欢作秀的次子李泽楷开创TOM.COM、盈科拓展等事业。李嘉诚欣慰地看到了两个儿子的迅速成长和出色业绩。

3）"败家子基金"模式

李嘉诚与柳传志这些人无疑是幸福的，因为他们有多个优秀的接班人可供选择。谁都希望"生子当如孙仲谋"，谁都不愿意把辛苦经营的企业交给"扶不起的阿斗"，但是当企业的领导人缺乏优秀继承人选的时候，如何选择一名堪此重任的接班人呢？这种情况下，浙江正泰集团的南存辉提出了设立"败家子"基金这种模式。在2004浙江民营企业CEO圆桌会议上，南存辉透露了他对继承人问题的想法。他说："正泰有100多个股东，其中有9个高级管理人员。我们鼓励这些高级管理人员的子女念完书以后不要进正泰，要到外面去打拼，并在打拼过程中对他们进行观察和考验。若是成器的，可以由董事会聘请到正泰集团工作；若不成器，是败家子，我们原始股东会成立一个基金，请专家管理，由基金来养那些败家子。"在国外，不少企业都有基金会，以家族的名义进行经营，但基金的继承者本人不可以随意操纵这些财产，需要有职业经理人和监督机构进行经营，非常著名的福特基金就是如此。这样，决策者和公司的经营者都有明确的目的，不会因为继承者的能力不够而给企业带来危害。

资料来源　李雪松. 企业"接班人"之惑：选亲还是择贤？［EB/OL］.［2010-11-18］. http: //www.ceconlinebbs.com/FORUM_POST_900001_900055_941412_0.HTM.

问题：

1.你认为企业在选择接班人时应该选亲还是选贤，谈谈你的观点和理由。

2.解决权力传承问题的三种模式各有何优缺点？

复习思考题

1.请阐述领导者绩效评价的含义和内容。

2.领导者绩效评价的意义何在？

3.进行领导者绩效评价前要做好哪些准备工作？

4.试述领导者绩效评价的原则。

5.在评价领导者绩效时如何坚持民主公开的原则？

6.请阐述如何进行目标考评法。

7.如果运用模拟测试法进行绩效评价，需要注意的问题有哪些？

8.在实施领导者绩效评价时应该注意哪几个方面的问题？如何解决？

9.领导者如何才能提升自身的领导者绩效？

领导学未来展望

学习目标

通过本章的学习，了解当前在领导学研究方面有哪些重要的理论；掌握未来领导者所必备的六大能力；了解如何实现领导角色的灵活转换，把握未来领导发展的趋势；掌握领导方法、领导艺术与未来领导学的关系。

13.1　领导学研究新发展

随着社会的进步和时代的发展，人们对领导作用的认识不断演进，对领导者角色的定义也在不断深化。进入 21 世纪后，领导理论更是不断推陈出新。但有一点很明显，就是新的领导理论对旧的领导理论并不是完全的否定，而是根据领导情景的变化对原有的理论加以取舍整合，或赋予新的含义，或纳入新的框架中。当然，对那些不合时宜的理论和观点则坚决地予以抛弃。

13.1.1　诚信领导理论

1）诚信及诚信领导的概念

诚信是指个体拥有、了解和接受自己的价值观、信念、情感、需求以及偏好，并以一种与这些内在思想和情感相一致的方式行事。诚信并不是一种与生俱来的内在品质，它在很大程度上取决于他人如何看待和归因，必须得到他人的认同。个体可以在一定程度上控制自己的诚信程度，但它并非是完全个人操控的产物，而是确切反映了一个人的内在自我，因而不是一种装腔作势。个人可以控制的是何时向何人展现何种人格特质。

组织中的诚信领导是指一种把领导者的积极心理能力与高度发展的组织情景结合起来发挥作用的过程。卢森斯等人认为诚信领导过程对领导者和下属的自我意识及自我控制行为具有正面的影响，并将激励和促进个人成长和自我发展。诚信领导者对自己、对他人都是真诚的。他们自信、乐观、充满希望、富有韧性，具有高尚的品德并且对自己的思想（包括信念、价值观和道德观等）、行为以及所处的工作情景具有深刻的认识。

此外，艾沃立欧等人认为，诚信领导者既可以是指导性的，也可以是参与性的，甚至是独裁的。行为风格本身并不足以将诚信领导者和非诚信领导者区分开来。诚信领导者以一种与个人深层价值观和信念相一致的方式行事，树立可信性，通过鼓励不同观点以及与下属建立协作性关系网而赢得下属的尊敬和信任，并因此以一种被下属确认为诚信的方式来进行领导。当这一过程传递给下属时，他们也可能以类似的，可以向领导者、同事、顾客以及其他利益相关者展示诚信的方式来工作，因此随着时间的推移，诚信就有可能成为组织文化的基础。

2）诚信领导者的特点

关于诚信领导者所具有的特点，学者们从不同角度提出了自己的观点。例如哈维等人认为，诚信领导者的一个关键特性是即使面临强大的外部压力或有引发非诚信行为的诱因存在，他们仍能选择诚信行为。因此，诚信行为可以说是对正直行事的内在愿望的反应，而不是遵从某些规范或社会压力的结果。卢森斯等人认为诚信领导者具有自我意识、积极的自我调节、积极的心理能力和积极的自我发展等 4 个方面的显著特点。自我意识包括对自己的情绪、价值观和信念的深刻了解，以及对自己长处与不足的准确评估。它是诚信领导者发展的先决条件，也为积极的自我调节提供了基础。

积极的自我调节是一种通过设置内在标准、评估该标准与可能或实际结果之间的差距并确定弥补该差距的可能途径而实施自我控制的能力。通过使用积极的自我调节，诚信领导者将自己的信念、价值观、动机和积极心理能力应用于设置既具有挑战性又可以达成的个人行为标准，并仔细监控自己的行为以确保能够达到这些标准。诚信领导者也拥有并表现出积极心理能力，包括自信、希望、乐观和韧性等。May 等人指出，这些积极心理能力能够帮助诚信领导者清晰地界定道德两难情景，坦然地对之作出反应，并因此成为道德楷模。

莎米尔等人以以往的相关理论及实证研究为基础，认为诚信领导者主要具有以下4 个方面的特征：

（1）诚信领导者不伪装自己。他们不会仅仅因为身处领导之位，而刻意发展出一种领导者的形象或面具。履行领导角色完全是诚信领导者的自我表达行为，而不是在遵从他人或社会的期望。

（2）诚信领导者承担领导的职责或从事领导活动不是为了地位、荣誉或其他形式的个人回报，而是出于一种信念。他们有一个基于价值观的理想或使命，担当领导就是为了实现这一理想或使命。

（3）诚信领导者是原创者，而非拷贝者。这并不意味着他们在人格特质上必然是独特的或彼此截然不同的；相反，他们的价值观、信念、理想或使命在内容方面可能与其他领导者或下属相似。然而，诚信领导者之所以具有这些价值观和信念，并不是一种模仿的结果，而是因为自己的亲身经历证明它们是正确的。

（4）诚信领导者的行为是以自己的价值观和信念为基础的。他们的所言与他们的信念是一致的，他们的所行则与他们的所言及信念一致，因此诚信领导者具有高度坦率的特点；他们的行为不是为了取悦他人、博取声望或出于某些个人的或狭隘的政治目的，因而诚信领导者也具有高度正直的特点。

3）诚信领导的维度、影响因素及测量方法

关于诚信领导的结构，艾利丝等人的观点是比较具有代表性的。他们以克尔尼斯有关诚信的理论为基础，提出了一个诚信领导的四维模型，认为诚信领导由自我意识、无偏见加工、诚信行为和诚信关系导向等成分构成。

作为诚信的一个成分，自我意识是指对个体自己的个人特征、价值观、动机、情感及认知的意识和信赖。具体到诚信领导者而言，了解自我、忠于自我是他们的本质特征。另外，理解自己的情绪是情绪智力的成分之一，而乔治的研究也发现情绪智力是有效领导的一个基本要素。因此，艾利丝等人认为积极自我概念和高水平情绪智力对真实的自我意识应该具有显著的预测效度。

无偏见加工指主体在对与自我相关的信息进行加工时，能够不否认、不歪曲自我知识、内部经验及外部评价信息。但认知和社会心理学的实证研究发现，人类作为信息加工者具有与生俱来的缺陷和偏见，尤其是当加工与自我相关的信息时更是如此。因此，葛纳等人建议使用平衡加工代替无偏见加工。平衡加工意味着当前信息以一种能够顾及他人观点的方式而得到加工和理解。

诚信的行为成分是指个人是否以一种与其真我一致的方式行事。诚信行事意味

着个人的行为与其价值观、偏好和需要具有一致性，而不是仅仅为了取悦他人或通过虚假行为去达到趋利避害的目的。诚信领导者对自我表达行为与周遭环境之间的适合性非常敏感，对自己的行为可能带来的影响也具有清醒的认识。领导者的他人导向型自我监控程度越低，越有可能表现出诚信行为。

诚信的第四个成分，即诚信关系导向，指重视并努力达到关系中的坦率、诚信，它是一个自我展现和发展相互亲密及信任关系的积极过程。关系诚信与诚信领导的其他成分具有紧密的联系。具体而言，领导者的他人导向型自我监控与其诚信关系导向呈显著负相关，而其正直则与诚信关系导向呈显著正相关。此外，伊戈利认为，性别会影响领导者关系诚信的达成，与男性领导者相比，女性领导者得到关系诚信认可的难度更大。

在领导的测量方面，由于诚信领导理论重视领导过程中积极情绪和信任等非认知变量的作用，因而在设计具体的测量问卷时，应注意包含这些方面的元素。另外，尽管问卷调查常常被用于领导行为的评定，并且其有效性也为众多研究所证实，但研究者也不应忽视采用其他方法的可能性。就诚信领导的测量而言，库克等人认为，如果最终目的是为了诚信领导者的培训和开发，就有必要采用前测——后测研究设计和不同的测量方法及技巧，以便减少由于前测——培训的交互作用引起的培训效果夸大效应；而诚信领导者被认为能够作出符合道德的决策，因此可以为他们设置大量的道德两难情景，让其作出决策，并测量他们的反应；还可以将内隐联想测验加以适当的改变来测量诚信领导者的某一品质。

此外，由于关系是诚信领导的重要成分之一，因此有必要收集诚信领导者和下属两方面的数据。例如，如果诚信领导被视为下属的一种归因，那么将领导者对自己行为的知觉同下属对领导者行为的知觉区分开来就显得相当重要。在这种情况下，研究者有必要使用同时适用于领导者和下属的平行方法来测量。

4）评价与展望

诚信领导理论对以往领导理论相对忽视的一些方面的强调，为未来的领导学研究和实践提供了新的方向和思路。例如，以往的领导理论一般只关注认知性变量的作用，或者在一个认知框架中强调态度的作用，相对忽视对基本情绪过程的考察和探讨。而诚信领导理论则特别重视自信、积极情绪、信任等非认知性变量和积极心理状态在领导过程中的作用及机制，主张发掘和培养领导者及其下属的积极心理能力。此外，诚信领导理论有关领导者道德方面的探讨对于领导学研究也具有十分重要的意义。早在20世纪80年代末、90年代初，我国领导学研究者凌文轮等人有关CPM的研究即发现，在领导行为评价上，中国与西方的模式是存在差别的，中国模式中增加了"品德"因素；李超平等人近年有关变革型领导的研究也发现，德行垂范是中国的变革型领导所包含的一个独特维度。这种差别被视为中西方文化差异的结果。领导者道德品质的重要性是否具有跨文化的普遍性一直受到质疑。诚信领导理论对领导者道德方面的重视，一方面是西方人在诸如安然破产等事件的冲击下对领导者的道德进行反思的结果；另一方面，也说明领导过程中的道德问题在各种文化背景下都是无法回避的。

当然，诚信领导理论尽管是以大量的实证研究为基础的，但作为一种全新的理论，它仍处于开始阶段，还很不成熟。目前学者们有关诚信领导的特征、维度及测量方法、影响因素和影响效果等方面的论述都还只是探索性的假设，尚有待于实证研究的进一步修正和完善。

首先，研究者需要设计出针对诚信领导的可信、有效的测量工具。如果学者们能通过实证研究将诚信领导与其他的领导概念区分开来，则诚信领导理论就有可能获得进一步的发展；相反，如果这种新量表的项目不能与其他现有领导测量量表（如测量变革型领导行为的 MLQ）的项目区分开来，即意味着诚信领导的概念与其他的领导概念是相同或相似的，因而也就是多余的。另外，对于诚信领导中的有些成分（如自我意识），目前还没有相应的有效测量方法。因此研究者在将它们与诚信领导结合起来进行研究之前，有必要首先开发出测量这些成分的有效方法。

其次，诚信领导与组织结果之间是否受到情景因素和个体差异的影响？这些因素具体包括哪些？埃格尔等人在营利性和非营利性组织中所做的对比研究发现，领导者的价值观与其行为的关系会因组织情景和文化的不同而发生变化；辛普森等人的研究发现，相比较而言，女性倾向于具有更丰富的情绪体验（既包括正性情绪，也包括负性情绪），而男性更容易压制自己的情绪反应；有关变革型领导的研究也发现，变革型领导的有效性要受到情景因素、被领导者因素的影响。可见，在考察诚信领导与组织结果的关系时，对调节变量的研究具有十分重要的意义。

最后，诚信，特别是领导者诚信的概念是否具有跨文化的概括力？这也有待进一步的研究。从以往的领导理论研究看，由于文化的差异，人们对同一种领导特质或行为具有不同的理解和评价。诚信领导也不应例外，在不同的社会文化背景下，诚信可能具有不同的内涵和表现方式，其受重视的程度也可能存在一定的差异。因此，诚信领导的跨文化比较也是一项值得深入探讨的课题。

13.1.2　跨文化领导

1）跨文化领导的兴起

跨文化领导是在经济交流和市场扩展的过程中逐渐产生出来的一种独特的领导现象。在跨文化领导产生之前，我们关注的是某单一文化体系中的领导现象，例如西方社会中以工作为导向的领导文化是存在于个人主义和结构主义这一传统之中的，而东方社会中以关系或人员为导向的领导文化是存在于集体主义这一传统之中的。所以，我们以往在关注领导活动时，总是局限于某一特定的文化体系之内，对领导方式和领导方法的研究都具有特定的文化含义。例如，美国学者在研究领导现象时，就比较注重美国文化中的个人主义传统与自我意识，而亚洲学者则比较注重领导活动中的集体主义特性，领导活动被深深地打上了某一特定文化体系的烙印。但是跨文化领导的崛起，却使领导活动必须在多种文化体系的交融中才能得到完整的理解。当不同的文化在一个跨国组织中相遇的时候，文化之间的碰撞与交融则是不可避免的。在单一文化体系中非常有效的领导方式和领导方法，有可能在多元文化的碰撞中丧失其原来的有效性。因此，对于那些想要在多元文化共存的格局中取得成功的领导者来说，学习不同文化背景下的价值观差异以及了解跨文化领导的独特性就显得非常重要。

2）跨文化领导定义

对于跨文化领导这一全新的概念有两种理解。一种是从组织的角度来理解跨文化领导，即跨文化领导就是领导者在由不同国籍、不同价值观念和不同文化背景的员工构成的组织中所实施的一种统领和协调的行为。从这个角度来说，跨文化领导是存在于跨国企业和跨国组织之中的。另外一种理解是从文化交流和文化变迁的角度，把跨文化领导视为适应全球化浪潮和服务世界性文化浪潮的一种新型领导活动。从这个角度来说，跨文化领导乃是考验领导者驾驭和适应文化挑战能力的一种独特现象。前一种理解对中国正在兴起的跨国企业具有重要的参考价值，后一种理解则对中国各级政府的领导干部来说意义非同一般。

3）文化价值差异的五个维度

不同的国家或组织存在不同的文化氛围与价值观，文化之间的差异使得不同文化背景下员工的行为方式存在差别。跨文化领导的成功实践与对文化差异的理解是分不开的，而有效理解其他文化的方法就是理解当地的社会价值体系。吉尔特·霍夫施塔特（Geert Hofstede）的价值维度理论从五个方面描述了文化价值差异。

（1）权力差距，即一个组织中权力集中的程度和人们对权力差距的接受程度。高度的权力差距是指在机构、组织和个人之间，人们接受权力的不平等；较低的权力差距是指人们要求权力平等。

（2）不确定性规避，是指人们对待风险的态度和接受风险的程度。高不确定性规避社会下，人们规避未知风险，支持确定性的主张和行为；低不确定性规避社会下，人们能够接受未知事物，可以容忍不确定性和风险。

（3）个人主义与集体主义，是在不同文化背景下产生的一种心理状态。持个人主义价值观的员工首先将自己视为个体，重视个人自身的利益和价值；持集体主义价值观的员工倾向于紧密结合的组织结构，一般更关注组织利益或群体利益。

（4）男性化与女性化。这一价值维度被霍夫施塔特用来区分两种追求：男性化反映的是对成就、工作中心化以及物质的追求；女性化反映的是对合作、群策群力及与人发生社会关系的追求。

（5）长期导向和短期导向，是指社会对生活和工作的长期导向或短期导向。长期导向文化背景下的人们着眼于长期利益，从而拥有节俭的生活习惯和坚定的生活信念；短期导向文化背景下的人们关注当前生活的质量和价值，优先选择即时满足。

社会价值观的不同会影响领导风格、工作关系和组织运作，跨文化领导必须学会处理不同价值观、准则和制度下的员工问题，从而提高员工满意度和组织绩效。

4）跨文化领导的独特性

跨文化领导是一种追求知识的活动。由于跨文化领导是在具有差异性的文化交流过程中形成的，对各种价值观念、风俗习惯、制度惯性的了解，就成为对跨文化领导者的特有要求。显然，跨文化领导与原来的单一文化体系中的领导相比，对领导者知识素质的要求是较高的。因此，有人认为，这是一个孕育"追求知识的领导"的时代。今天，任何一位领导者都必须养成提高个人智能的习惯，并要有能力吸收、解释与分析各种对制定战略决策有用的相关信息。但是，这些信息资源与知识显然是不同的。因为信息存在于各种零散的事件中，而知识则与领导者的归纳能力和见识直接相关，它能帮助我们从各种零散的信息碎片中找出相互关联的东西，并通过归纳与整理形成自己的见识与判断。拥有丰富的知识资源，可以帮助领导者增强辨别各种信息的价值及其相关性的能力。这对处于信息爆炸的全球化时代的领导者来说，显然是必不可少的。如果说知识资源对传统的领导者来说是一种补充性力量的话，那么在全球化时代，知识资源就有可能成为跨文化领导者的必要条件。

跨文化领导是一种在强化自我意识和尊重差异之间求取平衡的活动。对于跨文化领导者来说，强化自我意识比在传统的单一文化体系中显得更为重要。特别是对于那些高层领导者来说，在多种文化相互碰撞的过程中，通过自我意识的强化，把有效的领导理念和科学的决策贯彻到整个组织之中，显得尤为重要。但是，自我意识的强化并不等于消灭文化的差异，它恰恰是在尊重差异的基础上形成的，因为尊重差异是跨文化领导不同于传统领导的重要特性。约翰·阿历克山大和米纳·S.威尔逊就提出，为了能在全球化环境中卓有成效，跨文化领导者必须能够认识到不同人员和环境的重大差异。这当然不仅仅是指对语言、传统、文化等因素的认知，更是指能够从截然不同的观点中找到补充和发现综合的能力、允许百家争鸣和各抒己见的能力。尊重差异性、强化包容性就成为跨文化领导的特色，在强化自我意识和尊重差异之间求取一种平衡，就成为跨文化领导应对时代挑战的必由之路。对中国的领导者来说，这一差异正呈现在他们面前，如何将这一差异转化为强化领导能力的资本，显然是一种极大的挑战，因为其最终目的是在驾驭环境和适应环境之间求取平衡，并能保证领导绩效的最大化。

跨文化领导是一种要求高反馈的活动。在单一文化体系下，人们由来已久的价值观念可以降低领导者在推行决策过程中的成本。因此，传统的领导活动相对于跨文化领导来说，对反馈的需求程度显然是不高的。但是，在多种文化碰撞与交流中形成的跨文化领导，则具有天然的高反馈要求。因为人们往往会按照不同的逻辑和不同的价值观念，对跨文化领导者的决策及其领导方式进行评判。这样，要提高领导绩效，跨文化领导者就必须能够在及时、畅通的反馈中获取各种信息，以便及时调整自己的行为。日本人注重集体价值观的传统就促使美国管理人员及时改变了自己激励员工的方式，而这一改变显然来自及时的反馈。因为日本的工厂几乎从来不采用对个人施行物质刺激的方法，以个人为基础的合理化建议制度也行不通。一家美国公司在日本开的工厂曾提出了个人建议制度，但在6个月内没有一个工人提出任何建议。经理问工人为什么，工人回答说："没有人能够提出改进工作的方法。我们在一起工作，其中某一个人提出的任何一种方法实际上也是由于观察别人并同别人交换意见的结果。如把建议归功于某一个人，那会使我们所有的人都感到难为情的。"于是，该公司将合理化建议制度改为集体建议制度，奖金发给小组，取得了良好的效果。可见，跨文化领导对反馈的需求显然高于传统的单一文化体系中的领导。

5）跨文化领导者应具备的能力

（1）自我意识的提升。对一个人的优缺点进行全面了解，他的优缺点如何影响他人，他人如何感知他的优缺点，作为跨国领导者都应该有所了解。只有当他们首先成功完成自我转变时，他们才能实现组织的转变。

（2）欢迎反馈的习惯。通过鼓励别人，包括老板、同事和下属提出坦诚而有建设性的反馈，跨国领导者就能培养个人改变和自我行动的基础。这种反馈可以通过多种反馈工具获得。

（3）保持求知欲。跨国管理者对新知识的接受能力以及改变观点和行动的意愿非常关键，求知的激情还联系着创新力，以及形成新观点的能力。

（4）工作和生活的结合。有效的领导者都将工作与生活的平衡作为自己的一个优势，领导者要在工作中挖掘自己的潜力，实现自己的价值观，而将生活的舒适感融入工作是一个好的方式。

（5）尊重不同的文化和观点。为了能够在全球化的环境中保持有效性，跨文化领导者必须对有显著不同的人和环境有意识和保持敏感。这不仅有利于与不同文化员工的沟通，而且由此形成的观点在商业、政治中也同样需要。

显而易见，著名管理学家德鲁克对领导下的经典定义"通过他人的作用实现目标的特殊活动"，在文化交流和文化汇聚的时代，已经被注入了崭新的内容，即领导活动不再受制于单一文化体系和单一价值观念的束缚，跨文化领导使领导活动在更为广阔的空间焕发了史无前例的生命力。

链接 13-1

一个领导者在多元化文化背景下管理员工，如果无法理解和尊重员工的习惯，那么领导与员工之间很可能形成沟通障碍。弗朗兹·科尔是一位德国高级管理人员，被调到叙利亚管理一家制造厂。在上班的第一个星期中，科尔注意到他的雇员每天上午都在上班后的 10～20 分钟聚会喝茶，使得许多人在 8 点过后很久才来。科尔在公告栏上贴出通告要求雇员准时上班，否则工资将被扣减。科尔的行为引起了员工的不满。科尔注意到员工们不像以往那么努力工作了。科尔没有认识到阿拉伯人在每个班次开始时普遍搞社交聚会。由于强迫他们取消早上的茶话会，科尔失去了员工的尊重。

13.1.3　第五级领导

1）第五级领导的出现

当詹姆·柯林斯提出"第五级领导"这一概念时，大多数人都觉得它不仅与现有的领导理论相矛盾，而且与传统的领导智慧和领导文化相冲突。但冷静想一想，它确实与现实的领导活动的实践相一致。因此，第五级领导不是一种理论上的创造发明，而是一种领导经验的发现，是对领导实践的概括和提升。

为了弄清楚什么是第五级领导，我们先了解一下前四级领导的含义是什么，并进一步发现五级领导之间的内在联系和区别，从而把握未来领导发展的方向。

（1）"第一级领导"的出现。"第一级领导"是潜在的领导。领导者只是通过个人的知识、才能、技能和良好的工作作风来影响组织群体中的其他成员。第一级领导者作出的贡献明显地大于其他被领导者，但这种贡献往往只是工作方面的而不是管理方面的，更不是领导方面的。第一级领导者的贡献往往只是个人的而不是团队的，更不是整个组织的。第一级领导者的贡献往往是不自觉的，他没有明确地意识到自己作为领导者的角色，没有主动地去发挥领导的作用。严格地说，第一级领导者只是组织中优秀的个体、优秀的成员，只是在组织成员中脱颖而出，只是组织中潜在的领导者。

（2）"第二级领导"的出现。第二级领导从第一级领导发展而来。第二级领导者致力于实现团队的目标，配合团队其他成员一起开展工作，追求团队的绩效而不是个人的绩效。这是一个质的飞跃。如前所述，第一级领导者只是优秀的个体，他与团队的关系并不大。第二级领导者却是优秀的起积极作用的团队成员，他与团队的关系十分密切。

（3）"第三级领导"的出现。第三级领导才是真正意义上的领导者。第三级领导者有着明确的领导意识，他组织其他成员，利用各种资源，朝着既定的组织目标前进。第三级领导者追求高效率。他有着明确的目标，有很强的意志力，有很强的控制力，为了达到组织目标，第三级领导者通常会较多地运用手中的权力，运用法定的硬权力来控制被领导者。

（4）"第四级领导"的出现。从第三级领导到第四级领导又是一个跨越。第三级领导善于组织，善于运用硬权力，而第四级领导则善于激励，善于运用软权力。这一跨越具有划时代的意义：因为第三级领导依赖硬权力，是20世纪的传统的领导方式，它处处追求高效率，应该属于工业化初期的领导范式；而第四级领导善于激励，善于运用软权力，是以人为中心的现代领导。

第四级领导者有着明晰而又有感召力的组织目标。这个目标不仅是领导者的，还是被领导者的，是组织全体成员的共同愿景。共同愿景本身就有激励和凝聚作用，它能够鼓舞全体成员努力奋斗，达到目标。

第四级领导者特别看重激励在整个领导活动中的积极作用。他运用各种手段、各种资源激发组织成员的激情和潜能，让他们发挥自己的作用，作出积极贡献。第四级领导者不仅激励组织成员，更重要的是下工夫激励团队、激励整个组织的士气和能力。

（5）"第五级领导"的出现。第五级领导者并非一定要从第一级领导者一步一步发展而来，但需要特别指出的是，第五级领导者必须具有其他四级领导者所拥有的核心能力。换言之，第五级领导者要像第一级领导者那样是一位优秀的员工，有很强的业务能力和良好的工作习惯；应该像第二级领导者那样是一位起积极作用的团队成员，有很强的团队精神和协作精神；应该像第三级领导者那样是一位出色的组织者和管理者；应该像第四级领导者那样是一位有效的激励者，是一位有感召力和凝聚力的领导者。

第五级领导者有着极为鲜明的特征：他既有很强的意志力，又有明显的谦虚性；既很固执，又很平和，形成了一种貌似矛盾的双重个性。第五级领导者追求的不是暂时的效率、近期的业绩，而是追求持久的发展，追求长远的目标。第五级领导者追求的不是一般的成功，而是追求卓越，追求超常规、超水平的发挥。

第五级领导者对专业、对本职工作、对组织目标特别专注，有着必胜的信念，有着钢铁般的意志力。很显然，这种意志力会产生强大的影响力，影响组织中其他成员坚韧地去追求目标。

2）第五级领导的特点

（1）突出的谦虚性

第五级领导者显著的特点是其突出的谦虚态度。在领导某一活动取得成功后，在激励下属时，第五级领导者常常把功劳归于他人，归功于下属，甚至归因于外部的偶然因素和好运气。而一般的领导者受传统观念的影响，受流行的官场风气的影响，通常都是把功劳归于自己的领导，归于自己的高超能力。在领导活动失败时，这些传统的领导者通常又会把责任推卸给下属，或者把失败原因归属给外部的偶然因素和坏的运气。与此相反，第五级领导者在遇到领导活动失败时，总是把原因归于自己，归于内部因素，从而针对失败的原因进行反思，克服困难，反败为胜。

领导者的高谦虚性可以用"窗子"和"镜子"来进行比喻。第五级领导者在分享成就和论功行赏时总是朝窗子的外面看，寻找外面的人员，寻找外面的因素。他认为自己也许是无关紧要的，成绩的取得离不开组织内部所有成员的努力，离不开骨干分子的特别贡献，当然也离不开他人的协作帮助，离不开领导环境的有利作用，离不开方方面面的条件。从窗子往外看，对领导活动的成败得失看得客观全面，对组织成员的作用才看得恰如其分，领导者的眼光才远大，胸怀才开阔。

第五级领导者在看成绩时往窗子外面看，但追究责任、反思错误时则总是往镜子里面看，从自身查找原因。他通常不会把失败归因于外部环境和因素，归因于偶然的坏运气，更不会轻易地把责任推给下属，推给别人。只有往镜子里面看才能看到自己能力的不足，看到自己的失误，看到内部存在的问题，从而及时加以改进。

往窗子外面看成就，往镜子里面看责任，这是一种极为优秀的品质，是一种极为高超的领导艺术。借助领导归因理论进行分析，第五级领导者这样做，是意识到了被领导者在整个领导活动中的重要作用，意识到了领导环境在整个领导活动中的重要作用。谦虚的领导者一定有崇高的威望，一定有很强的亲和力，一定能够赢得被领导者发自内心的尊重和认同感。

（2）超优的绩效

第五级领导者事业心极强，他们决心把组织的绩效从良好推向优异，追求卓越，追求超优的结果，追求长期的结果。这是第五级领导的又一突出特征。一切领导理论都是研究如何提高领导绩效的，而一切现实的领导活动更是千方百计地在提高领导绩效方面下工夫、想办法。第五级领导者在追求领导绩效方面通常用"超优决策"取代"最优决策"，所以他们比起一般的领导者所能够取得的成就也就更大。

（3）超强的意志力

超强的意志力是第五级领导者的第三个突出特征。第五级领导者总是不怕任何挫折和任何困难，为了追求超优的目标和绩效，他会尽自己最大的努力，超常地发挥自己的水平，表现出永不动摇的决心、坚毅与果敢，及时地行动，持久地忍耐，一直坚持到最后的胜利。第五级领导者不能容忍平庸，他常常会积聚能量，寻求突破。

第五级领导者就像一只巨大而又沉重的飞轮，它坚持不懈地朝着一个既定的方向运行。一开始，最初的推动力只能让轮子转一圈；后来，在持续的努力下，轮子转了两圈、三圈；再坚持，转了七圈、八圈。于是，轮子的势能越来越大，大到一定程度，轮子达到了突破点，这时候轮子的势能就开始发挥作用，它转得越来越快，谁也无法阻止它。

　　一个组织、一个部门要追求优异绩效，就必须不断地下工夫，就必须持续努力。如果断断续续、走走停停，那么永远也达不到超优的目标。为了做到这一点，仅有领导者的超强意志力是不够的，还必须有被领导者和全体组织成员的超强意志力。领导者的超强意志力肯定能够产生超强的影响力，激发出被领导者超强的意志力。因此，领导者要建立超高的目标、超高的标准，用超强的意志去激励全体员工。遇到困难时任何人都不能打退堂鼓，一旦制定好了标准和规则，任何人都不能打折扣。只要破釜沉舟，众志成城，就可以取得骄人的业绩。

　　（4）较强的前瞻性

　　第五级领导者还有一个容易被人忽略的特征，那就是他始终如一的前瞻性。第五级领导者为了追求长远的绩效，着眼于未来的发展，着眼于组织的发展，而不只是关心眼前，关心个人的利益。由于第五级领导者立足于组织的未来，他通常都会注意培养优秀的领导者，并在适当的时候让权于新的领导者。

链接 13-2

华为技术有限公司的老板任正非是个非常低调但意志坚强的人，尽管华为的技术和管理已经非常完善，但任正非仍然坚持自我批判，用脚踏实地的拼搏去追求组织更长远的发展。他在《任正非谈管理》中提到：三代人之内，华为不说要进世界 500 强。这三代，不是指华为的三代领导人，而是华为垮了再起来、再垮、再起来的三代。当台风来的时候，什么措施最保险？不是站得高、挺得直，而是趴下、尽量低一些，再低一些，才能不被吹倒。我们不知道什么时候会来大风，所以，我们一直要尽量低一些。

　　第五级领导者突出的谦虚态度和超强的意志力的结合，形成了一种闪亮的领导特质。成熟的第五级领导者，应该具备五个等级的领导能力，但这五个等级的领导能力并不是循序渐进从一级爬到五级的；换言之，当领导者认为某级能力有所不足时，是随时可以补足的。当组织需要变革或遭遇危机，需要转型时，就需要第五级领导者，他可以发挥其领导能力，带领员工渡过难关或转型成功。

13.1.4　领导生态学

　　领导生态学是继领导特质理论、领导行为理论之后产生的新兴的领导学研究领域。该理论运用生态学的理论与方法，对领导活动进行研究，突显领导环境这一变量，而系统论为领导生态学提供了重要的概念和理论基础。

　　在系统论看来，系统是一个由许多相互关联的部分组成的用以实现特定功能的整体。任何一个组织都是一个系统，其各部分之间相互关联，并共同组成一个系统来实现组织目标。领导生态学是研究领导活动与其环境之间的关系的理论。任何领导活动都是在一定的环境中进行的，领导的有效性程度不仅取决于领导者自身的行为取向，还取决于他所依存的社会环境。因此，领导活动中领导者、被领导者及其所依赖的环境就构成了领导生态系统（如图 13-1 所示）。在这个系统中三者相互依存、相互作用、相互影响。

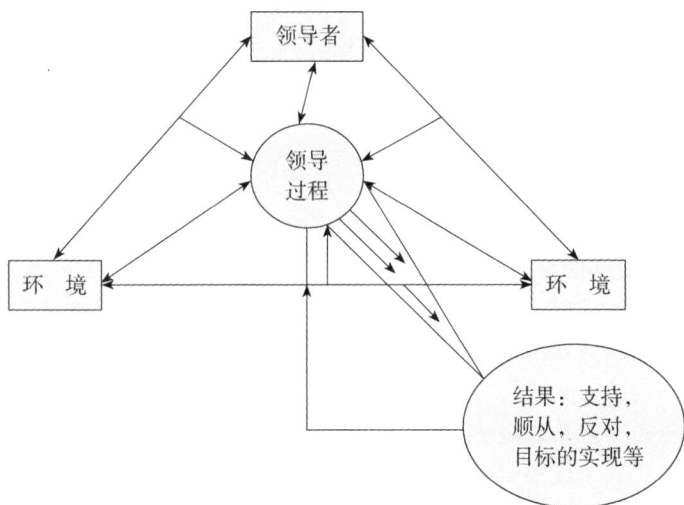

图13-1　领导生态系统

把一个组织中的领导活动置于一定的社会环境中进行考察，是推动领导学向前发展的重要一步，它不仅深化了我们对领导活动的社会属性和文化属性的认识，而且也为我们对领导活动的跨文化研究提供了基础。

领导生态学的产生、存在具有合理性、现实性的意义，为领导理论界和领导实践带来了巨大的价值。

13.1.5　女性与领导

传统观念里，男性在领导层中占绝对优势，女性在领导层中的数量很少。有关领导者的评论认为，领导者是拥有特殊品质的男性。随着女权运动的蓬勃发展和女性进入工作岗位数量的激增，社会上的观念发生改变，女性在工作中逐渐扮演着更为重要的角色。

1）女性领导风格

女性领导者在职业发展过程中，倾向于鼓励参与、分享权力和信息，朱迪思·罗斯纳（Judith Rosener）称这种领导方式为互动式领导。这是一种新的领导方法，这种方法建立在强化他人自我价值感之上，并相信当人们感到兴奋且自我感觉良好时，会有最佳的工作绩效。女性的社会角色期望强调她们富于合作精神，乐于支持他人，善解人意、温和，并以服务为导向。在工作中，她们的工作角色缺乏对他人的正式权威，她们通过给予员工更多的激励，更着重个性化考虑，并通过给予更多的智力激励的方式取得组织的认同。在发展迅速而又有灵活性的学习型组织中，女性领导被认为具有更为理想的影响力。

2）女性领导与男性领导的联系与区别

在有关性别与领导的研究中，女性与男性领导存在较多的相似性，女性与男性同样是分析性思考、以人为本、强有力、目标导向、为他人着想和善于倾听。原因主要包括两个方面：个人对职业的选择和组织选拔。选择管理职业的人都具备聪明、灵活、社交能力等领导特质，而组织选拔领导者时也倾向于选拔具有这方面特质的人才。

朱迪思·罗斯纳的调查研究发现，男性与女性对其领导经验的描述存在差异，男性处理与下属关系时偏向于使用命令的方式，主要通过组织地位和权威来影响他人。女性往往通过协助下属形成对更高目标的归属感，努力提高下属的自我价值等获得员工认可，更多的是用领袖魅力和人际技能来影响他人。

3）女性领导面临的障碍

传统的女性很大程度上受限于家庭责任和义务，而且领导者的很多特质都倾向于阳刚的特性，并且领导者的工作性质在很大程度上体现出男性化任务，因此女性在求职或晋升过程中仍然面临着观念上的障碍。

（1）玻璃天花板现象。现实生活中，存在这么一种无形但强有力的壁垒，使得女性在职业生涯中达到一定程度后，就很难升至高层，她们抬头能看到天花板，但主流的态度却已是无形的障碍，阻挡了她们的晋升，这一事实使得极大部分女性依旧聚集在组织等级制的最底层。这些壁垒大致可以分为以下几类：团队组织壁垒、人际壁垒、自身壁垒。

团队组织壁垒主要有以下几个方面：在和男性受同等教育、能力相等的情况下对女性表现和影响力的要求更高；同性化因素使得男性CEO们更愿意与同性或观点相似的人工作，也更加倾向于提拔与自己背景相似的人；组织分配给女性的任务缺乏挑战性，使得女性获得晋升的机会减少。

人际壁垒是指最初因工作关系而产生的障碍。团队组织中的歧视有很多种，往往是潜意识的，对女性领导的不信任要求女性必须在新环境中一次又一次地证明自己。

自身壁垒是指女性个人生活方面或不被察觉的障碍。平衡家庭和工作是女性领导的主旋律，家庭带给男性的是支持，带给女性的是付出。

（2）玻璃悬崖。当组织绩效处于下降趋势时，高管职位的女性候选人比男性候选人更有可能被选中，反映在失败的风险增加时，人们更愿意把女性放在高风险职位上，也可能表明，在无力回天时，组织更愿意试试运气。

（3）撤离潮流。很多女性选择了在看到天花板之前离开。关于撤离原因众说纷纭：一种说法是，越来越多受到高等教育的女性认为在职场上的成功是以牺牲家庭、健康、生活为代价的，这种做法并不明智；另一种说法是，即使女性以牺牲生活为代价，仍不能得到晋升的机会。此外，相关调查发现，女性离职的原因在于态度上的偏见和高度男性导向的企业文化。

4）促进女性领导发展

虽然女性在晋升的道路上存在诸多障碍，但仍有很多成功的女性领导，促进女性领导的发展需要清除晋升道路上的障碍。

促进女性领导发展的团队组织模式通常包括：为男性领导和女性领导提供同等的发展机会和关系；建立多样的任务机制以实行促进男女平等的长期计划；制定明确的管理人员绩效标准，然后对所有管理实行统一标准。

促进女性领导发展的人际模式既强调了突出的能力，又强调了有效人际关系的重要性。女性领导要宽以待人，顾全大局；建立一种让男性领导觉得舒服的行为方式；同上司、同事、下属以及行业以外的人士建立联盟与合作关系。

促进女性领导发展的个人模式建议女性依靠自身实力，以轻松乐观的态度对待反对意见；给他人灌输一种观念，即你的成功能够帮助他们实现个人目标；尽量平衡生活，可能要排出优先顺序或雇用他人提供服务。

13.2　未来的领导者

13.2.1　领导能力

未来更加纷繁复杂的局面，全新的变革与未知的挑战，对领导者提出了更高的要求，因此领导者需要具备以下六大能力：

1）整合性思考能力

未来的领导必须是整合型的领导。

领导力专家甘尼认为有两位企业家是典型的整合型领导者：其一是 IBM 前执行官葛斯纳，他能汇集所有部门、想法、感觉的力量，去实现一个更丰富、更有效的成果；其二是美国西南航空的创办人凯勒，他身为领导人，在他身上同时整合了多种角色，包括员工的教练、聆听的董事、新商业概念的挑战者和创造者、负责执行与评估的营运经理，以及眺望企业远景的人。

换句话说，整合型领导者就是能够广且深地检视组织内的各种人事物，然后灵活地整合组织资源，明快地整合传统与创新，适应新的动态商业模式，再以协调合作的方式解决问题。领导者要耳聪目明、面面俱到不容易，其中最重要的学习，就是学习倾听，能主动在别人的言谈中搜寻多种观点。

未来的领导者要培养自己冷静的气质与开放的心胸，以接纳各种批评，懂得培育组织内的多种观点，并自觉地将这些观点应用到多项技能上，以建立组织的新方向、新的解决方案。能够倾听，才能够进一步衡量众多的选项与可能性，并为不同的领域、部门、利害关系人搭起沟通协调的桥梁。

2）人类学家的文化洞察力

未来的领导者要像人类学家，不带成见地思考文化环境。

许多领导者在推动改变时失败出局，原因之一是常忘了领导者最独特的工作是要解决文化问题。过去大家对于领导的思考太偏重心理学取向，过分关心领导者个人，而忽略了领导者所处的文化与环境，尤其在全球一体化与区域经济整合的洪流中，忽略了文化隔阂可能会衍生出重大的问题。

要真正了解文化的影响，领导者应该向人类学家看齐，也就是在不同的组织、文化面前都以谦卑的心态，知道世上的文化没有优劣之分，只有融入与否的差别。

领导者学习人类学家的思考，首先得主动、不带色彩、深刻地认识自己所处的文化环境，也就是有意识地察觉不同国家与公司间的差异。无论领导者未来是否要改变既有的文化，都得先了解这个赋予你现在地位的文化是什么。例如，采用新兴技术的年轻企业的文化，就和身处成熟市场的老牌企业大不相同，只是特质不同，没有优劣之分。

如果领导者不了解文化的力量，只是一味地说"我要建立一个服务的文化"或"我们要将文化变成更加团队导向的文化"，企图移风易俗，只会撞得满头包。

3) 家庭治疗师的沟通力

未来的领导者要像家庭治疗师，用沟通带动改变。

身处由知识工作者所组成的企业，未来的领导者必须以正确的沟通使组织健康而有效地运转。最有效的学习对象就是用沟通创造改变的家庭治疗师。

过去大家重视沟通的技巧，忽略了沟通发生的网络。夏恩指出，人类系统是一种"角色网络"，领导者应尝试影响角色，而不是影响人。只要角色改变，自然会促成个人的自发性改变，就能从沟通创造改变的过程，将组织的方向转往自己的战略目标。

这样由改变角色创造出的网络改变，才能带动整个系统的健康。例如奇异公司并购了一家意大利企业，虽然两者文化差异很大，但合并后的运作却很有效率。个中奥妙在于，奇异公司并不直接处理与子公司工程部门的沟通问题，而是透过整合对方的会计系统，以及实行六个标准差的品质管理标准，来间接影响潜藏沟通障碍的部门。

4) 像艺术家一样的直觉

未来的领导者要有像艺术家一样的直觉能力。

面对变化愈来愈快、愈来愈复杂的挑战，领导者必须有真知灼见，不仅要知道什么正在发生，还要知道应该发生什么，并且必须进一步将自己的洞见传达给他人，影响他人接受。这靠的不是预测、说服，而是像艺术家一样，了解共通性、想象远景。

艺术家很重要的能力，是善于将普遍而共通的人类问题展现为可见可闻的典型作品。就如同画家面对画布一般，在还没下笔前，就预见了画布上的景物布局。领导者要培养像艺术家一样的直觉并不容易，其中最难之处就在于保持随时学习和反省的开放心灵。美国陆军的"行动后检讨"模式很值得学习，就是要求每个参与行动的官兵在事后讨论行动中的优缺点，以作为下次行动的借鉴。

此外，丰富的经验才是艺术家直觉的沃土，艺术家总是让自己体验各式各样的事物和刺激，未来领导者要培养直觉，也就应该多读、多看、多听、多走与多玩。

5) 正向价值观

未来领导者要具有正向的价值观。

现在许多企业都承受市场的压力，尤其是上市企业。哈佛大学教授葛纳指出，这对企业发展是很不健康的，让很多领导者汲汲于募资，有时筹钱的压力甚至会导致领导者实行不老实的"权宜之计"，是企业的警讯。

领导是长期的工作。虽然领导需要出色的技术与专业能力，否则即使全力以赴，也是成绩平平。但是完全考虑专业、绩效，而缺乏道德意识，组织终将缺乏投入感，处处碰壁，无以为继。

领导还是要回归本质，以身作则尤其重要。例如美体小铺创办人罗迪克就时时提醒自己必须当年轻人的榜样。罗迪克说："我眼中的领袖不是高坐象牙塔发表公告就行了,他同时得是道德楷模。他必须做一些事,让他手下的年轻员工赞叹:'天啊!他竟然愿意这么做,我又学到了一课!'。"

6)倾听内在的召唤

未来领导者能够从内心的召唤找到真正的力量。

让领导者对抗种种压力、挑战的重要力量,其实经常不是外求的知识或能力,而是内在的召唤。领导力的终极境界就是"自我领导",即驾驭自己内在的智慧与勇气,去服务别人,也唯有如此,才能克服权力腐化的倾向。

职场专家莱德指出:"生命并不是有待解决的问题,而是有待响应的召唤。"只是很多领导者对于心中的呼唤充耳不闻,以为爬到了人生的巅峰,忽略一些以前觉得很蠢但现在却格外有意义的问题:我现在在做什么?我这么做的意义是什么?如何让我的所作所为更有意义?这都是有待回应的召唤。领导者如果时时自忖这样的问题,不但会发现生命追求的意义,也会更加肯定终身职志的价值。

莱德也表示,懂得倾听内心召唤的领导者有三项共同特质:服务、热情、胜任。"服务"精神让领袖像仆人般诚恳地服务员工、客户、民众和自己;"热情"是杰出领袖乐在工作的必然结果;"胜任"则让领导者的角色和行动配合无间。

优秀的未来领导者能聆听自己心中的召唤,甚至还能进一步让员工聆听他们心中的召唤,让每个人都能有自己的召唤开发天赋的潜能。当员工都能结合自己的天赋、热情、需要与良心,则他们内在的声音就会响起,他们会体验到自己对组织的独特性与重要性,从而乐于为组织发挥潜力,最终造就一个伟大的企业。

管理大师杜拉克曾说,优秀的领导人除了满足所有利害关系人(客户、股东、公众)的基本需求之外,还必须展现高度的道德,并且厚植自我与他人的力量,这段话也就是未来领导者的缩影。未来的领导者必然是聆听者、服务者、激励者。整合与激发组织成员的知识力量,能够为企业与社会创造更大的价值,才会是真正的未来领导者。

13.2.2 新角色

1)领导者是戏剧人

不论是公共管理还是企业管理都需要使用象征艺术,都需要象征行为。首先我们先通过事例说明一下什么是领导中的象征行为。

链接 13-3

韦尔奇的象征行为

通用电气公司前总裁杰克·韦尔奇在当部门经理时就在自己的办公室装了一部专用电话,电话号码只告诉他那个部门的购货代理人。当卖方作出让步时,代理人就会给韦尔奇打电话,这时韦尔奇不管是和重要人物谈话还是在谈几百万上千万的生意,他都会停下手头的工作来接电话,并说:"这个消息太好了,你使每吨钢材的价格减少了几美元。"然后他会立即坐下来给购货代理人写一封简短但真诚的感谢信。

象征艺术就是采用一些象征行为,让下属、别人感到领导重视什么,倾向什么,想做什么;感觉到领导者最不能容忍什么,最不希望发生什么,从而上下沟通,形成良好的组织文化，塑造良好的领导形象。

上例中韦尔奇的电话还有感谢信都是象征，象征的并不是对节省几美元的重视，而是对购货代理人的重视，对购货代理人劳动的重视，对代理人心向公司行为的重视。购货代理人正确地理解韦尔奇的心意，就会更卖力地为公司工作，就会处处为公司着想，当然也就会为公司作出更大的贡献。购货代理人正确理解韦尔奇电话、感谢信的象征意义后感觉到了自己的作用、价值，感觉到不仅韦尔奇了不起，是个榜样，同时也感觉到自己了不起，是个英雄。成功的领导者不是调动自己的激情和潜能，而是调动被领导者的激情和潜能；不能只要自己的积极性，而是更要被领导者的、别人的积极性。

在 20 世纪人们眼中的领导者像是警察、裁判员、毫无情感的分析家、监工等。之所以这样，是因为传统的领导者不懂得象征艺术的作用。现在，使用象征艺术的领导者，更像是拉拉队队长、深入现场的热心人、人才的发现者和培育者、各项工作的促进者等。再说得形象一些，未来的领导者应是一个戏剧人，把领导工作当成"影剧业"，善于扮演合适的角色，善于运用象征行为，于是领导工作有了灵魂，并能井然有序地开展起来。

2）领导者是良师

领导者在组织中要扮演良师的角色，所谓好的领导者即是好的老师。老师的功能及要务，就如韩愈的《师说》中提到的："师者，所以传道授业解惑也。"将其运用在企业领导者身上亦是如此。

（1）传道。领导者在企业内必须不间断地将他自身的核心价值、组织内的行为准则通过宣扬手段让下属认同，进而形成共有的核心价值。

（2）授业。要有孔子的因材施教胸襟，在授业或工作教导时要具备多元的教学手法，如演讲、会谈、说故事、个案研讨、角色扮演等，来提升员工的专业技能及管理能力，运用活泼化的教学手法来激发参与人员的学习动力，确保教学或教导有效。

（3）解惑。领导者除了要为组织找到共同愿景，来指导企业的发展之外，更要让企业内的每一个人都有清楚的个人工作目标及认知在企业工作的意义，让其在企业内可以获得自我的实现，让每个人在职业生涯的道路上有清楚的方向，即便在困惑的时候，也有抉择的准则。

3）领导者是教练

好的领导者如同一名好的教练，能让团队有清楚的目标与使命，帮助员工把握正确的方向，掌握必备的能力和技巧，能整合团队的力量，使企业因团队成员的共同努力，达成有效经营的目标。

（1）使命。好的领导者必须为企业找到共同的愿景，正如球队的教练，要给队员努力冲刺的目标。

（2）团队。首先能知人善任，好的领导者要整合团队成员的能力，懂得如何择人、识人、用人之长来提升团队的绩效。其次要整合团队，要能为团队制定好的规范与纪律，严格执行法律规章，使团队在制度内能运作自如。

（3）启能。在实际工作中，优秀的领导者总是身体力行，为员工作出良好的表率；同时，他们还毫无保留地向下属和员工传授思想、方法和技巧。领导者有培养下级的责任，每个员工各有不同，领导者需要激发每个人的才能和潜力，使每个人都能充分发挥个人力量而激发组织的动能。作为一个团队的领导者，你千万不要忘记，你的下属70%的教育应来自于你的努力。

链接13-4

　　谈及领导，狼的团队精神是当今业内备受关注的话题。在狼群中，最有能力的头狼将被推举为狼王，狼王会在制订计划时考虑到每一只狼，对它的命令，狼群中每一只狼都必须无条件执行。狼群在围猎时，有严格的战术和作战纪律。每头狼都有自己的任务，任何狼都不能擅离职守。有些狼要做先锋，去骚扰猎物；跑得快的狼去围追或者到前面堵截；强壮的狼去猎杀强壮的猎物；弱小的狼去猎杀相对弱小的猎物。攻击目标既定，群狼起而攻之，头狼号令之前，群狼各就其位，各司其职，嚎声起伏而互为呼应，默契配合，有序而不乱。头狼昂首一呼，则主攻者奋勇向前，佯攻者避实就虚，助攻者蠢蠢欲动，后备者厉声而嚎以壮其威，正是基于狼王的妥善安排，戒律严格，才能使得每头狼都可以尽其所能，实现捕猎目标。

13.2.3 终极目标——自我领导

　　人们不会接受被动的重新安排，组织不可能做到强迫个人接受权利，领导者不可能使人们去创新或变得更加有魄力，也不可能使人们采取自己不熟悉或不满意的行为。任何人都是自己的主导者。由于种种原因，再加上人本身的局限性，人们很难应付太多的变化，所以真正的变化需要动机和领导者及组织中每个人的自我领导。

1）自我领导的特点

　　传统的领导主要依赖外部控制，完全意识不到组织中每个人都具有自我领导的潜能，因此很容易导致领导者的官僚主义，很容易压抑被领导者的能动性和创造性，最终造成领导效能的低下。

　　现代的领导主要依赖被领导者的自主意识、自觉行动，依赖组织中每个人的自我领导。下面是自我领导的主要特点：

　　（1）自我领导者有自知之明，善于自省和自我观察，自定奋斗目标，并尽可能让自己的奋斗目标与组织目标相一致。

　　（2）自我领导者能自我设计计划，自我指派工作，喜欢自己解决工作中出现的问题，通常能够高质量地完成预定的任务。

　　（3）自我领导者特别善于自我激励。他们往往能够发现并利用工作本身的因素来激励自己，做好本职工作既能满足他的需要，也能激发他的动机。由于他们的事业心都很强，所以他们始终保持着高成就感的动机。

　　（4）自我领导者对自己严格要求，严格约束，会主动承担责任。自律是自我领导者的又一个突出特征。他们往往具备积极的心态，对未来有必胜的信念，对自己的期望值高，从而能增强完成任务的可能性。

　　（5）自我领导者大都具有良好的团队精神，乐于协同，善于沟通。自我领导并不是我行我素，而是自觉地执行组织的战略和任务，自觉地配合组织中其他成员的工作。

2）自我领导的实现

在明确了自我领导这种趋势后，领导者应该怎么做，怎么顺应这一趋势来促进自我领导的实现呢？

其实，在21世纪，领导者这个角色是双重的：一方面要自我领导；另一方面则要给下属的自我领导创造条件，提供环境，以保证下属自我领导的实现。

（1）领导者的示范作用。在自我领导的大趋势下，每一个人都是自我领导者。一方面，领导者是自我领导的典范，处处要给组织成员作出榜样；另一方面，领导者要辅导、组织成员，提示并促使他们尽量运用自我领导。

领导者是一个相对的概念。一个经理在面对董事长时就是被领导者；当他面对职员时，他就是领导者。而想让职员成为自我领导者，经理就要作出榜样。比如，经理要正确理解董事长的领导意图，创造性地开展工作；同时，经理要严格要求自己，在自律方面作出表率。

（2）由依赖转向独立。自我领导最突出的特征就是主体的自主和独立。领导者要帮助被领导者克服依赖心理，尽快地适应环境，相对独立地做决策、面对困难、解决问题，竭尽全力达到目标。

（3）授权是分身之术。要培养组织中的每一个成员成为自我领导者，组织的领导者就必须善于授权：把权力授给现场工作的人，把权力授给有责任的人，授给有能力的人，但在授权的同时也要赋予下属明确的责任。下属既有权力又有责任，有利于下属工作能力的提升，有利于下属责任心的增强，有利于下属独立地工作，有利于下属实现自我领导。

（4）为自我领导提供服务。领导者的主要职责是为自我领导者服务，为自我领导者提供支持，为自我领导者提供条件、提供环境、提供制度安排。当下属实行自我领导遇到各种障碍时，领导者要帮助他们克服困难，要辅导他们进行自我领导。领导者要为下属提供机会、提供舞台、提供规则、提供激励，以便他们大显身手。

在一个制度健全、规则明确的组织里工作，下属就比较容易实现自我领导。在一个领导者提供有良好服务的部门里工作，下属也比较容易实现自我领导。因此，"领导就是服务"，就是为"自我领导者"提供服务。

（5）创建新型的领导文化。自我领导需要人人认同，需要人人参与，所以必须形成一个既崇尚个性独立又有共同愿景的领导文化与组织文化。在这种文化氛围中，人人受到尊重，人人都有愿望、有机会、有可能成为自我领导者。

其实说到底，现代领导是一种文化的领导、心理上的领导。如果在一个组织里，个人的创造性得到激励，个人的独立性得到认同，个人的工作业绩受到奖赏，那么组织中的大多数人都有可能成为自我领导者。如果这个组织有明确的方向感，有强烈的团队精神，大家相互沟通、相互学习，那么组织中的大多数也就更容易成为自我领导者。

（6）自我领导需要不断学习。自我领导的过程是一个不断学习的过程，每一个成员都要在工作实践中学习自我领导。一方面，被领导者要向领导者学习自我领导；另一方面，领导者也要向被领导者学习自我领导，不断调整和完善自己的领导作用。只有相互学习，不断学习，整个部门、整个组织才可能实现自我领导。

没有哪一个人是天生的自我领导者。只有在领导活动中不断学习，才能熟悉领导工作的特点、掌握领导工作的规律，改进领导工作的方法，提高领导工作的艺术。

对于自我领导者，学习不仅是提高自我领导能力的一种手段，更是实行自我领导的一个重要内容。甚至可以这样断言，自我领导就是自我学习，自我领导就是学习型领导。

13.3　未来的领导发展

13.3.1　新型领导模式

1）五C模式

21世纪领导的发展最先出现在企业领导模式的变革和发展上。原来的领导金字塔结构已经开始向扁平结构转变：原来在金字塔顶尖的老板如董事长、总经理下面管辖着各管理部门和生产经营部门，而现在已经落到了一个由基本平级的领导群体构成的梯形平台上，只作为一个稍微高些和主要些的第一领导主体而存在，发挥着日常主持、协调裁断和最后决断的作用，而多被称为首席执行官（CEO）。构成梯形领导平台的其他领导主体是首席信息官（CIO）、首席知识官（CKO）、首席财务官（CFO）和首席运营官（COO）。这五个C就构成了一个完整的梯形领导平台，也叫"五C模式"。

在这种领导模式下，各首席官是各自领域的最高领导主体，都从企业全局出发，考虑本领域的最大潜力和可能，并最大限度地快速反应、独立决策，以适应瞬息万变的竞争形势和谋求本企业在竞争夹缝中的生存和发展。只是首席执行官还有一定的权力对他们施加正式的影响，但是这种权力和影响与原来金字塔尖（如图13-2所示）时的状况相比，已经变得非常小了。这是一种实质性的，但又是悄然发生的民主进步，实际是社会经济巨大发展在领导职能和领导结构上的反映。这种领导模式的最大实质就是：削去原来的领导尖端，把领导金字塔变成了梯形领导平台（如图13-3所示）——在相当大的程度上分解一人领导权能结构为多人领导权能结构，变单角色孤权领导为多角色众权领导，由一个领导群体基本取代原来的一个领导个体。

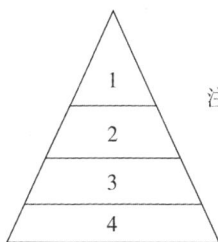

注：1. 个体化的领导核心，即最高领导和领导主体
　　2. 领导群体和领导机构
　　3. 管理层次（包括财务管理、业务管理等）
　　4. 单纯被领导层

图13-2　金字塔领导模式

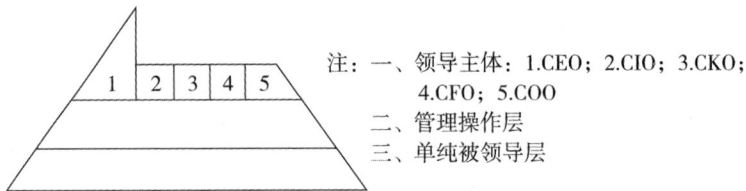

注：一、领导主体：1.CEO；2.CIO；3.CKO；
4.CFO；5.COO
二、管理操作层
三、单纯被领导层

图13-3　梯形领导模式

这种"五C模式"在国际上已经比较流行。这个情况不仅反映了知识经济来临对领导运作和领导结构的强大冲击，而且反映了原有经济运作和领导模式已经不能适应21世纪的发展要求了。其中的首席信息官和首席知识官都是在信息时代和知识经济条件下新产生的重要领导成分，而且在一开始就被摆到了空前的高度。这同时也说明知识的价值已经开始为高级的社会文明所确认所推崇，并不可阻挡地冲刷着传统的领导来源因素和构成因素。首席财务官和首席运营官的设置反映了财务管理和营销运作两大领域在新情况下的作用已今非昔比，已经由传统状态下的被动跟随与配合的地位上升到了现时代主动担当领导责任的首席位置。

以上情况主要是一种领导结构和领导模式的发展变化。这种变化有可能是未来领导发展的方向，当然也可能不是真正的主流。然而，这种变化却像和煦的春风正在吹化传统领导模式的冰冻，预示着领导发展新的浪潮的到来。

2）超级领导

超级领导是一种发动被领导者领导自己、影响别人的新型领导模式。这个模式一反传统把被领导者单纯当作被领导者的做法，而把他们都当成富有主动精神和责任感的准领导者或实际领导者，让他们全方位发挥火车头的作用，以领导的角色和方式致力于推进共同事业，共同完成领导任务、实现领导目标。这就把该社会系统内的每个人都当作了领导主体，而把传统意义上的领导主体由过分突出和高高在上的状态拉到现代意义上的实际上趋于平等的状态，把原来的金字塔中单纯的领导主体和领导客体混合同化起来，变成一个将领导主体和领导客体整合一致的平盒式领导实体（如图13-4所示）。在这个实体内，领导主体和领导客体这对对立角色至少在组织方式和形式上已经基本消失。这种变化的民主程度和现代化程度显然大大超过了五C领导模式。

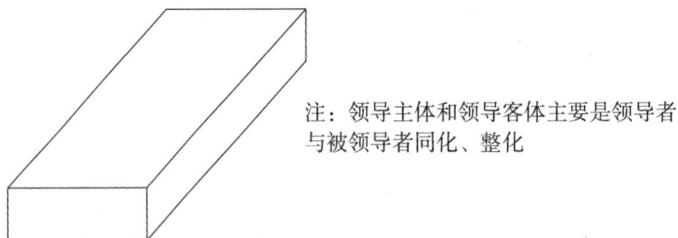

注：领导主体和领导客体主要是领导者
与被领导者同化、整化

图13-4　平盒式领导实体

一方面，它能够极大调整领导者与被领导者的相互关系，把本来处于对立状态的相互关系朝着缓和甚至同化的方向扭转，同时还由此引发社会阶层之类的社会结构变化，使社会发展得更加平衡、合理。另一方面，它还能够至少在形式上改变被领导者的地位，极大地消除被动状态下不可避免的消极因素，而极大调动所有社会系统中各成员的主动性、积极性和创造性，也就是真正最大限度地解放和发展生产力，使社会的物质财富和精神财富都得到前所未有的巨大发展。这种领导模式实际上是迫于现实压力而产生的，这个压力就是客观竞争形势要求社会系统的全体成员能够真正共同努力，然后该系统才有可能应付和战胜同时来自周围所有方面的挑战与竞争；否则，该系统就有可能在竞争压力中被挤碎压垮，因而不能生存、更不能发展。这就是说，超级领导将通过变革 21 世纪领导的结构和运作方式，进而迅速提升领导效能，使之更高更强，实际上是使领导以更加民主、更加适合生产力的发展来实现自身的发展和价值。

然而，超级领导目前还只是在企业界萌生的领导发展思潮，只在企业自发得到实验和开展，尽管如此也足够成为领导发展的潜在方向和实际动力了。

13.3.2　领导发展趋势

未来领导发展已经形成一种不可逆转的进步潮流。这是社会生产力实现更大发展的强烈需要和客观必然。这种趋势将具体表现为不同领域领导的新变革：在企业也许就基本以"五 C 模式"和超级领导为领导发展的主要取向，而在其他部门或领域则可能受此影响而进行着更复杂多样的领导变革。然而，一切领导发展由于都是以极大增强领导力和核心竞争力为目的，因此其实质是采取一切有利于达到这一目的和目标的手段和对策并迅速付诸行动。就目前可操作性看，领导发展的趋势主要表现在加强和改善领导的各种具体取向及相应的措施落实上，其中突出表现在如下方面：

1）领导素质与领导效能的强化、优化

现代的竞争压力要求必须全面提高领导素质和领导效能。只有通过优良的领导素质才能极大优化和改善领导行为，提高领导效能，促进领导绩效，进而产生和获得优良的领导力和核心竞争力，直接增强社会系统的竞争实力，从而更有可能赢得未来的挑战和竞争。因此，未来的领导者就必须以领导素质和领导效能的强化和优化为取向，表现出一种非常现实的发展趋势。

2）领导体制与领导机制的科学化

这是开发和增强领导力和核心竞争力的又一种途径、又一个客观需要和必然要求。确切地说，这是一种改革和优化除领导素质以外整个领导系统的重要措施，是谋求使整个领导系统出领导力、出效率效益的要策。科学的领导体制、领导机制和领导过程本身蕴涵和生产领导力；这个科学化措施能够开发出大量优质的体制性、机构性的领导力和竞争实力。实施这一措施，对提高领导活动的科学和艺术水平有着十分重要的意义。

3）领导流程与领导活动的科学化与艺术化

这是未来领导发展在领导实践过程中表现出来的一种客观需要和必然趋势。任何领导活动都离不开领导方法和领导艺术。领导方法和艺术贯穿领导活动的整个流程。领导流程的科学化、艺术化，就是要使领导科学原理和领导方法艺术都高度完整地融合在具体的领导活动过程中，最切实地提高领导质量，而这又集中表现在领导方法和艺术的科学化上。无论领导素质和领导效能优化与强化，还是领导体制和领导机制的科学化，最终都要落实到具体的领导过程中才能见效，否则都没有意义。实际上，这是生产领导力或核心竞争力的具体过程所在。因此，领导流程和领导活动的科学化与艺术化对领导发展来说是十分关键的。

领导方法是基础，领导艺术是领导方法得心应手、出神入化的运用；领导方法是原则性的、一般性的、有条理的，领导艺术是具体的、特殊的、无定型的。领导艺术离不开领导方法，是领导方法的升华。而领导艺术和领导科学两者又相辅相成，相互作用，不可替代。如果领导方法得以总结、提高，就可形成高超的领导艺术；如果把领导艺术提炼、升华到系统化、理论化的高度，就能进一步丰富和完善体系严谨、形态稳定的领导科学。要把它们巧妙地结合起来，使它们不断地相互促进和提高。领导科学化与艺术化的共同发展过程，既是领导方法和艺术的科学化过程，又是整个领导水平日益提高的过程。

综上所述，只有实现领导主体——领导群体结构的科学化、组织形式——领导体制的科学化、领导职能——决策的科学化、领导手段——领导流程的科学化和艺术化，才能保证提高领导活动的科学性与艺术水平，实现科学有效的领导，产生强大的领导力和核心竞争力，取得最后的成功。

┗┣ 本章小结

诚信领导理论和跨文化领导都是以往领导理论相对忽视的方面，也为未来的领导学研究和实践提供了新的方向和思路。

第五级领导最突出的特点就是谦逊的态度和超强的意志力及前瞻性。

领导生态学是研究领导活动与环境之间的关系。

女性与领导关注的是女性领导的风格，女性在晋升过程中遇到的障碍及解决办法。

优秀的未来领导者只有具备六大新能力，扮演三类新角色，才能够为企业与社会创造更大的价值。

21世纪领导者这个角色是双重的：一方面要自我领导；另一方面则要给下属的自我领导创造条件，提供环境，以保证下属自我领导的实现。

┗┣ 本章案例

格力的"铁娘子"董明珠

提起董明珠，竞争对手们是这样形容她的："董姐走过的路，都长不出草来。"可见，这位铁娘子的厉害之处。而格力内部的员工这样评价自己的女上司："说话铿锵有力，做事雷厉风行，即便不化妆，她也比实际年龄看起来年轻许多。"媒体则说："这个女子，虽然36岁前的人生平淡无奇，但36岁后的她，却用自己的坚韧和执著走出了一条别人无法复制的路。"

董明珠的故事很励志，36岁从基层业务员做起，用15年的时间，她以超乎普通女性的能力，升任格力集团CEO。

1）大器晚成不失天分

董明珠出生于江苏南京一个普通家庭，1975年参加工作，当时在南京一家化工研究所做行政管理工作。36岁以前，她的生活是平淡无奇。

1990年，董明珠毅然辞去工作，南下打工。当时已经36岁的她，到了格力公司，从一名基层业务员做起。不知营销为何物的董明珠却凭借坚毅和死缠烂打，40天讨回前任留下的42万元债款，令当时的总经理朱江洪刮目相看。这位女强人的传奇就是从这里开始的。靠着勤奋和诚恳，董明珠不断创造格力公司的销售神话，她的个人销售额曾经飙升至3 650万元。

2）雷厉风行的女上司

1995年，董明珠成为格力的销售经理，下属们是这样看当时的这位女上司的：一个从不按牌理出牌的人，她的"牌理"只有一个：自己的原则，自己认为对的。

董明珠上任后面对的第一个难题是隆冬季节积压的空调。对此，通常的做法是每台降价300元卖出了事。董明珠说："不行，正常产品降价有损形象。"她出人意料的做法是把积压空调分摊给每个经销商。销售员没想到新官上任的三把火会烧到自己身上，而且烧个没完。

在生活细节上，这位铁娘子做了这样一个规定："上班时间不许吃东西，一经发现，第1次罚50元，第2次罚100元，第三次走人"。当所有人都以为这也就说说而已的时候，一天，董明珠走进办公室，发现8名员工正在吃东西，仅过了10秒钟，下班铃就响了。董明珠毫不客气，每人收了50元。大家目瞪口呆。董明珠说，只要违犯原则，再小的事，都是大事，都要管到底。

一天，有一个年销售额达1.5亿元的大经销商来格力厂要求特殊待遇，语气中透着不容商量的傲慢。董明珠非但没有理他，反而狠狠反击：把他开除出格力经销网。所有人都在为这位女上司捏一把汗，一个位子还没有坐稳的销售经理，一天之内，竟毫不犹豫地扔掉1.5亿元的年销售额。董明珠的回答很简单：只要违犯原则，天王老子也要给我下马。

女强人的铁腕手段让经销商们不得不服软。许多空调厂往往纵容大销售商，允许他们跨地区经营，这样本地小经销商根本竞争不过，也把市场搞乱了。董明珠这样一做，小经销商可以把规模搞大，也就有了奔头。

3）铁腕解决欠款问题

拖欠货款是中国零售批发行业普遍存在的现象，这让很多经销商头疼，不信邪的董明珠在1年里就把全部问题解决了。她的做法很简单，也很霸道：凡拖欠货款的经销商一律停止发货，补足款后，先交钱再提货。

不过，这说起来容易，做起来难。她这下捅了马蜂窝，大大小小的经销商纷纷向格力老总朱江洪告状，有的甚至宣称："有她没我。"董明珠没有服软，针锋相对地说："那就有我没他。"朱江洪劝董明珠："是不是可以补完款，先发货再收钱。"董明珠微微一笑说："好啊。"结果款一到账，货却把住不发。董明珠说："要货先拿钱来。"董明珠振振有词："就算别人全这样，我格力也偏偏不。"即使100次撞墙头破血流，董明珠也要撞101次。欠款这堵破墙一定要倒。

董明珠的强硬带来的效果是年年格力没有1分钱的应收账款，也没有1分钱三角债。此后，大家都相信董姐，不划款，你拿不到一个货；只要划款过去，从不拖欠货的。董姐办事，服气，放心！

4）职场女人的奋斗精神

年轻的时候董明珠每天只睡5个钟头。据说现在董明珠也往往是在睡眠或打盹时想问题。一有什么想法，半夜一两点，董明珠也会跳起来，拿起本子记下来，甚至半夜打电话给老总。许多营销绝招就是这样诞生的。

1995年，董明珠发明了"淡季返利"，即依据经销商淡季投入资金数量，给予相应利益返还。这样把"钱-货"关系，变成"钱-利"关系，既解决了制造商淡季生产资金短缺的问题，又缓解了旺季供货压力。格力淡季回款比上年增加3.4倍，达11亿元，为1996年与春兰空调总决战做好了市场准备。

1995年，格力又发明"年终返利"，将7 000万元利润还给经销商。

1996年，空调淡季，格力靠淡季返利拿回了15亿元回款。在淡季价格战中，各个品牌只得纷纷降价，甚至零售价低于批发价，批发价低于出厂价，大伤元气。董明珠规定格力1分钱也不能降。到了8月31号，格力却宣布拿出1亿元利润的2%按销售额比例补贴给每个经销商。这样在空调业最困难的1996年，格力销售增长17%，第一次超过春兰。

格力不仅把缩小营销队伍省下的钱补给了经销商，还拿出2.5亿元返还经销商。

董明珠认为：只有经销格力赚钱，才能长治久安。她不仅将紧俏空调品种平均分配，避免大经销商垄断货源，扰乱市场，还推出了空调机身份证，使每台空调在营销部备案。

一般来说，空调在每年9~3月份是淡季，4~8月份是旺季，淡旺季有不同的价格，淡季比旺季低2个万分点。一般厂家都在挖空心思想把旺季从4月提前到3月，以获得更多利润。

1998年，董明珠却突发奇想，在朱总支持下宣布把淡季延长1个月。4月继续实行3月淡季价。格力到手的钱不要。等其他厂回过神来，众多大经销商已纷纷划款给格力抢买格力产品。有厂家长叹："董明珠也真狠，这么多年，我们从没想到过这一招。"

就这样，在15年的时间里，董明珠从一名基层业务员成长为格力的总经理，从2005年至2012年，她一直担任着格力的副董事长、总裁职务。自从董明珠出任总经理后，她和董事长朱江洪，创造了我国商界独一无二的奇迹。2012年5月，格力电器宣布，公司总裁董明珠正式被任命为格力集团董事长。在她的领导下，1995—2017

年，格力空调产销量、市场占有率连续23年位居中国空调行业第一。2005年至今，家用空调产销量位居世界第一。

资料来源 佚名. 董明珠从一文不值的女屌丝到销售过亿的女汉子［EB/OL］.［2015-01-04］. https：//wenku. baidu. com/view/507aa05d2af90242a895e5e0. html.

问题：

1. 董明珠在领导格力的过程中表现出哪些领导品质？属于"五级"领导中的哪一种？

2. 董明珠这种雷厉风行的领导风格适用于具有什么企业文化的企业？实践中应该注意什么？

复习思考题

1. 你知道哪些领导学新的理论？

2. 如何将诚信领导理论体现在实际领导环境中？

3. 请在现实事例中找出第五级领导。

4. 谈谈你理解的领导者的新角色。

5. 简述领导方法、领导艺术与领导科学的关系。

6. 请结合实际讨论你眼中的未来领导学。

主要参考文献

[1] 陈羽航，王京晶．这样的领导最受欢迎 [M]．北京：中国经济出版社，2004．

[2] 万良春．领导科学案例新编 [M]．北京：中国经济出版社，2006．

[3] 黄斌，任丽梅．权威与魅力 [M]．北京：企业管理出版社，2003．

[4] 刘建军．领导学原理 [M]．上海：复旦大学出版社，2001．

[5] 徐祖舜．新编领导学 [M]．北京：北京出版社，1990．

[6] 顾宝炎．领导学 [M]．北京：中国人民大学出版社，2005．

[7] 赵东海．领导规则 [M]．沈阳：沈阳出版社，2004．

[8] 思铭．领导 [M]．北京：中国人民大学出版社，2004．

[9] 刘文江．非权力领导艺术 [M]．北京：中国时代经济出版社，2003．

[10] 中国马克思主义研究基金会．领导决策信息 [M]．北京：领导决策信息杂志社，2001．

[11] 谢燮正，娄成武．领导决策论 [M]．沈阳：东北大学出版社，2003．

[12] 李瑛．决策统计分析 [M]．天津：天津大学出版社，2005．

[13] 王兴德．管理决策模型55例 [M]．上海：上海交通大学出版社，2000．

[14] 傅殿英．管理决策的逻辑方略 [M]．北京：北京师范大学出版社，1990．

[15] 韩春立，张正伦，周晓华．管理决策论 [M]．北京：学术期刊出版社，1989．

[16] 黄孟藩．管理决策概论 [M]．北京：中国人民大学出版社，1982．

[17] 林光．管理决策的经济效益分析 [M]．长沙：湖南科学技术出版社，1986．

[18] 翟立林，周士富．管理决策理论与方法 [M]．北京：机械工业出版社，1987．

[19] 项保华，李绪红．管理决策行为 [M]．上海：复旦大学出版社，2005．

[20] 丁杰．领导科学 [M]．武汉：华中科技大学出版社，2003．

[21] 宋超英．领导学 [M]．兰州：兰州大学出版社，2003．

[22] 刘银花，姜法奎．领导科学 [M]．大连：东北财经大学出版社，2006．

[23] 张明玉．管理学 [M]．北京：科学出版社，2005．

[24] 赵丽芬．管理学教程 [M]．上海：立信会计出版社，2006．

[25] 刘汴生．管理学 [M]．北京：科学出版社，2006．

[26] 李品媛．管理学 [M]．大连：东北财经大学出版社，2005．

［27］邱需恩. 新世纪领导学［M］. 北京：经济科学出版社，2002.

［28］刘峰. 新领导观［M］. 北京：北京大学出版社，2005.

［29］刘峰. 领导大趋势［M］. 北京：中国言实出版社，2003.

［30］吴维库. 领导学［M］. 北京：高等教育出版社，2006.

［31］宋树发. 领导多维协调艺术［M］. 北京：中国时代经济出版社，2002.

［32］苏保忠. 领导科学与艺术［M］. 北京：清华大学出版社，2004.

［33］张宏彬. 领导者的智源［M］. 北京：中国民航出版社，2004.

［34］李永利. 一流的领导［M］. 北京：中国纺织出版社，2003.

［35］张金昌. 21世纪的企业治理结构和组织变革［M］. 北京：经济科学出版社，2000.

［36］孙立樵. 现代领导学教程［M］. 北京：中共中央党校出版社，2006.

［37］达夫特. 领导学：原理与实践［M］. 杨斌，译. 北京：机械工业出版社，2005.

［38］希特. 典范领导［M］. 杨亚奇，译. 北京：机械工业出版社，2004.

［39］布朗，罗森. 领导的艺术［M］. 天津编译中心，译. 北京：国际文化出版公司，2000.

［40］纳哈雯蒂. 领导力［M］. 王新，译. 北京：机械工业出版社，2003.

［41］皮尔斯，纽斯特罗姆. 领导者与领导过程［M］. 北京华译网翻译公司，译. 北京：中国人民大学出版社，2003.

［42］鲍威尔. 决策案例分析［M］. 毛凡宁，译. 上海：上海远东出版社，2004.

［43］罗宾斯，库尔特. 管理学［M］. 孙健敏，黄卫伟，王凤彬，等，译. 北京：中国人民大学出版社，2004.

［44］罗宾斯，德森佐. 管理学原理［M］. 毛蕴诗，译. 大连：东北财经大学出版社，2004.

［45］博西迪，查兰. 执行——如何完成任务的学问［M］. 刘祥亚，译. 北京：机械工业出版社，2003.

［46］弗雷德，特里戈. 战略领导［M］. 柏满迎，石晓军，译. 北京：中国财政经济出版社，2004.

［47］赫雷比尼亚克. 有效的执行［M］. 范海滨，译. 北京：中国人民大学出版社，2006.

［48］德鲁克基金会. 未来的领导者［M］. 方海萍，译. 北京：中国人民大学出版社，2006.

［49］沃德. 领袖的生命周期［M］. 木易，译. 北京：经济管理出版社，2004.

［50］托马斯，泊恩. 执行力［M］. 白山，译. 北京：中国长安出版社，2003.

［51］尤克尔. 组织领导学［M］. 陶文昭，译. 北京：中国人民大学出版社，2004.

［52］明茨伯格. 哈佛商业评论精粹译丛——突破领导力［M］. 曾宪刚，译. 北

京：中国人民大学出版社，2004．

　　[53] 扎莱兹尼克．哈佛商业评论精粹译丛——领导 [M]．思铭，译．北京：中国人民大学出版社，2004．

　　[54] 德鲁克．未来的管理 [M]．李晓刚，译．成都：四川人民出版社，2000．

　　[55] 尤里奇．绩效导向的领导力 [M]．王贵亚，译．北京：中国财政经济出版社，2004．

　　[56] 哈格斯．领导学——在经验积累中提升领导力 [M]．朱舟，译．北京：清华大学出版社，2004．

　　[57] 温特．高绩效领导力 [M]．范保群，译．北京：机械工业出版社，2004．

　　[58] 王霁，彭新武．领导哲学 [M]．北京：高等教育出版社，2008．

　　[59] 达夫特．领导学——原理与实践 [M]．杨斌，译．北京：电子工业出版社，2010．

　　[60] 冯秋婷，齐先朴．西方领导理论研究 [M]．北京：人民出版社，2008．

　　[61] 陈树文．卓越领导者的智慧 [M]．北京：清华大学出版社，2009．

　　[62] 仵凤清，胡阿芹．领导学　方法与艺术 [M]．北京：机械工业出版社，2009．

　　[63] 杜慕群．管理沟通 [M]．北京：清华大学出版社，2009．

　　[64] 皮尔斯，纽斯特罗姆．领导力：阅读与练习 [M]．马志英，译．北京：中国人民大学出版社，2009．

　　[65] 罗瑟尔，阿川．领导力教程——理论、应用与技能培养 [M]．北京：清华大学出版社，2008．

　　[66] 哈格斯，吉纳特，柯菲．领导学——在实践中提升领导力 [M]．北京：机械工业出版社，2012．

　　[67] 林志颂，德特．领导学 [M]．北京：中国人民大学出版社，2007．

　　[68] 诺斯豪斯．卓越领导力——十种经典领导模式 [M]．王力行，王怀英，李凯静，等，译．北京：中国轻工业出版社，2003．

　　[69] 刘银花，姜法奎．领导科学 [M]．大连：东北财经大学出版社，2011．

　　[70] 布坎南，赫钦斯盖．组织行为学 [M]．李丽，闫长坡，何琳，等，译．北京：经济管理出版社，2011．

　　[71] 王重鸣，时巨涛，马新建，等．组织行为学 [M]．北京：石油工业出版社，2003．

　　[72] 达夫特．管理学 [M]．范海滨，译．北京：清华大学出版社，2012．

　　[73] 陈黎琴，赵恒海，高士葵．管理学 [M]．北京：经济管理出版社，2011．

　　[74] 陈嘉莉，伍硕，马慧敏．管理学原理与实务 [M]．北京：北京大学出版社，2012．

　　[75] 詹延遵，凌文辁，方俐洛．领导学研究的新发展：诚信领导理论 [J]．心理科学进展，2006，14（5）．